조선총독부의 일본어 보급 정책과 조선어 규제 정책

일제침탈사연구총서
문화
45

조선총독부의 일본어 보급 정책과 조선어 규제 정책

동북아역사재단 일제침탈사 편찬위원회 기획
이준식 지음

동북아역사재단
NORTHEAST ASIAN HISTORY FOUNDATION

| 발간사 |

    일본이 한국을 침탈한 지 100년이 지나고 한국이 일본의 지배로부터 벗어난 지 70년이 넘었건만, 식민 지배에 대한 청산은 이루어지지 못하고 있다. 일본의 독도영유권 주장은 도를 넘어섰다. 일본은 일본군'위안부', 강제동원 등 인적 수탈의 강제성도 인정하지 않고 있다. 일본군'위안부'와 강제동원의 피해를 해결하는 방안을 놓고 한·일 간의 갈등은 최고조에 이르고 있다. 역사문제를 벗어나 무역분쟁, 안보위기 등 현실문제가 위기국면을 맞고 있다.
    한·일 간의 갈등은 식민 지배의 역사를 어떻게 볼 것인가 하는 역사인식에서 기인한다. 역사는 현재와 과거의 대화이며 이를 기반으로 미래로 나아갈 수 있다. 과거 침략의 역사를 미화하면서 평화로운 미래를 말하는 것은 불가능하다. 식민 지배와 전쟁발발의 책임을 인정하지 않고 반성하지 않으면 다시 군국주의가 부활할 수 있고 전쟁이 일어날 위험성도 배제할 수 없다. 미래지향적 한일관계를 형성하고 나아가 동아시아의 평화와 번영의 기틀을 조성하기 위해 일본은 식민 지배의 책임을 인정하고 그 청산을 위해 노력해야 할 것이다.
    식민 지배의 역사를 청산하기 위해서는 식민 지배는 어떻게 이루어졌는지 그 실상을 명확하게 규명하는 일이 긴요하다. 그동안 일본제국주의에 맞서 조국의 독립을 위해 헌신한 독립운동가들의 활동을 찾아내고 역사적으로 평가하는 일에는 상당한 성과를 거두었다. 반면 일제 식민침탈의 구체적인 실상을 규명하는 일에는 충분한 노력을 기울이지 못했다. 제국주의가 식민지를 침탈했다는 것은 너무나 당연한 사실로 여겨졌기 때문에, 굳이 식민 지배에서 비롯된 수탈과 억압, 인권유린을 낱낱이 확인할 필요가 없었는지도 모른다. 그러는 사이 일본은 식민 지배가 오히려 한국에 은혜를 베푼 것이라고 미화하고, 참혹한 인권유린을 부인하는 역사부정의 인식을 보이는 데까지 이르고 있다. 일제의 통치와 침탈, 그리고 그 피해를 종합적으로 조사하고 편찬할 필요성이 여기에 있다.

    일제침탈사를 체계적으로 정리하는 일은 개인이 감당하기 어렵다. 이에 우리 재단은 한국학계의 힘을 모아 일제침탈사 편찬위원회를 꾸렸다. 편찬위원회가 중심이 되어 일제의 식민지 침탈사를 정치·경제·사회·문화 모든 방면에 걸쳐 체계적으로 집대성하기로 했다. 일제 식민침탈의 실체를 파악하기 위해 2020년부터 세 가지 방면으로 사업을 추진하고 있다. 하나는 일제침탈의 실상을 구체적이고 생생한 자료를 통해서 제공하는 일로서 〈일제침탈사 자료총서〉로 편찬한다. 다른 하나는 이들 자료들을 바탕으로 연구한 결과물을 〈일제침탈사 연구총서〉로 간행한다. 그리고 연구의 결과를 대중들이 이해하기 쉽게 〈일제침탈사 교양총서〉를 바로알기 시리즈로 간행한다. 자료총서 100권, 연구총서 50권,

교양총서 70권을 기본 목표로 삼아 진행하고 있다.

〈일제침탈사 연구총서〉는 일제침탈의 실태를 정치·경제·사회·문화 분야로 대별한 뒤 50여 개 세부 주제로 구성했다. 국내외 학계 전문가들이 현재까지 축적된 연구 성과를 반영하면서 풍부한 자료를 활용하여 집필했다. 연구자뿐만 아니라 교육 현장에서도 활용되고 일반 독자들도 이해할 수 있도록 집필하기 위해 노력했다. 연구총서 시리즈가 일제침탈의 역사적 실상을 규명하고 은폐된 역사적 사실을 기억하고 왜곡된 과거사에 대한 인식을 바로 잡음으로써 역사인식의 차이로 인한 논란과 갈등을 극복하는 데 기여하는 디딤돌이 되기를 바란다.

2023년
동북아역사재단 이사장

| 편찬사 |

1945년 한국이 일제 지배로부터 해방된 지 78년의 세월이 지났다. 그럼에도 불구하고 일본 사회 일각에서는 여전히 일제의 한국 지배를 합리화하고 미화하는 주장이 나오고 있으며, 최근에는 한국 사회 일각에서도 일제 지배를 왜곡하고 옹호하는 주장이 나오고 있다. 이는 한국과 일본 사회, 한일 관계와 동아시아 국제관계의 미래를 위해서도 결코 바람직하지 않은 일이다.

이에 동북아역사재단은 일제의 한국 침략과 식민 지배에 대한 학계의 연구 성과를 총정리한 〈일제침탈사 연구총서〉를 발간하기로 하였다. 이에 따라 2019년 9월 학계의 전문가를 중심으로 편찬위원회를 구성하였으며, 편찬위원회는 학계의 연구 성과를 토대로 정치·경제·사회·문화 부문에서 일제의 침탈이 어떻게 이루어졌는지 정리하여 연구총서 50권을 발간하기로 하였다.

주지하듯이 1905년 일제는 러일전쟁에서 승리한 뒤, 한국에 군대를 주둔시키면서 한국의 외교권을 빼앗고 통감부를 두어 내정에 간섭하였다. 1910년 일제는 군사력으로 한국 정부를 강압하여 마침내 한국을 강제 병합하였다. 이후 35년간 한국은 일제의 식민 통치를 받았다.

일제는 한국의 영토와 주권을 침탈하였을 뿐만 아니라, 군사력과 경찰력으로 한국을 지배하면서, 정치·경제·사회·문화의 모든 부문에서 한국인의 권리와 자유, 기회와 이익을 박탈하거나 제한하였다. 정치적으로는 군사력과 경찰력, 각종 악법을 동원하여 독립운동을 탄압하고, 한국인의 정치활동을 억압하고 참정권을 박탈하였으며, 집회와 결사의 자유를 억압하였다. 경제적으로는 일본자본이 경제의 주도권을 장악하고, 일본인 위주의 경제정책을 수행했으며, 식량과 공업원료, 지하자원 등을 헐값으로 빼앗아 갔고, 농민과 노동자 등 대다수 한국인의 경제생활을 어렵게 하였다. 사회적으로는 한국인들을 차별적으로 대우하고, 한국인의 교육의 기회를 제한하고, 한국인으로서의 정체성을 박탈하여 결국은 일본의 2등 국민으로 만들고자 하였다. 문화적으로는 표현과 창작의 자유, 종교와 사상의 자유를 억압하고, 한글 대신 일본어를 주로 가르치고, 언론과 대중문화를 통제하였다. 중일전쟁, 아시아태평양전쟁을 도발한 뒤에는 인적·물적 자원을 전쟁에 강제동원하고, 많은 이들을 전장에 징집하여 생명까지 희생시켰다.

〈일제침탈사 연구총서〉는 침탈, 억압, 차별, 동화, 수탈, 통제, 동원 등의 단어로 요약되는 일제의 침략과 식민 지배의 실상과 그 기제를 명확히 밝히고자 하였다. 이를 통해 일제의 강제 병합을 정당화하거나 식민 지배를 미화하는 논리들을 비판 극복하고, 더 나아가 일제 식민 지배의 특성이 무엇이었는지, 식민 통치의 부정적 유산이 해방 이후에 어떤 영향을 미쳤는지를 밝히고자 하였다.

편찬위원회는 연구총서와 함께 침탈사와 관련된 중요한 주제들에 관하여 각종 법령과 신문·잡지 기사 등 자료들을 정리하여 〈일제침탈사 자료총서〉도 발간하기로 하였다. 아울러 일반인과 학생들이 보다 쉽게 읽을 수 있는 〈일제침탈사 교양총서〉를 바로알기 시리즈로 발간하기로 하였다.

일제의 한국 침략과 식민 지배의 역사는 광복 후 서둘러 정리해냈어야 했지만, 학계의 연구가 미흡하여 엄두를 내기 어려웠다. 이제 학계의 연구가 어느 정도 축적되어 광복 80주년을 맞기 전에 이와 같은 작업을 할 수 있게 된 것을 다행으로 생각한다. 한일 양국 국민이 과거사에 대한 올바른 역사인식을 갖고 성찰을 통해 미래를 향해 함께 나아갈 수 있기를 기대하면서 삼가 이 책들을 펴낸다.

2023년
동북아역사재단 일제침탈사 편찬위원회

차례

발간사 4
편찬사 7

머리말   13

제1장 일본 제국주의의 대외 침략과 언어

   1. 일본 제국의 탄생과 '국어'의 확립   44
   2. 강제 병합 이전 일본어 보급 실태   60

제2장 무단 정치기의 이중 언어 체계 확립

   1. 강제 병합 이후 '국어'와 조선어를 둘러싼 논란   84
   2. 제1차 「조선교육령」과 공인된 이중 언어 체계   103
   3. 조선어의 현실적 존재를 인정한
      「보통학교용 언문철자법」 제정   141

제3장 문화 정치기의 언어 차별과 한글 운동

   1. 제2차 「조선교육령」과 학교에서의 언어 차별의 심화   162
   2. 적과 동침이 된 조선어 철자법 개정   186
   3. 조선총독부의 언어 정책에 맞선 한글 운동   211

제4장 전시 체제기의 일본어 상용 정책과 조선어 금압 정책
   1. 제3차 「조선교육령」과 조선어 과목의 형해화   248
   2. 징병제와 일본어 보급   268
   3. 학교에서의 일본어 강제와 조선어 금지   305
   4. 학교 밖에서의 일본어 보급   321
   5. 일본어 상용 정책과 조선어 금압 정책의 한계   353

맺음말   377

부록 393
참고문헌 397
찾아보기 412

머리말

십수 년 전의 일이다. 성균관대학교 동아시아학술원 동아시아 미디어 사전 연구팀의 일원으로 타이완(臺灣)에 학술 답사를 간 적이 있다. 글을 통해 아는 타이완, 다른 사람에게 전해 들어 아는 타이완의 과거와 현재에 대한 지적 호기심으로 밤낮없이 바쁘게 타이완의 여기저기를 돌아다녔다.

먼저 흥미를 끈 것은 옛 타이완총독부 건물이 지금도 국립 타이완박물관으로 쓰이고 있다는 사실이었다. 국립 타이완박물관의 외부는 물론 내부도 옛 모습을 그대로 간직하고 있어서 옛 타이완총독부의 모습을 짐작하기에 충분했다. 광복 50주년이던 1995년 김영삼 정부가 옛 조선총독부 건물을 헐어 버릴 때 텔레비전 생중계를 통해 철거 모습을 보았고 또 거기에 일부 국민이 열광하는 모습까지 본 것이 기억에 생생했기 때문에 한국과 타이완 사이에 일제 식민 지배를 바라보는 시각의 차이가 있다는 것을 쉽게 확인할 수 있었다.

타이완에는 옛 타이완총독부 건물뿐만 아니라 주요 도시의 '일치(日治)'[1] 시기 시청 건물이나 경찰서 건물이 여전히 잘 보존되어 있었다. 단순한 보존에 그치지 않고 '일치' 시기와 마찬가지로 경찰서 건물이나 시청 건물로 계속 쓰이는 데가 대부분이었다. 그리고 시청 건물에 들어가면 역대 시장 사진이 걸려 있는데 일본인 시장들의 사진이 가장 앞부분을 차지하고 있었다. 말하자면 그 시의 역사가 일본인 시장들에 의해 시작되었음을 공인하고 있는 셈이었다.

아마 한국의 한 시청에 시 역사의 일부라고 하면서 일본인 시장의 사진을 걸어 놓았다면 그 시의 시장은 시민들과 언론에 의해 초주검이 될

---

[1] 타이완 사람들이 말하는 '일치'란 우리가 말하는 일제 강점이다.

정도로 비난을 받았을 것이다. 그런데 타이완은 달랐다. 답사 내내 타이완 사람들에게는 '일치'에 대한 거부감 자체가 존재하지 않는 것 같다는 인상을 깊게 받았다. 그러니 심지어는 '일치' 시기의 경찰서 건물을 지금도 타이완의 경찰이 그대로 쓰고 있을 것이다.

'일치' 시기에 세워진 건물 답사를 하면서 지금도 '일치' 시기와 같은 용도로 쓰이는 건물 그 자체가 타이완 사람들이 '일치' 시기와 현재의 타이완을 연속선상에서 바라보고 있다는 사실을 생생하게 보여 주는 한 단면이라는 생각이 들었다. 말하자면 타이완 사람들에게는 '일치'가 청산의 대상이 아닌 셈이었다고나 할까. 오히려 '일치'를 오늘의 타이완을 있게 한 뿌리로 본다는 사실이 계속 확인되었다. 그러면서 비슷한 시기에 같은 일제 식민 지배를 겪었으면서도 한국과 타이완 사이에 역사 인식의 차이가 나타나게 된 이유는 무엇인가 하는 고민이 들기 시작했다.

이때의 답사는 학술 답사였기 때문에 남들이 잘 가지 않는 사적지나 기념관까지 둘러보았다. 타이완 사람들에게는 우리의 광주민주화운동과 같은 의미가 있다고 하는 2·28사건을 기리는 2·28평화공원 안에 있는 2·28기념관[2]도 그런 곳 가운데 하나였다. 그런데 그 기념관에서 더 충격적인 장면을 보았다.

기념관 안에는 근대 이후 타이완의 역사를 소개하는 상설 전시 시설이 있었는데 그 전시의 첫마디가 타이완의 근대는 '일치' 이후에 시작되었다는 것이었다. 타이완에서 일제 식민 지배를 '일치'라는 다소 중립적으로 여겨지는 단어로 쓰고 있으며, 한국과 타이완이 일제 식민 지배를

---

[2]   별로 크지는 않은 이 기념관의 정식 명칭은 타이페이 2·28기념관이다. 타이완 정부가 세운 것은 아니다. 나중에 다른 곳에 더 큰 규모의 기념관이 타이완 정부에 의해 세워졌다.

바라보는 시각의 차이가 있다는 것은 이미 알고 있었다. 그렇지만 시민들을 대상으로 한 전시에서조차 타이완 근대의 뿌리를 일제의 식민 지배에서 찾는 내용이 들어 있다는 것은 당시 이미 한국에서 논란이 되기 시작한 식민지 근대화론과 같은 이야기여서 필자에게는 충격으로 다가왔다.

실제로 2·28사건의 전사로서의 '일치' 시기를 소개하는 여러 전시물에는 타이완에 철도가 놓이고 도로가 닦인 것도, 근대 의료와 교육이 시작된 것도 모두 '일치' 때문이라고 적혀 있었다. '일치' 시기의 타이완을 다룬 전시물에서 일제 식민 지배를 부정적으로 그린 것은 찾아보기 힘들었다.

그리고 2·28사건의 주요 희생자들 사진에 덧붙여진 생전의 약력에는 '일치' 시기에 타이완총독부의 고위 관료를 지냈거나 일제의 식민 지배에 협력한 언론사의 간부를 지낸 사실까지도 가감 없이 적혀 있었다. 우리에게는 친일 반민족 행위자 내지는 부일 협력자라는 소리를 들을 만한 사람들도 타이완 민주화 운동의 영웅으로 기억되고 있다는 사실이 당혹스러움으로 다가왔다.

이런 당혹스러운 일은 다른 사적지를 답사하던 도중에 사전 예약도 없이 찾아간 현지 식당에서 다시 일어났다. 우리 일행을 본 중년의 식당 여주인의 첫마디가 "니혼진데쓰까(일본인입니까)?"였다. 보기에 손님들이 분명히 타이완 사람은 아니고 외국인인데 그 여주인에게 아시아계 외국인은 일본인이라는 고정 관념이 있었던 모양이다. 우리가 일본 사람이라고 밝혔으면 유창한 일본어로 더 길게 이야기하고 싶었을 텐데 익숙하지 않은 중국어로 한국 사람이라고 밝히자 환한 웃음을 거두며 실망하는 표정을 짓던 여주인의 모습이 아직도 기억에 생생하다.

타이완의 한 식당에서 있었던 이 일화는 같은 일제 강점을 겪었으면서도 그러한 역사에 대한 인식을 달리하는 한국과 타이완의 현주소를 생생하게 보여 준다. 일본에서 활동하는 타이완계 극우 평론가 황원슝(黃文雄)이 '반일'의 한국과 '친일'의 타이완이라는 극단적인 이분법을 쓰면서 '일치'에 고마워하는 타이완 사람들과는 달리 일본 제국이 베푼 시혜에 고마워하지 않는 한국 사람들에게 분노하고 또 왜 그러한 잘못된 주장이 일부 사람들에게는 먹히는지를 보여 주는 한 증거라는 생각조차 들었다.

보통의 타이완 사람들, 특히 국공 내전에서 중국공산당에 져서 타이완으로 넘어온 외성인이 아닌 오래전부터 타이완에 살고 있던 본성인에게는 일본어를 쓰는 것이 부끄러운 일이 아니라 자랑스러운 일일 것이다. 본성인 출신으로 중국국민당 정부의 총통까지 지낸 리덩후이(李登輝)가 외성인들에 의해 '강요'된 표준 중국어보다 일본어를 더 능숙하게 구사했으며 실제로 타이완의 최고 정치 지도자이면서도 중국어와 일본어를 자주 섞어 썼다는 것은 잘 알려져 있다. 그도 그럴 것이 리덩후이는 '일치' 시기에 일본의 교토(京都)제국대학에 다녔으며 학병으로 일본 육군 장교까지 지낸 경력을 갖고 있었다. 이런 경력에서 알 수 있듯이 일본어는 그에게 제2의 모국어나 다를 바가 없었다.

일본어를 쓰고 싶어서 안달이 난 것처럼 보였던 식당 여주인과 나눈 짧은 대화는 필자가 일본의 대학에서 짧게 자리를 잡고 있을 때 자주 듣던 말, 곧 일본 사람들이 가장 좋아하는 해외 여행지가 타이완이라는 말이 왜 널리 퍼져 있는지를 이해할 수 있었던 순간이기도 했다. 일본 사람들이 여행지로 타이완을 첫손에 꼽는 데는 타이완총독부 같은 일제 잔재가 잘 남아 있다는 것도 한 이유이겠지만 타이완 어디를 가든 유창한 일본어로 친근하게 다가오는 타이완 사람들을 만날 수 있어서 의사소통에서 이렇다 할 어려움을 겪지 않는다는 것이 더 중요한 이유였겠다는 생각이 들었다.

타이완 학술 답사를 갔을 때는 타이완이 이미 일제 식민 지배에서 벗어난 지 60년도 더 지났을 때였다. 그런데 아무리 보아도 '일치' 시기에 태어난 것으로 보이지는 않는 중년 여성도 자연스럽게 일본어를 쓰는 것이 타이완의 현실이었다.

그렇다면 우리의 경우는 어떨까. 한류 열풍이 불면서 한국을 소재로 한 일본 영화나 드라마도 여럿 만들어졌는데 거기에는 일본 사람이 식당에 가서 한국 음식을 주문하는 장면이 약방의 감초처럼 나온다.[3] 그리고 일본어로 주문하는 일본인 손님과 일본어를 알아듣지 못해 한국말로 응대하는 식당 주인의 모습이 동어반복처럼 되풀이된다. 적어도 일본 영화와 드라마 속의 한국 식당 주인들은 일본어를 알지 못하거나 알아도 일본어를 쓰려는 생각이 전혀 없는 것처럼 그려진다. 그리고 그 모습을 본 한국 사람들도 절대 어색해 하지 않는다. 일본은 식민지 종주국이 아니고 일본어도 식민지 종주국의 언어가 아니라는 생각이 확고한 것이다. 일제강점기의 언어 상황에 관심을 가진 필자에게는 더 나아가 어쩌면 일본어가 한국 사람에게 통하지 않는 것을 보여 주는 장면이 일제강점기와 근본적으로는 다르지 않을 것으로 여겨지기도 한다.

본론에서 다시 언급하겠지만 일제는 강점 초기부터 동화주의라는 이

---

[3] 보기를 들어 기무라 다쿠야(木村拓哉)가 주연을 맡은 〈히어로〉라는 일본 영화에서는 주인공이 부산의 한 식당에서 청국장을 주문하는 장면이 나온다. 그리고 〈고독한 미식가〉라는 일본 드라마에도 주인공이 한국에 출장을 와서 전주에서는 청국장을, 서울에서는 돼지갈비를 주문하는 장면이 나온다.

름으로 조선인을 일본인과 같게 만들겠다는 방침을 세우고 있었다. 동화의 주요 요소 가운데 하나로 꼽힌 것이 언어였다. 일제는 조선인을 일본인으로 만드는 핵심 관건이 '고쿠고(國語)'[4] 곧 일본어를 쓰도록 하는 데 있다고 보았다. 그래서 부단히 일본어를 보급하고 조선어[5] 사용을 규제하려는 정책을 추진했다.

제국주의 국가가 식민지를 지배할 때 언어 문제를 중시하는 것은 일반적인 일이었다. 모든 제국주의 국가가 피식민 민족에게 제국의 언어를 보급하는 한편 사용을 장려 내지는 강제하려고 했다. 그러나 피식민 민족의 언어를 제국의 언어로 완전히 대체하려는 시도가 완전히 성공한 경우는 없었다. 왜냐하면 식민지에서 식민 모국 출신은 늘 인구 구성상 소수였고 절대다수는 피식민 민족이었기 때문이다. 식민 모국의 언어를 공용어로 지정한다고 해서 피식민 민족의 언어 세계가 하루아침에 제국의 언어로 바뀔 수는 없었다.

보기를 들어 식민지가 되기 전에 언어의 통일이 이루어지지 않았던 인도나 필리핀에서는 식민 모국의 언어인 영어가 공용어가 되었지만, 피

---

[4] '고쿠고'는 국가 언어를 뜻하는 '국어'의 일본어 발음이다. 오늘날 한국에서는 한글을 국어라고 쓰고 있다. 일제강점기에 일제가 '고쿠고'라는 이름으로 밀어붙인 일본어와 오늘날 우리가 한글을 가리키며 쓰는 국어는 분명히 다른 것이다. 이 책에서는 둘 사이의 혼선을 피하기 위해 일본 제국의 국가 언어 곧 일본어를 지칭할 때는 '국어'로 쓴다.

[5] 일제강점기에는 지금 우리가 알고 있는 한글 전용이 이루어지지 않고 있었다. 말에만 국한한다면 한글, 더 정확하게는 한말을 썼지만, 글로는 한글과 한자를 섞어 쓰는 것이 일반적이었다. 따라서 말과 글을 다 아우를 때는 조선어로 부르는 것이 당시의 상황에 부합한다고 여겨진다. 한글 운동을 펼치던 조선어연구회(조선어학회)도 모임 이름에는 조선어를 쓰면서 기관지 이름에는 한글을 쓰고 맞춤법을 통일할 때도 '한글 마춤법 통일안'으로 불렀다. 이 책에서는 기본적으로 조선어라는 이름을 쓰면서 필요할 때는 한글이라는 이름도 같이 쓸 것이다.

식민 민족의 언어를 대체하는 단계로까지 나아가지는 못했다. 오히려 영국과 미국은 인도와 필리핀의 지방 언어를 존중하는 언어 정책을 펴 나갔다.

프랑스는 베트남을 식민지로 지배하면서 프랑스어를 공용어로 쓰려고 했지만, 베트남어를 로마자처럼 표기한 '꾸옥 응으(국어)' 사용을 고수하려는 베트남인들의 반발에 부딪혀 프랑스어와 꾸옥 응으를 모두 공용어로 채택하게 되었다. 그 결과 베트남의 상급 학교에서는 프랑스어가 사용되기도 했지만, 대부분의 학교에서는 꾸옥 응으 중심의 교육이 이루어졌다.

식민지 가운데 그나마 식민 모국의 언어가 널리 보급된 곳은 아일랜드였다. 아일랜드는 1801년 영국에 병합되기 전까지도 영어를 아일랜드어와 함께 공용어로 사용하고 있었다. 따라서 상대적으로 식민 모국 언어의 확산에 유리한 조건이었다. 그렇지만 아일랜드어가 완전히 소멸한 것은 아니다. 아일랜드 독립을 요구하는 사람들에 의해 아일랜드어를 지키고 보급하려는 운동이 지속되었다. 그 결과 아일랜드 독립 이후 아일랜드어는 제2 공용어인 영어를 제치고 제1 공용어의 지위를 갖게 되었다.[6]

제국주의 식민 지배를 받은 다른 나라와 마찬가지로 일제강점이 끝날 때까지 조선어는 살아남았다. 살아남은 정도가 아니라 실제 언어 생활에서는 일본어를 압도하고 있었다. 일본어를 사용하는 조선인보다 사용하지 않는, 아니 더 정확하게는 애초에 사용할 줄 모르는 조선인이 훨

---

6 그렇지만 실제로는 영어를 모국어처럼 쓰는 아일랜드인이 인구의 90% 이상을 차지하고 있다.

씬 더 많았기 때문이다.

조선총독부는 1912년 11월 22일 훈령 제20호로 조선총독부보고례를 공표했다.[7] 이는 1911년 1월의 경무총감부 훈령 보통경무보고례에서 비롯되었다. 이름에서 알 수 있듯이 이 제도의 핵심은 하급 경찰 관서에서 관할 구역의 제반 사항을 상급 관청에 보고하는 것이었다. 이 제도가 나중에 조선총독부보고례로 확대된 것이다. 보고의 주요 내용 가운데 하나가 인구 관련 조사 결과였고 다시 그 가운데 하나가 일본어 이해자 조사 결과였다. 일본어 이해자 조사 결과는 연말에 연보 형식으로 보고되었다. 현재 남아 있는 일본어 이해자 보고례 양식은 다음과 같다.[8]

1916년 1월 29일 경무총감부훈령갑제4호에 수록된 경찰보고례의 양식

	부·군명			총계	비고
大正 년 12월 말일 국어를 이해하는 조선인 수 표 제출관 서명	조금 이해하는 자	남			
		여			
		계			
	보통 회화에 차질이 없는 자	남			
		여			
		계			
	합계				

출처: 森田芳夫, 1987, 『韓國における國語·國史教育』, 原書房, 127쪽.

각 부·군 경찰서는 해마다 자신들이 담당한 지역의 조선인이 어느 정도 일본어를 이해하고 있는지 조사해 그 결과를 도 경무부(나중에는 경찰부)를 거쳐 조선총독부 경무총감부(나중에는 경무국)로 보고했다. 그러

---

7 『朝鮮總督府官報』, 1912.11.22.
8 이 보고 양식은 해방 때까지 거의 그대로 이어진 것으로 보인다.

면 조선총독부는 그것을 모두 집계해 발표하고는 했다. 그 결과를 정리한 것이 〈표 1〉이다.

물론 이 표는 일관성이 있는 통계 자료가 아니다. 더욱이 주로 경찰에서 행한 연말 호구 조사에 따른 것이다. 호구 조사는 상대적으로 정확하다는 국세 조사와 큰 차이를 보이는 경우가 많았다.[9] 조선총독부는 1925년, 1930년, 1935년, 1940년, 1944년에 국세 조사를 시행했다. 이 가운데 1930년의 국세 조사는 전국적인 문맹률 조사까지 곁들인 것이었다. 1930년의 국세 조사 결과에 따르면 전체 조선인 인구는 20,438,108명이고 이 가운데 일본어와 한글을 읽고 쓸 수 있는 자는 1,387,276명, 일본어만을 읽고 쓸 수 있는 자는 6,297명이어서 둘을 합하면 1,393,573명이었다. 이는 〈표 1〉에서 제시한 1930년 일본어 이해자 수 1,627,136명에 비하면 23만 명 이상이 줄어든 수치이다. 전체 조선인 인구가 호구 조사 결과보다 많았기 때문에 일본인 이해자의 비율은 〈표 1〉에 나온 8.30%보다 낮은 6.8%에 지나지 않았다.

따라서 이 표의 일본어 이해자 수는 정확한 것이 아니다. 보기를 들어 1932년과 1933년의 일본어 이해자 수가 1930년과 1931년의 그것보다 더 줄어든 것으로 되어 있다. 이는 있을 수 없는 일이다. 아마 지방 경찰이 실적을 과시하기 위해 과장 보고를 하는 과정에서 오류가 발생했을 것이다. 특히 조선총독부가 일본어 보급 운동을 강하게 밀어붙인 일제 강점 말기의 통계는 실제보다 부풀려졌을 가능성이 크다.

1938년 통계도 문제이다. 조선총독부에서 발간하던 잡지에는 1938년

---

9 여기에 대해서는 이준식, 1998, 「일제시대 사회통계 1: 인구」, 『한국현대사연구』 1권 2호를 볼 것.

〈표 1〉 일본어를 이해하는 조선인 수

(단위: 명)

연도	조선인 인구	일본어를 이해하는 자			비율(%)
		조금 이해하는 자	보통 회화에 차질이 없는 자	계	
1913	15,169,923	63,092	29,171	92,263	0.61
1918	16,697,017	-	-	303,907	1.81
1919	16,783,510	200,195	102,712	302,907	1.80
1920	16,916,078	244,643	122,722	367,365	2.17
1921	17,059,358	290,707	150,517	441,224	2.59
1922	17,208,139	386,158	178,871	565,029	3.30
1923	17,446,913	485,260	227,007	712,267	4.08
1924	17,619,540	549,137	268,860	817,997	4.64
1925	18,543,326	615,033	332,113	947,146	5.10
1926	18,615,033	690,448	374,998	1,065,446	5.72
1927	18,631,494	755,643	426,372	1,182,015	6.32
1928	18,667,334	817,776	472,465	1,290,241	6.81
1929	18,784,437	900,157	540,466	1,440,623	7.66
1930	19,685,587	997,423	629,713	1,627,136	8.30
1931	19,710,168	1,026,498	697,711	1,724,209	8.74
1932	20,037,173	825,506	716,937	1,542,443	7.48
1933	20,205,591	817,984	760,137	1,578,121	7.81
1934	20,513,804	857,268	833,612	1,690,880	8.24
1935	21,248,864	962,982	915,722	1,878,704	8.84
1936	21,373,572	1,052,903	1,051,059	2,103,962	9.84
1937	21,682,855	1,201,048	1,195,350	2,396,398	11.05
1938	21,950,716	1,326,269	1,391,538	2,717,807	12.38
1939	22,098,310	1,491,120	1,577,912	3,069,032	13.89
1940	22,954,563	1,730,758	1,842,580	3,573,338	15.57
1941	23,913,063	1,884,733	2,087,361	3,972,094	16.61
1942	25,525,409	2,353,843	2,735,371	5,089,214	19.94
1943	25,827,308	-	-	5,722,448	22.15

출처: 朝鮮總督府, 『朝鮮總督府施政年報』, 1921-1941년판; 朝鮮總督府, 『朝鮮事情』, 1940-1944년판; 近藤釰一 編, 1961, 「附錄 第85回 帝國議會說明資料所在戰時重要統計」, 『太平洋戰爭下終末期 朝鮮の政治』, 朝鮮史料編纂會, 199~200쪽.

일본어 이해자 수가 이 표의 2,717,807명에 비하면 30만 명 이상이나 적은 2,397,398명으로 기록되어 있다.[10] 아마 보고 계통의 차이로 이러한 차이가 났을 것으로 보인다. 현재로서는 어떤 것이 현실에 가까운지를 알 수 없다.

조선총독부 재무국이 1944년 제국 의회 임시 회의에서 설명 자료로 쓰기 위해 만든 문서에 따르면 1943년 말 일본어 이해자 수는 7,836,354명으로 전체 조선인 인구의 30.7%를 차지했다고 한다. 〈표 1〉과 비교하면 이해자 수로는 200만 명 이상, 비율로도 8% 이상의 차이가 난다.[11] 이 수치는 조선총독부가 제국 의회에서 예산을 따내기 위해 실제보다 과장한 것으로 보인다.

중요한 사실은 조선총독부의 여러 문서에서도 일본어 이해자 수는 들쑥날쑥했다는 것이다. 따라서 이 표의 일본인 이해자 수를 사실에 부합하는 것으로 받아들여서는 안 된다. 다만 일제하 일본어 보급의 추이를 이해하는 하나의 지표로 보면 될 것이다.

어쨌거나 전반적으로 보면 일제강점기에 일본어를 이해하는 조선인은 계속 늘어났다고 볼 수 있다. 강제 병합 3년 뒤에는 9만 명에 지나지 않았는데 해방 직전에는 63배가 되는 572만 명까지 늘어났다. 전체 조선인 가운데 차지하는 비율도 1913년의 0.61%에서 36배가 되는 22.15%로 높아졌다. 그래서 마치 조선총독부의 일본어 보급 정책이 큰 효과를 거둔 것처럼 착각할 수도 있다.

---

10 朝鮮總督府, 1939, 「彙報」, 『朝鮮』 1939년 1월호.

11 近藤釖一 編, 1961, 「附錄 第85回 帝國議會說明資料所在戰時重要統計」, 『太平洋戰爭下終末期 朝鮮の政治』, 朝鮮史料編纂會, 195~196쪽.

그러나 일제가 공식적으로 밝힌 바에 따르더라도 조선인 가운데 일본어를 아는 인구의 비율은 1918년 1.81%, 1928년 6.81%, 1938년 12.38%, 1943년 22.15%에 지나지 않았다.[12] 일제 강점 초반에는 조선인 100명 가운데 한두 명 정도만 일본어를 아는 데 그쳤다. 그러니 경찰, 교사, 군수와 면 서기 등 일제 식민 지배와 밀접하게 관련된 사람이 아니라면 조선인 대부분이 일본어를 알지 못했다는 이야기가 된다. 오죽하면 식민 지배를 안정시키기 위해서는 일본인 경찰, 관료, 교사에게 조선어를 배울 것을 장려했을까. 그나마 일본어를 의무적으로 가르치던 초등 교육이 조금씩 활성화되면서 일본어를 아는 조선인의 비율이 점차 높아지기는 했지만 전시 체제기 직전인 1930년에도 8% 정도밖에 되지 않았다.

그리고 일제가 침략 전쟁에 조선인을 동원하기 위해 혈안이 되었을 때 '국어' 상용 정책을 조선인에게 강요하면서까지 일본어를 보급하려고 했고 아예 조선어 사용을 금지하는 여러 정책을 강제적으로 폈지만, 조선인의 언어 생활이 일본어 중심으로 바뀌지는 않았다. 조선총독부가 일

---

[12] 朝鮮總督府, 1944, 『第86會帝國議會說明資料』; 熊谷明泰, 2004, 『朝鮮總督府の國語政策資料』, 關西大學出版部, 534~535쪽. 이러한 수치는 15년 먼저 일본의 식민지가 된 타이완과 크게 비교가 된다. 타이완에서는 식민 지배가 시작된 지 10년이 지난 1905년과 20년이 지난 1915년의 일본어 보급률이 각각 0.38%, 1.63%에 지나지 않았지만 1930년대 이후 일본어 보급률이 비약적으로 상승해 1932년 22.8%, 1935년 32.3%, 1938년 41.9%, 1940년 51.0%, 1941년 57.0%를 기록했다. 곧 1940년대 이후 전체 타이완인의 절반 이상이 일본어를 사용할 줄 알게 된 것이다. 이는 같은 시기 조선인에 대한 일본어 보급률의 거의 3배 가까운 수치였다. 타이완의 일본어 보급에 대해서는 藤森智子, 2014, 「日本統治下臺灣の國語普及政策の成立と展開」, 白柳幸弘研究代表科學研究費補助金基盤研究(b), 『舊外地の學校に關する研究-1945年を境とする連續・非連續』 研究成果報告書, 12~25쪽을 볼 것.

본 제국 의회에 보고한, 1943년 말 일본어 보급률 22.15%라는 수치야말로 이러한 상황을 바로 보여 주는 증거일 것이다. 결과적으로 일제의 언어 정책은 제국주의 역사 가운데서도 유별났다고 하는 강제성에도 불구하고 일본어의 전면적 보급에 의한 조선어의 폐지 단계까지는 나아가지 못했다고 할 수 있다.

일제강점기 일본어 보급과 조선어 규제를 핵심으로 하는 조선총독부의 언어 정책에 대해서는 오래전부터 많은 연구가 이루어졌다. 특히 조선어 규제와 이에 맞선 한글 운동은 국어학 분야에서, 일본어 보급은 일본어학 분야에서 상당한 정도로 실증적인 연구가 나온 바 있다.

조선어 규제 문제는 중요한 주제이다. 그런데 기존의 연구는 대부분 중일전쟁 이후의 조선어 금지에 초점을 맞춘 경향이 있다. 흔히 일제강점 말기 조선총독부의 언어 정책을 한글 '말살' 정책이었다고 한다. 말살의 사전적 의미는 '존재하는 사실이나 사물 따위를 아주 없애 버림'이다. 따라서 한글 말살이란 한글을 아예 없애 버리는 것을 의미한다. 1938년 「조선교육령」 개정으로 초등학교에서 조선어가 필수 과목에서 선택으로 바뀌고, 1940년 2월에는 조선인이 조선 고유의 성과 이름을 쓰는 대신에 일본식 성과 이름을 쓰도록 강요하는 창씨개명이 시행된 데다가 같은 해 8월 조선어 신문인 『동아일보』와 『조선일보』가 폐간되는 일이 연이어 일어났다. 1943년에는 다시 「조선교육령」이 개정되어 중등학교에서도 조선어 교육이 폐지되었다. 그런 가운데 학교에서 조선어를 쓰다가 교사와 교장에게 심한 벌을 받았다는 식의 이야기가 널리 퍼지면서 일제가 한글을 말살하려고 했다는 강한 인상을 많은 사람에게 남겼다. 그래서 해방 직후부터 시작해 지금까지도 상당수의 연구자가 일제가 강점 말기 민족 말살 정책의 하나로 한글을 말살하려고 했다는 서술을 하고

는 한다.[13]

그렇지만 일제 강점 초기는 물론이고 말기에도 조선총독부가 한글 말살 또는 폐지 정책을 전력으로 밀어붙였다는 증거는 거의 보이지 않는다. 물론 조선총독부가 조선어 사용을 될 수 있는 한 억제 내지는 금지하려고 한 것은 맞다. 그러나 일제가 내건 동화주의나 내선일체의 이면에는 조선인을 완전히 일본인으로 만드는 것은 현실적으로 어려울 뿐만 아니라 궁극적으로는 일본 제국을 위해 바람직하지도 않다는 생각이 짙게 깔려 있었다.

한편 일본어 보급에 관한 기존의 연구는 주로 학교 교육 중심으로 이루어졌다는 특징을 보인다. 특히 일본어학 분야에서의 연구는 대부분 초·중등 교과서 분석에 초점을 맞추고 있다.[14] 그런데 이러한 연구는 마

---

[13] 보기를 들어 이만규는 1949년에 "1938년 3월에 조선교육령을 개정하였을 때에 정과이던 조선어를 수의과로 하고서도 그해 4월부터 조선어를 못 가르치게 하였다. 그뿐만 아니라 조선어 사용을 금지하였다. 학교 안에서 조선어 쓰는 것을 발견하면 학교에 따라서 혹은 벌금 혹은 견책 혹은 처벌, 그리하고 이것으로 조행점을 감하였으며 교외에서는 소위 보도연맹원이 있어서 학생이 조선어 쓰는 것을 발견하면 불러 말하고 혹은 그 학교에 알리어 단속하게 했으며 조선어 쓰는 것을 민족 사상의 발로로 다루고 일본어 아니 쓰는 것을 배일 사상으로 여기었다. 그같이 제 나라 말을 버리도록 민족적 양심을 파멸시키려 하였다. 이 모어(母語) 박멸 방침은 확실히 민족성을 없애려는 것이었는데…"라고 적었다.(밑줄은 인용자) 이만규, 1949, 『조선교육사』 하, 을유문화사, 344~345쪽. 이같이 일제 강점 말기 조선총독부의 언어 정책을 한글 말살 또는 박멸로 여긴 것은 이만규 한 사람에게 그치지 않는다. 대표적인 보기로 이숭녕·김동욱·전광용, 1956, 『국어국문학사』, 을유문화사, 199쪽; 김성준, 2010, 『일제강점기 조선어 교육과 조선어 말살정책 연구』, 경인문화사; 박걸순, 2009, 『국학운동』, 독립기념관 한국독립운동사연구소 등을 볼 것.

[14] 관련 연구는 많지만, 대표적인 것으로 사희영·김순전, 2012, 「국어로서의 근대 일본어교육 고찰-조선총독부 제1기 『보통학교국어독본』을 중심으로」, 『일본어문학』 52; 송숙정, 2018, 「일제강점기 조선총독부 발행 국어(일본어)독본에 관한 서지학적 고찰」, 『일본어학연구』 58; 임상석, 2010, 「조선총독부 중등용 조선어급한문 독본의 편

치 조선총독부가 교과서를 편찬한 취지가 그대로 조선인에게 관철된 것처럼 간주하는 경향을 보인다는 점에서 한계를 갖는다. 역사학 분야에서는 전시 체제기 일본어 보급 움직임을 징병제와 연결해 논의하는 몇몇 연구[15]가 나왔지만, 보급의 강제성을 강조하려다 보니 한글 말살과 마찬가지로 실제 조선인의 언어 생활에 그러한 강제적 정책이 어떻게 관철되었는가 하는 문제를 제대로 설명하지 못하는 한계를 보였다.

이와 관련해서는 최근 일본의 언어사 연구자인 미쓰이 다카시(三ツ井崇)가 주목할 만한 일련의 논저를 내놓았다.[16] 미쓰이는 '식민지 조선의 언어' 문제를 식민 권력의 주체인 일제(조선총독부)의 언어 정책 중심으로 파악한다. 그러면서도 일제의 언어 정책이 조선인에게 일방적으로 관철되었다고는 보지 않는다. 식민 지배에 도움이 되는 한도 안에서 조선어를 정리하려는 조선총독부와는 다른 차원에서 한글을 정리하려는 움

찬 방식과 정책적 차별-조선과 조선어의 위상 변화」, 『우리어문연구』 63 등을 볼 것.

15 대표적인 연구로 이명화, 1995, 「조선총독부의 언어동화정책-황민화시기 일본어상용운동을 중심으로」, 『한국독립운동사연구』 9; 최유리, 1995, 「일제 말기 황민화정책의 성격-일본어 보급운동 중심으로」, 『한국근현대사연구』 2; 宮田節子, 1985, 『朝鮮民衆と'皇民化'政策』, 未來社 등을 볼 것. 한편 일본어학 분야에서도 배종각이 일제 강점 말기 일본어 보급 운동을 징병제와 관련해 치밀하게 다룬 박사학위논문을 낸 바 있다. 배종각, 2006, 「일제강점기의 일본어보급운동 연구: 1936~1945년을 중심으로」, 한양대학교 박사학위논문.

16 여러 논저 가운데서도 미쓰이 다카시, 2010, 「'언어문제'에서 본 한국 근대사-교육정책과 언어운동의 측면에서」, 『한국학연구』 22; 미쓰이 다카시, 2012, 「식민지하 조선의 언어 정치학 조선 언어정책·사회사재고」, 『한림일본학』 20; 미쓰이 다카시, 2013, 「중일전쟁 시기 이후 조선총독부의 언어정책과 조선사회: 일본어 "보급" 문제를 중심으로」, 『한림일본학』 23; 미쓰이 다카시, 2013, 『식민지 조선의 언어 지배 구조: 조선어 규범화 문제를 중심으로』, 소명출판; 三ツ井崇, 2005a, 「植民地期朝鮮における言語運動の展開と性格: 1920~30年代を中心に」, 『歷史學研究』 802; 三ツ井崇, 2010, 『朝鮮植民地支配と言語』, 明石書店 등을 볼 것.

직임, 곧 '조선인에 의한 조선어 규범화 운동'이 존재하고 있었다는 사실에도 충분히 눈길을 돌리고 있다. 다만 조선총독부의 정책과 조선인의 운동 사이의 복잡한 관계를 보겠다는 문제의식에도 불구하고 전자가 후자보다는 더 큰 규정력을 가졌다는, 어쩌면 제국의 입장에서 식민지를 보는 데 익숙한 일본인 연구자에게 당연히 나타날 수 있는 결론으로 빠져 버렸다는 점에서 다소의 아쉬움을 남긴다.

미쓰이도 최근에 지적했듯이 조선인의 언어 생활이 완전히 일본어 중심으로 바뀌는 것이 가능하다고 본 일본인은 극히 일부에 지나지 않았다. 오히려 일찍이 일본 제국의 내부 식민지로 편입된 오키나와의 류큐어(琉球語)가 그랬던 것처럼 조선어를 '국어'의 사투리 정도로 간주하려는 경향이 더 두드러졌다. 그랬기 때문에 적어도 학교 교육에서는 일제강점 초기는 물론이고 1930년대 중반까지도 조선어를 '국어' 보급의 도구로 보고 '국어'와 조선어의 이중 언어 체계를 사실상 용인했다.

일제는 식민 지배의 안정과 원활한 통치를 위해 필요에 따라서는 일본어를 적극 보급했지만, 일본어 보급을 모든 조선인에게 확대하려고 하지는 않았다. 식민 지배 기구와 각종 학교 교육에서는 지배 언어로서 일본어를 사용했지만, 조선인의 일상생활에서는 조선어의 사용을 용인했다. 곧 다른 제국주의 국가에서 그랬던 것처럼 이중 언어 체계를 유지했다. 19세기와 20세기 제국주의 국가 가운데 언어 말살 정책을 쓴 경우는 거의 없다. 제국주의 시대 이전에는 영국, 스페인, 포르투갈이 아메리카 대륙에서 언어 말살 정책을 쓰기도 했지만, 이는 아메리칸 인디언의 인종 말살 정책과 결합한 것이었다.

조선총독부는 처음부터 동화주의를 표방하고 동화 정책을 추진했다. 그렇지만 조선인을 궁극적으로 일본인과 동등하게 동화시켜 일본인으로 만들려는 것은 아니었다. 동화를 위해서는 의무 교육을 시행해야 하고 광범하게 초·중등학교를 설립해 일본어와 일본 문화를 보급해야 했다. 이를 위해서는 막대한 재정이 투자되어야 했다. 그러나 일제는 그러한 투자를 제한적으로만 했다. 또한 조선인과 일본인을 동등하게 대우하겠다는 것은 말에 그쳤을 뿐 강점 말기까지도 제대로 실현된 적이 없었다. 조선인에 대한 차별은 일제강점기 내내 일상적인 것이었다.

더 큰 문제는 동화를 위해서는 조선인에게도 일본인과 같은 국민의 의무와 권리를 부과해야 한다는 것이었다. 일제는 조선인에게 참정권을 부여해 일본 제국의 국민으로 만들 의지를 처음부터 갖고 있지 않았다. 식민지 조선을 본국인 내지와 다른 외지로서 구조적으로 차별하고 조선인을 열등한 2등 신민으로 영원히 지배하려고 했다. 식민 지배의 명분을 위해 또한 식민 지배를 합리화하기 위해 동화와 내선일체를 주장했을 뿐이다. 일제의 동화주의 정책은 완전한 내선일체가 아닌 피식민지인으로 차별을 내재화시키고 고착시키기 위한 동화 정책이었을 뿐이다. 그러니 언어를 통한 동화도 구호에만 그쳤을 뿐 처음부터 실현될 가능성이 없었던 셈이다.

일제가 1937년 중일전쟁을 일으키고, 1941년 태평양전쟁을 일으키면서 상황이 바뀌기는 했다. 특히 1942년 연합군의 반격으로 전세가 역전되면서 조선인의 징병이 현안으로 떠올랐다. 징병은 피지배자인 조선인에게 무기를 지급하게 되어 이에 따른 위험부담이 컸기 때문에 사전에 조선인을 적극적으로 황민화시키는 것이 필요했다. 이를 위해서는 일본어를 더 적극적으로 보급하고 황민화 교육을 추진해야 했다. 조선의 정치·경제·사회·문화의 모든 면에서 억압과 통제를 강화하고, 조선의 민족적인 것을 철저히 금압하려고 했다. 공공기관과 학교에서의 조선어 사용은 금지되었다. 그러나 한글 말살에까지는 이르지 못했다. 일본어의 전면 보급은 초등학교 의무 교육이 시행되고, 전국 각지에 초·중등 교육 기관이 설치되지 않는 한 불가능한 것이었기 때문이다. 조선총독부는 이를 잘 알고 있었고, 총력전으로 전쟁을 치르던 일제에 그럴 여력은 없었다.

심지어는 징병도 조선인에 대한 참정권 부여와 연결된다는 점에서 쉽게 이루어지지 않았다. 연합군의 공세 속에 전황이 나빠지자, 추가 병력이 필요한 일본 군부와 조선총독부는 징병제 시행을 적극 추진했지만, 일본의 특권 세력은 물론 정당 정치 세력과 관료 사회에서 반대가 거셌다. 우여곡절 끝에 1944년에 가서야 징병제가 시행되었다. 그리고 1945년 극히 제한된 선거 제도 아래 소수의 중의원을 조선에서 선출하는 것을 인정하는 방향으로 일본의 선거법이 개정되었지만, 참정권은 해방이 될 때까지 끝내 실현되지 않았다.

일제강점 말기에 조선총독부가 '국어' 상용과 관련해 조선어 사용을 금지하려고 한 것은 맞다. 그러나 금지의 공간은 주로 학교였다. 학교 밖에서는 '국어' 상용이 사실상 불가능하다는 것을 조선총독부도 잘 알고 있었다. 학교 밖에서 조선인의 언어 생활은 여전히 조선어 중심이었다. 전시 체제기에는 황민화 정책의 하나로 '국어' 사용의 공간을 학교에서 학교 밖으로 확대하려고 했지만, 그것도 매우 제한적일 수밖에 없었다. 당시 일제의 최대 관심은 조선인을 전쟁에 동원하는 것이었다. 황민화 정책이나 그에 연동된 '국어' 상용 정책도 모두 조선인의 전쟁 동원이라는 목표를 달성하기 위한 수단으로서의 성격을 더 강하게 갖고 있었다. 일본어 보급과 조선어 사용 금지 그 자체가 식민 지배의 목표는 아니었다.

1937년 중일전쟁 이후 일제의 침략 전쟁이 계속 확대되는 가운데 조선인 징병제 시행 때문에라도 학교 안팎에서 일본어 보급이 강력하게 추진되었지만 결국 소기의 성과를 거두지 못했다. 1943년 말을 기준으로 조선인 가운데 8할 가까운 사람들이 아직도 일본어를 쓸 줄 모르는 상황에서 조선총독부는 겉으로는 '국어' 상용을 외치면서도 실제로는 조선어의 존재를 인정하고 그것을 이용하는 동원 정책을 펼 수밖에 없었다.

이러한 상황은 강점 초기까지 거슬러 올라간다. 강제 병합을 전후해 식민 지배를 위해 조선어를 어떻게 할 것인지를 둘러싸고 일본 정계, 관계, 학계에서 논란이 일어났다. 일부는 조선어의 즉각 폐지를 주장했다. 그렇지만 그것이 현실적으로 불가능하다고 여긴 일본인이 더 많았다. 그래서 조선총독부는 강점 초기부터 조선어의 존재를 사실상 인정하고 그것을 이용하는 방식으로 조선인에 대한 언어 지배를 관철하려고 했다. 학교 교육 과정에 조선어 과목을 편성하는가 하면 조선어의 규범화[17]를 시도했다. 더 나아가 일본인 관리에 대한 조선어 교육을 시행하고 일본인 관리가 조선어 자격 시험에 합격하면 봉급과 승진에서 혜택을 주는 정책을 펴기도 했다.

이는 일제 지배 정책의 핵심인 동화 정책의 논리와는 정면으로 충돌하는 것이었다. 왜냐하면 조선인을 일본인으로 동화시키기 위해서는 조선어를 덜 쓰게 만들고 궁극적으로는 조선어를 아예 일본어로 대체해야

---

17 규범화라는 말은 미쓰이의 책에서 따온 것이다. 그에 따르면 언어의 규범화란 "(어떤 언어가) 서기 언어(written language)로서의 규범을 획득하고 네이션(nation)을 대표하는 통일적 표준형이 만들어지는 것" 더 구체적으로는 "철자법(정서법)의 정리, '표준어'의 확정, 사전 편찬이라고 하는 일련의 실제적 정비" 과정으로 정의된다. 미쓰이 다카시, 2013, 앞의 책, 11쪽.

하는데 정작 조선총독부의 언어 정책은 식민 지배를 위해서라면 조선어 마저도 적극 이용하겠다는 것이었기 때문이다. 이러한 언어 정책에서의 상충은 시간이 지나면서 점차 일본어 사용을 더 강제하고 상대적으로 조선어 사용은 억제 또는 금지하는 쪽으로 바뀌었지만 일제강점이 끝날 때까지 완전히 해소되지는 않았다. 아니 식민 지배의 최고 권력인 조선 총독부로서도 해소할 수 없었다고 하는 것이 더 정확할지 모르겠다.

이런 의미에서 본다면 일제의 언어 정책은 조선인의 언어 생활에 균열을 초래하기는 했지만[18] 결과적으로는 성공하지 못한 셈이다. 그리고 주지하듯이 해방이 되자마자 남과 북 모두에서 '한자의 세계'에서 '한글의 세계'로의 혁명적 전환이 일어났다. 과거에 한자 문화권에 속해 있던 동아시아 나라 가운데 유일하게 언어 혁명에 성공한 것이 대한민국과 북한이다.

일제 식민 지배로부터 해방된 뒤 식민 잔재 청산의 목소리가 높았지만 정작 청산에 성공한 경우는 거의 없다. 그런 가운데서도 다른 분야에 비해서는 일찍부터 식민 잔재를 극복하려는 움직임이 나타났고 일정 부분 결실을 거둔 분야가 바로 언어였다.[19]

일제의 일본어 보급과 조선어 규제 정책에 의해 해방 직후의 언어 상황은 심각한 위기를 겪고 있었다. 일상생활에서 많은 사람이 여전히 일본어를 쓰고 있었기 때문이다. 일제강점기에 일본어 상용 정책이 가장

---

18 가장 쉽게 생각할 수 있는 균열이 우리말에 일본어 어휘를 섞어 쓰는 이상한 관행이 생기게 된 것이다. 이러한 관행은 해방 이후에도 한동안 극복되지 않았다. 심지어는 한자로 된 일본어 어휘는 지금도 버젓이 쓰이고 있다. 대표적인 보기가 부도, 낙서, 견본, 색안경, 명찰, 수당, 오지, 인계, 입장, 장소 같은 어휘이다.

19 물론 식민 잔재의 청산에 완전히 성공했다는 것은 아니다. 많이 나아졌지만, 아직도 일본어의 잔재 특히 일본어 어휘는 우리 생활 곳곳에 스며들어 있다.

강력하게 시행된 것은 학교인데, 해방 직후 전국 방방곡곡의 학교에서 선생님이 출석을 부르면 학생들이 '하이('네'라는 의미의 일본어)'라고 대답하는 웃지 못할 일이 일어나기도 하였다.

국어 '상용'이 강조되던 일제강점 말기에 초등 교육 또는 중등 교육을 받은 세대에게는 상대적으로 한글보다는 일본어를 쓰는 것이 더 익숙했을 수도 있다. 특히 글을 쓸 때 그랬을 것이다. 왜냐하면 학교에서 조선어를 배우지 않아서 한글로 글을 쓰기가 쉽지 않았기 때문이다. 그러나 이러한 혼란을 겪은 사람은 다수가 아니라 소수였다. 다시 강조하자면 1943년 당시 일본어를 아는 조선인은 전체 인구의 20% 남짓이었다. 조선인 가운데 절대다수는 해방 직전까지도 일본어를 유일한 언어로 받아들이지 않던, 아니 받아들일 수 없었던 사람들이었다.

그러니 언어의 혼란은 결코 오래 가지 않았다.[20] 일본식 교육의 상징과도 같은 '차렷'과 '경례'는 해방 이후에도 한국 학교에서 살아남았지만 적어도 차렷과 경례의 일본어 표현인 '기오쓰케'와 '레이'는 더는 쓰이지 않게 되었다. 우리 민족의 고유한 언어인 한글은 일제강점기를 거치면서도 민족의 언어로 살아남아 해방 이후에는 국가의 언어가 되었다. 그리고 그 한가운데에는 19세기 말부터 시작되어 일제강점기까지 면면히 이어진 한글 운동[21]이 자리를 잡고 있었다. 한글 운동은 조선총독부의 언

---

20 해방 직후 언어 위기 상황을 논의한 정재환, 2012, 「해방 후 우리말 도로 찾기 운동의 내용과 성과」, 『한글』 296; 정재환, 2013, 『한글의 시대를 열다-해방 후 한글학회 활동 연구』, 경인문화사를 볼 것.

21 한글 운동에 대해서는 이준식, 1994, 「외솔과 조선어학회의 한글 운동」, 『현상과 인식』 18권 3호; 이준식, 1996, 「일제 침략기 한글 운동 연구」, 『한국사회사연구회논문집』 49집; 이준식, 2008, 「최현배와 김두봉-언어의 분단을 막은 두 한글학자」, 『역사비평』 82; 이준식, 2010, 「허못(白淵) 김두봉의 삶과 활동」, 『나라사랑』 116; 이준식,

어 정책에 대항마 노릇을 하면서 우리 민족이 언어 생활의 위기를 극복하는 데 크게 이바지했다.

해방 이후 언어 혁명의 초기 단계에서 이른바 국어 순화의 목소리가 높았다. 국어 순화의 핵심은 일제 식민 지배 잔재인 일본어 어휘 대신에 한글을 쓰자는 것이었다. 예를 들어 주식(株式)을 일본어인 '가부시키'라고 쓰지 말고 '주식'이라고 쓰자는 것이었다. 그래서 해방 후 한동안 쓰이던 일본어가 지금은 한국 사람들의 언어 생활에서 거의 사라졌다. 물론 그것이 하루아침에 이루어진 것은 아니었다. 아무리 국어를 순화하자고 해도 이미 일본어로 말하는 데 익숙해진 일부의 사람들은 여전히 의식적으로든 무의식적으로는 일본어로 말하거나 일본어 어휘를 쓰려는 경향이 있었다. 이를 잘 보여 주는 것이 박정희 전 대통령의 일화이다.

박정희는 대통령이 되고 난 뒤에도 일본 제국에 대한 향수를 숨기지 않았다고 한다. 박정희는 일제강점기에 대구사범학교를 졸업한 뒤 교사 생활을 하다가 군인이 되기 위해 만주 군관학교와 일본 육군사관학교를 다녔다. 일본어 교육을 충실하게 받은 대표적인 인물로 꼽아도 부족함이 없다. 5·16군사정변으로 정권을 장악한 뒤 술에 취해 흥이 날 때마다 일본 군복을 입고 청와대 뜰을 거닐면서 "갓테 쿠로조토 이사마시쿠(이기고 오겠다고 씩씩하게)"로 시작되는 일본 군가를 불렀다는 이야기는 많

2016, 「정태진의 한글운동론과 조선어학회 활동」, 『동방학지』 173; 박용규, 2012, 『조선어학회 항일 투쟁사』, 한글학회; 三ツ井崇, 2002, 「朝鮮語學會の朝鮮語規範化運動と朝鮮語學會事件」, 『東アジア研究』 35; 三ツ井崇, 2005a, 앞의 글; 三ツ井崇, 2005b, 「植民地期朝鮮におけるハングル運動と傳統-'訓民正音'·植民地權力, そして'言語運動史'」, 『歷史評論』 673 등을 볼 것.

이 알려져 있다. 여기서 흥미로운 것은 술에 취하면 일본 군가를 불렀다는 사실이다. 그래도 대한민국의 대통령인데 차마 맨정신으로는 일본 군가를 부르지 못했을 것이고 술이 한 잔 들어가면 익숙한 일본어로 일본 군가를 불렀을 것이다. 그것도 벌써 50년도 더 지난 이야기이다. 지금은 박정희처럼 일제강점기에 일본어 교육을 받은 사람들[22]은 계속 줄어들어 거의 남아 있지 않다.

현재 한국에서 일상생활에 한글 대신 일본어를 쓰는 일은 거의 없다. 윗도리를 뜻하는 우와기(上着) 같은 말은 실제 언어 생활에서 이미 폐기된 지 오래다. 나이가 든 사람들이 어쩌다가 오뎅이나 다쿠앙이라고 하면 주위에서 바로 어묵, 단무지라고 지적을 하고는 한다.

앞에서 길게 타이완의 이야기를 한 이유가 바로 여기에 있다. 아직 일제 식민 지배의 그늘에서 벗어나지 못한 타이완에 비해 한국은 일제 식민 지배와의 단절을 이룬 셈이기 때문이다. 언어 생활도 마찬가지이다. 일본어는 현재 한국에서 제2외국어일 뿐이다.

일제는 한반도를 강점하고 있던 동안에 식민 지배의 이데올로기로 한국 민족을 일본 민족으로 동화시키겠다는 동화주의를 내걸었다. 그리고 동화를 위해 다양한 정책을 추진했다. 어떤 때는 강경하게 어떤 때는 덜 강경하게 일본 민족으로의 동화를 밀어붙였다. 끝내 일제강점 말기에는 아예 조선 민족을 아예 말살시키기라도 할 듯한 정책을 강행했다. 그러나 결과적으로 한국 민족은 일본 민족에 동화되지 않았다. 일제의 동

---

22 뒤에서 다시 자세히 언급하겠지만 일제강점 말기에 초등 교육에서 일본어를 배워 일본어를 할 수 있는 조선인은 전체 인구의 3할 미만이었다. 나머지 대부분의 조선인은 일본어로 말하거나 쓰는 것을 전혀 할 수 없었다.

화주의 정책은 완전히 실패로 끝났다.

또한 일제는 강점 말기에 '국어' 상용을 내걸고 조선인의 언어 생활도 일본어 중심으로 바꾸려고 했지만, 조선인의 언어 생활은 끝내 일본어 중심으로 바뀌지 않았다. 일제강점기에 일제가 언어 정책을 통해 의도한 바의 핵심, 곧 일본어로 조선어를 완전히 대체하겠다는 구상도 실패로 끝난 셈이다.

언어 정책이란 국가가 그 나라에서 쓰는 말을 통일·발전시키려고 쓰는 정책을 가리킨다. 이는 언어 정책의 적극적 측면이다. 다른 한편으로 언어 정책은 한 언어 공동체[23] 내부에 문제가 발생했을 때 국가 차원에서 이를 해결하고자 하는 정책적인 노력을 가리키기도 한다. 어느 경우에나 언어 정책의 주체는 국가이다. 그런데 일제강점기에 우리 민족은 국가를 잃었다. 중국에 일종의 망명 정부인 대한민국임시정부가 존재했지만 언어 정책을 펼 만한 현실적 힘은 갖고 있지 않았다. 따라서 일제강점기 언어 정책의 일차적 주체는 조선총독부일 수밖에 없었다. 그리고 조선총독부의 언어 정책은 한반도에서 가장 많이 사용되던 조선어와 일본 제국의 국가 언어인 일본어의 위상을 어떻게 조정할 것인가 하는 문제를 둘러싸고 전개되었다.

일제강점기 언어 정책은 계획 및 집행 기관이 식민 지배 세력이었으므로 이로 인한 민족 언어의 훼손이 극심했다. 그러나 큰 상처에도 불구하고 민족의 언어인 한글은 살아남았다. 역으로 국가의 언어인 일본어는

---

23 '한 언어 공동체'란 식민 지배자인 일제로서는 '제국 판도' 안에 속한 여러 민족을 아우르는 것이었다. 일제는 오키나와 홋카이도 같은 내부 식민지와 조선이나 타이완 같은 식민지의 고유한 언어를 방언(사투리) 처리하는 것으로 제국의 언어 공동체를 만들려고 했다.

끝내 조선인의 언어 생활을 장악하는 데 실패했다. 이 책은 이러한 관점에서 일제강점기의 언어 정책, 곧 조선총독부에 의한 일본어 보급 정책과 조선어 규제 정책을 살펴보려고 한다. 표준어의 규정, 맞춤법의 확립, 글자의 통일이나 개혁, 외국어 교육, 문맹 퇴치 등이 언어 정책의 중요한 내용을 이룬다. 그런데 이 가운데 그 어느 것도 조선총독부에 의해 제대로 이루어진 것이 없다. 오히려 조선총독부와 대척점에 있던 한글 운동이 그러한 일을 사실상 추진하고 있었고 몇몇 영역에서는 실질적인 성과를 거두었다. 그러니 일제의 언어 정책은 실패로 끝났다고 이야기하는 것이다. 태산명동에 서일필이라고나 할까.

일제강점기 언어 정책은 크게 세 가지 방향에서 이루어졌다. 첫째는 언어를 통한 동화 정책으로서의 일본어 보급 정책이며, 둘째는 동화 정책을 시행하는 과정에서 보인 조선어 정책이며, 셋째는 식민 지배를 원활하게 하려는 목적에서 일본인을 대상으로 한 조선어 정책이다. 이 세 가지 정책은 긴밀하게 맞물려 있었다. 다만 이 책은 앞의 둘에 초점을 맞출 것이다.

일제의 강점이 우리 민족의 끊임없는 저항에도 불구하고 지속될 수 있었던 데는 군대, 경찰, 사법 기관 등의 억압적 국가 기구가 크게 작용하고 있었다. 그러나 식민 지배 체제를 유지할 수 있게 한 또 다른 기반은 교육 기관, 대중 매체, 종교 기구 등의 이데올로기 국가 기구였고 그러한 기구를 통해 유포된 식민지 지배 이데올로기였다. 일제는 강점 초기부터 다양한 통로를 통해 식민 지배를 정당화하는 이데올로기를 창출하고 유포시키는 데 전력을 기울였다. 그것은 대체로 '근대'라는 외피를 쓰고 있었다. 그리고 식민 지배 이데올로기를 유포하는 데 가장 중요한 것이 언어였다. 일제는 강점 초부터 언어 문제에 깊은 관심이 있었다. 강제 병합 이후에는 '국어'가 된 일본어를 조선 사람들에게 가르침으로써 그들의 언어 생활을 일본식으로 재편하려고 했다. '고쿠고'는 문명의 언어로, 조선어는 비문명, 즉 야만의 언어로 규정되었다.

언어 이데올로기와 제국주의의 관계에 관해 연구해 온 사회 언어학자들은 제국주의가 단순히 정치·경제적 현상만을 의미하는 것이 아니라고 주장한다. 제국주의에는 문화의 요소가 중요하다는 것이다. 그 가운데서도 언어야말로 제국주의의 영토 확장을 정당화하는 데 가장 중요한 수단이라고 한다. 그래서 모든 식민 지배에는 식민지 종주국의 언어가 식민지 주민의 언어에 파고들어 가서 약화하거나 없애 버리는 '언어 침식' 현상을 일으키게 된다는 것이다. 이러한 언어 침식은 일제의 식민 지배를 받던 식민지 조선에서도 당연히 나타날 수밖에 없었다. 그런데 흥미로운 것은 일본어에 의한 언어 침식이 결코 일제가 의도한 대로 나타나지는 않았다는 사실이다.

언어를 통한 일제 식민 지배에는 역설이 존재했다. 한반도에 거주하는 일본인보다 훨씬 더 많은 숫자를 차지하고 있던 조선인에게 '고쿠고'인 일본어는 여전히 남의 언어였다. 조선인의 모어는 여전히 조선어 곧 한글이었다. 일제로서도 조선어를 하루아침에 없애는 것은 물리적으로 불가능하다는 사실을 잘 알고 있었다. 결국 조선어를 아예 쓰지 말 것을 요구하기가 어려운 상황에서 '국어'로서의 일본어와 민족 언어로서의 조선어가 공존하는 '이중 언어 체계'[24]가 현실적으로 지속될 수밖에 없었다.

조선인 대다수가 일본어를 모르는 상황에서는 '국어'로 식민 지배 이데올로기를 유포하는 것 자체가 불가능했다. 따라서 일본 본국에서는 강

---

24 미쓰이는 '이중 언어 병용주의'로 부르고 있다. 미쓰이 다카시, 2013, 앞의 책, 50쪽.

제 병합 직후 조선어를 폐지하고 일본어만 쓰도록 해야 한다는 목소리가 높았지만, 조선총독부는 식민 지배 체제를 유지하기 위해 조선어의 사용을 용인할 수밖에 없었다.

앞서 언급했듯이 일제의 정책 당국자들은 조선어 폐지가 사실상 어렵다는 것을 잘 알고 있었다. 겉으로나마 조선어 사용 금지를 표방한 것은 일제 강점 말기의 일이었다. 일제의 침략 전쟁이 확대됨에 따라 심각해진 병력 부족 문제를 해결하기 위해 조선인에게 병역의 의무를 부가하기로 한 것이 결정적 계기였다.

일본 군대의 군인이 되기 위해서는 일본어를 할 줄 아는 것이 필수불가결한 요인이었다. 그러면서 조선어 사용을 금지하고 일본어 사용을 강제하는 정책을 밀어붙이기 시작했다. 그렇지만 여전히 조선어의 존재 자체를 부정할 수 없었다. 겉으로는 '국어' 상용을 외치면서도 현실적으로 조선 사람들에게 전쟁 동원 이데올로기를 심기 위해 조선어를 활용해야 한다는 이율배반적인 정책을 펴 나갔다.

조선총독부 기관지 『매일신보』는 일제가 패망할 때까지도 조선어로 발간되고 있었다.[25] 전시 체제기에 새로운 선전 매체로 떠오르던 영화도 원칙적으로는 일본어로 만들어졌지만, 조선을 대상으로 한 이동 영사에서는 조선어 자막판이 상영되고 있었다. 선전을 위한 라디오 방송이나 연극도 마찬가지였다. 아무리 '국어' 상용을 밀어붙이고 싶어도 정작 청취자나 관객이 일본어를 모르면 선전의 효과를 거둘 수 없었기 때문에 일본어 방송과 조선어 방송이 병행 시행되었고 '국어' 연극보다는 조선

---

25   일제 강점 말기 『매일신보』 지면에는 일본어의 가나가 병기된 조선어 기사가 실렸다. 이야말로 '이중 언어 체계'가 끝까지 작동하고 있었음을 보여 주는 한 징표일 것이다.

어 연극이 더 활발하게 무대에 올랐다. '국어'로서의 일본어와 민족 언어로서의 조선어의 이중 언어 체계는 부침을 겪기는 했지만, 일제 강점 초기부터 말기까지 계속 유지되었다.

조선총독부의 언어 정책과 관련해 이 책에서는 일제강점기를 크게 세 시기로 나누어 일본어 보급과 조선어 규제의 추이를 살펴보려고 한다. 최근에는 일제강점기를 세 시기로 구분하려는 경향이 두드러진다. 강제 병합 이후 3·1운동이 일어난 때까지의 무단 정치기, 3·1운동 이후의 문화 정치기,[26] 그리고 중일전쟁 이후 일제 패전까지의 전시 체제기 또는 총동원 체제기로 구분하는 것이 바로 그것이다. 이 책도 기존의 통설에 따라 일제강점기를 세 시기로 구분하되 그 기준은 달리 적용하려고 한다. 일제강점기에 일본어가 '국어'로서의 지위를 법적으로 확보하는 계기가 된 「조선교육령」을 기준으로 삼으려는 것이다.[27] 1911년부터 시행된 「조선교육령」은 식민지 조선의 조선인 교육에서 기본이 된 법령이

---

26 문화 정치란 3·1운동 직후 조선총독으로 부임한 사이토 마코토(齋藤實)가 기존의 무단 정치와는 다른 방식으로 조선을 통치하겠다고 내세운 구호이다. 사이토가 총독으로 재임한 기간은 1919년 8월부터 1927년 4월까지, 그리고 1929년 8월부터 1931년 6월까지였다. 1931년 6월에는 우가키 가즈시게(宇垣一成)가 총독으로 부임해 '내선융화(內鮮融和)'라는 이름으로 조선인에 대한 정신 교화, 사상 통제를 강화해 나갔다. 그래서 사이토 총독 재임 시기와 우가키 총독 재임 시기를 따로 떼어 내서 일제강점기를 네 시기로 구분하기도 한다.

27 현재 대한민국에는 국어를 규정하는 기본 법률인 「국어기본법」이 있다. 이 법 제3조에는 "'국어'란 대한민국의 공용어로서 한국어를 말한다"라고 규정되어 있다. 그래서 한국어 곧 한글이 대한민국 국어로서의 법적 지위를 갖게 되는 것이다. 그런데 현재도 일본에는 일본어가 국어라고 규정한 법률이 따로 없다. 일제강점기에도 마찬가지였다. 다만 관행적으로 일본인이 쓰는 언어 곧 일본어를 '국어'라고 여겼을 뿐이다. 그런데 뒤에서 살펴보겠지만 「조선교육령」에서는 따로 일본어를 명기하지 않은 채 '국어'라는 단어를 사용했다. 일제강점기의 법령 가운데 '국어'가 들어간 것은 「조선교육령」과 그 하위 규칙밖에 없다.

었다. 그리고 일제강점기 내내 끊임없는 개정 과정을 거쳤다. 열 차례에 걸친 개정에서 가장 중요한 개정은 1922년과 1938년, 그리고 1943년에 이루어졌다. 각각의 개정에 따라 각종 학교에서의 언어 교육은 크게 바뀌었다. 따라서「조선교육령」은 교육 분야 언어 정책의 추이를 이해하는 데 가장 중요한 요소가 된다. 그리고 그러한 추이가 단지 교육 분야에 국한되지 않고 다른 분야의 언어 정책과도 밀접하게 연동되어 있었기 때문에「조선교육령」을 기준으로 일제강점기를 나누어 파악하려는 것이다.

제1장
일본 제국주의의 대외 침략과 언어

1. 일본 제국의 탄생과 '국어'의 확립

일본의 대외 침략은 임진왜란 이후 19세기 중반까지 중단되었다. 그러나 메이지유신(明治維新) 이후 일본은 다시 대외 침략에 나섰다. 지금은 일본의 영토이지만 메이지유신 이전만 해도 일본에 속하지 않았던 홋카이도(北海道)와 류큐[지금의 오키나와(沖繩)]가 일본의 영토로 편입되었다. 그리고 침략의 대상은 타이완, 조선, 만주, 중국 등으로 계속 확대되었다. 일본으로서는 제국의 팽창과 함께 대내적으로도 대외적으로도 '국어'를 확립하는 것이 중요한 과제가 되었다.

메이지 정부의 급선무는 중앙 집권 국가로서 정치·사회적으로 전국적인 통일을 도모하는 데 있었다. 특히 인구 구성에서 절대다수를 차지하는 평민에게 사민평등(四民平等)이라는 이념을 내세워 일본 국민으로서의 정체성을 갖도록 하는 것이 중요한 과제가 되었다. 이와 관련해 당연히 인간 의식의 근간이 되는 언어의 통일, 곧 '국어'로서의 일본어의 표준화가 요구되었다.

이와 관련해 문부성 관료로 일본 최초의 근대적 일본어 사전인 『언해(言海)』(1891)의 편찬자가 된 오쓰키 후미히코(大槻文彦)는 청일전쟁에서 일본이 이긴 직후 "한 나라의 국어는 한 민족임을 증명하고, 안으로는 국민 일체의 공의감각(公義感覺)을 단결시키는 것으로, 바꾸어 말하면 국어의 통일은 독립을 위한 기초이며, 독립의 표지(標識)"[1]라고 주장했다. 물론 이렇게 생각한 것은 오쓰키 한 사람만이 아니었다. 메이지 정부에

---

1   大槻文彦, 1897, 『廣日本文典別記』.

직·간접적으로 관련된 사람들 다수가 '국어'의 통일이야말로 일본 제국이 해결해야 할 가장 중요한 과제 가운데 하나라고 인식했다.

메이지유신 이전인 막부 체제 말기에도 이미 배우기 어려운 한자를 폐지하고 가나를 사용하자는 한자 폐지론이 등장한 적이 있었다. 여기에 막부 체제가 무너지고 천황이 통치 권력을 잡게 되는 이른바 대정봉환(大政奉還, 1867년)이 이루어지자, 서양의 문자인 로마자를 일본의 '국어'로 바꿔야 한다는 '문자 개혁안'이 본격적으로 제기되었다. 여기에 앞장을 선 것은 외래어를 일본식 한자어로 바꾸는 일을 주도하던 서양 철학자 니시 아마네(西周), 도쿄(東京)제국대학 문과대학 학장 도야마 마사카즈(外山正一), '일본 언어학·국어학의 아버지'라고 불리는 도쿄제국대학 언어학과 교수 우에다 가즈토시(上田萬年),[2] 그리고 우에다의 제자이자 그의 후임으로 도쿄제국대학 언어학과 교수가 된 후지오카 가쓰지(藤岡勝二)[3] 등이었다.[4]

---

2 우에다는 제국대학(나중의 도쿄제국대학) 화문(和文)과(일문과)를 졸업했다. 재학 중에 언어학에 관심을 가졌다. 독일 유학을 거쳐 도쿄제국대학 문과대학 박언(博言)학과(나중의 언어학과) 강좌 교수가 되었다. 고문 연구에 편중되어 있던 당시의 국어학에 비교 언어학의 방법론을 소개하면서 새로운 바람을 일으켰다. 메이지유신 이후 언어 연구와 언어 정책을 결합하려는 실천적 언어학의 유행에도 큰 영향을 미쳤다. 1919년부터 1926년까지는 도쿄제국대학 문학부장을 지내면서 국가 신도와 밀접하게 연결된 신궁황학관(神宮皇學館) 관장을 겸임하고 1927년에는 역시 메이지 정부 신도 정책의 일환으로 세워진 고쿠가쿠인(國學院)대학 학장을 맡은 데서도 알 수 있듯이 국가주의자로서의 면모를 갖고 있었다. 우에다의 언어관에 대해서는 イ·ヨンスク, 1996,『國語という思想: 近代日本における言語認識』, 岩波書店, 96~160쪽; 朴榮淑, 2010,「日本の植民地同化政策と'國語'敎育－上田萬年の'國語'觀とその影響」,『일본어와 문학』45; 朴榮淑, 2011,「近代日本の'標準語'制定の背景－上田萬年の思想を中心に」,『동북아문화연구』27권 1호; 山口謠司, 2016,『日本語を作った男 上田萬年とその時代』, 集英社インターナショナル 등을 볼 것.
3 도쿄제국대학을 졸업한 뒤 독일 유학을 다녀왔다. 로마자화 국어 국자(國字) 운동을

특히 후지오카가 중심이 되어 1905년에 만든 '로마자를 널리 퍼트리는 회(ローマ字ひろめ會)'가 로마자화 국어 국자 운동에서 가장 중요한 역할을 했다.[5] 이 회의 주요 구성원은 후지오카, 우에다 외에도 내각 총리대신을 지낸 일본 정계의 원로 사이온지 긴모치(西園寺公望), 문부대신을 지낸 가마타 에이키치(鎌田榮吉), 나중에 총리대신이 되는 고노에 후미마로(近衛文麿) 공작, 타이완총독부의 고위 관료를 거쳐 도쿄제국대학 법과대학 교수가 된 니토베 이나조(新渡戶稻造), 대장대신을 지낸 사카타니 요시로(阪谷芳郎), 와세다(早稻田)대학 학장이자 귀족원 의원인 다카타 사나에(高田早苗), 나중에 문부대신이 되는 하토야마 이치로(鳩山一郎),[6] 도쿄제국대학 동양사학과 교수 시라토리 구라키치(白鳥庫吉), 우에다의 제자이자 교토제국대학 교수인 신무라 이즈루(新村出),[7] 국민신문사 사장 도쿠토미 소호(德富蘇峰) 등이었다. 모두 일본 정계, 재계, 학계, 언론계의 중진이었다. 그만큼 로마자화 국어 국자 운동은 각계각층의 유력자로부터 큰 호응을 얻었다.

후지오카 등이 주장한 로마자화 국어 국자 운동은 근대 국가 일본의

    이끌었고 동아시아의 여러 언어를 연구했다.

4 로마자화 국어 국자 운동에 대해서는 柿木重宜, 2013, 『近代'國語'の成立における藤岡勝二の果した役割について』, ナカニシヤ出版; 柿木重宜, 2019, 「言語學者藤岡勝二とローマ字化國語國字運動-社會言語學的觀點からのアプローチ」, 『関西外國語大學 研究論集』 110; 柿木重宜, 2022, 「社會言語學的觀點からみたローマ字化國語國字運動-'ローマ字ひろめ會'の實態を巡って」, 『関西外國語大學 研究論集』 115를 볼 것.

5 柿木重宜, 2013, 앞의 책, 139~141쪽.

6 일본 패전 이후 세 차례 내각 총리대신이 되었다.

7 도쿄제국대학을 졸업한 뒤 교토제국대학 교수로 재직했다. 일본의 대표적 사전인 『광사원(廣辭苑)』의 편찬자로도 유명하다. 사전 편찬은 신무라의 스승인 우에다가 '국어'의 통일을 위해 강조한 것 가운데 하나였다.

언어를 어떻게 해서든 정리해야 한다는 문제의식에서 나온 발상이었다. 이는 메이지유신을 전후해 일본의 지식인들이 갖고 있던 서구 지향성, 곧 부국강병을 위해서는 서양을 따라야 한다는 풍조를 잘 보여 주는 것이기도 했다.

그러나 우리가 잘 알고 있듯이 일본에서 한자는 폐지되지 않았다. 그리고 서양 문자가 일본의 '국어'가 되지도 않았다. 일본의 언어를 개혁하자는 일련의 목소리는 결과론적으로는 '찻잔 속의 태풍'에 그치고 만 것이다.[8]

중국을 상대로 한 청일전쟁에서 일본이 승리하자 제국주의 경향이 강렬하게 고조되었다. 이러한 상황에서 '국어'와 국가를 연계시키려는 경향이 더 강해졌다. '한 민족임을 증명하는 수단'으로서의 '국어', '독립을 위한 기초이자 표지'로서의 '국어'라는 생각이 일부 지식인들에게서 나타났고[9] 이것이 다시 메이지 정부의 언어 정책에 큰 영향을 미쳤다.

메이지 정부는 '국어'와 국자의 근대화를 도모한다는 방침에 따라 1902년 문부성 안에 국어조사위원회를 설치했다. 이 위원회는 '문장은 언문 일치체를 채용하기로 하고 이를 조사할 것, 방언을 조사해 표준어를 선정할 것' 등의 조사 방침을 내세웠다. 그러면서 표준어라는 말이 공식적으로 처음 쓰이기 시작했다.

---

8 당시 일본의 정치 지도자들이나 지식인들은 한자 폐지라는 원칙에는 찬성하면서도 때를 기다려야 한다든지 국민적 합의가 필요하다든지 하는 이유를 내세워 사실상의 한자 유지 정책을 지지했다. 그 결과, 한자와 가나를 섞어 쓰는 독특한 일본식 표기 방법이 채택되었고 이는 기본적으로 오늘날까지도 계속 유지되고 있다.

9 眞田信治·任榮哲, 1993,『사회언어학의 전개』, 시사일본어사.

여기서 주목해야 할 것은 이보다 앞선 1895년에 독일 유학을 마치고 돌아와 갓 도쿄제국대학 교수로 취임한 20대의 젊은 언어학자 우에다 가즈토시가「표준어에 대해(標準語に就きて)」라는 짧은 논문을 발표했다는 사실이다.[10] 우에다는 이 논문에서 영국, 독일, 프랑스의 경험에 비추어 일본어도 아름답고 세련된 표준어로 발전시켜야 한다는 주장을 폈다. 이 논문은 언어 문제에 관심을 가진 사람들에게 큰 영향을 미쳤다. 그러면서 표준어라는 말을 쓰는 사람이 늘기 시작했고 그로부터 7년 뒤에는 정부 기구에서 표준어를 공식 용어로 채택하기에 이르렀다.

우에다와 표준어의 사례는 한 가지 사실을 명백하게 보여 준다. 이전에 일본어를 개혁하자는 목소리가 여러 차례 나왔지만 모두 큰 반향을 불러일으키지 못한 데 비해 도쿄제국대학의 젊은 교수가 한 일본어 관련 언행은 바로 정부 정책으로 이어질 정도의 영향력을 행사하고 있었다는 것이다.

일본 제국대학의 원형은 한때 일본의 유일한 대학이던 도쿄제국대학이었다. 일본 제국주의의 법적 토대인「대일본제국헌법」이 발포된 것이 1889년인데 그에 앞서 제정된「제국대학령」에 의해 기존의 도쿄대학이 도쿄제국대학으로 바뀐 것은 1886년이었다. 일본 제국의 헌법이 발포되기 전에 도쿄제국대학이 설립되었다는 것은 제국대학이 일본에서 근대 국가의 형성과 국민의 창출, 그리고 제국주의의 성립과 발전에 핵심적인 부분을 차지하고 있었음을 상징하는 것이었다.

실제로「제국대학령」에는 "제국대학은 국가의 수요에 응하는 학술 기예를 교수함과 동시에 그 온오(蘊奧)를 고구(攷究)함을 목적으로 한다"

10　上田萬年, 1895,「標準語に就きて」,『帝國文學』1권 1호.

라고 규정되어 있었다. 여기서 학술 기예란 학문 연구를 가리킨다. 「제국대학령」에는 학문 연구의 기반인 합리주의라는 보편주의 가치가 '국가의 수요'라는 이름으로 국가의 목적 또는 국가주의 가치에 비해 부차적이거나 그것에 종속되는 것으로 규정되어 있었다.[11] 여기서 '국가의 수요에 응한다'라고 하는 규정에는 한편으로는 국가 목적에 상치하는 학문의 연구나 교육은 허락하지 않는다고 하는 통제의 의미, 다른 한편으로는 국가의 목적에 합치하는 것이라면 정책적으로 장려한다는 적극적 의미가 함께 담겨 있었다.[12]

1918년까지만 해도 일본의 대학은 도쿄제국대학 등 다섯 개의 제국대학뿐이었다. 제국대학 밑에는 「전문학교령」의 규정을 받는, 상업·공업 등 여러 분야의 전문학교가 있었지만 이들 전문학교는 해당 분야의 실무자를 양성하는 기구에 지나지 않았다. 일본 정부는 제국대학 이외의 대학 설립을 원천적으로 가로막고 있었다. 그런 가운데 제1차 세계 대전 기간에 일본 경제가 급속하게 발전함에 따라 고등 교육에 대한 수요가 늘어나자 일본의 대학 체제를 개편하려는 움직임이 가시화되었다. 그리하여 1918년 「대학령」에 의해 제국대학 이외의 대학 설립이 가능해짐에 따라 제국대학에 의한 최고 교육의 독점 체제는 무너졌다. 그렇다고 해서 하루아침에 대학이 국가로부터 자율성을 획득한 것은 아니었다. 「대학령」에는 "대학은 국가가 필요로 하는 학술의 이론 및 응용을 교수함과 동시에 그 온오를 공구함을 목적으로 하고 아울러 인격의 도야 및

11　寺崎昌男·成田克矢 編, 1979, 『学校の歴史 第4巻 大学の歴史』, 第一法規出版株式会社.
12　世界教育史研究会 編, 1978, 『世界教育史大系 26 大学史 1』, 講談社.

국가 사상의 함양에 유의"해야 한다고 규정되어 있었다. 곧 이전의 「제국대학령」에는 없던 '국가 사상의 함양'이라는 부분이 추가된 데서도 알 수 있듯이 대학은 일본 특유의 국가 사상으로 충만해야만 비로소 참된 '제국의 대학'이 될 수 있었다.

제국대학은 처음부터 권력에 예속된 측면을 강하게 갖고 있었다. 그리고 국가 권력의 필요 때문에 제국대학 안에 설치된 학과 가운데 하나가 언어학과였다.[13] 당시 일본 언어학 자체가 근대 국가의 형성 및 제국주의로의 발전과 밀접한 관계를 맺었으며, 따라서 '관학 아카데미즘'의 성격을 띠고 있었다. 이를 잘 보여 주는 것이 바로 우에다였다.[14] 우에다는 도쿄제국대학 언어학과의 교수로 국어연구실의 창시자였으며 문부성 전문학무국장, 신궁황학관[15] 관장도 역임한 바 있었다.

우에다가 일본 제국의 형성과 관련해 중요한 임무를 수행한 대학, 정부, 국가 신도의 세 영역에서 핵심적인 위치를 차지하는 데 바탕이 된 것은 독일 유학이었다. 우에다는 당시 유럽에서 유행하고 있던 비교 언어학 등 최신 언어학의 학문 체계를 수입함으로써 일본 언어학·국어학의 이론과 방법론을 확립했다. 우에다는 국가의 구성 요소로 인종, 역사와 함께 언어를 중시하는 한편 방법론적으로는 당시 서구에서 유행하던 언

---

13 언어학과는 도쿄제국대학이 설립될 때부터 박언학과라는 이름으로 문학부의 네 학과 가운데 하나로 설치되었다. 박언학과는 1890년에 언어학과로 바뀌었다. 寺崎昌男·成田克矢 編, 1979, 앞의 책, 33쪽.
14 우에다를 중심으로 한 도쿄제국대학 언어학의 성격에 대해서는 국내외의 많은 연구자가 다루었다. 대표적인 것으로 イ·ヨンスク, 1996, 앞의 책을 볼 것.
15 신궁황학관은 '황학'을 연구하고 신사 종사자들을 육성하기 위해 1882년에 설치된 관립 학교인데 문부성 관할이던 다른 대학과는 달리 메이지유신 이후 '천황제'를 절대화하는 이데올로기로 등장한 국가 신도의 주무 기관이던 내무성의 관할이었다.

어학의 흐름에 기대 과학적 원리와 법칙성을 강조했다.[16] 특히 독일에 유학하는 동안 보불(프로이센과 프랑스)전쟁 이후 빠른 속도로 발전하고 있던 독일의 언어 통일 운동에 감명을 받은 우에다는 근대 국가의 형성과 발전에 언어의 개량 및 통일이 절대적인 과제라는 점을 인식하고 귀국 후 애국 운동으로서의 언어 운동에 전력을 기울였다. 우에다는 서구의 최신 이론과 정치적 영향력을 배경으로 많은 우수한 연구자들을 육성했고 이들과 함께 일본 언어학을 주도했다.

19세기 말부터 태동하기 시작한 일본의 '국어' 이데올로기를 대표하는 언어학자가 바로 우에다였다. 우에다는 독일에서 귀국한 직후에 한 강연[17]에서 "일본어는 일본인의 정신적 혈액이 된"[18]다고 주장했다. '국어'와 '국민'의 일체화라는 시각을 드러낸 것이다. 우에다는 한 국가가 단일 민족에 의해 반드시 성립되었다고는 생각하지 않았으나 국가의 성립에서는 중핵이 되는 민족이 존재하고, "일본 국민이 협동의 운동을 할 수 있는 것은 주로 그 충군애국(忠君愛國)의 야마토(大和) 정신과 이 일국 일반의 언어를 가지고 야마토 민족이 있음에 의해 된"[19]다라고 주장했다. 이로써 '국어'·국민·국가의 일체성의 논리가 확립된 것이다.

우에다를 중심으로 한 도쿄제국대학 언어학은 두 가지를 지향했다. 하나는 국내적으로 표준어의 설정, 언문일치, 표음 문자 채용, 일본의 고

16　보기를 들어 국어학이 언어학 등 다른 인문·사회과학과 마찬가지로 하나의 과학임을 강조하고 있는 上田萬年, 1908, 『國語學叢話』, 博文館을 볼 것.

17　강연의 제목은 '국어와 국가와?(國語と國家と?)'였다. 우에다로 상징되는 제국주의 언어학의 지향을 집약적으로 보여 주는 제목이다.

18　上田萬年, 1895, 『國語のため』, 冨山房, 12쪽.

19　上田萬年, 1895, 위의 책, 8~10쪽.

유 언어인 가나의 개정, 방언(사투리)의 박멸[20] 등을 통해 '국어'의 통일을 이루는 것이었다. 다른 하나는 대외적으로 일본 제국의 대외 침략에 발맞추어 비교 언어학의 방법론을 바탕으로 한 언어 계통론을 통해 '국어'의 대외 진출, 더 나아가서는 식민지와 점령지에서의 지배 정책을 적극적으로 옹호하고 합리화하는 것이었다.

특히 후자의 측면과 관련해 흥미로운 자료가 남아 있다. 우에다가 1896년과 1897년에 한 박언학(언어학) 강의 노트가 그것이다. 이는 우에다의 제자인 언어학자 신무라 이즈루가 필기한 것이다. 1896년의 박언학 강의에서 우에다는 언어의 비교를 강조하며, 이를 일본의 맥락에 두고서는 다음과 같이 "제국대학 언어학"을 제창했다.

일본 제국대학 언어학에 대해

Indogerm., Semitic., Ural-alt., Indo-Chinese 등의 대 family 가운데 일본어는 어느 쪽에 속해야 하는가에 따라서 일본어는 북쪽으로는 Corea를 거쳐 만주어Chinese를 거쳐 서장, 인도Ainu어 남쪽으로는 Malay, Polynesia 등의 언어를 연구해야 한다.

그리고 우리 대학 언어학의 강좌는, 이들 Oriental Philology를 연구하여, 일본어의 위치를 정하는 side에 있다. Indo-European 등은, 유럽학자의 authority에 따라 연구한 결과를 알고 만족해 할 뿐이다. 그러나 그쪽에서 사용하는 means 등은 충분히 취해서 사용할 수 있을 것이다.[21]

---

20 특히 초점이 된 것은 근대 국가 수립 이후 일본 제국의 내부 식민지로 편입된 오키나와와 홋카이도의 방언이었다.

곧 제국대학 언어학은 조선(한국), 만주, 중국, 티베트는 물론이고 서남아시아, 동남아시아, 오세아니아의 언어를 연구 대상으로 삼아야 한다는 것이다. 그런데 이들 지역이 모두 일본 제국주의가 침략의 대상으로 여기고 있던, 그리하여 40여 년 뒤에 일본 제국주의자들이 아시아태평양전쟁을 일으키면서 내세웠던 대동아공영권에 포함된 곳이라는 사실은 결코 우연이 아니다. 이러한 의미에서 우에다가 표방한 제국대학의 언어학이란 일본 제국주의의 대외 침략을 뒷받침하는 언어학을 과학적 연구라는 미명으로 포장한 데 지나지 않았다.

그러나 처음부터 서남아시아, 동남아시아, 오세아니아의 언어까지 연구하는 것은 현실적으로 어려운 일이었다. 그래서 우에다의 제국대학 언어학이 일차적인 연구 대상으로 삼은 것은 메이지유신을 전후해 일본의 영토로 편입된 지역과 일본 제국주의가 일차적인 침략 대상으로 삼은 조선, 만주, 중국의 언어였다.

여기서 실제로 우에다가 도쿄제국대학에서 가르친 제자들이 '일본 제국 판도' 안에 속한 여러 나라의 언어를 전공해 일본의 '국어' 이데올로기를 재생산하는 데 결정적인 역할을 했다는 데 주목할 필요가 있다.[22] 가나자와 쇼자부로(金澤庄三郞)[23]는 아이누[24]어와 조선어, 오구라 신페이

---

21 新村出 筆錄, 柴田武 校訂, 1975, 『上田萬年 言語學』, 敎育出版, 38쪽. 미쓰이 다카시, 2020, 「오구라 신페이(小倉進平)의 조선어 연구는 어떤 의미를 지니는가?」, 『한국학연구』 59에서 재인용.

22 安田敏朗, 2005, 「帝國大學言語學の射程-上田萬年から金田一京助へ」, 『立命館言語文化硏究』 16권 3호; 야스다 도시아키, 2015, 「근대 이행기의 일본어학 성립」, 인하대학교 한국학연구소 엮음, 『근대이행기 동아시아의 자국어인식과 자국어학의 성립』, 소명출판.

23 도쿄제국대학을 졸업한 뒤 도쿄외국어학교 한국어과 교수를 거쳐 고쿠가쿠인대학,

(小倉進平)[25]는 조선어, 긴다이치 교스케(金田一京助)[26]는 아이누어, 이하 후유(伊波普猷)[27]는 오키나와어, 후지오카 가쓰지는 만주어·몽골어·중국어, 고토 아사타로(後藤朝太郎)[28]는 중국어, 신무라는 난반(南蠻: 동남아시

고마자와(駒澤)대학 교수를 지냈다. 일제 강점 초기 조선총독부의 촉탁을 겸하면서 언어 정책에 큰 영향을 미쳤다. 강제 병합이 이루어진 1910년에 일본어와 조선어의 뿌리가 같다고 주장하는 『일한양국어동계론(日韓兩國語同系論)』(三省堂)을 펴냄으로써 일제의 한반도 침략을 이론적으로 정당화하는 데 일조했다. 1929년에는 일본어와 조선어가 언어 계통에서 한 뿌리에서 갈라져 나왔다는 주장에서 한 걸음 더 나아가 일본인과 조선인이 같은 민족에게서 갈라져 나온 두 민족이라고 주장하는 『일선동조론(日鮮同祖論)』(刀江書院)을 펴냈다. 가나자와의 조선어 연구에 대해서는 石川遼子, 1997, 「'地'と'民'と'話'の相剋」, 『朝鮮史研究會論文集』 35; 三ツ井崇, 1999, 「日本語朝鮮同系論の政治性をめぐる諸樣相」, 『朝鮮史研究會論文集』 37 등을 볼 것.

24 아이누어는 홋카이도를 중심으로 일본 혼슈(本州)의 북부와 러시아의 사할린, 쿠릴열도 등지에 걸쳐서 분포했던 아이누족의 언어이다. 홋카이도가 메이지유신 즈음 일본의 행정 구역으로 편입된 뒤 일본 정부의 '국어' 정책에 의해 직·간접적인 탄압을 받았다. 아이누족에게 일본어 사용이 사실상 강제되면서 아이누어는 소멸하는 언어가 되고 말았다. 현재는 유네스코가 정한 소멸 위기 언어의 5단계 중 4단계에 해당하는 '소멸 고비' 곧 가장 나이가 적은 사용자들도 조부모 세대에 해당하고, 이들조차 언어를 부분적으로 또는 드물게 사용하는 경우의 언어로 분류되고 있다. 조만간 사어(死語)가 될 가능성이 크다는 것이다.

25 도쿄제국대학을 졸업한 뒤 가나자와의 영향으로 조선어를 연구했다. 조선총독부 직원으로 근무하다가 서구 유학을 떠났으며 조선으로 돌아온 뒤에는 경성제국대학 교수가 되었다. 나중에는 도쿄제국대학 언어학과 교수로 재직하면서 조선어 방언과 향가에 관한 책을 내기도 했다. 오구라에 대해서는 安田敏朗, 1999, 『「言語」の構築-小倉進平と植民地朝鮮をめぐって』, 三元社; 야스다 도시아키, 2015, 앞의 글 등을 볼 것.

26 도쿄제국대학을 졸업한 뒤 고쿠가쿠인대학 교수를 거쳐 도쿄제국대학 언어학과 교수가 되었다. 다른 제자들보다 늦게 우에다의 제자가 되어 '남은 것'이 아이누어뿐이었기 때문에 아이누어를 연구하게 되었다는 일화가 있다. 丸山隆司, 2002, 『〈アイヌ〉學の誕生-金田一と知里と』, 彩流社.

27 도쿄제국대학을 졸업한 오키나와현립 도서관 관장으로 있으면서 일본과 오키나와 뿌리가 같다는 '일류(日流: 일본과 류큐) 동조론'을 주장했다. 오키나와학의 아버지로 불린다.

28 도쿄제국대학을 졸업한 뒤 문부성, 타이완총독부, 조선총독부 촉탁을 거쳐 일본대학

아) 언어로 나누어 일본 제국의 판도에 이미 포함된 지역 및 일본 제국주의의 진출 대상으로 간주한 지역의 언어를 하나씩 맡아서 집중적으로 연구하고 있었다.[29]

우에다와 제자들의 관심은 비교 언어학에 근거해 일본어와 다른 언어와의 계통 관계를 밝히는 데 있었다. 특히 조선을 맡은 가나자와는 나중에 일본 언어학계 주류에서 비과학적이라는 이유로 비판을 받기는 하지만 일제의 조선 침략이 본격화되던 시기에 일본어와 조선어의 언어 동계론을 주장하고, 나아가서는 그것을 바탕으로 일본과 조선이 역사적으로 한 뿌리였다고 보는 '일선(日鮮) 동조론'[30]을 주장하는 등 일제의 조선 침략을 정당화하는 이데올로그의 역할을 하고 있었다.[31] 한편 도쿄제국대학 동양사학과의 교수로 우에다의 동료인 시라토리 구라키치도 러일전쟁(1904년) 전까지는 고대 조선어와 일본어의 비교 연구를 통해 두 언어가 같은 계통이라는 결론을 내리고 이를 바탕으로 '일선 동조론'을 주장한 바 있었다.[32]

교수가 되었다.

29 川村湊, 1999, 「近代日本に於ける帝國意識」, 北川勝彦·平川雅博 編, 『帝國意識の解剖學』, 世界思想社; 安田敏朗, 2005, 앞의 글; 야스다 도시아키, 2015, 앞의 글, 167~194쪽.

30 이론적인 측면에서 언어를 인종론의 중요한 요소로 간주한 대표적인 인물은 가나자와의 스승인 우에다였다. 新村出 筆錄, 柴田武 校訂, 1975, 앞의 책.

31 金澤庄三郎, 1910, 『日韓兩國語同系論』, 三省堂; 金澤庄三郎, 1929, 『日鮮同祖論』, 刀江書院 등을 볼 것. 다만 가나자와는 강제 병합 후 일각에서 주장하던 조선어 폐지론에 대해서는 반대했다.

32 小熊英二, 1995, 『單一民族神話の起源』, 新曜社; 石川遼子, 1997, 앞의 글; 三ツ井崇, 2000, 「白鳥庫吉の歷史認識形成における言語論の位相-朝鮮語系統論と朝鮮史認識をめぐる言說から」, 『史潮』 48; 三ツ井崇, 2004, 「近代アカデミズム史學のなかの '日鮮同祖論' -韓國倂合前後を中心に」, 『朝鮮史研究會論文集』 42.

도쿄제국대학을 중심으로 한 일본 언어학은 처음부터 정치적이었다. 그것은 단지 국가의 언어 정책에 관여하고 있다는 좁은 차원에 국한된 것이 아니었다. 학문으로서의 이론, 방법, 대상 설정, 실천적 목적의 차원에서도 처음부터 일본 제국주의를 뒷받침하는 성격을 갖고 있었기 때문에 정치적이었다. 특히 우에다와 제자들이 일본의 대외 침략이 고조되던 시기에 일본어에 대한 학문적 분석을 모두 일본어의 우수성을 선전하는 것으로 전락시켜 버린 것이나, 일본어의 통일에 과도하게 집착함으로써 방언을 사회악으로까지 생각하는 사고방식을 확대해 식민지 언어의 말살 또는 '국어'로의 동화를 주장한 것 등에서 일본 언어학의 정치적 성격을 읽을 수 있다.

그런 가운데서도 국어의 통일이나 대외 진출을 추진할 때 일본 언어학이 항상 전면에 내세운 것은 '과학'이었다. 일본 언어학이 내포하고 있던 정치적 의도는 과학주의 곧 과학적 방법에 기초한 귀납적 결론의 강조로 치장되어 있었다.

물론 '과학적'이라고 하는 것의 모태는 서구 근대 과학이었다. 이러한 의미에서 우에다 등에 의해 과학으로 수용된 일본 언어학도 결국에는 서구의 오리엔탈리즘이 반영된 것이었다. 과학, 과학적 중립성·객관성이라는 이름으로 이루어진 우월한 서양과 열등한 동양, 또는 우월한 일본과 열등한 일본 제국 식민지 또는 예비 식민지 사이의 구별에는 관찰의 주체와 대상 사이에 현실적으로 존재하는 지배와 피지배의 힘 관계를 은폐하려는 의도가 작용하고 있었다.[33] 우에다 등이 내세운 제국

---

33 鈴木廣光, 1993,「日本語系統論·方言周圈論·オリエンタリズム」,『現代思想』1993년 7월호.

대학의 언어학이 늘 언어 연구의 방법론으로 비교 언어학을 강조한 것도 이와 무관하지 않다.

마지막으로 일본의 언어 정책을 이야기할 때 놓쳐서는 안 되는 부분이 하나 있다. 바로 우에다 등 도쿄제국대학 언어학자들이 표준어의 제정으로 상징되는 '국어'의 통일을 그렇게 강조했음에도 불구하고 실제 '국어'로서의 일본어를 통일하는 일은 그다지 순조롭게 진행되지 않았다는 사실이다.

우에다는 국가 의식을 확립한다는 차원에서 표준어의 제정이 중요하다고 강조했다. 구체적으로는 도쿄, 그것도 도쿄의 중심 지역이라고 할 수 있는 야마노테(山の手) 말을 기준으로 표준어를 정하자고 주장했다. 그리고 표준어 보급과 관련해 우에다가 강조한 것이 사전 편찬과 학교 교육이었다. 표준어로 된 작은 사전을 편찬해 초등학교에 해당하는 전국의 소학교에 보급함으로써 어린 학생들에게 표준어를 가르치면 이른 시간 안에 표준어로 '국어'를 통일할 수 있다는 것이었다.

우에다가 표준어 제정을 주장한 이래 도쿄 말이 사실상의 표준어처럼 인식되고 있었지만 정작 국가 차원에서 표준어를 제정한 적은 없다. 그러니까 비공식적으로는 표준어가 있는 것처럼 되었지만 공식적으로 표준어가 존재하지 않는 것이 일본이 아시아태평양전쟁에서 패전한 1945년 8월 이전의 상황이었다.[34]

그리고 표준어 제정 보급과 동전의 양면 같은 것이 지방어인 방언 곧 사투리의 문제였다. 표준어를 강조하는 도쿄제국대학 언어학과 출신들

---

34 일본이 아시아태평양전쟁에서 패전한 뒤에는 아예 표준어라는 말 자체가 적절하지 않다는 주장이 제기되어 현재 일본에서는 표준어라는 말 자체가 쓰이지 않고 대신 공통어라는 말이 쓰이고 있다.

은 방언을 국가 언어에서 배제해야 한다고 보았다. 이른바 '방언 박멸론'을 주장한 것이다. 이는 국가의 통합이 가장 절실하게 필요했던 전시 체제기에 두드러졌다. 대표적인 방언이 바로 일본의 내부 식민지인 오키나와의 류큐어와 홋카이도의 아이누어였다. 심지어는 도쿄 사람들에게는 변방처럼 여겨지는 도호쿠(東北) 지방 곧 아오모리(靑森)현, 이와테(岩手)현, 미야기(宮城)현, 아키타(秋田)현, 야마가타(山形)현, 후쿠시마(福島)현의 말도 방언으로 규정되면서 해당 지역 주민들이 이에 반발하는 사태까지 일어났다.

우에다의 '국어' 이데올로기는 강제 병합 후 조선총독부 언어 정책에 큰 영향을 미쳤다. 당장 우에다의 제자인 오쿠라가 조선총독부 직원으로 취임해 초기 언어 정책의 실무를 담당했으며 가나자와도 조선총독부의 언어 정책에 자문 역할을 하고 있었다.

우에다가 언어학과에서 직접 가르친 제자는 아니지만 역시 도쿄제국대학에서 우에다 언어학의 세례를 받은 도키에다 모토키(時枝誠記)[35]도 넓은 의미에서 우에다 '국어' 이데올로기의 영향을 받은 것으로 볼 수 있을 것이다. 도키에다는 도쿄제국대학 국문과를 졸업한 뒤 경성제국대학 교수를 거쳐 도쿄제국대학 교수로 재직하면서 일제 강점 말기 황민화 정책이 강행되는 과정에서 조선어를 방언으로 규정하고 조선어를 완전히 폐지할 것을 주장[36]한 바 있다.

---

35 도키에다에 대해서는 박영숙, 2007, 「時枝誠記と日本語敎育政策の展開」, 『일본어문학』 37; 박영숙, 2008, 「日本の植民地言語政策について－時枝誠記の'言語過程說'と總督府の言語政策」, 『동북아문화연구』 15; 中島和男, 2010, 「'言語責任'という考え方－時枝誠記の國国政策をめぐって」, 『西南學院大學 國際文化論集』 24권 2호 등을 볼 것.

36 대표적인 글로 時枝誠記, 1942, 「朝鮮に於ける國語政策及び國語敎育の將來」, 『日本語』 2권 8호를 볼 것. 흥미로운 것은 징병 대상이 될 청소년 남자에 대한 일본어 교

우에다의 제자는 아니지만 대한제국 시기에 학부 학정참여관으로 한국의 교육 정책을 결정하는 데 핵심 역할을 하던 미쓰치 주조(三土忠造)[37]도 우에다의 영향을 강하게 받은 인물로 꼽을 수 있다.[38] 미쓰치는 "조선이 일본의 영토가 되고 조선인이 일본 제국의 신민이 된 이상 그들을 하루라도 빨리 동화시키지 않으면 안 된다. 동화를 위한 방법 수단으로서는 일본어를 될 수 있는 한 널리, 될 수 있는 한 빨리 보급하는 방법을 강구해야 한다"라면서 조선어 폐지를 주장했다.[39] "조선어를 말로 쓰는 것은 할 수 없지만 문장으로 표시해 쓰는 방법을 국민에게 가르치는 것은 단연코 폐지해야 한다"라는 것이었다.[40]

육을 밀어붙이던 조선총독부와는 달리 도키에다는 오히려 여성에 대한 일본어 보급이 시급하다고 본 것이다. 말하자면 어머니가 '국어'를 쓰면 아이들도 자연스럽게 '국어'를 익히게 된다는 것이었다.

37 도쿄고등사범학교 출신이다. 한국통감이던 이토 히로부미(伊藤博文)의 추천으로 대한제국의 고위 관료가 되었다. 강제 병합 이전에 일본으로 돌아가 중의원 의원이 되었고 문부대신, 대장대신, 내무대신 등을 역임했다. 강제 병합 이후에는 처음부터 학교에서 조선어를 쓰지 말도록 해야 한다는 조선어 전폐론을 주장했다.

38 久保田優子, 2005, 『植民地朝鮮の日本語教育: 日本語による同化教育の成立過程』, 九州大學出版會, 199~204쪽.

39 三土忠造, 1910a, 「朝鮮人の教育」, 『教育界』 9권 12호.

40 이러한 주장을 할 때 미쓰치는 일본 제국교육회 안의 조선교육조사위원이었다. 당연히 강제 병합 이후 일제가 펼칠 언어 정책에 영향력을 행사하기 위한 주장이었을 것이다.

2. 강제 병합 이전 일본어 보급 실태

1865년에 나온 『대전회통』은 조선 시대 최후의 통일 법전이다. 이 『대전회통』의 역관 양성을 위한 생도 조항에는 "한학(漢學)은 사역원 35인, 평양·의주·황주 각 30인, 제주 15인, 몽학(蒙學)은 사역원 10인, 여진학(女眞學)은 사역원 20인, 의주·창성·초산·벽동·위원·만포 각 5인, 북청 10인, 청학(淸學)은 사역원 34인, 왜학(倭學)은 사역원 15인, 갑포 6인 폐지, 제포·부산 각 10인 폐지, 제주 15인, 거제 5인"이라고 적혀 있다. 이는 1876년의 개항 11년 전인 1865년만 해도 조선 왕조가 일본을 공식적으로 '왜'로 규정하고 있었으며 왜학 곧 일본어를 사대 교린 정책을 위해 필요한 여러 외국어의 하나로 인정하면서도 중국어나 여진어보다는 중시하지 않고 있었음을 보여 준다.

그러나 1876년의 일본의 강요로 강화도 수호 통상 조약을 체결한 이후 상황은 크게 바뀌었다. 나라 이름도 일본으로 공식화되었고 왜학도 일본어로 바뀌었다. 1876년 이후 다소의 부침은 있었지만, 일본은 한반도에서의 영향력을 강화해 나갔다.

조선 정부가 1883년 독일 외교관 묄렌도르프(Paul Georg von Möllendorff)의 제안에 따라 통리교섭통상사무아문의 부속 기관으로 동문학(同文學)이라는 관립 외국어 학교를 세우고 1886년에는 주로 영어를 가르치는 육영공원(育英公院)을 세우자, 일본 정부는 일본어 학당의 설립을 요구했다. 그 결과 1891년 6월 일본 공사관 안에 관립 일어 학교가 세워졌다.[41]

41　稻葉繼雄, 1986, 「官立漢城外國語學校について-日語學校を中心に」, 『韓』 103.

이 학교는 일본어 교육을 전담하는 최초의 교육 기관이었다.

개항 이후 전통적으로 사용해 온 한문 대신 일본어가 서구의 지식과 문명을 수입하는 '경유어'의 역할을 담당했다. 이는 근대 계몽기의 각종 근대 학문 담론을 통해서도 확인된다. 개항 이후에도 조선 시대와 마찬가지로 중국을 통해 서구 근대 지식을 받아들이려는 경향이 분명히 존재했다. 그러나 한반도에서 중국의 영향력이 약해지고 거꾸로 일본의 영향력이 강해지면서 점차 일본을 통해 근대 지식을 받아들이려는 경향도 강해졌다. 보기를 들어 서구 학문인 'sociology'는 애초에 중국에서 번역한 군학(群學)으로 소개되었지만, 곧 일본에서 번역한 사회학으로 명칭이 바뀌었다.

1895년부터는 갑오개혁(1894년)의 일환으로 관비 유학생 파견이 본격적으로 이루어지기 시작했다. 대부분의 관비 유학생은 일본으로 파견되었다. 당시의 유학 정책은 일본의 한국 지배 목적에 부합하는 시책의 하나로 추진되었고 유학생 선발도 친일 성향의 관료에 의해 이루어지는 경우가 많았다. 그러면서 상당히 유력한 가문 출신이 일본 유학생이 되었고 이들은 유학을 마친 뒤 일본어를 할 줄 안다는 것을 활용해 대한제국의 관료가 되는 경로를 밟았다. 결국 재일 유학생의 급증은 그만큼 일본어 세력이 커지는 데 영향을 미쳤다.

시기에 따라 다소의 차이는 있겠지만 관비 유학생 제도의 도입과 재일 유학생의 급증[42] 이후 일본을 근대 지식의 '경유지'로 인식하는 경향

---

42 재일 유학생에 관해서는 많은 연구가 이루어졌다. 대표적인 보기로 박찬승, 1999, 「1890년대 후반 도일(度日) 유학생의 현실인식: 유학생친목회를 중심으로」, 『역사와 현실』 31; 박찬승, 2000, 「1890년대 후반 관비유학생의 도일유학」, 『한일공동연구총서 3』, 고려대학교 아세아문제연구소; 박찬승, 2009, 「1904년 황실 파견 도일유학

이 더 두드러졌다. 그러면서 자연스럽게 '일본=근대'라는 관념도 형성되기 시작했다. 그리고 한반도에서의 일제의 영향력이 커지면 커질수록 이제 일본어의 지위는 단순한 경유어가 아니라 사실상의 준지배 언어의 지위를 누리게 되었다. 이는 통감부 시기 해외 유학의 대부분이 일본 유학생이었다는 사실에서도 확인할 수 있다.[43]

근대에 들어서서 일본어 계통의 근대 어휘가 대거 유입된 데서도 알 수 있듯이 근대화 과정에 미친 일본(어)의 영향은 부정할 수 없는 사실이다. 특히 일본어의 보급이 체계적으로 이루어지기 시작한 갑오개혁 이후에는 더욱 그랬다.

대한제국 정부는 1895년 「외국어학교관제」(칙령 제88호)를 공포했다. 이로써 본격적인 외국어 교육이 시작되었다. 외국어 학교는 하나이지만 개별 어학(일본어, 영어, 프랑스어, 독일어, 중국어, 러시아어)에 따라 부지, 교원, 운영 방식을 달리하는 형태를 띠고 있었다.[44]

외국어 학교에서 특히 주목해야 할 것은 학생 수의 증감이다. 1898년에는 "영어 학교 생도가 110명, 일어 학교 생도가 86명, 프랑스어 학교가 92명, 러시아어 학교가 79명, 중국어 학교가 40명, 인천 일어 학교 생도가 45명"[45]이었다고 한다. 아직은 일본어를 배우려는 학생 숫

생 연구」, 『한국 근현대사 연구』 51; 이용창, 2001, 「한말 최린(崔麟)의 일본 유학과 현실인식」, 『역사와 현실』 41; 이태훈, 2010, 「한말 일본유학생들의 자기인식과 계몽논리: 1900년대 일본유학생을 중심으로」, 『한국사상사학』 45; 이태훈, 2012, 「한말 일본 유학 지식인의 "근대 사회과학" 수용과정과 특징: "정치"에 대한 인식과 "입헌정치론"을 중심으로」, 『이화사학연구』 44 등을 볼 것.

43 『공립신보』, 1908.7.8.
44 이 가운데 관립 일어 학교에 대해서는 황운, 2022, 「개화기 관립일어학교의 교육과 운영」, 『일본문화학보』 95를 볼 것.

자가 다른 외국어를 배우려는 학생 숫자를 압도하지는 못하고 있었음을 알 수 있다. 그리고 일어 학교는 서울과 인천 두 군데에서 운용되고 있었다는 것이 눈길을 끈다. 그렇지만 두 학교 학생 숫자를 합해도 서울 영어 학교 한 군데의 학생 수를 조금 넘는 정도에 지나지 않았다는 사실이 더 눈길을 끈다.

앞의 외국인 학교 학생 수는 당시 신문 보도에 따른 것이다. 그런데 〈표 1-1〉에서 알 수 있듯이 강제 병합 직전에 대한제국 학부에서 밝힌 수치는 다소 다르다.

〈표 1-1〉 외국어 학교 입학 지원자와 입학자 상황

(단위: 명)

	일어 학교		영어 학교		중국어 학교		프랑스어 학교		독일어 학교		계	
	지원	입학	지원	입학	지원	입학	지원	입학	지원	입학	지원	입학
1897	-	-	-	50	-	120	-	42	-	-	-	212
1898	-	-	-	30	-	150	-	62	-	50	-	292
1899	-	10	-	20	-	141	-	73	-	-	-	244
1900	-	8	-	47	-	82	-	81	-	-	-	218
1901	-	20	-	58	-	70	-	98	-	40	-	286
1902	-	16	-	53	-	52	-	100	-	20	-	241
1903	-	14	-	62	-	34	-	90	-	20	-	220
1904	-	72	-	69	-	56	-	52	-	20	-	269
1905	-	49	-	62	-	63	-	45	-	20	-	239
1906	-	46	-	67	-	47	-	30	-	20	-	210
1907	350	201	100	97	-	27	25	25	30	30	505	380
1908	700	250	100	94	12	12	3	3	18	18	833	377
1909	950	174	145	96	17	17	9	9	16	10	1,137	306
1910	1,290	136	208	106	45	36	38	21	27	17	1,608	316

참조: 러시아어 학교도 있었지만, 러일전쟁 이후 폐교되었다.
출처: 學部, 1910, 『韓國敎育ノ現狀』, 40쪽.

---

45 『협성회회보』, 1898.1.8.

이 표는 대한제국 시기 일본어의 보급 문제를 이해하는 데 중요한 시사점을 제공한다. 러일전쟁 이전까지만 해도 일어 학교 입학자 수는 다른 외국어 학교보다 훨씬 적었다. 그런데 러일전쟁 이후 상황은 바뀌었다. 일어 학교 입학자가 많이 늘어났다. 그 결과 1903년까지만 해도 일어 학교 입학자 수는 전체 외국어 학교 가운데 가장 적은 14명이었는데 1904년에는 가장 많은 72명을 기록했다. 그렇다고 일어 학교의 입학자가 다른 외국어 학교 입학자를 압도할 정도로 많아진 것은 아니었다.

그러다가 정미7조약으로 대한제국의 법령 제정, 행정 처분 업무, 관리 임명권이 모두 통감부 곧 일본에 넘어간 1907년이 되면 상황은 다시 크게 바뀐다. 일어 학교 지원자도 입학자도 폭증한 것이다. 1907년 일본어 학교의 지원자 수와 입학자 수는 다른 외국어 학교의 그것을 다 합한 것보다 더 많았다. 전체 외국어 학교 입학자의 절반 이상을 일본어 학교 입학자가 차지하기 시작했다. 그리고 강제 병합이 이루어진 1910년에는 일본어 학교 입학자 수도 줄고 전체 외국어 학교 입학자 가운데 차지하는 비율도 다시 50% 이하로 떨어졌지만, 역으로 일본어 학교의 입학 경쟁률은 거의 10 대 1에 이를 정도로 폭증했다. 결국 일제의 한반도 강점이 가시화되는 상황에서 이를 출세의 기회로 여긴 일부 한국인에게 일본어를 배우려는 열기가 고조되고 있었으며 이러한 열기는 강제 병합의 해인 1910년에 정점을 이루었다고 볼 수 있다.

실제로 러일전쟁 이전만 해도 한반도에서의 주도권을 장악하기 위한 제국주의 열강들의 경쟁이 치열했다. 아직은 일본이 우위를 차지하지 못한 상황이었다. 그러나 이러한 상황은 러일전쟁(1904년)을 계기로 일제가 한반도를 강점하는 것이 기정사실처럼 되면서 크게 바뀌었다.

일본어 세력이 양적으로 팽창하는 데는 학교 교육이 큰 영향을 미쳤다. 애초에 관·공립 학교에서의 일본어 교육은 초등 교육의 경우 소학교 심상과(尋常科)에 일본어를 수의 과목 곧 선택 과목으로 배정하고, 고등과에도 주당 3~4시간을 배정하는 정도로 이루어졌다. 중등 교육에서는 중학교 심상과에 영어와 함께 일본어가 외국어 과목의 하나로 배정되었다.[46] 이 밖에도 한성(서울), 인천, 평양에 관립 외국어 학교의 하나로 일본어 학교가 설치되기도 했다.[47]

을사늑약 체결(1905년) 이후 초등 교육 기관인 보통학교(소학교가 개칭된 것)에서 각 학년 주당 4시간, 중등 교육 기관인 고등학교에서 본과(수업 연수 4년) 각 학년 주당 6시간, 예과(수업 연수 1년) 주당 7시간, 그리고 사범 학교에서 본과(수업 연수 3년) 각 학년 주당 4시간, 예과(수업 연수 1년) 주당 5시간, 속성과(수업 연수 1년) 주당 4시간(1909년에는 본과 주당 6시간, 예과 주당 6시간, 속성과 주당 9시간으로 증가)으로 일본어를 가르쳤다. 농업 학교, 상업 학교, 공업 학교, 성균관에서도 일본어 교육이 공식화되었다.[48] 특히 초등 교육 기관인 보통학교에서 국어(한국어) 수업과 같은 주당 시수가 배정되었다[49]는 사실에서 일본어가 사실상 '제2 국어'처럼 되었음을 알 수 있다. 강제 병합 이후 공립 보통학교 체제의 기반이 이 무렵에 형성되었다는 사실을 고려할 때 이 시기의 동향은 중요한 의미가 있다.

통감부는 한편으로 사립 학교(기독교계, '민족계')의 규제를 강화했다.

46　稻葉繼雄, 1997, 『舊韓末日語學校の硏究』, 九州大學出版會.
47　관립 일어 학교에 대해서는 李光麟, 1973, 「舊韓末の官立外國語學校」, 『韓』 2권 9호; 稻葉繼雄, 1997, 위의 책, 387~450쪽, 495~497쪽을 볼 것.
48　稻葉繼雄, 1997, 위의 책.
49　「光武10年 學部令 第23號, 普通學校令施行規則」, 1906.8.27.

구체적으로는 1908년 「사립학교령」을 통해 초등학교 수준의 사립 학교를 '보조 지정'(補助指定)이라는 형식으로 준공립 보통학교로 만들려고 했다. 통감부의 방침에 따르지 않는 학교는 인가를 하지 않음으로써 사실상 도태시키려고 한 것이다. 보조 지정을 받으면 학사 과정도 공립 학교와 똑같은 것으로 해야 했다. 당연히 일본어도 필수 과목이 될 수밖에 없었다. 사립 학교 가운데는 도태되지 않기 위해 보조 지정을 받기로 한 학교도 많았다. 이제 공립 학교뿐만 아니라 사립 학교에서도 일본어를 가르쳐야만 하는 상황이 된 것이다. 이와는 다른 차원에서 계몽 운동 단체 계열의 사립 학교에서는 근대화=민족 자강의 한 방법으로 일본어 교육을 도입하기도 했다. 통감부 시기에 초등 교육 기관을 중심으로 학교에서의 일본어 교육은 복잡한 양상을 띤 가운데 계속 확대되고 있었다.

한편 개화기에는 일어 학교라는 이름의 학교도 여럿 존재했다. 일어 학교란 "학교 이름에 일(본)어를 쓰는 것을 시작으로 일본인이 교사진의 중핵을 차지하고 따라서 일본어 및 '일본어에 의한 보통학'이 교육 내용의 중심을 이룬"[50] 학교를 가리킨다. 일어 학교의 설립 주체는 다양했다. 일본인이 설립한 것이 많았지만 조선인이 설립한 것도 일부 있었다. 순수하게 민간인이 설립한 것도 있었고 관이 설립한 것도 있었다. 따라서 각각의 학교가 갖는 성격도 다양했다.[51] 그렇지만 일본인 교사에 의한 일본어 교육이 집중적으로 이루어졌다는 점에서 공통점을 갖고 있었다.

현재 확인되는 일어 학교는 서울의 관립한성일어학교, 경성학당, 낙

---

50 稻葉繼雄, 1990, 「舊韓末日語學校의 諸特徵」, 『筑波大學地域硏究』 8, 64쪽.
51 稻葉繼雄, 1999, 『舊韓國の教育と日本人』, 九州大學出版會, 52~53쪽.

연의숙(보광학교), 윤학영 일어학교, 일어전수학교, 한양학교, 관립한성일어학교 안 사립일어야학사, 황성의숙, 보통일어학교, 여자일어학교, 중교의숙, 대동진종교회 일어학교, 보흥의숙, 일어연구학교, 화동소학교 안 일어야학강습소, 영돈학교, 일어전문강습소, 일어연구회, 훈도일어야학교, 일어야학 연구회, 보인학교 안 일어강습소, 보성전문학교 안 일어강습소, 흥사단 안 일어연구회, 경기도의 인천일어학교, 안성학교, 수원 화성학교, 양주 일어학교, 안산 사립일어학교, 파주 광흥일어학교, 충청도의 강경 한남학당, 논산 충인학교, 공주 호서학당, 공주 개흥학교, 청주 일어학교, 진천 한천 일어학교, 양성 일어야학강습소, 전라도의 광주(光州)실업학교, 군산소학교, 금성 일어학당, 목포 일어학교, 목포 육영중학교, 목포 승명학교, 경상도의 대구 달성학교, 대구 일신학교, 부산 개성학교, 개성학교 구관(舊館)지교, 개성학교 부산진지교, 동래 일어학교, 마산포 일어학교, 밀양 개창학교, 경주 계림일어학교, 기장 일어학당, 초량학원, 통영 일어학교, 대구 일어 속성 야학교, 통도사 명진 학교, 김천 일어학교, 동래 개양 학교, 통영 진명학교, 김해 일어학교, 칠곡 일어학교, 황해도의 개성학당, 해주학당, 해주 일어야학교, 황주 일어강습소, 해주 일어의숙, 황주 광동학교, 평안도의 평양 일어학교, 평양 양각도 일어학교, 평양 남문외 일어학교, 평양 일어야학교, 정주 일어학교, 의주 구시학교, 진남포 보동학교, 진남포 의성학교, 성천 일어학교, 안주 일어학교, 의주 전대학교, 용암포 일어학교, 황주 광동학원, 강서군 일어학교, 증산 공립 증산보통학교 안 일어야학과, 영유 일어전문학교, 함경도의 성진학당, 성진학당 학평분교, 학평일어학교, 함흥학교(일진학교), 온성 보흥학교 등이다. 이밖에 소재지를 알 수 없는 흥인일본어학교, 을미의숙, 원흥학교 등도 있었다.[52] 여기서 언급한 것이 전체 일어 학교를 망라한 것은 아니지만 일제 침략이 집중적으로 이루어졌고 또 그래서 일본인이 많이 이주한 지역(서울, 부산, 대구, 평양 등)에서 일어 학교 설립 움직임도 활발하게 나타났음을 확인할 수 있다.

아시아주의를 표방하면서 일제 대외 침략의 앞잡이 역할을 하던 동아동문회(東亞同文會)[53]의 한반도 진출이나 경부 철도 설치 문제 등을 배경으로 주로 1895년에서 1907년 사이의 초기에는 한성이나 개항장에 주로 설립되던 일어 학교가 나중에 내륙으로까지 확산했다. 그러나 공교육[54]에서의 일본어 교육이 제도화되고 계몽 운동 단체 계열의 사립·공립 학교에서 적극적인 일본어 교육이 이루어짐에 따라 일어 학교는 존재의 의미를 잃을 수밖에 없었다. 일제의 '보호국'이 된 데 따른 반일 기운의 고양과 소규모 경영에 따른 재정난 등을 이유로 폐쇄한 예도 적지 않았다.

반면에 통감부가 출범한 1906년 2월 이후에는 대한제국 정부의 각

---

52 자세한 내용은 稻葉繼雄, 1990, 「舊韓末の'日語學校'(補遺)」, 『文藝言語研究』 言語篇 17; 稻葉繼雄, 1997, 앞의 책 참조. 이 가운데 '일어강습소' 또는 '일어야학'으로만 적혀 있는 것은 정식 학교 이름이 아닐 가능성도 있다.

53 동아동문회가 한반도에서 본격적으로 활동을 시작한 것은 1899년부터였다. 이나바는 동아동문회의 움직임이 일어 학교의 확대에 결정적 계기가 되었던 것으로 보고 있다. 稻葉繼雄, 1988, 「朝鮮における學校經營」, 東亞文化硏究所編, 『東亞同文會史』, 霞山會. 이후 동아동문회가 만든 일어 학교는 함경북도 성진의 성진학당을 비롯해 최소 3개 이상이었던 것으로 보인다. 이 밖에도 동아동문회는 민간의 일본인이 처음 만든 일어 학교인 충청남도 강경의 한남학당과 대표적인 일어 학교인 서울의 경성학당을 비롯해 여러 일어 학교를 지원하고 있었다. 동아동문회와 한남학당, 경성학당의 관계는 稻葉繼雄, 1986, 「韓南學堂について-舊韓末'日語學校'の一事例」, 『文藝言語研究』 言語篇 10; 稻葉繼雄, 1988, 「京城學堂について-舊韓末-日語學校-の一事例」, 『日本の教育史學』 29; 稻葉繼雄, 1997, 앞의 책을 볼 것.

54 여기서 공교육은 사교육과는 대비되는 개념으로 국가의 계획과 운영 아래 시행된 학교 제도상의 교육에 한정된다.

부서에서 한국인 관리를 대상으로 일어 학교나 강습소를 설치하는 경우가 많아졌다. 1906년 3월 경무청은 한국인 순사에게 일본어를 가르치기 위해 일어 학교의 문을 열었다. 통감부 출범 이후 대한제국의 경찰권이 사실상 일본에 넘어간 것을 상징적으로 보여 주는 조치였다. 학부 일어 강습소(1907년), 궁내부 한일어강습소(1908년), 탁지부 한일어강습회(1909년), 관립한성고등사범학교 직원 일어강습회(1910년) 등도 모두 관립 일어 학교에 준하는 시설이었을 것으로 보인다.[55]

정미7조약 체결 이후 대한제국 정부에 일본인 관리가 대거 임용되자, 조선인 관리와의 사이에서 언어 소통에 문제가 생겼다. 이러한 문제를 계기로 관립 외국어 학교 출신자로 일본어가 가능한 조선인이 관리로 채용되기 시작했다.[56] 일본어를 통한 일부 조선인의 식민 지배로의 편입은 관청 수준에서 먼저 이루어졌다. 그러한 의미에서 공적 영역에서의 일본어 헤게모니[57]는 강제 병합 이전에 이미 싹을 키우고 있었음을 염두에 둘 필요가 있다.

---

[55] 稻葉繼雄, 1990, 앞의 글, 127~129쪽.

[56] 學部, 1910, 『韓國敎育ノ現狀』, 學部, 40~42쪽; 井上薰, 1992, 「日本帝國主義の朝鮮における植民地敎育體制形成と日本語普及政策: 韓國統監府時代の日本語敎育を通した官吏登用と日本人配置」, 『北海道大學敎育學部紀要』 58.

[57] 최근 한 영어학자가 "영어 헤게모니란 영어에 주어진 특혜와 권력 때문에 시민들이 영어에 매달리게 만드는 숨은 힘"이라고 규정한 바 있다. 한국 사회에서 영어 헤게모니가 생성되는 이유는 "영어 능력이 차별적으로 우대되고, 영어를 못하면 불이익을 받기 때문에 영어를 무조건 잘해야 한다는 생각"이 널리 퍼지기 때문인데, 그 결과 "영어가 한국 사회에서 한국어를 제치고 지배 언어의 지위를 유지하도록 만든다"는 것이다. 김미경, 2011, 『영어학자의 눈에 비친 한국어의 힘』, 소명출판. 이러한 주장을 19세기 말과 20세기 초에 적용한다면 근대 계몽기 일본어 헤게모니는 일본어 능력이 우대되고, 일본어를 못하면 차별받는다는 의식을 만들어 냈으며, 이를 바탕으로 일본어 권력이 형성되었다고 해석할 수 있다.

근대 계몽기부터 일본 제국주의의 팽창에 따라 한반도에서도 형성되기 시작한 공적 영역에서의 일본어 헤게모니는 새로운 일본어 권력을 만들어 냈다. 특히 일본어 권력은 정치·행정·법률의 차원에서 먼저 강화된 면이 있는데, 다음의 두 자료가 이러한 사실을 잘 보여 준다.

일어 유등(有等): 한국 관리 중 일어를 능통히 하는 자는 일본 관리와 여(如)히 수당금을 마련하기로 내각에서 회의하여야 통감부에 동의를 표(表)하였다는 사(事)는 시보와 여(如)하거니와 해안(該案)을 통감부에서 승인하여 탁지부에서 예산 외로 지출한다는데 일어 정도를 삼등에 분(分)하여 일등에 십원이오 이등에 팔원이오 삼등에 육원으로 정하였다더라.[58]

… 대저 사법은 독립 불기(不羈)하여 법률을 해석하며 법률을 장악하여 중대한 책임을 담부함이 국가의 권력을 행사하며 착잡한 사건을 부결하여 인민의 생명 재산을 여탈하는 중요한 관원이라. … 오호라 재판소가 아니오 외교 관청인가. 사법관이 아니오 통역관인가. 민형사를 재판키 위함이 아니라 외인 교제를 위함인가. 엇지하여 일어하는 인(人)이 구(區) 재판소에 만좌케 되는가. 오호라 삼백여 구 재판소에 '와다시 아나다'하는 사법관이 난만하면 재판 제도가 족히 발전될까. '곤닛지와, 곰방와'하는 판검사가 훤화(喧譁)하면 법률 적용이 족히 완전할까….[59]

---

58 『대한매일신보』, 1908.5.10.

59 『대한매일신보』, 1908.12.4.

앞의 인용문은 일본어를 구사하는 한인 관리들에게 수당을 지급한다는 내용이 실린 기사이고 뒤의 인용문은 재판소 300여 곳에서 일본어로 재판을 진행하는 것을 개탄하는 기사이다. 이 두 기사는 모두 정미7조약 체결 이후인 1908년의 것이다. 만약 기사가 맞다면 대한제국이라는, 형식적으로는 아직 주권을 갖고 있던 국가에서 행정 용어와 법률 용어는 사실상 일본의 그것을 그대로 사용하는 상황이 벌어지고 있었음을 알 수 있다.[60]

을사늑약 이후 통감부가 설치되면서 대한제국의 교육은 사실상 일제의 손에 넘어갔다. 거기에 첨병 노릇을 한 것은 교육을 담당하는 주무 부처인 학부에 고용된 일본인 관료들이었다. 당시 대한제국 정부는 일제의 압력에 밀려 정부 각 부서의 이인자로 일본인을 초빙했다. 학부에는 일본 문부성에서 파견된 시데하라 다이라(幣原坦)[61]에 이어 미쓰치 주조[62]가 학정참여관[63]으로 초빙되었다.

---

60 지금도 법원의 판결문을 보면 일반인에게는 낯선 일본식 한자 용어가 남발되고 있는 것이 쉽게 확인된다. 판결문을 보통 사람들도 쉽게 알 수 있도록 한글 투로 바꾸어야 한다는 목소리가 높고 사법부도 원칙적으로 여기에 동의하면서도 잘 바뀌지 않는 문제의 뿌리는 100년 전으로 거슬러 올라가는 셈이다.

61 도쿄제국대학 국사학과를 졸업한 뒤 도쿄고등사범학교 교수로 있다가 대한제국 학부 학정참여관으로 취임했다. 일본으로 돌아간 뒤에는 문부성 시학관, 도쿄제국대학 교수, 히로시마고등사범학교 교장 등을 거쳐 타이페이제국대학 설립을 주도하고 초대 총장이 되었다. 시데하라에 대해서는 최혜주, 1998, 「시데하라(幣原坦)의 식민지 조선 경영론에 관한 연구」, 『역사학보』 160; 최혜주, 2020, 「시데하라(幣原坦)의 식민지조선·대만에서의 교육 활동」, 『동아시아 문화연구』 83; 팽영일, 2010, 「1905-1910년의 모범교육과 보통학교 일본어 교육」, 『한국교육사학』 32권 2호 등을 볼 것.

62 학정참여관 무렵 미쓰치의 활동에 대해서는 팽영일, 2010, 위의 글을 볼 것.

63 학정참여관이라는 직책은 다른 정부 부처에서는 보이지 않는, 학부만의 고유한 것이었다. 그만큼 일제가 학부를 중시했다는 것을 알 수 있다. 물론 학부가 중요한 이유

시데하라는 1905년 2월 학정참여관으로 취임하자마자 한국 교육에 관한 방침을 정했다. 그 내용은 한일의정서의 취지에 근거해 한국이 만반의 시설을 개선하는 데 필요한 교육을 할 것, 한국인의 행복을 위해 선량하고 평화적인 국민성을 함양시킬 것, 일본의 문화를 수입하고 한국을 개발시키기 위해 점차 일본어를 보급할 것, 종래 한국의 국교인 유교를 파괴하지 않고 그 위에 신지식을 일반에게 개발시킬 것, 학제는 번잡한 것을 피하고 과정은 쉽게 할 것 등이다.[64] 시데하라가 내세운 교육 방침 가운데 일본 문화의 수입과 일본어 보급이 포함되어 있었다는 사실에 특별히 주목할 필요가 있다.

시데하라는 앞에서 살펴본 교육 방침을 토대로 1905년 4월에는 곧 현실이 될 식민 교육의 토대를 마련하기 위해 '한국교육개량안'을 만들었는데 구체적인 방법을 제1기부터 제3기로 나누어 파악했다. 제1기에는 보통학교 창립, 입학 장려, 시학 기관 설치, 교과서 편찬, 사범 학교 개량, 외국어 학교 통일, 중학교 개혁, 농상공 학교 정돈, 사립 일어 학당 처분, 제2기에는 여학교 창립, 농상공 학교 분리, 고등학교(종래의 중학교를 개칭한 것) 및 여러 종류의 전문학교(사범 학교를 포함) 증설, 성균관의 점진적 개선, 제3기에는 고등 전문학교 창립, 보통학교 보습과 설치 등을 추진한다는 것이었다.[65] 시데하라가 말하는 개량안의 핵심은 보통학교와 실업 학교의 충실, 그리고 일본어 보급의 확대였다. 뒤에서 살펴볼 강제 병합 직후 무단 정치 시기 조선총독부가 표방한 교육 정책과 하나도

는 일본어 보급을 위한 일본식 교육 제도의 이식 때문이었을 것이다.

64　幣原坦, 1924, 『朝鮮史話』, 冨山房, 464~465쪽.
65　幣原坦, 1924, 위의 책, 465쪽.

다르지 않다.

다만 시데하라는 일본어 교육의 목표를 한국인의 개화와 실용에 두고 있었다. 당시 일제의 한반도 침략을 주도하던 세력은 이러한 시데하라의 생각에 불만을 품고 있었다. 1906년 2월 통감부의 초대 통감으로 부임한 이토 히로부미는 시데하라를 경질하고 그 후임으로 일본어 보급에 더 강경한 미쓰치를 발탁했다.

이토 통감에 의해 발탁된 미쓰치는 일본 문화를 보급하기 위한 수단으로서의 일본어 교육을 강조한 시데하라와는 달리 조선인을 일본인으로 동화시키기 위한 수단으로서의 일본어 교육을 강조했다.[66] 앞에서도 언급했듯이, 강제 병합 이후이기는 하지만 "조선이 일본의 영토가 되고 조선인이 일본 제국의 신민이 된 이상 그들을 하루라도 빨리 동화시키지 않으면 안 된다. 동화를 위한 방법 수단으로서는 일본어를 될 수 있는 한 널리, 될 수 있는 한 빨리 보급하는 방법을 마련해야 한다"[67]라고 주장했다. 그런가 하면 조선어를 폐지하지 않으면 "마치 오스트리아와 헝가리와 같이 되고, 조선인이 점차 발달하여 일본인과 동등한 능력에 달했을 때 국가에 중대한 문제가 일어날 것이다"[68]라고도 주장했다. 일본어를 '국어'로 보급함으로써 조선인을 일본인으로 동화시켜야 한다는 생각은 대한제국 학부 학정참여관 시절부터 미쓰치가 갖고 있던 것이었다.

통감부는 1906년 7월 한일 신협약 체결 이후에는 미쓰치 외에도 일

---

66 팽영일, 2010, 앞의 글.
67 三土忠造, 1910a, 앞의 글.
68 三土忠造, 1910a, 위의 글.

본 내무성 관료 출신인 통감부 서기관 다와라 마고이치(表孫一)[69]를 학부 차관으로 승진시키고 일본 문부성 관료 출신인 구마모토 시게키치(隈本繁吉)[70]와 오다 쇼고(小田省吾)[71]를 학부 촉탁으로 초청해 대한제국의 학제 개편 업무를 맡겼다. 이들의 주도 아래 각 학교의 학교령과 시행규칙이 만들어졌는데 이들 법령은 모두 식민 교육 체제의 기반을 닦기 위한 것이었다. 이때 발표된 각 학교령에서 일본어가 필수 과목으로 지정됨으로써 관·공립 학교에서는 초등 교육 과정부터 일본어가 정규 과목이 되었다. 이로써 학교를 통한 본격적인 일본어 교육이 시작되었다.

미쓰치가 학정참여관으로 재직하고 있을 때 편찬된 보통학교 일본어 교과서 『일어독본』은 일본 문화의 우월성을 강조하고 거꾸로 한국 문화의 후진성을 부각하는 내용으로 가득 찼다. 말하자면 강제 병합 이후 본격화될 동화 교육의 예고인 셈이었다. 당연히 이 『일어독본』의 발간 주

---

69 도쿄제국대학을 졸업한 뒤 내무성 관료로 들어갔다. 통감부 서기관, 대한제국 학부 차관, 조선총독부 임시토지조사국 부총재를 거쳐 일본으로 돌아가서는 홋카이도청 장관, 척식사무국 국장, 중의원 의원을 지냈다.

70 도쿄제국대학 사학과를 졸업한 뒤 문부성 시학관, 도쿄고등사범학교 교수를 거쳐 대한제국 학부 서기관이 되었다. 조선총독부 초대 학무과장으로 제1차 「조선교육령」 제정에 관여했다. 1911년부터 타이완총독부에서 근무하다가 일본으로 돌아가 다카마쓰(高松)고등상업학교 교장, 오사카(大阪)고등학교 교장을 지냈다.

71 신궁황학관에서 잠깐 공부한 뒤 도쿄제국대학 사학과를 졸업했다. 도쿠시마(德島)현 사범학교 교장, 제일고등학교 교수 등을 거쳐 1908년부터 대한제국 학부 촉탁이 되어 한국의 교육 제도를 일본화하는 데 주도적인 역할을 했다. 강제 병합 후에는 조선총독부 중추원 편찬과장으로 조선사 편찬 업무를 책임졌다. 1924년부터 경성제국대학 교수가 되었다. 오다에 대해서는 최혜주, 2010, 「오다 쇼고(小田省吾)의 교과서 편찬활동과 조선사 인식」, 『동북아역사논총』 27; 최혜주, 2021, 「식민사학자 오다 쇼고(小田省吾)의 경성제대 교수 활동과 조선사 인식」, 『한국민족운동사연구』 108; 하지연, 2012, 「오다 쇼고(小田省吾)의 한국근대사 연구와 식민사학」, 『한국근현대사연구』 63 등을 볼 것.

체는 엄연히 대한제국 학부였다. 이른바 식민 사관이 반영된 교과서가 대한제국 교과서로 발간된 것이다. 그만큼 미쓰치로 상징되는 일제 지배 권력이 절대적인 것으로 바뀌고 있었음을 짐작할 수 있는 대목이기도 하다.

시데하라와 미쓰치 외에도 학부에는 일본인 관료가 여럿 재직하고 있었다. 이들 일본인 관료의 주도 아래 1906년 8월 21일 「보통학교령」과 「고등학교령」이 공표되었다.[72]

「보통학교령」에는 "보통학교의 교과목은 수신과 국어와 한문과 일어와 산술과 지리 역사와 이과와 도화와 체조로 하고"라고 규정되어 있었다. 일본어가 국어, 한문과 함께 정규 필수 과목으로 지정된 것이다. 한편 「고등학교령」 시행규칙 제6조에 따르면 고등학교의 본과 학과목은 "수신, 국어, 한문, 일어, 역사, 지리, 수학, 박물, 물리, 화학, 법제, 경제, 도화, 음악, 체조"였다. 보통학교에 이어 고등학교에서도 일본어는 국어, 학문과 함께 정규 필수 과목이 되었다. 「보통학교령」과 「고등학교령」보다 2년 늦게 제정된 「고등여학교령」(1908년 4월 2일 공표)의 시행규칙 제4조에도 "고등여학교 본과의 학과목은 수신, 국어, 한문, 일어, 역사, 지리, 산술, 이과, 도화, 가사, 수예, 음악, 체조로 함 … 예과의 학과목은 수신, 국어, 일어, 산술, 이과, 도서, 수예, 음악 및 체조로 함"이라는 규정이 들어 있었다. 일본어가 국어, 한문과 함께 정규 필수 과목으로 지정된 것은 보통학교나 고등학교와 마찬가지였다. 결국 1906년과 1908년 사이에 법령의 규정을 받는 보통학교, 고등학교, 고등여학교 모두 일본어를 의무적으로 가르치게 된 것이다.

---

[72] 자세한 것은 허재영, 2010, 『통감시대 어문교육과 교과서 침탈의 역사』, 경진을 볼 것.

1909년 7월 5일에는 「고등학교령」이 개정되었는데 그 시행규칙 제4조에는 "고등학교의 학과목은 수신, 국어 및 한문, 일어, 역사, 지리, 수학, 박물, 물리 및 화학, 실업, 도화, 체조, 법제 경제, 음악으로 하되 전항 외에 수의 과목으로 외국어를 가함도 득함. 단 외국어는 영어, 프랑스어, 독일어, 한어(중국어)의 1개 국어로 함 … 공립 또는 사립 고등학교 보습과의 학과목은 본과에 준하여 학교장이 정하고 학부대신의 인가를 수함이 가함"이라고 규정되어 있었다. 수의 과목 곧 선택 과목으로 꼽힌 외국어는 '영어, 프랑스어, 독일어, 중국어' 넷뿐이었다. 러시아는 러일전쟁 때문에 외국어라는 법적 지위를 잃었을 것이다. 그보다 중요한 사실은 일본어가 외국어라는 범주에서 아예 빠진 것이다. 이제 일본어는 법령에 따라 외국어가 아니라 국어와 마찬가지의 지위를 확보하게 되었다.

다시 정리해 보자. 을사늑약 이후 각급 학교에서는 '일본어'를 필수 과목으로 가르치지만 '외국어'는 별도의 과목으로 설정하지 않았다. 다만 1908년 이후에는 고등학교와 고등여학교에 외국어를 수의 과목으로 두었는데, 이때 외국어는 일본어를 제외한 '영어, 프랑스어, 독일어, 중국어'였다. 이는 통감부 시기에 일본어의 지위가 국어와 대등해졌으며, '영어'를 포함한 다른 언어보다 우위에 있었음을 의미한다. 사실상 일본어는 대한제국의 준국어, 제2 국어처럼 된 것이다.

1906년 8월 27일에는 「외국어학교령」이 개정되었다. 그러면서 외국어 학교는 가르치는 언어를 기준으로 학교 이름을 정하도록 했다. 외국어 학교의 형태는 관립, 공립, 사립의 세 종류였다. 러시아어 학교의 폐지는 러일전쟁으로 인한 한반도 정세의 변화와 맞물려 있음을 짐작할 수 있다. 1907년에는 일본해외교육회에서 설립한 경성학당을 제2일어 학교로 운영하기 시작했다. 이 밖에도 인천의 일어학교지교, 평양의 사립일어학교, 부산의 일어학교가 일본어를 가르치고 있었다. 평양의 사립 일어학교는 다시 1908년부터 관립 학교로 개편되었다.

1908년 5월에는 「관립어학교속성과규칙」이 공포되었다. 이름에서 알 수 있듯이 짧은 기간에 과정을 수료하도록 한 것이 속성과였다. 속성과의 과목은 일본어 하나뿐이었다.[73] 심지어는 독일어 학교도 "일반 학도가 일어 강습을 찬성"한다는 이유로 일어과를 새로 설치했다.[74] 민영환이 세웠고 김규식, 여병현 같은 애국지사들이 교사로 근무한 적이 있던 사립 흥화학교조차 "법률학과 경제학은 정지하고 영어, 일어 양과만 특별 주의하여 교수"[75]하는 상황이었다. 말 그대로 일본어 교육이 성행하고 있었다.

심지어는 대한제국 시기에 전국 각지에서 강습소라는 형태로 활기를 띠고 있던 야학에서도 교과목에 일어를 포함하는 경우가 많았다.[76] 그 경우 야학은 사실상 일본어를 대중에게 보급하는 기관으로서의 성격을 띠고 있었다. 이러한 상황을 당시 한 언론은 다음과 같이 보도했다.

> 근일 한국에 일어 어학의 풍세가 점점 높아서 일어 학교는 별같이 벌여 있고 일어를 배우는 자는 수풀같이 성하도. 이같이 일어 학교가 많고 이같이 일어를 배우는 자가 많은 것은 과연 문명을 수입코자 함인가 국가를 발전코자 함인가. … 근일에 어학계의 소식을 들은즉 일

73　『대한매일신보』, 1908.5.12.
74　『황성신문』, 1908.4.3.
75　『만세보』, 1906.9.12.
76　김형목, 2005, 『대한제국기 야학운동』, 경인문화사; 허재영, 2012, 「근대 계몽기 야학의 대상과 교재 연구」, 『어문논집』 51 등을 볼 것.

어 학교에 입학하기를 원하는 자가 송사리만치 많고 다른 각국 어학교에 입학하기를 원하는 자가 아주 없어서 학교 뜰에 풀이 가득할 지경이 되었다 하니 실로 가석하도다.[77]

일어 학교를 비롯해 일본어 보급의 첨병 노릇을 하는 각종 교육 기관을 당시의 사람들은 결코 좋게 보지 않았다. 세간에서는 일어 학교를 노예 학교라고 부르고 있었다. 일본의 노예를 기르는 학교라는 뜻이었다. 실제로 대다수의 일어 학교와 일본어 강습 야학은 학생들에게 현실적으로 한반도의 운명을 좌지우지하게 된 일제 지배 권력에 복종하는 인간을 양성하는 데 주안점을 두고 있었다.

이러한 상황은 도시에 국한되지 않았다. 농촌 지역의 마을마다 운영되던 서당이나 사숙마저도 일본어 보급을 위한 교육 기관으로 전락했다. 특히 나름 근대 교육을 표방하던 이른바 개량 서당에서 이러한 풍조가 두드러졌다.[78]

학교 교육은 물론이고 야학이나 서당 같은 비정규 교육 기관도 앞다투어 일본어를 가르치려고 하게 된 것은 이미 통감부 시기가 되면 외국어 교육이 일본어 중심으로 재편되었음을 시사한다. 이러한 상황에서 정부 관리가 되기 위해 또는 사업을 위해 아니면 최소한도 일본인이 경영하는 회사의 사원이 되기 위해서라도 일본어를 배우려는 사람들이 늘어났다. 이는 당시 언론 보도를 통해서도 확인된다.

그러나 일본어의 유행이 보편적인 것은 아니었다. 일부에 국한된 유

---

77 『대한매일신보』, 1910.4.10.
78 김형목, 2000, 「일제강점 초기 개량서당의 기능과 성격」, 『사학연구』 94, 176쪽.

행이었다. 아무리 일부의 사람들을 중심으로 일본어 학습 열기가 고조되었다고 하더라도 국어를 아예 포기하고 일본어를 쓰자고 주장하는 한국 사람은 거의 없었다. "한국 유년에게 일문 교과서를 익히게 하는 것은 어린아이의 뇌수를 뚫고 저 소위 일본 혼이라 하는 것을 주사하고자 함이라"[79]는 기사에서도 알 수 있듯이 일본어 교육이 곧 민족의 혼을 파괴하고 토왜(친일파)를 양성하기 위한 수단으로 인식되고 있었다.

학부의 일본인 관료들이 학교 교과서를 일본어로 편찬하려고 하자 한국인 관료들이 거기에 반대해 국어 교과서의 발간을 관철할 정도였다. 일본인 가운데는 극단적으로 조선어 폐지를 주장하는 사람도 있었지만, 그에 반대하는 목소리가 더 높았다.

일본어가 준국어, 제2 국어로서의 위상을 강화해 나가던 시기에 각종 학교를 통해 일본어 교육이 확대되는 데 반대하는 분위기도 고조되었다. 일본인 관료들이 포진한 대한제국 학부조차 "일어는 오늘 일한(원문 그대로-인용자) 관계상 보통 교육에 있어 필수 과목의 지위를 차지하고 있다. 관·공립 일반 학교에 있어서도 중요 과목으로서 교수하며, 특히 초년급부터 이를 과(課)함을 상하가 모두 깊은 불쾌감을 품고, 이는 한국어를 일본어로 변경하려는 것이다. 한국의 국민성을 감실(減失)시키려고 기도하는 것이며 또한 하급 지방민들은 말하길 일본어를 가르쳐 후에 일본의 병대(兵隊: 군대-인용자)로 만들려고 한다 하고, 또한 일본에 납치하여 노동자 또는 노예로 만들려고 한다"[80]라는 여론이 높아지고 있다고 인정할 정도였다.

---

[79] 『대한매일신보』, 1906.6.6.
[80] 學部, 1909, 『韓國敎育』 1909년 9월, 11쪽.

물론 통감부는 이러한 소문을 강력히 부정했다. 학부 서기관 미쓰치는 보통학교 1학년부터 일본어를 의무적으로 배우도록 한 것이 지나친 것이 아니냐는 비난에 대해 일본어를 습득하는 것이 대한제국을 위해서도 개인의 출세에도 가장 좋은 방법이라고 강변했다. 보기를 들어 1908년 6월 20일에 열린 관립 보통학교 직원 회의에서는 다음과 같이 발언했다.

초등 교육에서 교과목을 선택함에는 장래 국민으로서 필수적인 지능을 얻는 데 필요한 것을 구하는 것이다. 금일과 같이 일한 양국이 교통 왕래가 빈번하고 양 국민이 서로 제휴하여 공사(公私) 사업에 종사하는 시대에는 한국인으로서 일어를 해독하느냐 아니냐는 생존경쟁상의 현저한 이해관계가 있다. 즉 일어를 해독하는 자는 관리로서 구요(樞要)하여 유력한 지위에 오를 수 있고 상업을 운영하여도 역시 이해를 남기기 쉽고 관계와 민간계 사회, 즉 관민간의 직업을 얻는 데 큰 편익이 있다. 일본인으로 한국에 왕래하는 자가 많아짐으로써 일본인과 인사 관계가 더욱 밀접히 되었다. 이때를 당하여 한국인으로서 일어를 알지 못하고 통역에 의하여 일본인과 교제, 기타 농공상의 교섭을 한다면 혹은 서로 의사를 충분히 소통하지 못하여 매사 어긋나고 혹은 언어불통으로 인하여 불측(不測)한 사술(詐術)에 빠져 필경 한국인의 손실 불이익함이 장래에 더욱 심대해질 것이 분명하다.[81]

81　高橋濱吉, 1927, 『朝鮮教育史考』, 帝國国地方行政學會朝鮮本部, 172~173쪽.

어쨌거나 강제 병합 직전까지도 일본어 교육을 받은 사람들의 절대 숫자가 일정한 규모 이상은 아니었다는 것은 분명해 보인다. 강제 병합 이전 일본어를 습득한 사람들의 정확한 숫자를 알려 주는 정보는 현재 발견되지 않는다. 다만 강제 병합으로부터 거의 10년이 지난 1919년에 일본어를 아는 사람이 전체 조선인의 2% 정도였다는 점을 고려한다면 강제 병합 이전의 수치는 훨씬 더 낮았을 것으로 추정된다. 일제 식민 지배 권력에 편승하겠다는 극히 일부를 제외하고는 일본어가 대한제국의 국어를 대체할 만큼 광범위하게 보급되지는 않았다. 그리고 이러한 상황이 강제 병합 이후 일제의 언어 정책을 규정하는 중요한 요인이 된 것은 뒤에서 더 자세히 살펴볼 것이다.

제2장
무단 정치기의 이중 언어 체계 확립

1. 강제 병합 이후 '국어'와 조선어를 둘러싼 논란

러일전쟁 이후 일제의 한반도 강점이 본격화되면서 강제 병합 이전에도 일본어는 사실상 준국어의 위상을 확보하고 있었다. 그리고 1910년 8월 29일 강제 병합을 계기로 일본어와 조선어의 지위는 역전되기에 이르렀다. 일제의 식민지가 된 조선에서 조선어는 더는 국어의 지위를 누릴 수 없었다. 반면에 일본의 '국어'인 일본어가 조선에서도 '국어'가 되었다.

일제의 식민 지배 특히 조선에 대한 지배를 이해하는 데는 백인종이 황인종이나 흑인종을 지배한 다른 제국주의 나라와는 달리 같은 인종 그것도 역사와 문화가 절대로 뒤지지 않는 민족을 지배했다는 사실이 중요하다. 실제로 일본의 시모노세키(下關)에서 관부 연락선으로 부산까지 오는 데는 채 하루가 걸리지 않았다. 식민지 조선이 위도와 경도에서 거의 비슷한 곳에 있었기 때문에 일본의 식민자들은 식민지 풍토병도 겪지 않았다. 일제가 지배의 이데올로기로 '일선 동조', 곧 일본과 조선이 역사적으로 한 뿌리였다는 점을 내세울 정도로 일본과 조선 사이에는 인종적 유사성이 존재하고 있었으며 오래전부터 역사적으로도 문화적으로도 밀접한 관계를 유지하고 있었다.[1]

일제는 한때는 자신보다 앞선 나라였던 조선을 식민지로 만든 뒤 식

---

1 보기를 들어 강제 병합 이전 역사학과 언어학 분야에서 '일선' 동조론을 주장한 대표적인 관변 이데올로그로 앞에서 언급한 시라토리 구라키치와 가나자와 쇼자부로를 들 수 있다. 小路田泰直, 1997, 『日本史の思想-アシア主義と日本主義の相剋』, 柏書房; 小熊英二, 1995, 『單一民族神話の起源』, 新曜社.

민지 조선을 성공적으로 그리고 영구히 지배하기 위해 서구 제국주의와는 다른 식민 지배 방침을 마련했다. 일본과 조선의 뿌리가 같으며 지금은 비록 조선이 문명화의 단계에서 뒤졌지만, 식민 지배를 통해 앞으로 일본과 같은 단계로까지 발전할 수 있을 것이라는 장밋빛 전망을 보여주려고 했다. 그러나 이는 어디까지나 겉으로 내세운 방침에 지나지 않았다. 식민 지배의 속내는 따로 있었다. 그것은 일본(인)과 조선(인)이 절대 같지 않으며 앞으로도 같아져서는 안 된다는 것이었다. 한마디로 일본(인)과 조선(인)을 별도로 취급하는 것, 곧 후자를 차별하는 것이 일제 지배 정책의 속내였다. 일제는 이러한 속내를 뒷받침하는 각종 정책을 실천에 옮겨 나갔다.

식민 지배 정책의 기본 요소는 차별이었다. 차별은 일본 본토인 내지와 식민지·조차지인 외지를 구분하는 데서 시작되었다. 내지와 외지의 구분은 단순히 공간을 구분하는 데 그치는 것이 아니었다. 외지인에게는 내지인과 같은 권리를 인정하지 않았다. 내지라는 표현 자체가 이미 차별성을 내포하고 있었다. 1910년 무렵 일제의 외지란 식민지나 조차지를 가리키는 것이었다. 일제는 본토와 식민지·조차지를 내지와 외지로 구분함으로써 지역에 따라 형식과 내용을 달리하는 법령을 적용하겠다는 뜻을 분명히 밝힌 것이다.

일제는 조선을 식민지로 만들고 나서 지배의 정당화 논리로 일시동인(一視同仁)을 바탕으로 한 동화주의[2] 또는 내지연장주의[3]를 내세웠다.

---

2 동화주의에 대해서는 이나미, 2003, 「일제의 조선지배 이데올로기」, 『정치사상연구』 9; 홍양희, 2015, 「식민지 초기 교육 담론과 '동화주의'」, 『한일관계사연구』 50; 김신재, 2016, 「일제강점기 조선총독부의 지배정책과 동화정책」, 『동국사학』 60 등을 볼 것.

내지연장주의란 한마디로 조선을 일본과 같은 방식으로 지배하겠다는 것이었다. 일시동인에는 조선인도 일본인과 마찬가지로 일본 천황의 신민으로서의 대우를 동등하게 받는다는 뜻이 담겨 있었다. 식민지를 종주국과 같은 방식으로 지배하고 피지배 민족을 지배 민족과 같이 대우하겠다는 것이니 말만 놓고 보면 이보다 훌륭한 식민 지배의 방침이 없는 것으로 생각할 수도 있다. 그러나 이는 미사여구일 뿐이었다.

동화나 내지 연장이라는 말에는 다른 뜻이 숨어 있었다. 그것은 당시 조선인의 민도가 일본에 비해 현저하게 뒤떨어져 있으므로 일정한 기간에 걸친 식민 지배를 통해 조선인이 완전히 일본인처럼 되는 동화가 이루어져야만 한다는 것이었다. 내지 연장에 따른 동화가 식민 지배의 궁극적인 목적이지만 현실적으로는 조선 민족과 일본 민족 사이에 문명화의 등급에서 차별성이 엄연히 존재하므로 그 차별성이 극복되기 전까지는 두 민족을 달리 취급할 수밖에 없다는 것이었다. 더욱이 일제로서는 강제적인 수단으로 대한제국을 병합했고 따라서 조선인이 강제 병합에 저항하는 사태를 두려워했다. 조선인을 일본인과 똑같이 대우함으로써 결과적으로 조선인의 힘이 세지는 것은 바람직하지 않았다. 따라서 겉으로는 조선과 일본의 같음 또는 같아야 함을 외치면서 실제로는 조선인에 대해 일본인과는 다른 존재로 취급하는 것이 일제 강점 말기까지 관

---

3 내지연장주의에 대해서는 아사노 토요미, 2006, 「일본제국의 통치원리 '내지연장주의'와 제국법제의 구조적 전개」, 『법사학연구』 33; 전상숙, 2008, 「1920년대 사이토오(齋藤實)총독의 조선통치관과 '내지연장주의'」, 『담론201』 11권 2호; 서종진, 2020, 「일본 제국주의의 '내지연장주의'와 조선총독부의 '문화정치': 3·1독립운동 이후 하라 수상의 「조선통치사견」을 중심으로」, 『한국정치외교사논총』 41권 2호; 전영욱, 2020, 「1920년대 조선통치론의 전개와 제령(制令)의 역할」, 『역사문제연구』 44 등을 볼 것.

철된 식민 지배의 기본 방침이었다.

이러한 민족 차별 정책은 언어에도 그대로 적용되었다. 강제 병합 이후 일본어는 지배자의 언어이자 내지어이자 유일한 '국어'가 되었지만 조선어는 피지배자의 언어이자 외지어(반도어)이자 언젠가는 사라져야 할 일종의 방언(사투리)이 되었다. 이러한 언어의 이분법적 위계 구조는 일제강점기 내내 지속되었고 그런 가운데 일본어의 힘이 갈수록 세졌으며, 상대적으로 조선어의 힘은 갈수록 약해졌다. 그러나 중요한 사실은 조선총독부조차 강점 초기부터 조선어를 완전히 폐지하고 조선어의 자리를 일본어로 완벽하게 대체하기가 매우 어려운 일이라는 사실을 인정할 정도로 조선인의 언어 생활은 여전히 민족 언어인 조선어 중심으로 이루어지고 있었다는 것이다.

일제는 '일본=문명', '조선=비문명'의 이분법을 식민 지배의 기본으로 삼았다. 이러한 도식에 따르면 일본어는 문명어이고 조선어는 비문명어였다. 당연히 문명어인 일본어를 조선인의 언어로 만든다는 것이 일제 언어 정책의 핵심이었다. 그러나 문제는 그렇게 간단하지 않았다. 강제 병합을 전후해 일본인 안에서 '국어'가 아닌 조선어를 어떻게 할 것인가를 둘러싸고 논란이 벌어졌다는 사실이 이를 잘 보여 준다.

일본 지배 세력 안에서도 조선어의 존폐 문제로 균열이 나타났다. 일부는 조선어를 즉각 폐지해야 한다고 주장했다. 적어도 학교 교육에서는 조선인이 조선어를 쓰지 않고 '국어'인 일본어를 쓰게 해야 식민 지배의 안정적 유지가 가능하다는 것이었다. 그렇지만 이에 대한 반대 목소리도 만만치 않았다. 현실적으로 조선어를 폐지하고 일본어만을 쓰게 하는 것이 불가능하다는 것이었다. 특히 식민 지배의 주무 기구인 조선총독부의 실무 관료들이 이러한 생각을 하고 있었다.

일본어를 보급하기 위해서는 최소한 초등 교육에서의 학교 증설과 의무 교육 제도 시행이라는 전제 조건이 충족되어야 했다. 그런데 일제 강점 초기만 하더라도 조선총독부의 재정 상태로는 의무 교육 제도의 시행은 고사하고 학교를 새로 세우는 것조차 힘들었다. 한마디로 조선총독부는 애초에 학교 교육을 중심으로 일본어를 보급할 만한 여력도 의지도 없었으니 일본어 보급을 전제로 한 조선어 사용 금지 내지 폐지는 탁상공론에 불과한 것이었다.

이와 관련해 먼저 두 가지 사례를 들어 보기로 하겠다. 조선총독부는 강제 병합이 이루어진 1910년 8월 29일 자로 첫 관보를 냈다. 이 관보는 '천황' 이름의 강제 병합 조서로 시작되는 16쪽의 일본어판에 덧붙여 '조선 역문(朝鮮譯文)'이라는 이름으로 일본어판을 번역한 20쪽의 조선어판을 함께 편집한 것이었다.[4] 말하자면 강제 병합 첫째 날부터 조선총독부는 일본어와 조선어의 공존을 인정하고 있었던 셈이다. 시간이 지나면서 일본어판을 통째로 번역하던 것이 중요한 사항만 번역하는 것으로 축소되었다. 그렇지만 적어도 1923년 6월 14일까지는 일본어판과 조선어판이 관보로 나란히 발간된 사실이 확인된다.[5] 따라서 이때까지는 조선어도 조선총독부의 공적 언어에서조차 완전히 배제되지는 않았음을 알 수 있다.

조선총독부가 조선어로 펴낸 것은 관보만이 아니었다. 조선총독부는 기관지로 두 신문을 펴냈는데 하나는 일본어 신문인 『경성일보(京城日

---

[4] 『朝鮮總督府官報』, 1910.8.29.
[5] 현재 남아 있는 자료로는 1923년 6월 15일 이후 조선어판 『조선총독부관보』는 확인되지 않는다.

報)』였고 다른 하나는 조선어 신문인 『매일신보』였다. 후자는 여전히 일본어를 알지 못하는 조선인을 대상으로 한 것이었다. 조선어로 발간되었지만 내용은 철저하게 조선총독부의 견해를 대변하고 있었다. 강점 초기부터 조선인을 식민 지배 체제 안으로 끌어들여 순응하도록 만드는 데 조선어 신문이 필요하다는 것을 조선총독부는 인정한 셈이다. 그래서 일본어판 기관지와 조선어판 기관지를 따로 발간한 것이다.

더 흥미로운 것은 『매일신보』 지면에 조선어의 존치 및 활용을 주장하는 글이 자주 실리고 있었다는 사실이다. 조금 시간이 지난 뒤이기는 하지만 3·1운동 직후인 1921년에 히라누마 요시로(平沼淑郎)가 쓴 글이 특히 눈길을 끈다. 히라누마는 "국가 통일상으로 보더라도 내지어(일본어-인용자)의 철저는 필요한 고로 그 보급에 대한 노력에 취하여는 결코 이견이 있을 이치가 없으나 다만 초보 교육에는 조선어로 교육하는 편이 의당할 듯 생각하노라. 지금과 같이 심상(보통학교-인용자) 1학년부터 내지어로 교육하는 시는 미숙한 언어로 산술이나 이과를 학습하는 고로 성적이 양호치 못하도다. 그런 고로 초보 교육에는 조선어를 본체로 하고 내지어는 겸하여 가르치는 방침을 집하기를 희망"[6]한다고 주장했다. 히라누마는 일본의 유명 사립 대학 와세다대학 총장이자 1939년에 일본 총리대신이 되는 히라누마 기이치로(平沼騏一郎)의 형이었다. 말하자면 일본의 유력 지식인이 조선어를 초등 교육의 '본체'로 삼을 것을 제안한 것이다. 조선어가 교육의 효과를 거두는 데 더 낫다는 과감한 주장이 조선총독부 기관지 『매일신보』에 실렸다는 것은 일제 강점 초기에 조선어의 현실적 존재를 인정해야 한다고 보는 견해가 일본 안에서도 상당

---

6 『매일신보』, 1921.4.2.

히 만연했음을 상징적으로 보여 준다.

심지어 조선어 전폐의 강경론자로 알려진 미쓰치 주조조차 "조선의 국어(조선어-인용자)를 말하는 말로 쓰는 것은 할 수 없지만, 문장으로 표시해 쓰는 방법을 국민에게 가르치는 것은 단연코 폐지해야 한다"라고 밝혔다.[7] 조선인이 말로 조선어를 쓰는 것은 금지할 수가 없다는 것이었다. 강제 병합 직후 조선의 조선인 인구는 13,313,017명이었는데 일본인 인구는 171,543명이었다.[8] 일본인 인구는 조선인 인구의 1.3%에 지나지 않았다. 조선인과 일본인의 인구 비율이 거의 100 대 1인 상황에서 일본인과 일본어를 할 줄 아는 소수의 조선인을 합하더라도 일본어가 조선의 언어 생활을 주도할 수는 없었다.

그렇다면 조선어를 적극 활용해 식민 지배를 안정적으로 하는 것이 더 바람직하다는 생각을 가진 일본인도 적지 않았다. 첫 조선총독인 데라우치 마사타케(寺内正毅)는 이러한 논란에서 후자 곧 조선어의 존치와 활용이라는 주장의 손을 들어주었다. 그러면서 국가의 언어인 일본어와 민족의 언어인 조선어가 사실상 공존하는 이중 언어 체계가 성립되었다. 상황의 변화에 따라 바뀌기는 하지만 조선어의 완전 폐지는 의무 교육제에 따라 초등학교에서 최소한의 일본어 교육을 받은 조선인이 인구의 절대다수를 차지하기 전에는 사실상 불가능하다는 것을 조선총독부도 잘 알고 있었다.

강제 병합 직후 식민 당국자들에게는 조선에서의 언어 문제가 초미의 관심거리가 되었다. 일본 본국에서도 조선총독부의 언어 정책에 관한

---

7   三土忠造, 1910a, 「朝鮮人の教育」, 『教育界』 9권 12호.
8   善生永助, 1925, 『朝鮮の人口研究』, 朝鮮印刷株式會社出版部, 39쪽, 51쪽.

관심이 높아졌다. 그러면서 다양한 논의가 나타났다. 그 가운데서도 당시 일본의 대표적인 교육 단체인 제국교육회[9]가 가장 발 빠르게 움직였다. 제국교육회는 강제 병합 조약이 체결된 바로 다음 날인 8월 23일 평의원회를 열어 '조선 교육 조사의 건'을 논의한 끝에 조선교육조사위원회를 설치할 것을 결의했다. 이 위원회의 결성을 주도한 것은 대한제국 학부 학정참여관을 지낸 적이 있던 시데하라 다이라였다. 위원으로는 시데하라 외에 역시 대한제국 학부 관료를 지낸 미쓰치, 문부성 시학관 고이즈미 마타이치(小泉又一), 도쿄시 교육과장 도노 슈지로(戶野周次部), 도쿄여자고등사범학교 교장 나카가와 겐지로(中川謙二郎), 도쿄고등사범학교 교수 사사키 기치사부로(佐々木吉三郎), 교육 잡지 『일본의 소학교 교사(日本之小学教師)』 발행인 다다 후사노스케(多田房之輔), 타이완총독부 학무부장을 지낸 적이 있는 귀족원 의원 이자와 슈지(伊澤修二), 러일전쟁 당시 주전 운동의 선봉이던 국수주의 중의원 오가와 헤이키치(小川平吉), 문부성 차관 출신의 사와야나기 마사타로(澤柳政太郎), 『제국교육』 주필을 지낸 히구치 간지로(樋口勘治郎)가 선임되었다. 조선 교육 상황을 이해할 수 있는 위원은 시데하라, 미쓰치밖에 없었다. 타이완총독부의 관료였던 이자와를 합해도 식민 교육의 전문가라고 할 수 있는 것은 11명 가운데 3명에 지나지 않았다.

조선교육조사위원회는 몇 차례의 회의 끝에 10월 11일 '성안(成案)'

---

9   대일본교육회를 모체로 1896년에 조직된 전국적인 교육자 단체이다. 출범과 동시에 메이지 정부 교육 정책의 익찬(翼贊)을 표방했으며 일본의 대외 침략도 적극 지지했다. 제국교육회가 강점 초기에 조선총독부의 교육 정책에 미친 영향을 논의하고 있는 井上薫, 1994, 「日本帝國主義の朝鮮に對する教育政策: 第一次朝鮮教育令の成立過程における帝國教育會の關與」, 『北海道大學教育學部紀要』 62를 볼 것.

이라는 이름으로 초안을 만들었다. 이 초안은 이틀 뒤 『매일신보』에 다음과 같이 보도되었다.[10]

1. 교육칙어의 추지를 보급케 하고 일본과 조선 간에는 종래로 특별한 관계가 유(有)한즉 양국의 합병은 당연한 운명됨을 요해케 하고 단 일본의 신민이 되어 문명한 무대에 활약케 함에는 조선 인민의 발전상 막대한 이익을 이익되는 희망을 여(與)할 사
2. 일본어의 보급으로써 급무를 작(作)하여 차에 전력을 주(注)할지니 차를 실행할 방법은 다음과 같음
   (1) 초등 교육에는 언문(한글-인용자) 한문을 폐[11]하고 일본어를 용(用)할 사
   (2) 일본어 교습 학교에는 적당한 보조를 여(與)할 사
   (3) 사범 학교를 증설하여 일본어에 숙달한 교원을 다수 양성할 사
   (4) 각종 학교 전문학교에서도 일본 교과서를 용함으로써 본칙을 삼을 사
   (5) 일본어로써 관용어를 삼을 사
   (6) 일본문으로 작(作)한 가정 서류의 보급할 방법을 강구할 사
3. 교과서의 편찬은 특히 중대한 자인즉 총독이 직할할 기관을 설하여 차에 종사케 할 사

---

10 『매일신보』, 1910.10.13.
11 『매일신보』 원문에는 '전폐'라고 되어 있는데 이는 잘못 번역한 것이다. 왜냐하면 '성안' 다음에 작성된 '결정안'에는 '전폐'라는 용어가 따로 쓰였기 때문이다. 당연히 폐지와 전폐의 의미는 다르다. 전폐가 더 강경한 용어이다.

초안 작성을 주도한 것은 조선의 교육 현실을 나름 잘 알고 있던 미쓰치였던 것으로 보인다. 조선어 폐지는 미쓰치의 일관된 주장이었다. 보기를 들어 미쓰치는 강제 병합 직후인 9월에 일본의 한 교육 잡지에 "학교에서의 조선어 교수도 폐지하는 것이 필요하고, 한학(漢學) 교수도 폐지하는 것이 마땅하다"[12]라는 뜻을 밝힌 바 있었다. 조선어와 한자의 폐지를 주장한 것이다. 미쓰치는 심지어 일본인 관리가 조선어를 배워야 한다는 주장에도 반대했다. 이어 10월에도 "한문은 차제에 보통학교에서 떼어 내고 끝내는 일을 단행해야 한다고 생각한다. 새롭게 교육 제도를 수립하는 데 모든 학교에서 조선의 국어(한글-인용자)를 배우는 것을 단연 폐하는 것이 좋다고 생각하고, 그렇지 않으면 조선의 국어는 오히려 지금부터 학교가 번식함과 동시에 점점 확대되어 일본어와 상대해 두 단어를 조선인이 사용하지 않으면 안 되"[13]는 불행한 사태가 일어날지도 모른다는 글을 발표하기도 했다. 따라서 성안의 한글과 한문 폐지는 미쓰치의 주장이 반영된 것으로 보인다.

그런데 성안은 말 그대로 초안일 뿐이었다. 조선교육조사위원회는 같은 해 12월 21일 초안을 일부 수정한 '결정안'을 다시 만들었다. 성안과는 달리 조선의 언론에는 보도되지 않았지만 일본 교육 잡지에 그 내용이 다음과 같이 실려 있다.[14]

1. 교육칙어의 성지를 보급하고 조선 반도와의 고래 특수하고 친밀

---

12 三土忠造, 1910b, 「時事彙報; 朝鮮の小學教員 前韓國學務顧問三土忠造氏の談に日く」, 『教育時論』 915, 41~42쪽.
13 三土忠造, 1910a, 앞의 글, 23~26쪽.
14 「內外彙報; 帝國教育會と朝鮮教育問題」, 『教育界』 10권 3호, 1910, 99쪽.

한 관계를 갖는 것과 함께 일본 신민의 이익 및 희망을 충분히 양해시킬 것

2. 일본어를 보급하는 것을 당면한 급무로 여기에 전력을 쏟을 것
   (1) 초등 교육에서는 일체 일본문의 교과서를 써서 일본어로 교수하고 <u>언문 및 한문을 전폐할 것</u>
   (2) 사범 학교를 증설해 조선인으로 일본에 숙달한 다수의 교원을 양성할 것
   (3) 중등학교 및 전문학교[15]에서도 한문 및 외국어 외 일체 일본문의 교과서를 써서 일본어로 교수할 것
   (4) 사립 학교 또는 사숙에서 주로 일본어로 교수하는 데는 상당한 보조를 줄 것
   (5) 일본어의 보급을 목적으로 하는 통속 읽을거리를 편찬해 염가로 판매하는 방법을 강구할 것
   (6) 일반 조선인으로 하여금 일본어에 숙달하도록 하기 위해 일본어를 관용어로 하고 공문은 모두 일본문을 쓸 것
3. 교과서의 편찬에 중점을 두고 유력한 특별 기관을 설치해 이에 종사하도록 할 것
4. 일반 조선인을 위해 일본 신민으로 필요한 덕조(德操)를 함양하고 일상생활에 필수인 지식을 보급하도록 상당한 방법을 강구할 것

(밑줄은 인용자)

---

15 당시만 해도 일본 정부는 물론 조선총독부도 조선의 최고 교육 기관을 전문학교로 상정하고 있었다. 일본에서도 대학은 「제국대학령」에 의해 설립된 제국대학밖에 없었다.

성안과 결정안에는 몇 가지 차이가 있다. 그 가운데서도 가장 중요한 것은 성안에는 "초등 교육에는 언문 한문을 폐하고 일본어를 용할 사"라는 조항이 "초등 교육에서는 일체 일본문의 교과서를 써서 일본어로 교수하고 언문 및 한문을 전폐할 것"으로 바뀌었다는 것이다. 나아가 "각종 학교 전문학교에서도 일본 교과서를 용함으로써 본칙을 삼을 사"라는 성안의 조항도 "중등학교 및 전문학교에서도 한문 및 외국어 외 일체 일본문의 교과서를 써서 일본어로 교수할 것"으로 바뀌었다. 중등학교와 전문학교에서는 사실상 조선어 사용을 금지하고 일본어만을 사용하도록 해야 한다는 의미였을 것이다. 결국 결정안의 핵심은 학교 교육에서는 조선어를 완전히 폐지하고 대신에 일본어를 전면적으로 보급해야 한다는 것이었다. 미쓰치의 조선어 전폐 강경론이 결정안에 반영되었음을 알 수 있다.

결정안은 여기서 한 걸음 더 나아가 학교 교육 외에 일반 사회에도 일본어를 보급하기 위해 다양한 방법을 쓸 것을 주장했다. 일본의 식민지가 된 조선에서 관용어를 일본어로 하는 것은 당연한 이야기였다.[16] 결국 여러 제안에도 불구하고 학교 교육에서 조선어 전폐와 일본어의 전면 사용 외에는 이렇다 할 방안을 내놓지 못했다고도 볼 수 있다. 이는 강점 초기 일본어 보급 문제가 주로 학교 교육을 통해 이루어질 수밖에 없었다는 사실을 그대로 반영한 것이라고 여겨진다.

그런데 결정안이 끝이 아니었다. 결정안은 다시 한 차례 크게 바뀌었다. 다음 해인 1911년 2월 6일 제국교육회는 평의원회를 열어 결정안

---

16 뒤에서 살펴보겠지만 이것도 사실은 제대로 지켜지지 않았다. 조선총독부가 강점 이후 한동안 일본인 관리, 경찰, 교사에게 조선어 학습을 장려한 데서도 알 수 있듯이 식민 지배 기구 안에서도 조선어는 부분적으로나마 계속 사용되고 있었다.

을 심의했다. 그 결과 결정안은 다시 수정되었다. '평의원회 결의'가 바로 그것이다. 제국교육회가 최종적으로 확정한 결의의 내용은 다음과 같다.[17]

1. 교육칙어의 성지를 보급하고 조선 반도와의 고래 특수하고 친밀한 관계를 갖는 것과 함께 일본 신민의 이익 및 희망을 충분히 양해시킬 것
2. 일본어를 보급하는 것을 당면한 급무로 여기에 전력을 쏟을 것
   (1) 초등 교육에서는 일체 일본문의 교과서를 써서 일본어로 교수할 것
   (2) 사범 학교를 증설해 조선인으로 일본에 숙달한 다수의 교원을 양성할 것
   (3) 중등학교 및 전문학교에서도 한문 및 외국어 외 일체 일본문의 교과서를 써서 일본어로 교수할 것
   (4) 사립 학교 또는 사숙에서 주로 일본어로 교수하는 데는 상당한 보조를 줄 것
   (5) 일본어의 보급을 목적으로 하는 통속 읽을거리를 편찬해 염가로 판매하는 방법을 강구할 것
   (6) 일반 조선인으로 하여금 일본어에 숙달하도록 하기 위해 일본어를 관용어로 하고 공문은 모두 일본문을 쓸 것
3. 실업 교육의 보급에 힘을 기울일 것
4. 교과서의 편찬에 중점을 두고 총독 직할의 기관을 설치해 이에 종

---

17 「朝鮮敎育の方針(平議員會決議」, 『帝國敎育』 344, 1911, 97쪽.

사하도록 할 것

5. 일반 조선인을 위해 일본 신민으로 필요한 덕조(德操)를 함양하고 일상생활에 필수인 지식 기능을 보급하도록 상당한 방법을 강구할 것

겉으로 볼 때 최종안인 '평의원회 결의'에는 실업 교육의 보급 항목이 추가된 것이 결정안과 크게 달랐다. 그러나 더 중요한 것은 따로 있었다. 결정안의 '언문 및 한문 전폐' 구절이 삭제된 것이다. 최초의 초안인 성안에 들어 있던 '언문 및 한문을 폐'한다는 구절조차 들어 있지 않았다. 최종안은 적어도 초등 교육에서의 조선어 사용 문제와 관련해서는 가장 완화된 견해를 드러냈다. 이는 제국교육회 평의원 가운데 조선어 폐지 또는 전폐에 동의하지 않는 사람이 더 많았음을 시사한다. 다만 "중등학교 및 전문학교에서도 한문 및 외국어 외 일체 일본문의 교과서를 써서 일본어로 교수할 것"이라는 조항에서 알 수 있듯이 중등 교육 이상에서 아예 조선어 교육을 하지 않겠다는 것만은 분명히 했다. 이는 성안, 결정안의 내용과도 일맥상통하는 것이었다.

성안 → 결정안 → 평의원회 결의의 세 단계를 거치면서 초등 교육에서의 조선어는 폐지 → 전폐 → 존치로 바뀌었다. 적어도 조선어 폐지 또는 전폐를 주장하는 목소리가 대세를 이루지 못했던 것으로 보인다. 결국에는 식민 언어 정책에서 조선어의 존재를 인정하는 현실론이 더 큰 힘을 갖고 있었다고 보아도 좋을 것이다. 현재 평의원 전체의 생각을 확인할 수 있는 자료는 없다. 다만 조선교육조사위원회 위원이기도 한 사와야나기의 생각을 토대로 현실론을 이해해 보기로 하자.

사와야나기는 1910년 말 일본의 교육 잡지에 기고한 글에서 "당분간

일본어 보급에 전력을 기울여 단번에 그 기초적인 것과 동시에 영구적으로 어느 한 곳의 교육을 시키는 것이 좋다고 생각한다. … 무엇보다도 필요한 것은 언어 문자의 통일이다. 일본어의 보급은 곧 일본 사상의 보급이다. … 그렇다면 오늘날의 64개교 정도에 만족하지 않고 수많은 공립 초등학교를 증설해 일본문 교과서로 일본어를 써서 교수해야 한다. 관공 문서도 일본문만 인정해야 한다. 필요에 따라 수많은 일본어 학교가 흥할 것이다. 여기에는 보조금을 하사하고 보호하고 충분히 장려해야 한다. 또한 일반 가정에 보급하기 위해서는 보습 교육, 야학 교육 등에서 일본어를 교수하도록 하고, 또한 그 나라(조선-인용자)에서 유행하는 가정 소설류를 일본문으로 번역해 저렴하게 판매할 것이며, 10년, 15년을 기하면 잡림의 들(조선-인용자)을 고쳐 일본어 나라로 만드는 것이 결코 어려운 일이 아닐 것이다"[18]라고 썼다. 학교 교육, 보습 교육, 야학 교육 등을 통한 일본어 보급과 언어 문자의 통일을 이야기하면서도 그것을 적어도 학교 교육은 '공립 초등학교'에 국한했으며 일제가 바라는 언어의 통일을 이루어 '일본어의 나라'로 만드는 시기를 10~15년 뒤의 일로 상정했다는 사실이 눈길을 끈다. 지금 당장 전면적인 일본어의 보급, 그리고 그에 상응하는 초등학교의 조선어 폐지는 사실상 어렵다고 본 것이다.

이어 사와야나기는 다음 해 초 조선총독부에서 펴내던 『조선(朝鮮)』에 기고한 글을 통해서도 "어느 국토에도, 어느 종족에게도 그 나라의 국어라는 것이 있는 이상 도저히 그 국어를 소멸시킬 때까지 다른 국어를 보급한다는 것은 불가능한 일이다. 애초 초등학교에서부터 일본어를 사

---

18   澤柳政太郎, 1910, 「朝鮮教育は日本語普及に全力を傾注すべし」, 『帝國教育』 339, 35쪽.

용하는 것이 좋다고 하는 여러 의견도 있는 모양이지만, 내 생각으로는 이것은 연구를 필요로 하는 일"[19]이라고 주장했다. 미쓰치 등이 주장하는 조선어 소멸과 그에 따른 일본어의 전면 보급에는 시간이 필요하다는 점진론을 펼친 것이다. 심지어 초등학교에서 일본어를 사용하는 문제에 대해서도 무조건 밀어붙일 문제가 아니라 연구가 필요한 문제라는 인식마저 드러냈다.

미쓰치 등의 조선어 전폐론을 반대한 것은 일본 안의 일부 교육 전문가에 국한된 것이 아니었다. 조선총독부의 교육 정책을 책임지고 있던 학무국장 세키야 데이자부로(關屋貞三郎)[20]는 앞서 언급한 미쓰치가 1910년 10월 기고문에서 주장한 조선어 전폐론에 반박하는 글을 1911년 초에 발표했다. 그 내용은 다음과 같다.

동경의 교육자들 사이에는 조선인 교육에 관해서 조선어를 완전히 폐하여 일본어로 해야 한다고 단정하는 자가 있지만 이것은 정말 탁상공론이다. 어떤 측면에서든 언어의 장려는 조선 교육상 필요한 것이다. 그러나 조선어를 폐하고 전부 일본어를 사용해야 한다고 하는 것은 말하기는 쉬워도 행할 수 없는 공론이라고 말할 수밖에 없다.[21]

---

19 澤柳政太郎, 1911, 「鮮人教育と國語問題」, 『朝鮮』 36, 14~15쪽.
20 도쿄제국대학 법과대학 출신으로 타이완총독부와 일본의 조차지이던 만주 간토슈(關東州) 등에서 7년가량 근무했다. 1910년 10월 조선총독부 학무국장으로 부임해 7년 이상 교육 정책을 책임졌다. 나중에는 시즈오카(靜岡)현 지사를 거쳐 궁내차관, 귀족원 의원이 되었다.
21 山田寬人, 2000, 「교육기관에 있어서의 조선어과의 설치와 폐지에 관한 일고찰: 한일합방 전후를 중심으로」, 『일본문화학보』 9, 433쪽.

세키야가 조선총독부 학무국장에 부임한 것은 1910년 10월 1일이었다. 그로부터 석 달이 지난 뒤에 쓴 글은 사실상 조선어 전폐를 가능성이 없는 '탁상공론'으로 보던 조선총독부 학무국 실무 관료들의 견해를 대변했다고 보아도 좋을 것이다.

실제로 통감부 시기에 대한제국 학부 학무과장을 지냈으며 강제 병합 이후에도 조선총독부 학무과장으로 강점 초기 교육 정책의 입안에 깊이 관여한 구마모토 시게키치가 남긴 문서 가운데 흥미로운 자료가 있다.[22] 이 자료에는 "조선 민족의 동화(재패니제이션)는 무리한 것, 즉 순량화라면 가능하지만 충량화와 일본인화는 곤란하다"라는 내용이 담겨 있다. 한마디로 조선인을 일본인과 똑같이 만드는 것, 곧 급격한 동화는 불가능하다는 것이었다. 급격한 동화의 대표적인 방법이 조선어 사용 금지와 일본어 사용 강제였다. 구마모토가 직접 작성한 문서인지는 알 수 없지만 교육 정책의 실무를 맡은 학무과 관료의 의견이 반영된 것임에는 틀림이 없다. 곧 실무 관료로서의 현실적 판단은 언어 문제를 포함한 교육 문제에의 점진적 접근이 바람직하다는 것이었다.

애초에 데라우치 총독도 학무국 실무 관료들의 견해를 인정하고 있었다. 보기를 들어 1910년 10월 초에 데라우치가 직접 작성한 것으로 보이는 한 문서에는 "조선어를 존속시키는 것은 그들(조선인-인용자)의 실제 필요로서 당분간 없애기는 어려울 것이다. 읽기, 쓰기를 가르치고 상급이 되면 한문 읽기를 가르친다"[23]라고 적혀 있다. 조선어와 한문 폐

---

22 『(秘)敎化意見書』, 渡部學·阿部洋 編, 1991, 『日本植民地敎育政策史料集成(朝鮮篇) 第63卷』, 龍溪書舍. 이 자료에 대해서는 渡部學, 1974, 「隈本繁吉文書 (秘)敎化意見書 解題」, 『韓』 3권 10호를 볼 것.

23 寺內正毅, 1910, 「朝鮮學制案ノ要旨」, 渡部學·阿部洋 編, 1991, 『日本植民地敎育政

지는 고려하지 않고 있었음을 확인할 수 있다. 이런 데라우치의 생각은 1911년 2월에 다소 바뀌어 "일본어 시간을 많이 하고 조선어 시간을 적게 하며 한어(漢語)의 시간은 전폐한다"[24]라는 뜻을 밝혔다. 한문 과목은 폐지하되 조선어 과목은 시수를 줄일 것을 검토한다는 것이었다. 이는 이때만 해도 데라우치가 시수는 줄이더라도 조선어의 폐지는 여전히 고려하지 않았음을 시사한다. 1911년 초까지 데라우치 총독을 비롯해 조선총독부 학무국 관료들이 갖고 있던, 현실을 중시하는 이러한 견해도 제국교육회의 정책 제안이 마지막에는 조선어 존치로 귀결되는 데 일정한 영향을 미쳤을 것이다.

결국 제국교육회가 평의원회 결의에서 미쓰치 등의 조선어 전폐론을 배격하고 사실상 초등학교에서의 조선어 사용을 용인하기로 한 데는 사와야나기, 조선총독부 학무국 등의 현실론이 큰 영향을 미친 것으로 보인다. 제국교육회 회장 쓰지 신지(辻新次)[25]와 미쓰치 등 5명의 대표는 평의원회 결의를 채택한 뒤 1911년 3월 10일 당시 도쿄에 머물고 있던 데라우치 총독을 방문했다. 데라우치와 제국교육회 간부들이 나눈 담화 가운데 데라우치가 한 말의 일부는 공개되었는데 중요한 내용은 다음과 같다.

> 조선 교육에 대한 나의 방침은 점진주의라고 부를 수밖에 없으며 교육과 같은 문명의 정도, 인민의 생활 정도와 밀접한 관계를 맺는 사

策史料集成(朝鮮篇) 第63卷』, 龍渓書舎, 3~4쪽. 이 문서는 데라우치가 세키야 학무국장과 구마모토 학무과장에게 건넨 것이었다.

[24] 「朝鮮の新敎育制度」, 『敎育時論』 929, 1911.

[25] 일본 문부성 초대 차관을 지냈으며 나중에는 귀족원 의원이 되었다.

업에 대한 급격한 개혁은 오히려 민심을 동요시키는 뜻밖의 나쁜 결과를 낳는 것을 피할 수 없다.

일본어의 보급에 대해서는 물론 찬성으로, 총독부 내에도 극단적인 일본어론자야말로 한 사람도 여기에 반대하는 자가 없고, 요는 정도 문제로, 어느 정도 어느 범위에서 일본어를 교수하는 것이 확실한지에 대해서는 목하 연구 중이다. …

교원의 양성, 보통 교육 보급 등에 관해서는 전력을 다해 조사 중이지만, 요컨대 나는 조선 통치의 근저는 교육에 있음을 확신하고, 이를 향해 큰 비용을 쏟아붓고 있다.[26]

데라우치는 면담에서 일본어 보급과 관련된 제국교육회의 제안에 원론적으로 찬성했다. 데라우치 스스로 식민 교육 정책의 원칙으로 점진주의를 채택하겠다는 것을 분명히 했다는 것과 관련시킨다면 결국 조선어 전폐는 불가능하다는 뜻을 피력한 것으로 보아도 좋을 것이다.

1911년 4월 7일 미쓰치는 히구치, 오가와와 함께 다시 데라우치를 방문했다. 면담의 내용은 밝혀지지 않았지만 그로부터 얼마 지나지 않아 데라우치는 "일본어 교수에 관해 … 여러 연구 결과 비교적 급진주의로 달려왔고, 가능한 한 일본어를 많이 교수한다는 방침으로, 일주일에 대략 12시간 정도의 교수를 해야 한다는 의견을 품기에 이르렀"고, 조선어에 관해서도 "종래에는 이것(조선어-인용자)도 부과하지 않을 수 없다는 주의였지만, 언문에 관한 성질을 밝힌 결과, 지역 학교에서 필수 과목으로 채택할 필요가 없음을 인정하기에 이르렀다"[27]는 뜻을 밝혔다. 불과

---

26 「時事彙報; 朝鮮敎育と總督」,『敎育時論』934, 1911, 36쪽.

한 달 사이에 언어 정책에서의 점진주의를 버리고 급진주의를 채택하겠다는 쪽으로 생각이 바뀐 것이다. 미쓰치의 재방문이 영향을 미쳤을 것으로 보인다.

그렇다면 급진주의로 기운 데라우치의 생각은 끝까지 유지되었을까? 언어 정책과 관련된 데라우치의 최종 결론은 1911년 8월에 제정된 제1차 「조선교육령」과 그 하위 법규를 통해 확실히 드러났다.

2. 제1차 「조선교육령」과 공인된 이중 언어 체계

1) 제1차 「조선교육령」과 '국어'·조선어

조선총독부는 강점 초기에 동화주의를 지배 이데올로기로 내세웠다. 조선인을 일본인으로 동화시키는 가장 좋은 방법은 일본어를 보급함으로써 정서를 공유하는 것이라고도 주장했다. 보기를 들어 강제 병합 직후 조선총독부의 기관지 『매일신보』에 실린 다음의 두 글이 이를 잘 보여 준다.[28]

양지(兩地: 일본과 조선-인용자) 인민이 언어를 상통치 못하야 동화상

---

27   「時事彙報; 朝鮮の日本語敎授」, 『敎育時論』 937, 1911, 39쪽.
28   『매일신보』, 1910.9.14, 9.20. 앞의 글은 「동화의 고백」이라는 제목의 사설이고 뒤의 글은 「매일신보사 고백」이라는 제목의 사고이다.

에 불편한 점이 필생(必生)하리로다. … 심지(心地)를 상허하고 의사를 소통케 하기는 말을 주고받는 데 있은즉 동화의 급무는 어학이라 하지만 일조일석의 사(事)가 아닌즉 급거히 도모하기는 득치 못할 자이니 물과 같이 점케 하야 오늘 한 마디 알고, 내일 한 마디 알아 오래 습관을 들이면 뜻밖으로 이루어질 것이다. … 교육을 확장하야 어학을 보급케 하고 시일을 두어 일반 인민으로 동화의 지경에 함께 나아가게 하는 것이 당국자의 제일 급무라 하노라.

일본과 조선이 합병함에 대하야 평화와 친밀의 주지로 본보에 누누 게재하온바 기(其) 친밀의 요지는 부득불 언어를 상통할지니 아 동포 자매의 어학에 주의하심을 희망하야 한 마디, 한 마디의 중요 사항을 따서 본보에 날마다 게재하올 것이오니 오래 글을 익혀 읽어 어학에 익숙하게 되는 방법이 자연히 생출하기를 망(望)함.

요컨대 동화의 가장 좋은 방법은 어학 보급 곧 일본어 보급이라는 것이다. 그리고 일본어 보급은 '일조일석의 일'이 아니니 서두를 것이 아니라 하루에 한 마디씩 익히는 식의 점진적인 방법으로 하라는 제안도 빠뜨리지 않았다. 이러한 생각을 가진 것은 이 사설과 사고를 쓴 매일신보사 간부들만이 아니었을 것이다.[29] 조선총독부 관료들과의 일정한 교감 아래 이러한 글이 조선총독부 기관지에 실렸다고 보는 것이 자연스럽다고 생각된다. 그리고 점진적 방법으로 일본어를 보급한다는 생각은 교육

---

29 1910년 9월이면 아직은 조선총독부가 일본 언론계의 중진인 도쿠토미를 사장으로 초빙하기 이전이다. 따라서 매일신보사의 간부들은 대부분 조선인이었을 것이다.

정책의 문제로까지 이어진다.

조선총독부의 급선무는 초등 교육 기관을 확충해 일본어를 보급함으로써 조선인을 점진적으로 일본에 동화시키는 것이었다. 데라우치는 조선총독으로 부임한 직후 교육 정책에 지대한 관심이 있었으며 그래서 「조선교육령」에도 자신의 정책 구상을 최대한 반영하려고 했다고 한다.[30] 그런 데라우치 총독이 언어 교육 문제에서 일관된 태도를 보이지 못할 정도로 일본어의 보급과 조선어의 폐지 또는 존폐는 복잡한 것이었다. 그랬기 때문에 조선총독부에서 강제 병합 직후부터 추진하던 「조선교육령」 제정도 지지부진한 상태를 벗어나지 못한 채 해를 넘겨 1911년 8월 23일에 이르러서야 공포될 수 있었다. 그리고 11월 1일부터는 「조선교육령」(이하 '제1차 「조선교육령」')이 실제로 시행되기에 이르렀다.

「조선교육령」은 제정 이래 여러 차례 개정되었다. 세세하게는 모두 아홉 차례 개정이 이루어졌는데[31] 가장 중요한 개정은 1922년 2월의 개정(이하 '제2차 「조선교육령」'), 1938년 2월의 개정(이하 '제3차 「조선교육령」'), 1943년 3월의 개정(이하 '제4차 「조선교육령」')이다. 여기서는 먼저 강제 병합 이후 제2차 「조선교육령」 이전까지 조선총독부의 언어 정책에서 기본을 이루던 제1차 「조선교육령」의 주요 내용을 통해 일제강점기의 언어 생활이 처음부터 사실상 이중 언어 체계를 따른 것이었음을 살펴보려고 한다.[32]

---

30 弓削幸太郎, 1923, 『朝鮮の教育』, 自由討究社, 120쪽. 유게 고타로는 「조선교육령」 제정 당시 조선총독부 학무과장이었다.

31 1945년 7월 1일 개정된 「조선교육령」(일명 전시 교육령)은 실제로는 일본의 패전으로 시행되지 않았기 때문에 개정 회수에서 제외하기도 한다.

32 제1차 「조선교육령」에 대해서는 강명숙, 2007, 「일제시대 제1차 조선교육령 제정

초등 교육에서 조선어의 존치냐 폐지냐 하는 문제를 둘러싸고 여러 논란이 일어나는 가운데 데라우치 총독이 존치에서 폐지로 한 차례 생각을 바꾸었다는 점은 앞에서 이미 언급한 바 있다. 데라우치 총독은 당시 일본 내각의 육군대신을 겸하고 있었기 때문에 도쿄에 머무는 날이 많았다. 조선어 전폐를 주장하는 미쓰치 등의 강경론자와의 접촉 과정에서 점진주의에서 급진주의로의 전환이 일어났던 것으로 보인다. 그런데 조선총독부 학무국 관료들의 생각은 또 달랐다. 데라우치 총독은 조선과 도쿄에서 세키야를 비롯한 학무국 관료들과 이견을 조율하면서 다시 견해를 바꾸었다. 데라우치 총독이 마지막으로 결론을 내린 것은 조선어의 폐지나 전폐가 아니라 존치였다. 그리고 그 결과가 제1차 「조선교육령」과 그 하위 법규인 각종 학교 규칙에 그대로 반영되었다. 먼저 제1차 「조선교육령」의 주요 내용은 다음과 같다.[33]

제1장 강령

제1조 조선에서 <u>조선인의 교육</u>은 본령에 따른다.

제2조 교육은 교육에 관한 칙어의 취지에 기초해 충량한 국민을 육성하는 것을 본의로 한다.

제3조 교육은 시세와 민도에 적합하게 함을 기한다.

제4조 교육은 이를 대별해 보통 교육, 실업 교육 및 전문 교육으로 한다.

과정 연구」, 『한국교육사학』 29권 1호; 강명숙, 2009, 「일제시대 제1차 조선교육령 제정과 학제 개편」, 『한국교육사학』 31권 1호 등을 볼 것.

33 『朝鮮總督府官報』, 1911.9.1.

제5조 보통 교육은 보통의 지식 기능을 교수하고, 특히 국민 된 성
　　　격을 함양하며 <u>국어를 보급함</u>을 목적으로 한다.

제2장 학교

제8조 보통학교는 아동에게 국민 교육의 기초가 되는 보통 교육을
　　　하는 곳으로 신체의 발달에 유의하고 <u>국어</u>(일본어-인용자)를 가르
　　　<u>치며</u> 덕육을 시행해 국민 된 성격을 양성하고 그 생활에 필요한 보
　　　통 지식과 기능을 가르친다.

제9조 보통학교의 수업 연한은 4년으로 한다. 단 지방 정황에 따라
　　　1년을 단축할 수 있다.

제11조 고등보통학교는 남자에게 고등한 보통 교육을 하는 곳으로
　　　상식을 기르고 국민 된 성격을 도야하며 그 생활에 유용한 지식과
　　　기능을 가르친다.

제12조 고등보통학교의 수업 연한은 4년으로 한다.

제15조 여자고등보통학교는 여자에게 고등한 보통 교육을 하는 곳
　　　으로 부덕을 기르고 국민 된 성격을 도야하며 그 생활에 유용한 지
　　　식과 기능을 가르친다.

제16조 여자고등보통학교의 수업 연한은 3년으로 한다.

(밑줄은 인용자)

「조선교육령」 제1장(강령)은 식민지 조선에서의 학교 교육이 궁극적으로 무엇을 지향하는지를 규정한 것이다. 이에 따르면 「조선교육령」의 대상은 조선인에만 국한되었다. 일본인은 「조선교육령」의 대상이 아니었다. 당연히 일본인이 다니는 학교도 「조선교육령」의 적용을 받지 않았다. 제1차 「조선교육령」만으로는 잘 드러나지 않지만, 당시 일본인을

대상으로 하는 학교 교육이 6년제의 심상 소학교와 5년제의 중학교였다는 사실을 고려할 때 4년제의 보통학교와 고등보통학교, 그리고 3년제의 여자고등보통학교 자체가 교육에서의 민족 차별을 반영하는 것이었다.

조선인을 대상으로 한 학교 교육은 "충량한 국민을 기르는 것"을 본의로 하고 "국민 된 성격의 함양"을 목적으로 하고 있었다. 무엇보다도 "국어의 보급"을 강령에 포함함으로써 교육의 최상위 목표로 설정하고 있었다. 따라서 식민 교육의 본질을 여실히 보여 주는 것이라고 할 수 있다.

우리의 관심사인 언어 정책의 측면에서 보면 「조선교육령」은 일본어가 '국어'임을 규정한 첫 법령이었다. 곧 법적으로 본다면 「조선교육령」의 제정으로 일본어는 '국어'로서의 공식적 지위를 얻게 된 것이다. 그런데 제1차 「조선교육령」은 제5조와 제8조에서 보통학교의 '국어' 교육 원칙만을 규정했을 뿐이다. 따라서 일본어 교육이나 조선어 교육에 대해서는 별도의 입법 조치가 필요했다. 제1차 「조선교육령」 시행과 같은 날 시행된 「보통학교규칙」, 「고등보통학교규칙」, 「여자고등보통학교규칙」이 바로 그것이다. 조선총독부가 학교 교육에서 관철하려고 했던 언어 정책의 실체를 보여 주는 각 규칙의 주요 내용은 다음과 같다.[34]

조선총독부령 제110호 보통학교규칙

제6조 ① 보통학교의 교과목은 수신·국어·조선어 및 한문·산술·

---

34 「조선교육령」의 하위 법규인 각 규칙의 자세한 내용은 법제처 국가법령정보센터 (https://www.law.go.kr)에 올라와 있는 것을 참조할 것.

이과·창가·체조·도화·수공·재봉 및 수예·농업 초보·상업 초보로 한다. 다만, 이과·창가·체조·도화·수공·재봉 및 수예·농업 초보·상업 초보는 상황에 의하여 당분간 제외할 수 있다. …

제7조 보통학교에서는 교수상 다음 각호의 사항에 주의하여야 한다.

1. 아동의 덕성을 함양하고 충량으로 근면한 국민을 양성하는 것은 보통학교의 주요 목적이며 어떠한 교과목에 대하여도 항상 이에 유의하여 교수하여야 한다. …

3. 국어는 국민 정신이 깃들어 있는 것으로 지식 기능을 얻는 데 없어서는 아니 되는 것으로 <u>어떠한 교과목에 대하여도 국어의 사용을 정확하게 하고 그 응용을 자유자재로 하게 하여야 한다.</u> …

제9조 ①국어는 보통의 언어·문장을 가르치고 정확하게 타인의 언어를 이해하여 <u>자유롭게 사상을 발표하는 능력을 갖추게 하고, 생활상 필수인 지식을 가르치고 아울러 덕성의 함양에 이바지하는 것을 요지로 한다.</u>

②국어는 가나에서 시작하여 보통의 일어를 가르치고 점차 나아가서는 쉬운 문어에 이르며 그 재료는 수신·역사·지리·이과·실업 기타 생활상 필수적인 사항을 채택하고 여아를 위해서는 특히 가정상의 사항을 추가하여야 한다.

③국어를 가르치기 위해서는 읽기·해석·회화·암송·받아쓰기·작문 및 습자를 병행하여 부과하여야 한다. 다만, 작문·습자는 특별히 교수 시간을 구별하여 부과할 수 있다.

④읽기는 발음에 주의하고 억양의 완급을 적절히 할 수 있어야 한다.

⑤해석은 쉬운 어구를 사용하고 어의·문의를 명확하게 하여야

한다.

⑥ 회화는 독본 중의 문장 또는 사항에 의하여 가르치고 나아가서는 일상의 사항에 관하여 대화하게 하여야 한다.

⑦ 암송은 독본 중의 가구·격언·운문 등을 적절하게 선택하여 부과하여야 한다.

⑧ 받아쓰기는 독본 중의 문자·문장 기타 아동이 이해할 수 있는 문자·문장을 선택하여 부과하여야 하며 때로는 암사(暗寫)하게 하여야 한다.

⑨ 작문은 일반적으로 구어체로 하고 먼저 단구에서 시작하여 점차 장편에 이르고 서한문을 병행하여 부과하여야 한다.

⑩ 습자는 실용을 취지로 하고 가나 및 한자를 연습하게 하며 한자의 서체는 해서·행서의 두 가지로 한다.

제10조 ① 조선어 및 한문은 보통의 언어·문장을 이해하고 일상의 응대를 하며 용무를 분별하는 능력을 얻게 하고 아울러 <u>덕성의 함양에 이바지하는 것을 요지로 한다.</u>

② 조선어 및 한문은 언문에서 시작하여 한자 혼합문 및 쉬운 한문을 가르치고 그 재료는 국어에 준하여 선택하며 특별히 한문은 덕성의 함양에 이바지하는 것을 채택하여야 한다.

③ 조선어 및 한문을 가르치기 위해서는 읽기·해석·암송·받아쓰기·작문을 병행하여 부과하여야 한다.

④ 조선어 및 한문을 가르치기 위해서는 <u>항상 국어와 연락을 유지하고 때로는 국어로 해석하게 하여야 한다.</u> …

〈별표〉 보통학교 교과 과정 및 매주 교수 시수표('국어', 조선어 및 한문)

	1학년		2학년		3학년		4학년	
	시수	과정	시수	과정	시수	과정	시수	과정
국어	10	읽기·해석·회화·받아쓰기·작문·습자	10	좌동	10	좌동	10	좌동
조선어 및 한문	6	읽기·해석·암송·받아쓰기·작문	6	좌동	5	좌동	5	좌동

조선총독부령 제111호 고등보통학교규칙

제7조 ①고등보통학교의 교과목은 수신·국어·조선어 및 한문·역사·지리·수학·이과·실업 및 법제 경제·습자·도화·수공·창가·체조·영어로 한다. 다만, 사범과 입학 지망자에게는 교육을 추가한다.

제8조 사범과의 교과목은 수신·교육·국어·조선어 및 한문·산술·이과·실업·습자·도화·수공·음악·체조로 한다.

제9조 교원 속성과의 교과목은 수신·교육·국어·조선어 및 한문·역사 및 지리·산술·이과·실업·도화·음악·체조로 한다. 다만, 학교장은 조선총독의 인가를 받아 한 과목 또는 수 과목을 제외할 수 있다.

제10조 고등보통학교에서는 교수상 다음 각호의 사항에 주의하여야 한다. …

3. 국어는 국민 정신이 깃든 것으로 지식·기능을 얻게 하는데 불가결한 것으로서 어느 교과목에 대하여도 국어의 사용을 정확하게 하고 그 응용을 자유자재로 하게 하여야 한다.

제13조 ①국어는 보통의 언어·문장을 이해하여 정확하고 자유롭게 사상을 발표할 수 있게 하며 지덕의 계발에 도움이 되게 하는

것을 요지로 한다.

②국어는 현대의 문장부터 점차 근고의 국문에 이르게 하여 읽기·해석을 가르치고, 가구·격언·운문 등을 암송하게 하며 회화·받아쓰기·작문·문법을 가르쳐야 한다.

제14조 ①조선어 및 한문은 보통의 언어·문장을 이해하고 일상의 용무를 분별할 수 있게 하여 <u>덕성의 함양에 도움</u>이 되게 하는 것을 요지로 한다.

②조선어 및 한문은 <u>덕교에 도움이 되는 문장</u>을 선택하여 가르쳐야 한다. …

〈별표〉 고등보통학교 교과 과정 및 매주 교수 시수표('국어', 조선어 및 한문)

	1학년		2학년		3학년		4학년	
	시수	과정	시수	과정	시수	과정	시수	과정
국어	8	읽기·해석·회화·받아쓰기·작문	8	좌동	7	좌동	7	좌동
조선어 및 한문	4	읽기·해석·암송·받아쓰기·작문	4	좌동	3	좌동	3	좌동

조선총독부령 제112호 여자고등보통학교규칙

제7조 ①여자고등보통학교의 교과목은 수신·<u>국어·조선어 및 한문</u>·역사·지리·산술·이과·가사·습자·도화·재봉 및 수예·음악·체조로 한다.

제8조 사범과의 교과목은 수신·교육·국어·조선어 및 한문·산술·이과·가사·습자·도화·재봉 및 수예·음악·체조로 한다.

제9조 여자고등보통학교에서는 교수상 다음 각호의 사항에 주의하여야 한다. …

2. 국어는 국민정신이 깃든 것이며 지식·기능을 얻게 하는 데에 없어서는 안 되는 것이므로 어느 교과목에 대하여도 <u>국어의 사용을 정확하게 하고 그 응용을 자유자재로 하게 하여야 한다.</u> …

제12조 ①국어는 보통의 언어·문장을 이해하고, 정확하고 자유롭게 사상을 발표하는 능력을 습득하게 하여 아울러 <u>지덕의 계발에 이바지하는 것</u>을 요지로 한다.

②국어는 현대의 문장을 주로 하여 그 읽기·해석을 가르치고 회화·쓰기·작문을 가르쳐야 한다.

제13조 ①조선어 및 한문은 보통의 언어·문장을 이해하고, 일상의 용무를 처리하는 능력을 얻게 하며 아울러 <u>덕성의 함양에 이바지</u>하는 것을 요지로 한다.

②조선어 및 한문은 덕교에 이바지할 수 있는 문장을 선택하여 가르쳐야 한다. … (밑줄은 인용자)

〈별표〉 여자고등보통학교 교과 과정 및 매주 교수 시수표('국어', 조선어 및 한문)

	1학년		2학년		3학년	
	시수	과정	시수	과정	시수	과정
국어	6	읽기·해석·회화·쓰기·작문	6	좌동	6	좌동
조선어 및 한문	2	읽기·해석·암송·쓰기·작문	2	좌동	2	좌동

위에서 인용한 세 학교 규칙은 조선총독부의 언어 정책을 이해하는 데 중요한 시사점을 제공한다. 세 학교 규칙에서 예외 없이 모두 나타나는 중요한 특징이 몇 가지 있기 때문이다.

첫째, '국어' 이외에 조선어 및 한문을 필수 과목으로 지정했다. 애초에 학교 교육에서의 언어 문제에 대한 논의는 주로 초등 교육을 둘러싸고 전개되었다. 제국교육회의 선안, 결정안, 평의원회 결의도 초등 교육에서 조선어를 폐지 또는 전폐할 것인가, 그렇지 않으면 존속시킬 것인가를 둘러싸고 몇 차례 바뀌었다. 중등 교육 이상에서의 조선어 사용 문제는 논란이 되지 않았다. 그런데 정작 조선총독부는 초등학교는 물론이고 중등학교인 고등보통학교와 여자고등보통학교에서도 조선어 및 한문을 사실상 필수 과목으로 지정한 것이다. 이로써 조선인 학생들은 조선총독부의 공교육[35] 체제 안에서도 중등학교 때까지 민족의 언어이지만 비(非)국어인 조선어 교육을 받을 수 있게 된 것이다. 이는 식민 교육을 위해서는 여전히 조선어 위주의 언어 생활이 이루어지고 있는 조선인의 현실을 인정해야 한다는 학무국 관료들의 견해가 반영된 결과로 보인다.

둘째, 조선어 및 한문 시수는 일본어 시수보다 현저하게 적었다. 보통학교, 고등보통학교, 여자고등보통학교를 졸업할 때까지의 주당 조선어 및 한문 시수와 일본어 시수를 모두 합하면 각각 22시간 대 40시간, 14시간 대 30시간, 6시간 대 18시간의 비율을 보였다. 초등 교육에서의 변화는 〈표 2-1〉에서 알 수 있듯이 통감부 시기와 비교하면 더 두드러졌다. 통감부 시기만 해도 졸업할 때까지 총 주당 시수는 국어(한글) 24시간, 한문 16시간이었다. 준국어인 일본어는 국어와 같은 수준인 24시간이었다. 결국 국어와 한문을 합치면 일본어의 거의 두 배 가까운

---

35 앞에서도 언급했듯이 공교육은 국가의 계획과 운영 아래 시행된 학교 제도상의 교육에 한정된다. 일제강점기의 조선총독부를 국가로 인정할 수 있는지는 논쟁의 여지가 있지만 일단은 관립 및 공립 학교 교육을 공교육에 포함할 것이다. 이에 비해 사교육은 제도 교육으로서의 사립 교육 기관에서의 교육과 비제도권 교육으로서의 가정 및 서당 교육, 야학·강습소 형태의 비상설 교육을 포괄한다.

〈표 2-1〉 통감부 시기와 제1차 「조선교육령」 시기 보통학교 조선어 및 한문과 일본어 주당 수업 시수 비교

	통감부(1907)			제1차 조선교육령(1911)	
	국어 (한글)	한문	일본어	조선어 (한문 포함)	일본어
1학년	6	4	6	6	10
2학년	6	4	6	6	10
3학년	6	4	6	5	10
4학년	6	4	6	5	10
계	24	16	24	22	40

주당 시수가 배정된 셈이었다. 그런데 제1차 「조선교육령」 시기에는 완전한 역전이 이루어졌다. 조선어와 한문을 합친 주당 시수가 일본어의 절반 수준으로 줄어든 것이다. 더욱이 조선어 및 한문의 비중은 초등 교육에서 중등 교육으로 올라갈수록 줄어들고, 중등학교도 남자 학교보다 여자 학교에서의 비중이 줄어들었다. 여기서 과목 이름 자체가 조선어 및 한문이었다는 사실을 간과해서는 안 된다. 22시간, 14시간, 6시간의 조선어 및 한문 시수에서 한문을 빼면 순수한 조선어 곧 한글 시수는 더 줄어들 수밖에 없었다. 이미 국어의 지위를 잃은 조선어를 가르치기는 하되 될 수 있으면 적게 가르치라는 의도가 각 학교 규칙에 담겨 있었다.

셋째, 모든 교과목에서 "국어의 사용을 정확하게" 하라는 것이 강조되고 있었다. 「보통학교규칙」과 「고등보통학교규칙」·「여자고등보통학교규칙」에 차이가 있다면 후자에는 "그('국어'-인용자) 인용을 자유자재로 하게 하여야 한다"라는 내용이 덧붙여져 있다는 것이다. 이는 초등 교육과 중등 교육의 차이가 반영된 것으로 보인다. 세 규칙은 모든 학교의 교수 용어가 '국어'이며 식민 교육의 궁극적 목적이 '국어'의 정확하고도 자유로운 사용에 있다는 것을 명확하게 보여 주었다.

넷째, 언어 교육의 목표가 '국어'와 조선어 및 한문에서 다르게 설정되어 있었다. 조선어 및 한문에서는 "덕성의 함양" 또는 "덕교"가 교수의 목표로 설정된 데 비해 '국어'에서는 "지식" 또는 "지덕의 계발"이 교수의 목표로 설정되어 있었다. 말하자면 조선어 및 한문은 학생들의 지식 습득과는 무관하며, 따라서 지식 습득을 위해 필요한 언어는 일본어뿐이라는 생각이 세 규칙에 담겨 있었던 셈이다. 조선어는 단순한 의사소통 수단으로서의 의미만 갖는 것으로 규정되었다. 이제 문명·문화를 담을 수 있는 언어는 '국어'뿐이라고 법적으로 규정한 것은 조선어에 대한 차별의 시선을 명확하게 보여 준다.

마지막으로 「고등보통학교규칙」과 「여자고등보통학교규칙」에는 빠져 있지만 「보통학교규칙」에는 간과할 수 없는 조항이 하나 포함되어 있었다. 조선어 및 한문 교육을 할 때도 "항상 국어와 연락을 유지하고 때로는 국어로 해석하게 하여야 한다"라는 조항이 바로 그것이다. 조선어 및 한문은 별개의 과목으로 설정되었지만 실제로는 일본어와 연계된, 어떤 의미에서는 일본어의 하위 과목으로서의 성격을 갖고 있었다. 곧 보통학교 학생들이 일본어를 더 효과적으로 학습하는 데 조선어를 활용하려고 한 것이다.[36] 실제로 이는 학무국 관료들이 조선어의 존치를 주장하는 데 가장 중요한 논거로 쓰이기도 했다. 학무국은 「보통학교규칙」을 통해 조선어 및 한문을 단순히 하나의 교과로 인식하기보다는 교수 용

---

36 이를 잘 보여 주는 것이 조선어 교과서의 한글 자모 순서이다. 원래 한글 자모는 자음이 먼저 나오고 모음이 뒤에 나온다. 그런데 제1차 「조선교육령」 시기 조선어 교과서는 한글 자모의 순서를 뒤집어 모음이 먼저 나오는 것으로 편찬되었다. 이는 'あ(아)え(에)い(이)お(오)う(우)'로 시작되는 일본어 가나에 한글을 꿰맞추기 위한 것이었다.

어의 문제로 인식하고 있었다.

일본어를 교수 용어로 쓰려면 일본어를 자유자재로 구사하는 교원의 확보가 필수적이었다. 그런데 강점 초기 일본어에 능통한 조선인 보통학교 교사는 거의 없었다. 그나마 사범 교육이 빨리 확대 강화된다면 일본어도 잘 아는 교사를 많이 확보할 수 있었겠지만, 조선총독부는 별도의 사범 학교를 설립하는 방안이 아니라 고등보통학교와 여자고등보통학교의 병설 기관으로 사범과를 설치하는 방안을 채택했다. 따라서 일본어를 교수 용어로 사용하기 어려운 상황에서 일본어를 가르치기 위한 대안으로 조선총독부는 조선어 및 한문 교과를 활용하기로 한 것이다. 이는 후술하겠지만 조선어 및 한문 교과서 편찬을 위해「언문철자법」을 제정하는 것으로도 이어진다.

앞에서 언급한 미쓰치와 세키야의 논쟁 과정에서 세키야가 '조선 교육상의 필요'를 거론했다는 데 다시 주목할 필요가 있다. 세키야가 지적한 '조선 교육상의 필요'란 "조선어를 이해할 수 없으므로 국어(일본어-인용자) 교수에서도 지장이 적지 않을 뿐만 아니라 아동의 훈육을 완전히 할 수가 없다"[37]라는 구절에 비추어 볼 때 일본어 교육을 하기 위해서라도 최소한이나마 조선어를 가르쳐야 한다는 뜻이었을 것이다. 세키야를 비롯한 학무국의 관료들은 일본어를 아예 모르는 초등학교 학생들에게 일본어로 일본어를 바로 가르치는 것이야말로 효과적인 교육 방법이 아니라는, 교육 관료로서의 고민[38]을 갖고 제1차「조선교육령」제정에 임

---

37 山田寬人, 2000, 앞의 글, 433쪽.
38 실제로 조선총독부 학무국 관료들이「조선교육령」제정 이전에 작성한 여러 문서 가운데서도 초등 교육 기관에서의 조선어 폐지를 언급한 것은 보이지 않는다.

했을 것이다.

제1차 「조선교육령」과 세 학교 규칙을 통해 일본어는 이제 학교 교육의 유일한 '국어'가 되었다. 조선어는 살아남았지만 비(非)국어로 전락했다. 일본어는 통감부 시기에 이미 준국어의 지위를 누리고 있었다. 그래도 형식적으로는 대한제국의 학교에서 국어를 뛰어넘을 수는 없었다. 그런데 제1차 「조선교육령」을 통해 일본어가 '국어'로 법제화되면서 상황은 바뀌었다. 먼저 이름 자체가 국어에서 조선어로 격하되었다. 초등학교와 중등학교에서 모두 조선어 및 한문이라는 이름으로 필수 과목이 되었지만 수업 시수는 일본어의 절반 수준으로 줄어들었다. '국어'인 일본어와 일종의 지방어가 된 비국어 조선어의 차이는 명백했다. 일본어와 조선어의 역전은 공교육 영역에 포함된 각 학교 교과목의 시수 배정의 차이에서 단적으로 드러났다.

그런데 공교육을 통해 일본어를 보급하고 조선어의 사용은 규제하겠다는 조선총독부의 구상에는 처음부터 큰 문제가 내재해 있었다. 강제 병합 당시 공교육이라고 부를 수 있는 학교 특히 일본어 보급에서 가장 중시된 보통학교가 절대적으로 적었기 때문이다. 당연히 보통학교에 다니는 학생 수도 얼마 되지 않는 수준이었다. 이는 조선총독부가 발표한 통계 자료에서도 여실히 드러난다(⟨표 2-2⟩ 참조).

⟨표 2-2⟩는 전체 학령 아동 가운데 「조선교육령」과 「보통학교규칙」에 따라 인정된 보통학교, 그리고 법규 외의 교육 기관인 사립 각종 학교와 서당에 다니던 학생 수를 집계한 것이다. 「조선교육령」이 시행된 1911년 현재 보통학교 학생은 3만 2천여 명인 데 비해, 사립 각종 학교 학생은 5만 7천여 명, 서당 학생은 14만 1천여 명이었다. 전체 초등 교육 기관 학생 가운데 각 교육 기관별로 차지하는 비율은 서당 61.16%, 사립 각

〈표 2-2〉 일제 강점 초기 초등 교육 종류별 학생 수: 1911~1921

(단위: 명)

	보통학교(A)	사립 각종 학교	서당	계(B)	A/B
1911년	32,384	57,532	141,604	231,520	13.99%
1912년	43,562	55,313	169,077	267,952	16.26%
1913년	49,323	57,514	195,689	302,526	16.30%
1914년	53,019	53,885	204,161	311,065	17.04%
1915년	60,060	51,725	229,550	341,335	17.60%
1916년	67,628	48,643	259,531	375,802	18.00%
1917년	75,583	46,643	254,835	377,061	20.05%
1918년	80,013	35,197	260,975	376,185	21.27%
1919년	80,632	34,975	275,920	391,527	20.60%
1920년	107,285	51,008	292,625	450,918	23.79%
1921년	159,241	57,074	298,067	514,382	30.97%

출처: 朝鮮總督府, 1932, 『統計年報』.

종 학교 24.85%, 보통학교 13.99%의 순서였다. 보통학교 학생의 비율이 채 14%에 미치지 못했다는 사실이 주목된다. 그럴 수밖에 없던 것이 보통학교가 200개 남짓에 불과했기 때문이다.

이후 사립 각종 학교 학생은 조선총독부의 간섭과 통제로 점차 줄어들고 보통학교 학생은 정체 상태를 보이는 가운데 서당 학생의 비중은 점차 늘어났다. 대체로 1916년까지도 보통학교 학생의 비율은 전체 초등 교육 기관 학생의 20%를 넘기지 못했다.

1920년 이후 보통학교 수가 600개를 넘어서면서 보통학교에 취학하는 학생도 10만 명을 넘어섰지만 보통학교 취학률의 증가 못지않게 서당에 다니는 학생 수도 계속 늘어났다. 제1차 「조선교육령」이 시행된 1921년까지 서당 학생 수는 보통학교 학생 수를 압도하고 있었다.

조선총독부는 「조선교육령」과 각 학교 규칙을 시행하면서 학교 교육을 통해 '국어'를 더 많은 조선인에게 보급하겠다는 것을 분명히 했다.

조선어 및 한문 교과서를 제외한 다른 과목의 교과서는 모두 '국어'로 편찬된 교과서를 사용하도록 했고 교수 용어도 '국어'라고 못을 박았다.

교과서에 대한 통제는 대한제국 시기에 이미 「사립학교령」과 더불어 시행된 바 있었다.[39] 조선총독부는 이를 더욱 강화했다.[40] 보기를 들어 보통학교용 『국어독본』의 편찬 방침은 다음과 같았다.[41]

> 국어독본은 모어(母語)를 달리하는 조선인 아동을 상대로 하여 편찬한 것으로 그 출발점인 제1권은 가장 많이 고려되었다. … 번역 교수에 의하지 않고 직관적 직접 교수를 하는 데 편리한 편성법을 취하였으며, 될 수 있는 대로 속히 교실 내에서 필요한 회화를 가르치고 점차로 일반 회화에 미치게 하였으며, 모든 교과를 국어로 교수하는 데 지장이 없을 정도까지 이르게 하였다. 그리고 발음에 가장 유의하여 조선인에게 쉬운 것부터 시작하여 어려운 것 또는 그릇되기 쉬운 것을 점차로 제출하였다. … 국어독본의 내용은 수신서와 더불어 품성의 도야와 국민성의 함양에 소용되는 교재를 선택하고, 종래의 보통학교에는 따로 지리나 역사 과목이 없으므로 본방(本邦: 일본-인용자)의 역사와 지리의 대요를 알 만한 교재를 특히 본서에 첨가하였다. 따라서 내지와 조선 간의 밀접한 관계를 보여 주는 데 족한 고래의 전설과 사화를 힘써 선택하고 그 외에도 내지를 이해하게 하는 교재 내용을 많이 서술하였다.

---

39 이만규, 1947, 『조선교육사』 하, 을유문화사, 111~115쪽.
40 『매일신보』, 1910.9.28, 11.2.
41 高橋濱吉, 1927, 『朝鮮教育史考』, 帝國国地方行政學會朝鮮本部, 443~446쪽.

이처럼 조선총독부는 '충량한 신민'의 양성을 위해 보통학교부터 일본어 교육에 많은 관심을 기울였다. 이에 필요한 교재를 통일적으로 편찬하고, 교육적인 효과의 극대화 방안으로 번역 교수보다는 직관적인 직접 회화 방법을 마련했다. 특히 어린 학생들에게 일제의 신민으로서 '품성 도야와 국민성을 함양'하는 수신 교과서 내용까지 첨부하기에 이르렀다. 또한 일본의 역사나 지리 관련 내용을 『국어독본』에 포함하기도 했다. 나아가 고대부터 한일 양국 관계의 왜곡된 전설 사화 등을 아동들에게 주입함으로써 민족의 역사와 문화에 대한 열등감을 느끼도록 유도하려고 했다. '국어' 교육은 단순히 일본어를 가르치는 것만이 아니었다. '국어' 교육의 궁극적 목적은 일본어 교수를 통해 일본 정신·문화·풍습 등을 부지불식간에 주입함으로써 조선인 아동을 일본인으로 육성하려는 데 있었다.[42]

그러나 일제 강점 초기 교육 현장의 현실은 조선총독부의 정책 구상과 달랐다. 일본어 보급의 토대가 되어야 할 보통학교가 절대적으로 부족했기 때문이다. 조선총독부는 현실적으로 보통학교의 증설이 자신들이 원하는 만큼 이른 시간 안에 이루어질 문제가 아니라고 보았다. 그렇다면 대안은 보통학교 이외의 초등 교육 기관을 식민 지배 체제 안으로 적극 끌어들이는 것이었다.

2) 일본어 보급과 조선어 학습 장려의 공존

일제 강점 초기 조선총독부가 일본어 보급 정책의 핵심으로 삼은 것

---

42 『매일신보』, 1910.11.6.

은 보통학교의 일본어 교육이었다. 그러나 당시 보통학교 취학률을 고려할 때 보통학교를 통해 일본어를 보급한다는 것은 결코 쉬운 일이 아니었다. 조선총독부로서도 당장 조선인들을 통치하는 데 필요한 정도의 일본어를 보급해야 하는 문제를 보통학교만으로는 해결할 수 없었다.

따라서 공교육 기구는 아니지만 사실상 학교와 같은 역할을 하던 각종 사립 학교와 서당에 대한 규제를 통해 이들 시설을 일본어 보급의 통로로 활용하려고 했다. 일제 강점 초기 교육 시설의 미비로 학령 아동 가운데 절대다수가 보통학교 취학을 하지 못했다. 더욱이 보통학교에 가면 일본의 노예가 된다는 소문이 만연해 그나마 얼마 되지 않는 보통학교에도 학생을 보내려 하지 않는 분위기가 강했다. 보통학교에는 가지 못하거나 가지 않으려는 아동들이 최소한의 초등 교육을 받을 수 있는 곳이 각종 사립 학교와 서당이었다.

조선총독부는 「조선교육령」의 시행과 동시에 「사립학교규칙」도 시행했다. 이는 대한제국 시기의 「사립학교령」을 고친 것이었다. 그런데 차이가 있었다. 「사립학교규칙」은 「사립학교령」보다 하위 법규였다. 「사립학교규칙」의 핵심은 전국 각지에 산재한 사립 학교에 대해 인가 제도를 시행한다는 것이었다. 그런데 사립 학교에 「조선교육령」이나 각 학교 규칙이 적용된다는 조항은 물론이고 교과목 개설과 관련된 조항도 들어 있지 않았다. 당연히 일본어와 조선어에 관한 규정은 「사립학교규칙」어디에도 없었다. 형식적으로는 각 학교 규칙과 동등한 「사립학교규칙」을 시행하면서도 실제로는 사립 학교를 공교육 영역에서 배제하는 조처를 한 것이다.

그 결과 적어도 1910년대 중반까지만 해도 각종 사립 학교는 조선총독부의 탄압 아래에서도 학생들에게 민족의 언어인 조선어를 가르치는 역할을 충실히 수행할 수 있었다. 더욱이 서당은 처음부터 교육 관계 법령의 적용 대상에 빠져 있었다. 일본어를 가르치던 일부 개량 서당을 제외하면 대다수 서당의 교수 용어는 당연히 조선어였다. 일제 강점 초기부터 1920년대 초까지 적게는 20만 명, 많게는 30만 명 가까운 학생들이 서당에서 조선어를 배웠다. 강점 초기의 각종 사립 학교와 서당은 '국어'의 보급을 가로막으면서 조선어를 바탕으로 한 언어 생활의 존속에 중요한 역할을 하고 있었다.

이에 조선총독부는 1910년대 중반 이후 각종 사립 학교와 서당에 대한 규제 조처를 하기 시작했다. 먼저 규제 대상이 된 것은 각종 사립 학교였다. 조선총독부는 1915년 3월 24일 기존의 「사립학교규칙」을 개정한 뒤 4월 1일부터 시행에 들어갔다. 가장 크게 바뀐 것은 "보통학교, 고등보통학교, 여자고등보통학교, 실업 학교 또는 전문학교가 아니면서 보통 교육, 실업 교육 또는 전문 교육을 하는 사립 학교의 교과 과정은 보통학교규칙, 고등보통학교규칙, 여자고등보통학교규칙, 실업학교규칙 또는 전문학교규칙에 준해 이를 정할 것"(제6조의 2)[43]이라는 추가 조항이었다. 한마디로 각종 사립 학교의 교육 과정도 「보통학교규칙」, 「고등보통학교규칙」, 「여자고등보통학교규칙」에 따라야 한다는 것이었다. 이제 각종 사립 학교의 교수 용어는 일본어가 되고 교과서도 일본어로 편찬된 것을 써야 했다. 당연히 '국어'와 조선어 및 한문 교육도 조선총독부가 정한 방식으로 이루어져야 했다.[44]

---

43 『朝鮮總督府官報』, 1925.3.24.

44 물론 모든 각종 사립 학교가 이러한 방침에 따르지는 않았을 것이다. 민족의식이 강한 학교에서는 여전히 조선어를 교수 용어로 썼을 것이고 여전히 민족 언어인 조선어 교육을 중시하고 있었을 것이다. 1916년에 중앙학교에 들어간 국어학자 이희승

「사립학교규칙」의 개정과 동시에 「사립학교교원시험규칙」이 새로 시행되었다.[45] 이 규칙 6조에 따르면 사립 학교 교원이 되기 위해서는 "국어(읽기 및 해석, 회화, 작문), 조선어 및 한문(읽기 및 해석, 작문)" 시험도 보아야 했다. "당분간 내지인(일본인-인용자)에 한해 조선어 및 한문 시험을 면제"한다는 부칙 조항에 비추어 볼 때 이 규칙에 따라 '국어' 시험을 보는 사립 학교 교원 지망자는 조선인이었다. '국어'를 모르는 조선인은 이제 사립 학교 교원이 될 수 없었다. 실제로 이 규칙 제10조는 사립 학교 교원의 자격을 "국어에 통달"한 자로 제한했다. 통달이 어느 정도의 일본어 구사 능력을 가리키는지는 알 수 없지만 적어도 조선총독부가 정한 시험을 통과할 만큼의 일본어 구사 능력일 것은 충분히 짐작할 수 있다.

각종 사립 학교 다음은 서당이었다. 조선총독부는 1918년 2월 21일부터 신고제를 주요 내용으로 하는 「서당규칙」[46]을 시행했다. 신고의 주요 내용 가운데 하나가 "한문 이외에 국어, 산술 등을 교수할 시는 그 사항"(제1조)이었다. 이로써 이제 서당도 '국어'를 가르치는 교육 기관으로 지정된 것이다.

개정된 「사립학교규칙」과 새로 제정된 「서당규칙」 모두 '국어'에 관한 조항을 포함하고 있었다. 이는 각종 사립 학교와 서당을 식민 교육 체

의 회고에 따르면 김두봉의 『조선말본』으로 조선어를 배웠다고 한다. 이희승, 1996, 『딸깍발이 선비의 일생 일석 이희승 회고록』, 창작과비평사, 56쪽.
45 『朝鮮總督府官報』, 1925.3.24.
46 『매일신보』, 1918.2.22. 신고의 대상은 "부윤, 군수 또는 도사" 곧 지방 행정 기구인 부·군·도(島)의 장관이었다. 보통학교, 고등보통학교, 여자고등보통학교, 각종 사립 학교와는 달리 서당은 학무국 소관이 아니었던 셈이다.

제 안으로 끌어들여 '국어' 교육 기관으로 만들겠다는 의도를 반영한 것이었다.

서당은 지방 행정 장관의 감독 아래 놓였지만 '국어'를 가르칠 때는 그 사실을 반드시 신고하도록 함으로써 사실상 서당을 일본어 교육의 한 도구로 활용하려고 한 것이다. 조선총독부는 「서당규칙」 시행과 동시에 하세가와 요시미치(長谷川好道) 총독 이름으로 각 도·부·군에 "서당의 교수는 종래 대략 한문의 음독에만 그쳤지만, 토지(지역-인용자)의 상황 및 서당의 실정에 따라 점차 권장해 국어 및 산술을 교수하"[47]라는 훈령을 통첩했다. 서당을 '국어' 보급 기관으로 최대한 활용하라고 지방 행정 기구에 지시한 것이다.

조선총독부가 일본어 보급을 위해 공교육 밖에서 주목한 것은 각종 사립 학교와 서당에 그치지 않았다. 야학·강습소(회) 등의 민중 교육 기관도 활용 대상이었다. 당시 보통학교는 물론이고 각종 사립 학교와 서당에 갈 형편도 되지 않는 아동과 부녀자는 야학·강습회를 통해 글을 배우고 산술을 배웠다. 조선총독부는 이들 야학 강습회를 한편으로는 규제하면서 다른 한편으로는 식민 지배에 적극 활용하려고 했다.

조선총독부는 1913년 1월 15일 「사설학술강습회에 관한 건」을 제정했다.[48] 야학과 강습회의 통제에 필요한 법적 근거를 마련한 것이다. 야학과 강습소마저도 제도권 교육으로 흡수함으로써 식민 지배 정책에 부응하는 교육 기관으로 활용하겠다는 속내가 이 규정에는 깔려 있었다. 이 규정은 "사인(私人)으로 학술 연구를 위해 강습회를 개최하려고 할 때

---

47 「大正7年 朝鮮總督府令 第9號」, 1918.2.21.
48 『朝鮮總督府官報』, 1913.1.15.

는 좌기 각호의 사항을 갖추어 도장관의 인가를 받아야 한다"(제1조)로 시작된다. 도장관에게 사설 강습회의 인가 권한을 부여한 것이다. 도장관은 만약 강습 내용이 부적당하거나 유해하다고 판단되면 수시로 강습소 폐쇄도 명령할 수 있었다. 결국 식민 교육 정책에 맞지 않는 모든 야학·강습회의 설립을 사실상 봉쇄하겠다는 것이었다. 이 모든 권한을 도장관에게 넘긴 것은 강제 병합 직후 조선총독부의 행정력을 고려한 조치였던 것으로 보인다.

특히 이 규정 제2조에 "도장관은 강사의 선정 또는 파견에 편의를 제공할 것"이라고 적혀 있는 사실에도 주목할 필요가 있다. 이는 사실상 야학이나 강습회를 관변화 하겠다는 취지였다. 조선총독부는 부족한 교육 시설을 보충하기 위해 서당·사숙·의숙 등의 전통 교육 기관을 일본어 보급 기관으로 전환하려고 했다. 대표적인 보기가 일본어 강사를 각 지역의 강습회에 파견하는 순회 교수제[49]의 도입이었다. 전통 교육 기관을 식민 지배 정책에 부합하는 사설 학술 강습소로 확대하겠다는 뜻이었다.

앞서 언급했듯이 일제 강점 초기 보통학교의 취학률이 매우 낮은 상황에서 사립 학교 설립 인가권을 장악한 일제는 '민족 교육'의 요소를 지닌 사립 학교를 즉각 폐쇄하는 등 대대적인 통제를 가했다. 반면 보통 교육의 확대를 위한 방안으로 재정난에 직면한 사립 학교를 공립 학교로 전환했다. 이에 따라 많은 사립 학교가 폐쇄되는 비운을 초래하고 말았다. 조선인 학령 아동이 제도권 교육 기관에서 배울 기회는 강제 병합 이전보다 축소될 수밖에 없었다. 앞에서 언급했듯이 서당 등의 민중 교육 기관이 강제 병합을 전후해 활성화된 것은 바로 이러한 이유 때문이었다.

---

49 『매일신보』, 1911.5.12.

이에 일제는 야학·강습회 등에 대한 통제를 강화했다. 반면에 일본어 보급을 위한 '국어 강습회'는 관변의 보호·지원 아래 광범위하게 운영되었다. 즉 "국어 보급의 목적으로 부·군·경찰서·관립 학교 등의 관리나 교원들이 주최한 일어 강습회는 관서나 학교의 부수 사업으로 인정"[50]함으로써 「사설학술강습회에 관한 건」의 적용을 받지 않았다. 조선인의 우민화를 획책하는 식민 교육 방침과 합치되는 성격을 지닌 야학만 인정하겠다는 것이었다. 따라서 적극적인 탄압이 없다고 하더라도 한글이나 초보적인 산술·한문 등을 가르치는 야학은 전반적으로 부진할 수밖에 없었다. 물론 일본어를 가르치는 과정에서 완전한 문맹자들에게 문자 습득을 위한 한글 교육은 병행되었다.

조선총독부는 식민 지배 정책의 원활한 수행을 위해 조선인 관리에게도 기초적인 일본어 해독력을 요구했다. 일본어를 제대로 해독하지 못하는 관리는 면직되는 등 불이익을 당하는 상황이었다.[51] 반면에 일본어가 능통한 조선인 관리는 우대받았다. 관리가 아닌 조선인 가운데서도 일본어를 능숙하게 구사하는 사람은 '통역 주사' 등의 하급 관리가 될 수 있었다.

이러한 분위기 때문에 일부의 조선인들은 일본어에 관심을 가졌다. 그리고 '국어' 강습회가 성행하게 되는 요인으로도 작용했다.[52] 통신으로 강의하는 일어 연구회 회원이 2,000여 명에 달한 사실은 이를 방증

---

50 朝鮮總督府學務局學務課, 1942, 『現行朝鮮敎育法規』, 朝鮮總督府, 728~729쪽.
51 『매일신보』, 1910.9.7, 9.13.
52 보기를 들어 강제 병합 이후 한때 서울에 소재한 많은 사립 학교에서 6개월이나 1년 단위의 속성 과정으로 일본어 강습소를 운영하고 있었다.

한다.[53] 중등학교 학생 가운데 일부가 일본인 학교로 전학하는 일도 일어났고 간편한 일본어 회화용 학습서 『일본어학잡지(日本語學雜誌)』가 많이 팔리기도 했다.

1913년 1월 하순부터는 『매일신보』도 간편한 일본어 회화를 연재하는 등 일본어 교육에 대한 열기를 지방으로 확산시켰다. 또 일본어 보급을 선도한 사람에게는 '모범적인' 교육가라는 찬사를 늘어놓았다.[54] 일본어 강습이 성행하던 1916년 무렵에는 신문이 일종의 교육 기관이라고 강변하기도 했다.[55]

신문·잡지 기사를 통해 1910년대 야학 현황을 정리한 한 연구[56]에 따르면 조사된 146개의 야학·강습회 가운데 지방 관청이나 관리에 의해 운영되는 것이 63개(43.2%)로 가장 많았고, 학교 등의 교육 단체가 운영하는 것과 일본인이 운영하는 것이 각각 23개(15.7%)와 11개(7.5%)를 차지하고 있었다. 셋을 합하면 97개로 전체 야학·강습회의 66.4%를 차지했다.[57] 1910년대 야학·강습회 가운데 3분의 2 정도가 관변 측 인사이거나 일본인 유지에 의해 운영되고 있던 셈이었다. 주로 『매일신보』에 보도된 것이라는 사실을 고려하더라도 1910년대 야학·강습회의 상당수가 공교육 밖에서 식민 언어 정책의 하나로 운용되고 있었음을 알 수 있다.

---

53 『매일신보』, 1911.2.10, 4.22.
54 『매일신보』, 1912.7.7.
55 『매일신보』, 1916.10.3.
56 김형목, 2000, 「1910년대 야학의 실태와 성격 변화」, 『국사관논총』 94, 180~186쪽을 볼 것.
57 김형목, 2000, 위의 글, 187쪽.

실제로 일제 강점 초기 야학·강습회의 교과목을 보면 일본어가 절대적인 비중을 차지했다. 거의 모든 야학·강습회가 일본어를 가르쳤다. 이는 이 시기 야학이 겉으로는 문맹 퇴치를 내걸면서도 실제로는 지방 민중에게 일본어를 가르치는 일본어 보급 기관으로서의 성격을 띠고 있었음을 의미한다. 특히 지방 관청과 교육 기관의 협력으로 시행된 야학·강습회가 이 점을 잘 보여 준다. 물론 문맹자를 대상으로 한 경우에는 한글이나 초보적인 산술·한문 등을 가르치기도 했다. 그러나 이는 일본어를 보급하기 위한 수단에 지나지 않았다. 한글에 대한 기초적인 해독력이 없는 상태에서 일본어를 가르치는 것은 어렵기 때문이었다.

한편 일본어 야학·강습회의 이면에도 주목할 필요가 있다. 『매일신보』의 기사에 따르면 강제 병합 직후 조선인 사이에 일본어를 배우려는 열기가 높아졌고 일본어를 가르치는 야학·강습회는 넘쳐 나는 지원자로 문전성시를 이루었다. 따라서 관민의 긴밀한 협력 아래 조선인의 언어 생활은 이미 일본어 중심으로 바뀌어 가고 있었다. 그런데 실제는 『매일신보』의 보도와는 달랐다. 달라도 매우 달랐다.

단적인 보기가 1916년 조선총독부가 시행한 〈표 2-3〉의 '국어' 보급에 관한 시설 조사였다.[58] 조사 결과는 놀라웠다. '국어' 야학·강습회의 수강자 수는 22,456명으로 당시 조선 안의 조선인 인구를 대략 17,460,000명[59] 정도로 봤을 때 0.13%에 지나지 않았다. 1,000명에 1명꼴로 일본어를 가르치는 야학·강습회에 나갔을 뿐이다. 특히 지금의

---

58 『매일신보』, 1917.4.25.
59 박경숙, 2009, 「식민지 시기(1910년-1945년) 조선의 인구 동태와 구조」, 『한국인구학』 32권 2호, 82쪽의 〈표 13〉.

〈표 2-3〉 1916년 '국어' 야학·강습회 실태

	야학·강습회(개소)	수강자 수(명)	강사 수(명)
경기도	60	2,072	188
충청북도	39	965	84
충청남도	82	1,756	139
전라북도	68	2,035	147
전라남도	29	1,076	115
경상북도	47	1,402	149
경상남도	**105**	**2,333**	**185**
황해도	66	1,850	191
평안남도	51	1,032	156
평안북도	60	1,566	191
강원도	69	2,066	211
함경남도	**136**	**2,968**	**224**
함경북도	43	1,335	85
총계	855	22,456	2,065

출처: 『매일신보』, 1917.4.25.

서울을 포함한 경기도도 2,000명 남짓이었다. 오히려 서울에서 멀리 떨어진 함경남도가 야학·강습회 개설 수나 수강자 수에서 경기도를 포함한 모든 지역을 앞섰다. 이는 조선총독부의 지원과 『매일신보』의 홍보에도 불구하고 전체적으로는 '국어' 학습의 필요성을 느끼는 조선인이 여전히 극소수에 머물러 있었음을 의미한다. 일본과 일본어에 대한 반감은 그만큼 강고했다.

일제 강점 초기 일본어 보급 기관으로서의 야학·강습회를 이해하는 데 중요한 것은 더 있다. 야학·강습회에는 상당한 정도로 지배 권력의 강제성이 작용하고 있었다. 이를 잘 보여 주는 것이 무단 정치의 한 상징이기도 한 헌병 경찰이 야학·강습회를 운용하는 경우가 적지 않았다는 사실이다.[60]

데라우치 총독은 강제 병합 이후 무단 정치를 시행하면서 식민 지배의 주요 수단으로 헌병 경찰을 활용하려고 했다. 일제는 통감부 시기부터 헌병 경찰제를 시행했다. 강제 병합 이후에도 헌병 경찰제는 지속되었다.[61] 조선총독부의 경찰 기구로는 총독 산하의 경무총감부, 각 도지사 산하의 경무부가 있었다. 중요한 곳에는 경찰서를, 경찰서가 없는 지방에는 헌병 분대·분견소를 설치해 지방 민중을 통치하는 일선 기구로 삼았다. 경찰 기구의 최고 책임자인 경무총장 및 각 도 경무부장은 반드시 헌병대 사령관과 헌병대장이 맡게 되어 있었다. 경시, 경부도 원칙적으로는 각각 헌병 장교와 준사관·하사관을 임용하게 되어 있었다. 헌병과 경찰의 두 조직 체계가 연립하고 헌병이 최고 치안 책임자로 두 조직의 수장을 겸하는 일원적인 명령 계통을 이루고 있었다. 3·1운동의 영향으로 헌병 경찰제가 폐지되기 전까지는 무단 정치가 아니라 헌병 경찰 통치라고 부르는 것이 더 정확하다는 이야기가 나올 정도로 헌병 경찰의 힘은 막강했다.

데라우치는 헌병 경찰의 업무를 경무에만 국한하지 않으려고 했다. 지방 행정 기구가 아직은 제대로 작동하지 않고 있던 현실을 고려해 연인원 7,000명에서 8,000명에 달하는 헌병 인력[62]에게 사실상의 지방 행

---

60 헌병 경찰과 야학·강습회의 관계를 다룬 권동국, 2021, 「일제 식민주의 사회통치에 관한 연구-지방개량과 공민교육을 중심으로」, 서울대학교 박사학위논문, 70~86쪽을 볼 것.
61 헌병 경찰제에 대해서는 신주백, 2000, 「1910년대 일제의 조선통치와 조선주둔 일본군-'조선군'과 헌병경찰제도를 중심으로」, 『한국사연구』 109; 마쓰다 토시히코 지음, 이종민·이형식·김현 옮김, 2020, 『일본의 조선 식민지 지배와 경찰』, 경인문화사 등을 볼 것.
62 마쓰다 토시히코, 2020, 위의 책, 149쪽. 마쓰다에 따르면 1911년부터는 거의 모든

정 업무까지 위임한 것이다. 데라우치가 통치 도구로 헌병 경찰을 적극 활용하려고 한 데는 조선헌병대가 갖는 특수한 성격이 크게 작용했다. 조선헌병대는 일본 내지 및 조선 이외의 각 외지 헌병대와는 달리 내지 헌병사령관에게 소속되지 않으면서 군사 경찰 계통은 육·해군대신, 일반 경찰 계통은 조선총독의 지휘를 받았다.[63] 따라서 헌병 경찰을 일반 경찰 업무에 활용하게 되면 그만큼 조선총독의 권한은 커질 수밖에 없었다.

데라우치는 1911년 7월 각 도장관에게 한 훈시에서 "헌병대장, 경무부장 이하의 직원과 협력하여 일반 인민에게 대하여 본관(데라우치-인용자)의 발한 유고의 취지를 철저히 주지"[64]시킬 것을 지시했다. 지방 행정의 최고 책임자인 도장관에게 헌병 경찰과 협력하라고 지시함으로써 지방 행정에 헌병 경찰이 관여하는 것을 조장한 것이다. 이어 아카시 모토지로(明石元二郎)[65] 헌병사령관 겸 경무총장을 비롯해 각 도 헌병대장 경무부장 및 헌병사령부 각 과장, 경무총감부 각 과장을 관저에 불러 훈시하는 가운데서도 군인인 헌병에게 지방 행정의 사무를 원조하도록 하고, 그 직무 영역을 군사와 경무, 치안, 행정, 교육 등 '광범 다단'하게 허용한 것이 자기 생각임을 분명히 밝혔다.[66] 여기서 주목해야 할 것은 헌병 경

헌병 인력이 보통 경찰 업무에 종사하고 있었다.

63 마쓰다 토시히코, 2020, 위의 책, 140쪽.
64 『매일신보』, 1911.7.2.
65 일본 육군사관학교 출신으로 1907년 10월에 한국헌병대 대장으로 취임했다. 그를 이토에게 천거한 것은 데라우치였다. 강제 병합 당시는 육군 소장으로 조선헌병대 사령관과 경무총장을 겸했다. 데라우치와 함께 무단 정치에서 중요한 역할을 맡았다. 나중에 타이완총독이 되었다.
66 『매일신보』, 1911.7.7.

찰의 업무 가운데 하나로 교육을 지목하고 있었다는 사실이다. 실제로 헌병 경찰은 지방에서 "서당 감시, 사립 학교 감시, 일본어 장려, 실업 학교 졸업생 감시"[67] 등의 업무를 수행하고 있었다.

헌병 경찰에게 주어진 권한이 방대한 만큼 각 지역에서 그들에 의한 전횡도 잦았다. 따라서 헌병 경찰에 대한 조선 민중의 반감이 누적되어 갔다. 더불어 지방에서는 헌병이 행정 전반에 관여하는 것에 대한 지방관의 불만도 누적되었다. 헌병 경찰은 '면의 총독'이라고 불릴 정도로 막강한 권력을 발휘했다. 그들은 경찰관인 동시에 일반 행정 관리였고, '우몽(愚蒙)한 조선인을 훈계·계발'하는 교육자였으며, 검사였고, 범죄를 즉결하고 민사 쟁송을 조정하는 재판관인 동시에 집달리(집행관)였고, 차압을 담당하는 세리에, 무기를 휴대하고 직무 집행상 필요하면 칼을 휘두르고 총을 쏠 수도 있는 무소불위의 독재자였다. 따라서 한 지역의 법과 질서가 헌병 장교인 경찰서장이나 하사관인 헌병분견소장에 의해 좌지우지되는 체제가 되었다.[68]

헌병 경찰 사무에서 '교육' 관련 활동은 당시에 중요한 임무였다. 구체적으로 관여한 업무는 보통학교의 취학 장려와 일본어 보급이었다. 한 일본인 연구자는 "군인인 헌병이 식민지 아동의 취학을 장려하고 한국인 헌병 보조원과 일본인 헌병이 서로 언어를 교환하는 방식으로 일본어를 보급한 점 등은 식민지 교육사에서 중요한 의의가 있다"[69]라고 평가했다.

67　江原道警務部·春川憲兵隊,『警務機關會議管內狀況報告諮問摘要』.
68　손정목, 1983,「일제침략초기 총독통치체제와 헌병경찰제도」,『연구논총』1, 29~30쪽.
69　稻葉繼雄, 2010,『朝鮮植民地教育政策史の再檢討』, 九州大學出版會, 3쪽.

조선총독부는 공교육을 통해 '국어'인 일본어를 보급하려고 했다. 그러나 공교육에 포섭된 학령 아동보다 그 밖에 놓인 학령 아동이 훨씬 많았다. 게다가 아예 취학 연령이 지나 버린, 그러면서도 문자로서의 한글도 깨치지 못한 문맹 조선인에게 공교육을 통해 '국어'를 보급하는 제도적인 장치는 전혀 없었다. 따라서 지역 사회에서 '국어' 야학·강습회를 열어 일본어를 보급하는 데 주력했다. 여기에 앞장을 선 것이 바로 지방 행정의 실질적 권한을 갖고 있던 헌병 경찰이었다. 실제로 조선총독부 내무부는 일본인 교원이 배치되지 않은 지역에서 헌병 경찰이 일본어 교육을 맡을 것을 요청하기도 했다.[70]

헌병 경찰이 헌병분견소, 출장소 등에서 군수·면장·보통학교 교장 등과 협력해 일본어 보급 활동에 참여한 사례는 무수히 많다. 보기를 들어 평안남도 양덕군 온천면에서는 1913년 12월 초부터 면장과 사립 창명학교 교장의 발기로 농한기를 이용해 청년 자제를 대상으로 단기 '국어' 야학 강습회를 열었다고 한다.[71] 여기서 주목할 부분은 이 강습회의 교사가 창명학교 교장과 석양지출장소 헌병으로 기록되어 있다는 사실이다. 면장과 사립 학교 교장의 발기로 설립된 '국어' 강습회의 강사가 사립 학교 교장과 헌병이었다는 사실은 당시 일본어 보급 정책에서 식민 권력이 어떻게 작용하고 있었는지를 잘 보여 준다. 지방 행정 기관과 교육 기관 그리고 헌병 경찰이 밀접한 연계를 맺으면서 지방에서 일본어 보급에 주력한 것이다. 무단 정치 시기에 헌병 경찰이 일본어 강습 활

---

70 憲兵隊司令官, 1911, 「通牒 警發 第8400號 憲兵巡査ニ國語敎授依賴ノ件」, 『警務月報』 7.
71 『매일신보』, 1913.12.19.

동을 벌인 것은 『매일신보』의 여러 기사를 통해 확인된다.

'국어' 야학·강습회의 운영에 헌병이 개입된 것으로 확인되는 지역은 앞의 양덕군 사례 외에도 평안북도 초산군,[72] 의주군,[73] 평안남도 성천군,[74] 영원군,[75] 안주군,[76] 황해도 장연군,[77] 해주군,[78] 백천군,[79] 경기도 장단군,[80] 광주군,[81] 충청북도 진천군[82] 등의 사례가 확인된다. 물론 이는 『매일신보』의 기사를 통해 확인된 것이기 때문에 실제로는 더 많은 일본

---

72 『매일신보』, 1916.5.5. 초산군의 "서당 교사 등이 국어를 미해(未解)하여 총독부 교육 방침을 미해하는 자 유(有)한 고로"라는 명분을 내세워 헌병 분대와 군청이 '국어' 강습소 설립을 밀어붙였다.

73 『매일신보』, 1912.3.9.

74 『매일신보』, 1912.2.18. 헌병대장이 '국어' 강습회 회장을 맡았으며 군수와 일본인 유지 13명이 운영에 필요한 경비를 부담했다.

75 『매일신보』, 1916.5.5. 영원군 성룡면 '국어' 강습소는 헌병 분견소장과 면장의 노력으로 헌병 분견소 안에 설치되었다. 이 강습소의 강사는 헌병 분견소장이 직접 맡았다.

76 『매일신보』, 1915.5.7. 입석면 '국어' 야학회는 헌병 분대 입석 파견소장과 보통학교 일본인 교장에 의해 설치되었다. 교육 대상은 '무업자, 부랑자'였다.

77 『매일신보』, 1914.7.18. 속달면 '국어' 강습소는 면장과 헌병 분견소장의 발기로 설립되었다. 이 강습소의 강사는 헌병 분견소장이 직접 맡았다.

78 『매일신보』, 1912.6.6. 해주군청 주최로 해당 지역 공립 보통학교 안에 '국어' 강습소가 설치되었다. 황해도 경무부장이 직접 이 강습소의 훈유를 맡았다.

79 『매일신보』, 1912.8.9. 백천읍에 '국어' 연구회가 설립되었는데 헌병대장과 공립 보통학교 훈도, 군청 서기 등이 이 강습회의 교사를 맡았다.

80 『매일신보』, 1914.8.2. 남면의 사립 학교가 '국어' 연설회를 열었을 때 헌병대장이 비평자의 역할을 맡았다.

81 『매일신보』, 1916.5.26. 낙생면 판교리의 '국어' 강습회는 헌병 출장소장과 조선인 면장에 의해 설립되었다.

82 『매일신보』, 1916.3.17. 초평면의 '국어' 강습소는 면장 등의 유력자와 헌병 출장소원의 협의로 설립되었다. 이 강습소의 강사는 헌병 출장소원이 직접 맡았다.

어 야학·강습회가 헌병 경찰에 의해 운용되었을 것으로 보인다.

신문 기사에는 명확하게 드러나지 않지만, 경찰이 개입한 것으로 보이는 더 많은 사례도 실제로는 헌병 경찰의 개입에 의한 것이었을 가능성이 크다. 어쨌거나 무단 정치 초기부터 헌병 경찰이 지방 관청이나 초등 교육 기관의 협력을 얻어 일본어 보급 활동에 적극 참여한 것은 부정할 수 없는 사실이다. 실제로 헌병 경찰인 일본인이 직접 교사의 역할을 맡는 것도 보편적인 현상이었다.

조선총독부와 『매일신보』는 헌병 경찰과 지방 행정 기관이 운영하는 '국어' 야학·강습회를 일종의 미담으로 선전하려고 했다. 앞에서 언급했듯이 강점 초기에 기초 수준의 일본어라도 할 수 있는 조선인들에게는 생계유지를 위한 일거리가 주어지기도 하고, 헌병 보조원으로 취업할 기회도 주어졌다. 그랬기 때문에 일부의 조선인들은 식민 권력의 말단이연 '국어' 야학·강습회를 기회로 여겼을 수도 있다. 그러나 실상은 그렇지 않았을 가능성이 더 크다고 여겨진다.

지방 민중의 '생살여탈권'을 쥐고 있는 헌병 경찰과 지방 행정 기관의 권유는 사실상 강제에 가까웠다. 그래서 마지못해 야학·강습회에 참여한다고 하더라도 일본인 헌병 경찰, 순사, 관리가 하는 단발성의 강습으로 '국어'를 익히기에는 턱없이 부족했을 것이다.

앞에서 강점 초기부터 사실상 이중 언어 체계가 형성되었다고 지적한 바 있다. 이를 보여 주는 또 다른 보기로 조선총독부가 일본인 관료, 경찰, 교사에게 조선어 학습을 장려했다는 사실을 들 수 있다.

일본인에 대한 조선어 교육은 강제 병합 이전부터 일본 안에서 행해지고 있었다. 원래 근대 이전에는 외교의 필요성 때문에 쓰시마(對馬) 등의 번에서 통역 양성을 위한 조선어 교육이 이루어졌다. 그러다가 메이지유신 이후 근대 외교 체제로의 전환 과정에서 조선어 교육도 중앙 정부(처음에는 외무성, 나중에는 문부성)의 소관 업무가 되었다. 이후 청일전쟁, 러일전쟁의 두 전쟁을 거치는 동안 일본에서의 조선어 교육은 침체와 성행을 되풀이했다.[83]

1872년에는 외무성 산하의 한어학소(韓語學所)가 쓰시마에 설치되었는데 이 한어학소는 1873년에 폐지되고 대신에 부산의 초량왜관에 두 번째 한어학소가 설치되었다. 1880년에는 다시 부산의 한어학소가 도쿄외국어학교[84]로 옮겨 조선어학과가 되었다. 도쿄외국어학교가 1885년 도쿄대학(이후 도쿄제국대학)과 도쿄상업학교(이후 고등상업학교를 거쳐 도쿄상과대학)로 분리 통합되면서 한때 폐지되었던 조선어학과는 1897년 고등상업학교 한어과로 부활했다. 그리고 1899년 도쿄외국어학교가 재출범하면서 한어과도 도쿄외국어학교로 옮겼다가 강제 병합 이후인 1911년에는 조선어학과로 다시 이름이 바뀌었다.

도쿄외국어학교 조선어학과·한어과를 중심으로 한 일본에서의 조선어 교육 또는 유학 제도를 통해 양성된 일본인들은 이후 통감부와 조선총독부의 관리나 재조(在朝) 일본인 사회의 유지로 조선어 구사 능력을 발휘했다. 그것도 단순한 통역에 머물지 않고 구관 제도 조사 사업, 일본인을 대상으로 한 조선어 교육이나 조선인을 대상으로 한 일본어 교육,

---

83 이하 조선총독부의 조선어 장려 정책 서술은 야마다 간토(山田寬人)의 다음 연구를 바탕으로 한 것이다. 山田寬人, 2000, 앞의 글; 야마다 간토, 2012, 「'지배를 위한 조선어 학습'을 생각한다」, 고영진·김병문·조태린 편, 『식민지 시기 전후의 언어 문제』, 소명출판; 山田寬人, 2004, 『植民地朝鮮における朝鮮語獎勵政策: 朝鮮語を學んだ日本人』, 不二出版.

84 1873년에 기존 관립 외국어 학교를 통합해 설립되었다. 애초에는 고등 교육의 기초로서의 외국어 교육과 통역 양성을 위한 교육이라는 이중의 역할을 갖고 있었다.

그리고 조선어 언론에 대한 검열 등에 종사하는 자도 많았다.[85]

그런데 강제 병합 후 이미 외국어가 아니라는 이유로 일본에서의 조선어 교육은 쇠퇴하기 시작했다. 반면에 조선에서 일본인에 대한 조선어 교육 또는 학습 장려 정책이 전개되었다. 특히 조선어 능력은 식민지 사회의 말단에서 조선인과 접촉할 기회가 많던 교원이나 경찰관에게 요구되는 사항이었다. 1910년대에도 교원의 경우는 교원 양성 과정이나 교원 강습 자리에서, 경찰관의 경우는 새 임무에 들어가기 전의 연수, 통역, 승진 시험 등의 제도를 통해 조선어 능력이 요구되었다.

조선총독부는 1919년 3·1운동 후 일본인 관리에게 조선어 능력이 필요하다는 것을 더 절실하게 느끼고 있었다. 특히 식민 권력의 말단인 경찰관, 군·면의 관리, 금융 조합 이사를 대상으로 한 조선어 장려 정책이 강력하게 시행되었다. 그 정점은 조선총독부의 모든 관리를 대상으로 한 「조선총독부 및 소속 관서 직원 조선어 장려 규정」(1921년) 제정과 이 규정을 기반으로 한 조선어 시험의 시행이었다. 특히 후자는 시험 합격자에 대해 시험 등급에 따라 일정 기간 수당을 지급한다는 제도였는데 이후 네 차례의 개정을 거치면서도 강점 말기까지 존속했다.

조선총독부는 조선어 장려 정책을 추진하면서 업무의 효율화, '내선 융화(內鮮融和)'의 구현, 치안 유지 강화 등을 내세웠다.[86] 당연히 이러한 정책이 '동화'에 역행하는 것이 아니냐는 비난도 받았다. 3·1운동 직후

---

85 石川遼子, 1998, 「素描 明治前期朝鮮語教育六年の場と群像」, 『青鶴』 10·11; 石川遼子, 2001, 「近代日本と朝鮮語」, 奈良女子大學大學院 博士學位論文; 植田晃次·石川遼子·山田寬人·三ツ井崇, 2007, 『日本近現代朝鮮語教育史』 2005-06年度 日本學術振興會 科學研究費補助金 基盤研究(B), 日本における朝鮮語教育史の総合的 実証的研究 研究成果報告書.

86 山田寬人, 2004, 앞의 책, 69~70쪽.

인 1919년 3월에 열린 일본 제국 의회 중의원에서 "일본인 중 관서(官署)에 봉직하고 있는 자에게 조선어의 시험을 시행하는 것과 같은 제도를 설치하는 것은 통치 작용상의 모순 당착이 있음을 표하는 바"라는 야당 의원의 비판이 제기되자 하라 다카시(原敬) 수상은 "조선 현지의 상황에 있어 관리 특히 조선인과 직접 접촉하고 그들을 지도 계발하는 임무를 맡는 자는 조선어에 정통하지 않으면 적절한 행정을 집행하기가 곤란하기에 관리에게 조선어를 습득하게 하는 방침을 변경할 의사가 없다"라고 답변했다.[87]

'국어'에 의한 '동화' 방침에 저촉하면서까지 "방침을 변경할 의사가 없다"라고 한 하라의 판단에는 어떠한 상황인식이 있었을까. 3·1운동 후의 조선군의 인식을 보면 그들의 위기감을 엿볼 수 있다. 조선군 사령관 우쓰노미야 다로(宇都宮太郎)는 "무릇 인민을 직접 대하는 관공리는 선인(鮮人)은 국어, 내지인은 선어(鮮語)의 지식을 그들의 채용 및 진급의 한 조건으로 하는 것이 필요한데 헌병, 경찰관에 있어서 특히 그렇다"[88]라고 했다. 또한 조선군 참모부도 비밀 문서에서 "의사소통을 기도하는 유효한 수단으로서는 직접 인민에 접하는 하급 관리에게 선어의 습득을 장려할 것을 필요로 한다. … 그런데 선어에 숙달하는 자에 대해서는 그 정도에 따라 그에게 물질적으로 우대할 방법을 마련할 것을 요한다. 현재 특별 수당이 지급되기도 하나 그 금액은 미미하고 말할 가치도 없다. 앞으로 대대적으로 우대할 방법을 마련해야 할 것이다"[89]라고 밝혔다.

---

87 「衆議院議事速記錄 25」, 『官報』 號外, 1919.3.19.

88 宇都宮太郎, 1919, 「(秘)朝鮮時局管見」, 1919년 5월 19일, 『齋藤實關係文書』, 國立國會圖書館 憲政資料室 所藏番號 1043.

89 朝鮮軍參謀部, 1919, 「秘朝特報第26號騷擾ノ原因及朝鮮統治ニ注意スベキ件竝軍備

조선어 장려 규정 제정의 토대가 된 인식을 엿볼 수 있는 대목이다. 단 조선어 능력이 가장 요구된 대상은 여전히 교원이나 경찰관들이었기 때문에 그들에 대해서는 별도의 독자적인 조선어 장려 제도가 마련된 것이다.

그런데 이러한 조선어 구사 능력이 구체적으로 어떤 장면에서 발휘되었는지는 아직 충분히 밝혀지지 않았다. 시험 합격자의 학습력이나 조선어 학습관을 분석한 한 일본인 연구자는 "거의 모든 학습자가 제도적 강제성에 의해 배우기 시작했으며, 수당금이나 승진이란 실리도 학습 의욕에 큰 영향을 미치고 있었다"라고 주장했다.[90] 말하자면 일본인 교원, 경찰관, 관리를 대상으로 한 조선어 장려 정책은 애초에 내건 업무의 효율화, 내선융화의 구현, 치안 유지 강화라는 목적을 이루는 데는 성공하지 못했다는 것이다.

그러나 조선총독부의 조선어 장려 정책은 이 책의 핵심 주제이기도 한 이중 언어 체계의 문제를 이해하는 데 중요한 시사점을 제공한다. 일본 제국의 한반도 지배에서 핵심을 이루던 조선총독부는 식민 지배의 현실적 필요 때문에 통치의 말단을 담당하는 일본인 교원, 경찰관, 관리에게 조선어를 익힐 것을 장려했다. 이는 결국 조선총독부가 비국어인 조선어의 존재를 사실상 공인한 것과 마찬가지였다. 일본인에게도 조선어를 익히라고 하면서 조선인에게 조선어를 쓰지 않게 강요하는 것은 논리적으로 모순이기 때문이다. 결국 조선어 장려 정책은 조선어 사용이

ニ就テ」, 1919년 7월 14일, 陸軍省, 『大正八年乃至同十年共七冊其四 朝鮮騷擾事件關係書類』.

90 山田寬人, 2004, 앞의 책, 221쪽.

완전히 폐지되지는 않았다는 사실의 중요한 방증인 셈이다. 동시에 식민지 조선에서 '국어'가 조선어보다 정치적 힘을 갖고 있었으나 여전히 '국어'가 조선인 사회에 완전히 침투하지 못했다는, 지배 권력 처지에서의 현실적 모순을 부각시켰다고도 할 수 있을 것이다.

3. 조선어의 현실적 존재를 인정한 「보통학교용 언문철자법」[91] 제정

조선총독부는 제1차 「조선교육령」 시행에 이은 각종 학교 규칙과 「서당규칙」의 시행을 통해 학교 교육을 중심으로 일본어를 보급하겠다는 것을 분명히 했다. 조선어의 존치는 어쩔 수 없이 인정하면서도 일본어 보급과 연계시켜 조선어 교육을 하겠다는 것도 분명히 했다. 그런데 조선어 교육에는 한 가지 현실적 문제가 남아 있었다. 교과서 편찬을 위

---

[91] 이 철자법에 대해서는 김주필, 2014, 「'보통학교용 언문철자법(1912)'의 성격과 특징」, 『반교어문연구』 37; 김주필, 2017, 「'보통학교용 언문철자법(1912)'의 제정 의도와 표기사적 문제점」, 『국어사연구』 25; 김성옥, 2021, 「1900~1930년대 어문규범을 중심으로 한 형태주의 표기법으로의 과정 연구」, 『국어국문학』 197; 송미영, 2021, 「일제강점기 초등 조선어 교과서의 표기법적 특징 고찰-〈언문철자법〉과의 비교를 중심으로」, 『국어학』 97; 三ツ井崇, 2003, 「식민지하 조선에서의 언어지배-조선어 규범화문제를 중심으로」, 『한일민족문제연구』 4; 미쓰이 다카시, 2013, 『식민지 조선의 언어 지배 구조: 조선어 규범화 문제를 중심으로』, 소명출판; 三ツ井崇, 2000, 「朝鮮總督府'諺文綴字法'の歷史的意味-審議過程の分析を通して」, 『一橋研究』 25권 1호; 三ツ井崇, 2000, 「植民地期の朝鮮語問題をどう考えるかについての一試論-朝鮮總督府'諺文綴字法'を事例として」, 『植民地敎育史研究年報』 3; 三ツ井崇, 2009, 「朝鮮總督府'諺文綴字法'の歷史的意味 再論」, 『年報朝鮮學』 12 등을 볼 것.

한 철자법의 정리가 그것이다. 조선어 교육을 일본어 교육과 연계시키기 위해서라도 조선총독부의 언어 정책에 부합하는 조선어 교과서를 편찬해야만 했는데 교과서 편찬에는 철자법의 정리가 먼저 필요했다. 따라서 조선총독부 학무국이 중심이 되어 조선어 철자법 정리에 착수했다.

통감부 시기에 이미 학부 편집국의 일본인 관료들이 교과서 편찬을 주도한 바 있었다.[92] 강제 병합 이후 조선총독부가 정식으로 출범하면서 교과서 편찬 업무는 학무국 편집과가 담당하게 되었다. 학무국 편집과는 1910년부터 편수과로 이름이 바뀌는 1942년 11월까지 교과용 도서의 편집·반포·검정·인가의 업무를 담당했다.[93]

편집과장이던 오다 쇼고가 조선총독부의 교과서 편찬 작업을 책임지고 있었다. 오다 밑에는 "상관의 명을 받아 교과용 도서의 편수 및 검정에 관한 사무를 담당"하는 편수관과 "상관의 지휘를 받아 교과용 도서의 편수 및 검정에 관한 사무에 종사"하는 편수서기가 있었다.[94] 조선총독부가 처음 출범할 때만 해도 편집과장만 있을 뿐 편수관과 편수서기는 단 1명도 편집과에 재직하지 않았다. 그러다가 1911년이 되면서 편수관 2명과 편수서기 3명이 새로 편집과에 부임했다. 편수관과 편수서기는 1912년부터는 각각 3명과 4명으로 늘어났다. 이는 1911년부터 사실상 교과서 편찬 업무가 시작되었음을 시사한다.

편집과에서 펴낸 교과서 가운데 하나가 조선어 및 한문 과목에 쓰일

---

92 학부의 교과서 편찬을 주도한 것은 시데하라와 그 후임인 미쓰치였다. 최혜주, 2010, 「오다 쇼고(小田省吾)의 교과서 편찬활동과 조선사 인식」, 『동북아역사논총』 27, 285~286쪽.
93 장신, 2006, 「조선총독부 학무국 편집과와 교과서 편찬」, 『역사문제연구』 16.
94 『朝鮮總督府官報』, 1911.5.3.

『조선어 독본』이었다. 다른 교과서와는 달리 『조선어 독본』은 편집과의 편수관 또는 편수서기가 집필을 맡았다. 그런데 제1차 「조선교육령」 시기 편집과 직원 가운데 『조선어 독본』을 쓸 수 있었던 것은 1911년 편수서기로 부임한 오구라 신페이 한 사람밖에 없었던 것으로 보인다.

이미 언급했듯이 오구라는 우에다가 도쿄제국대학에서 가르친 제자였다. 오구라는 원래 일본 고어(古語)를 전공했다. 특히 8세기부터 14세기에 걸친 헤이안(平安) 시대 음운이 그의 연구 분야였다. 그런 오구라가 조선총독부 관료가 된 데는 이유가 있었다. 나중에 오구라는 경성제국대학 '문학과 조선어학 및 조선문학 전공'(이하 '조선어문학과') 교수를 거쳐 도쿄제국대학 언어학과 교수가 되었다. 도쿄제국대학에서 오구라에게 배웠고 오구라의 추천으로 경성제국대학 조선어문학과 교수가 된 고노 로쿠로(河野六郎)에 따르면 오구라가 조선어 연구를 선택하게 된 데는 가나자와와 시라토리의 권유가 작용했다고 한다.[95] 그런데 가나자와와 시라토리는 당시 일본어와 조선어의 동계론, 나아가 '일선' 동조론을 주장하던 대표적 인물이었다. 따라서 가나자와와 시라토리가 오구라에게 조선어 연구를 권유한 데는 결국 일본어와 조선어의 동계론, 나아가 '일선' 동조론을 입증하라는 의미가 담겨 있었을 것이다.

실제로 오구라는 "조선어 연구의 동기는 조선어란 어떤 언어인가, 조선어란 어떤 구조를 갖고 있는가, 주위의 언어에 대해 어떤 관계를 갖는가를 밝히고 싶다는 염원에서 출발한 것이다. 그것을 위해 나는 먼저 첫째, 금일에 이르기까지 조선어 연구의 역사를 아는 것이 절대로 필요

---

95 河野六郎, 1975, 「小倉進平先生と朝鮮語學」, 京都大學文學部國語國文學研究室 編, 『小倉進平博士著作集 4』, 京都大學國文學會, 1~7쪽.

하다는 것을 믿었고, 둘째, 조선어 자체의 역사를 분명히 하는 것이 필요하다고 생각했고, 셋째, 조선어의 다른 언어에 대한 위치 관계를 연구하는 것이 필요하다고 느꼈다"라고 밝힌 바 있다.[96] 곧 오구라는 조선어의 역사와 계통을 밝히는 것을 조선어 연구의 일차적 과제로 설정하고 있었다. 실제 그의 연구는 대부분 역사와 방언 분야에 집중되어 있었다.

오구라가 조선총독부 학무국 관료로 부임한 데는 조선어 연구의 동기도 크게 작용하고 있었다. 그렇지만 아직은 조선어의 초보자, 그것도 언어의 역사에 관심을 가진 오구라[97]가 바로 조선어 교과서를 집필하기는 어려운 일이었다. 따라서 조선어 교과서 집필을 위해서라도 철자법을 정리해야 할 필요가 있었다.

학무국 편집과가 조선어 철자법의 정리에 나선 것은 「조선교육령」과 각 학교 규칙의 시행과도 직결된 것이었다. 「보통학교규칙」에는 "보통학교의 교과용 도서는 조선총독부가 편찬한 것을 사용하여야 한다. 다만, 조선총독부가 편찬한 교과용 도서가 없는 때에는 조선총독의 검정을 거친 교과용 도서 또는 조선총독의 인가를 받아 다른 도서를 사용할 수 있다"(제22조)라고 규정되어 있었다. 「고등보통학교규칙」과 「여자고등보통학교규칙」에도 "고등보통학교의 교과용 도서는 조선총독부가 편찬한 것 또는 조선총독의 검정을 거친 것을 사용하여야 한다"(제30조의 ①), "여자고등보통학교의 교과용 도서는 조선총독부가 편찬한 것 또는 조선

---

96 小倉進平, 1936, 「鄕歌·吏讀の問題を繞りて」, 『史學雜誌』, 47편 5호.
97 오구라는 1920년 이후에 『조선어학사(朝鮮語學史)』(1920), 『국어와 조선어를 위해(國語及朝鮮語のため)』(1920), 『국어 및 조선어 발음 개설(國語及朝鮮語發音槪說)』(1923), 『남부조선의 방언(南部朝鮮の方言)』(1924) 등을 발표하고 『향가 및 이두 연구(鄕歌及び吏読の研究)』를 탈고하는 등 활발한 연구 활동을 통해 조선어 연구자로서의 위상을 확고하게 하고 있었다.

총독의 검정을 거친 것을 사용하여야 한다"(제27조의 ①)라고 각각 규정되어 있었다. 조선총독부는 처음부터 자신들이 만든 교과서가 각 학교에서 쓰여야 하는 것으로 정해 놓았다. 강점 직후 바로 새로운 교과서를 만드는 것은 불가능했지만 준비는 할 필요가 있었다. 조선어 철자법의 정리도 일단은 그러한 맥락에서 이루어진 것이다.

기록에 따르면 조선어 철자법을 만드는 것을 목적으로 한 조선어조사회의(이하 '조사회의')가 처음 열린 것은 1911년 7월 28일이었다.[98] 「조선교육령」 제정 논의가 한창 진행되던 무렵이었다. 「조선교육령」 제정도 주도하던 세키야 학무국장은 첫 회의에서 다음과 같은 인사말을 했다.[99]

> 오늘 조선어 가나 표기법(諺文假名遣法) 회의를 개최함에 … 이번에 총독부에서 조선어 교과서를 편찬함에 있어 이것을 당국의 두세 사람의 의견에 따라 결정하는 것은 주도면밀하지 못할 우려가 있어서 특히 총독 각하께서 학식이 있고 조선어에 조예가 깊은 여러분께 이 조사를 촉탁해 의견을 구하도록 별도로 조사회를 설정했지만, 사실 내지(일본-인용자)의 가나 표기법이 금일에도 의론의 결정을 보지 못하고 있는 상태라면 조선어 가나 표기법도 여기서 확연히 결정을 내

---

[98] 이하 조선총독부의 조선어 철자법 제정에 관한 서술은 다음의 연구에 크게 기댄 것이다. 김주필, 2014, 앞의 글; 김주필, 2017, 앞의 글; 미쓰이 다카시, 2013, 앞의 책.

[99] 朝鮮總督府內務部學務局, 1911, 「第1會朝鮮語調査會議議事錄」. 이 회의록은 도쿄대학 문학부 오구라 문고에 소장되어 있다. 오구라 문고에는 이 밖에도 「조선어조사회의 연구사항(朝鮮語調査會議研究事項)」, 「조선어조사에 관한 보고원안(朝鮮語調査ニ關スル報告原案)」, 그리고 가나자와가 쓴 「조선어조사회의 결의에 대한 의견(朝鮮語調査會議ノ決意ニ對スル意見)」 등이 포함되어 있다. 이로 보아 오구라는 조사회의의 실무 역할을 맡았을 것이다.

리기란 대단히 곤란할 것입니다. 따라서 이번 연구 사항을 여러분의 다수결로 결정하는 것은 어떨까 생각되기는 하지만 여러분이 토로하신 의견은 충분히 존중하고 또 가급적 이것에 따르지 않는 방침으로 교과서 편찬에 임하게 된다면 여러분께 미리 이 뜻에 대해 승낙받지 않기를 청합니다.

세키야의 인사말은 「언문철자법」의 성격을 이해하는 데 중요한 실마리를 제공한다. 먼저 분명히 이 회의는 조선어 철자법을 제정하기 위한 것이었는데 굳이 그것을 '조선어 가나 표기법 회의'로 부른 것이다. 이는 조선어 철자법 제정이 공식적으로는 보통학교 교과서 편찬을 위한 것이었지만 실제로는 조선어 철자와 일본어 표기를 통합하려는 의도에 따라 이루어진 것이었음을 시사한다. 곧 일본어 보급의 도구로 조선어를 활용하기 위해 조선어 철자법을 제정하겠다는 속내가 세키야의 발언을 통해 확인되는 셈이다. 뒤에서 다시 언급하겠지만 「언문철자법」에 굳이 가나의 50음표를 조선어로 어떻게 표기할 것인지를 덧붙인 것도 바로 이러한 이유 때문이었다. 세키야가 말한 것처럼 가나 표기법은 당시 일본에서도 결론을 내리지 못한 문제였다. 그런데도 조사회의에서 가나 표기법을 논의해 달라고 요구할 정도로 조선총독부는 일본어의 보급을 절실한 문제로 여기고 있었다.

다음으로 "이것(조사회의의 결정)에 따르지 않는 방침으로 교과서 편찬에 임하게 된다면 여러분께 미리 이 뜻에 대해 승낙받지 않"도록 하겠다는 발언에도 주목할 필요가 있다. 일본식의 완곡한 표현에는 조선어 철자법 제정이 어디까지나 조선총독부의 권한이라는 강한 의지가 담겨 있었다. 한마디로 조사회의의 논의와 결정은 참고사항일 뿐이라는 것이다.

조선어 철자법 정리보다 석 달 앞서 시작된 『조선어사전(朝鮮語辭典)』 편찬의 경우 조선총독부 인사국장 고쿠부 쇼타로(國分象太郎),[100] 조선총독부 취조국(取調局) 사무관 시오카와 이치타로(鹽川一太郎),[101] 취조국 위원 현은,[102] 경성부 참사[103] 유길준,[104] 한성외국어학교 교원 강화석[105]에게 "조선어에 관한 조사를 촉탁함"이라는 정식 인사 명령을 내렸다. 아울러 취조국 속 니시무라 고지(西村洪治), 민간의 박이양,[106] 김돈희,[107] 정만

---

[100] 서울의 일본 공사관 통역 출신으로 나중에는 통감부 서기관으로 통감 비서관을 겸했다. 조선총독부 인사국장으로 중추원 서기관장을 겸하다가 이왕직 차관까지 승진했다.

[101] 1880년대 중반부터 조선에 거주하면서 서울의 일본 영사관 서기를 지냈으며 강제 병합 이후에는 조선총독부 취조국 사무관으로 1911년 4월에 시작된 『조선어사전』의 편찬주임을 맡았다. 조선어에도 능숙했다고 한다.

[102] 역관 가문 출신으로 내부 참서관 등을 지냈다. 대한구락부, 대한자강회, 기호흥학회, 대한협회 등의 계몽 운동 단체에서 활동할 때는 배일주의자라는 평가를 받았지만, 통감부 시절 학부 국문연구소에 근무하면서 일제에 협력하기 시작했다. 강제 병합 이후 조선총독부 취조국 위원, 중추원 참의 등을 지냈다.

[103] 죽었을 때 『조선총독부관보』에는 '경기도 참사 유길준 사거'로 실렸다. 『朝鮮總督府官報』, 1914.10.16.

[104] 신사유람단의 일원으로 일본에 갔을 때 후쿠자와 유키치(福澤諭吉)의 영향을 받았다. 보빙사(報聘使)의 일원으로 미국에 파견된 것을 계기로 '최초의 조선인 미국 유학생'이 되었고 유럽 각국을 여행했다. 민비 시해 사건 이후 내부대신이 되었지만 아관파천으로 내각이 무너지자 일본으로 망명했다. 고종 황제의 폐위 후에 귀국해 흥사단 부단장, 한성부민회 회장을 역임했다. 강제 병합 이후 일제의 남작 작위를 거부했다.

[105] 젊었을 때 중국과 일본을 오가며 일본어와 영어를 배웠다. 주일본 조선공사관 직원을 거쳐 경무청 경무관, 재판소 판사, 인천항 감리 겸 부윤, 한성외국어학교 인천지교 교장 등을 지낸 직업적 행정 관료였다. 서북학회 평의원, 대한중앙학회 평의원으로 활동하기도 했다. 이희환, 2001, 「근대 초기 '새인천'의 내적 구축과정: 요한 강화석의 행적을 추적하면서」, 『2001 인천 재발견』 상, 인천발전연구원.

조[108]를 사서 편찬위원으로 임명하기도 했다.[109]

그렇다면 조사회의에 대한 인사 명령은 어떻게 이루어졌을까? 고쿠부, 시오카와, 현은, 유길준, 강화석에게는 "조선어에 관한 조사를 명함"이라는 인사 명령이 있었음이 확인된다. 조선총독부 통역관 신조 쥰테이(新庄順貞)에게는 "조선어에 관한 조사를 촉탁함, 내무부 학무국 편집과 겸무를 명함"이라는 인사 명령이 이루어졌다.[110] 그런데 현재로서는 조사회의의 다른 성원인 경성고등보통학교 교유(교원-인용자) 다카하시 도루(高橋亨)[111]와 중추원 부찬의 어윤적[112]에 대한 인사 명령은 확인되지

---

106 대한제국의 황해도 관찰사를 지냈으며 나중에 조선총독부 중추원 참의가 되었다.

107 대한제국의 법부 주사와 검사를 지낸 서예가이다. 일제강점기에는 서화협회 회장으로 활동했다.

108 대한제국의 규장각 부제학을 지냈으며 나중에 조선총독부 경학원 대제학이 되었다.

109 안예리, 2017, 「조선총독부 편『조선어사전』의 편찬 경위-'조선사서원고'와의 비교 분석을 중심으로」, 『한국사전학』 30, 83~84쪽. 『조선어사전』 편찬위원을 정식으로 임명하는 것은 사전이 나올 때까지 지속되었다. 김돈희에게는 "연 수당 450원"이 지급되었다. 『朝鮮總督府官報』, 1910.11.28.

110 『朝鮮總督府官報』, 1911.7.6.

111 도쿄제국대학 한문과를 졸업했다. 1903년 대한제국의 초빙으로 관립 중학교 교사가 되었고 1909년에 『한어문전(韓語文典)』, 1910년에 『조선 이야기 속담(朝鮮の物語集附俚諺)』을 펴냈다. 1911년에는 경성고등보통학교 교유가 되었고 1921년에는 조선총독부 시학관이 되었다. 경성제국대학 창립 위원회 간사를 거쳐 1926년부터 경성제국대학 조선어문학과 교수가 되었다. 다카하시에 대해서는 정일균, 2011, 「일제의 식민통치와 식민주의적 근대지식의 형성 - '다카하시 도루[高橋亨]의 조선학'의 사례를 중심으로」, 『사회와 역사』 91; 강명숙, 2016, 「다카하시 도오루(高橋亨)의 「조선교육제도 약사」에 대한 일 고찰-일제강점기 조선 거주 일본인의 한국교육사 연구와 그 한계」, 『한국교육사학』 38권 4호 등을 볼 것.

112 일본 게이오(慶應)의숙과 도쿄전문학교(와세다대학의 전신)에서 수학했다. 대한제국 학부 편집국장, 관립 한성사범학교 교장, 국문연구소 위원 등을 거쳐 강제 병합 이후에는 중추원 부찬의·참의, 조선사편찬위원회 위원 등을 지냈다.

않는다.

세키야가 말한 '학식이 있고 조선어에 조예가 깊은 제군'은 『조선어사전』 편찬위원이기도 한 고쿠부, 시오카와, 현은, 유길준, 강화석의 5명에 신조, 다카하시, 어윤적의 3명을 더한 8명이었다. 8명 가운데 5명이 겹친다는 것은 당시 조선총독부가 동원할 수 있는 조선어 전문가가 극도로 제한적이었음을 시사한다. 아울러 일본인과 조선인이 똑같이 절반을 차지했다. 일단 민족별 구성에 신경을 쓴 것으로 보이지만 세키야 학무국장과 오다 편집과장도 회의에 참석했다는 것을 고려하면 회의는 사실상 일본인 6명 대 조선인 4명의 구도로 진행되었다고도 할 수 있다.[113]

일본인 4명 가운데 다카하시를 제외하면 나머지 3명은 통역 출신이었다. 다카하시도 대학에서 전공한 것은 한문학이었다. 이에 비해 조선인은 일본어에 능통한 강화석을 제외하면 현은, 유길준, 어윤적이 모두 강제 병합 이전부터 한글에 큰 관심을 두고 있었다. 특히 현은과 어윤적은 국문 연구소에 재직하고 있을 때 주시경과 함께 국어 정리 운동을 벌인 적도 있었다.

조선인 가운데 초등 교육의 현직 교원은 한 사람도 없었다. 조선어 철자법의 제정 자체가 보통학교에서 사용할 조선어 교과서 편찬에 필요한 원칙을 확정하려는 데 있었다는 점을 고려할 때 이는 이례적인 것이었다. 그리고 조사회의의 논의가 자칫 실제 조선어 교육과는 거리가 있는 탁상공론으로 흐를 가능성을 미리 보여 주는 것이기도 했다.

조사회의의 회의는 모두 다섯 차례 열렸다. 제3회 회의를 마친 뒤 「조선어조사에 관한 보고원안」이 작성되었고 이 원안을 조선어 연구자

---

113 실제로 오다는 조사회의의 정식 성원이 아니었지만 회의에 빠지지 않고 참석했다.

이자 조선총독부 촉탁이던 가나자와가 검토했다. 그리고 가나자와의 검토 결과는 「조선어조사회의 결의에 대한 의견」으로 제출되었다. 제4회 회의에서는 원안과 가나자와의 의견을 토의했고 제5회 회의가 끝난 뒤 『조선어조사보고서(朝鮮語調査報告書)』(이하 '보고서')가 작성되었다. 그리고 이 보고서를 학무국에 제출하는 것으로 조사회의의 활동은 끝이 났다.

그렇다면 보고서는 조선총독부가 제정한 「보통학교용 언문철자법」(이하 「언문철자법」)[114]에 그대로 반영되었을까? 그 답은 '아니다'이다. 세키야가 첫 번째 회의에서 '충분히 존중하고 또 되도록 거기에 따르려는 방침'이라고 했지만, 실제는 달랐다.

조사회의의 마지막 회의가 열린 것은 1911년 11월 8일이었다. 그리고 「언문철자법」이 발표된 것은 다음 해 4월이었다. 조사회의가 열린 기간인 넉 달보다 한 달 더 긴 다섯 달 정도의 시차가 난 것이다. 이 다섯 달 동안 조선총독부 학무국은 보고서를 바탕으로 철자법을 최종 정리하는 과정을 거친 것으로 보인다. 만약 보고서를 그대로 철자법에 반영했다면 다섯 달이라는 시간은 필요하지 않았을 것이다. 더욱이 세키야 학무국장과 오다 편집과장이 회의에 참석해 모든 논의 과정과 보고서 작성 과정을 지켜보았다. 그런데도 해를 넘겨 철자법을 최종적으로 결정했다는 것은 학무국 관료들이 위원들과는 조금은 다른 생각을 하고 있었음을 시사한다. 그 결과 보고서와 일치하지 않는 다른 철자법이 만들어진 것이다.

이와 관련해 「언문철자법」의 서언에는 "이 언문철자법은 본부(조선총

---

114 朝鮮總督府 編, 1917, 「普通學校用諺文綴字法」, 『朝鮮語法及會話書』, 附錄. 조사회의 회의가 진행될 때까지만 해도 '조선어'로 부르다가 철자법을 확정할 때는 한글을 속되게 이르는 말인 '언문'으로 썼다.

독부-인용자)가 조사촉탁원에게 명해 조사 결정한 것이다"라고 적혀 있다. 마치 조사회의가 철자법을 결정한 주체인 것처럼 해 놓았지만, 이는 실제와는 다른 허위 서술이다. 조사회의는 조사만 했고 결정은 조선총독부 학무국에서 했기 때문이다. 물론 「언문철자법」은 대체로는 보고서의 결론을 따랐다. 그러나 차이도 있었다. 「언문철자법」의 '서언'에는 다음과 같이 적혀 있다.[115]

본 방침은 대체로 다음의 방침에 의거했다.
(1) 경성어를 표준으로 한다.
(2) 표기법은 표음주의에 따르고 발음에서 멀어진 역사적 철자법[116] 등은 피한다.
(3) 한자음을 가진 말을 언문으로 표기할 때는 특히 종래의 철자법에 따른다.
(4) 이 철자법에는 국어(일본어-인용자)의 50음, 탁음, 장음 등의 표기법도 병기한다.

말하자면 철자법 정리의 큰 원칙을 제시한 것이다. 여기서 일본어 표기와 관련된 (4)항을 제외한 세 항목이 특히 중요하다.

첫째, 경성어 곧 서울말을 표준으로 한다는 방침은 조선총독부 학무국이 처음 제안한 것이기도 했다. 조사촉탁원들도 여기에는 특별한 이견

---

[115] 朝鮮總督府 編, 1917, 위의 글.
[116] 근대 이후 한글 맞춤법의 표기는 '소리대로'와 '어법에 맞도록'의 두 원칙에 따르는 것을 지향했다. 이 두 원칙에 포함되지 않으면서 나름의 역사적 근거를 지닌 표기를 역사적 철자법이라고 한다.

이 없었다. 그래서 보고서와 「언문철자법」의 차이가 없다. 다만 표준어가 아니라 '표준'이라고 한 것은 따로 주목할 필요가 있다. 일본에서도 표준어가 확정되지 않았는데 일종의 지방어로 취급되어야 할 조선어에 표준어라는 말을 쓸 수는 없었을 것이다.

둘째, (2)항과 (3)항의 표음주의, 역사적 철자법, 종래의 철자법은 「언문철자법」 제정이 일본어 철자법 문제와의 연동이라는 맥락에서 이해되어야 한다. 여기서 말하는 표음주의는 형태주의와 대립하는 것이 아니라, 말과 글이 일치하지 않는 역사적 철자법과 대립하는 것이다. 그런데 역사적 철자법이란 용어 자체가 일본어의 역사적 가나 철자법(歷史的仮名遣い)을 염두에 둔 것이었다. 역사적 가나 철자법은 옛날부터 전해진 표기와 현재의 표기가 다를 때 어원을 중심으로 옛날 표기를 따르려는 것을 가리킨다. 이에 반해 일본어의 표음적 가나 철자법(表音的仮名遣い)은 어원이나 종래의 표기보다는 현재 쓰이는 발음대로의 표기를 중시하는 것이다.

일본에서는 철자법을 정할 때 역사적 가나 철자법을 따를 것인지 아니면 표음적 가나 철자법을 따를 것인지를 둘러싸고 논쟁이 벌어졌다. 일본 최초의 철자법 규정인 「소학교령」(1900년)에서는 가나 철자법은 역사적 가나 철자법을 사용하고 한자어 철자법은 표음적 가나 철자법을 사용한다고 정했다. 순수 일본어에는 일본의 전통과 정신이 깃들어 있으므로 일본 고유의 표기법을 사용해야 한다는 논리에 따른 것이었다. 그런데 「언문철자법」에서는 오히려 이를 뒤집어 한글에는 표음주의 원칙을 적용하고 한자어에는 역사적 철자법과 같은 의미로 보이는 종래의 철자법을 적용했다. 일본어 철자법이 끝내 역사적 철자법과 표음주의 철자법 사이에서 단일한 원칙을 만들지 못한 것처럼 표음주의를 천명했음에도 불구하고 실제로는 역사적 철자법의 공존을 인정한 어정쩡한 철자법을 제정한 것이다.

표음주의를 원칙으로 한다는 것도 조선총독부 학무국과 조사촉탁원들의 생각이 같았다. 그런데 '발음에서 멀어진 역사적 철자법'에 관해서는 보고서와 「언문철자법」이 달랐다. 대표적인 보기가 조사회의 제1회 회의에서 가장 먼저 심의된 "ㅈ과 ㄷ의 사용법 중에 지와 디, 쟈와 댜, 져와 뎌, 죠와 됴 등과 같이 종래에 두 가지 표기가 있는 것은 어느 쪽을 택해야 하는가"[117]의 문제였다. 곧 ㅈ과 ㅊ의 구개음화 자음 표기가 문제가 된 것이다.

보기를 들어 보자. 한자 '하늘 천(天)'은 옥편에 '텬'으로 되어 있고 평안도와 함경북도의 사람들도 '텬'이라고 발음했다. 그런데 철자법의 표준이 되는 서울말에서는 '텬'이 아니라 '쳔'으로 발음하고 있었다. 서울말의 실제 발음을 중시하는 조사촉탁원들은 서울말 발음대로 표기하자고 주장(다수 의견)했지만, 전통적 말글을 중시하는 조사촉탁원들은 한자어에 대해서는 역사적 철자를 인정하자고 주장(소수 의견)했다. 보고서에는 다수 의견에 따라 순우리말과 한자어를 구분하지 않고 모두 ㅈ, ㅊ으로 통일한다는 잠정적인 결론이 실렸다.

그런데 정작 「언문철자법」에서는 보고서의 결론과는 달리 "3. 순수 조선어에서는 ㄷ행 및 ㅌ행은 ㅏ열, ㅓ열, ㅗ열, ㅜ열에만 사용하고 기타 열은 ㅈ행 및 ㅊ행을 사용한다. … 5. 2·3·4의 세 항은 한자음을 하는 말을 언문으로 쓸 때는 적용되지 않는다"[118]라고 규정되었다.[119] 곧 순수

---

117 朝鮮總督府內務部學務局, 1911, 「第2會朝鮮語調査會議議事錄」.
118 朝鮮總督府 編, 1917, 앞의 글.
119 순수 조선어란 한글에 본디부터 있던 말이나 그것에 기초해 새로 만들어진 말을 가리킨다. 지금은 순우리말 또는 고유어로 부른다. 한자어는 말 그대로 한자에서 비롯

조선어는 ㅏ, ㅓ, ㅗ, ㅜ로 통일하는 대신에 한자어는 사실상 역사적 철자법에 따라 바꾸지 않기로 한 것이다. 이는 명백히 보고서와 다른 것이었고 '역사적 철자법 등은 피'한다는 방침에도 어긋나는 것이었다.

이러한 양상은 'ㆍ' 문제에서 똑같이 드러났다. 보고서는 'ㆍ'를 폐지해 'ㅏ'로 통일하는 것으로 되어 있었다. 그러나 「언문철자법」에는 "2. 순수 조선어에서는 'ㆍ'를 사용하지 않고 'ㅏ'로 정한다. … 5. 2·3·4의 세 항은 한자음을 하는 말을 언문으로 쓸 때는 적용되지 않는다"라고 규정되었다. 순수 조선어와 한자어를 구분해 후자에는 여전히 'ㆍ'를 쓰기로 한 것이다.

마지막으로 「언문철자법」의 규정에서 짚고 넘어가야 할 문제는 또 있다. 앞에서 조선총독부가 조선어 및 한문 교과목을 일본어 교육과 연계시키려고 했다는 점을 지적한 바 있다. 따라서 「언문철자법」에서도 이러한 조선총독부의 의도가 그대로 드러났다. 「언문철자법」 '서언'의 네 방침 가운데 조선어 표기를 일본어 표기와 연계시키겠다는 마지막 방침이 이를 잘 보여 준다. 한마디로 조선인 학생들에게 조선어를 가르치면서 동시에 일본어를 가르치겠다는 것이었다. 「언문철자법」의 마지막에 마치 별표처럼 일본어의 50음표 "アイウエオ 아이우에오 カキクケコ 가기구게고 … ラリルレロ 라리루레로 ワヰウヱヲ 와이우에오"를 늘어놓으면서 우리의 전통적인 자음→모음 배열 방식과는 반대로 모음→자음 배열 방식을 정한 것도 조선어 교육에서도 일본어 우위의 원칙을 관철하려는 조선총독부의 의지를 잘 보여 준다.

된 말이나 그것에 기초해 만들어진 말을 가리킨다. 보기를 들어 '말하다'는 순수 조선어이고 '대화하다'는 한자어이다.

「언문철자법」은 "보통 교육에 사용하게 할 목적으로 … 보통학교의 교과서에 채용한 것"이었다. 이를 곧이곧대로 해석하면 처음부터 보통학교 교과서 이외에는 달리 적용할 생각이 없었다는 것이 된다. 실제로 조사회의 회의에서는 철자법의 사용 범위에 관한 논의가 독립된 의제로 거론되지 않았다. 처음부터 적용 범위는 보통학교에 국한된다는 것이 기정사실이었다. 철자법 제정 이후의 상황은 어떠했는지 몇 가지 사례를 검토해 보기로 하자.

현재 남아 있는 어문 관계 자료를 놓고 볼 때 「언문철자법」이 처음으로 적용된 것은 조선인을 위한 일본어 교재 『속수국어독본(速修國語讀本)』이다.[120] 조선총독부가 1914년에 직접 만든 이 책 '서언'에는 "본서는 독학의 편의를 의도해 전부 후리가나(振假名)를 베풀고 또 제1편에서 제4편까지는 조선어 대역을 붙임"이라고 적혀 있다. 여기서 말하는 조선어 대역에서 기준이 된 것이 「언문철자법」이었다. 일본어의 가나 음을 한글로 표기할 때도 「언문철자법」의 규정을 그대로 따랐다. 조선총독부의 일차적 관심이 일본어를 배우려는 조선인에게 한글 표기와 가나 표기를 통일시키려는 데 있었음이 다시 확인되는 것이다.

그런데 정작 공교육 안에서는 『보통학교 조선어 및 한문 독본(普通學校 朝鮮語及漢文讀本)』[121] 이외에 다른 교과서에는 쓰인 흔적이 없다. 조선총독부가 새로 교과서를 편찬하면서 내세운 방침 가운데 하나가 '조선어 및 한문 독본을 제외한 모든 것은 국어로 기술할 것' 그리고 예외적으

120　朝鮮總督府, 1915, 『速修國語讀本』. 이 책을 만든 것은 1914년 말이었지만 다음 해 1월에 발간되었다.

121　이 교과서는 1915년에 처음 나왔다.

로 '국어가 더 보급될 때까지 사립 학교 학생용으로 수신서, 농업서 등에 한해 따로 조선 역문을 만들 것'이었다.[122] 실제로 보통학교『조선어 및 한문 독본』이외에도 숫자가 많지는 않지만, 조선어로 편찬된 교과서가 발간된 적이 있었다.『보통학교 수신서』와『보통학교 농업서』의 조선어 번역본이 바로 그것이다. 현재 두 교과서는 남아 있지 않기 때문에「언문철자법」의 적용 여부를 바로 확인할 수는 없지만『보통학교 수신서』조선어 번역본의 교사용 도서를 보면「언문철자법」과는 다른 표기가 발견된다.

「언문철자법」은 상급 학교의 조선어 및 한문 교과서에도 적용되지 않았다. 실제로 현재 남아 있는 고등보통학교 교과서『고등 조선어 및 한문 독본(高等 朝鮮語及漢文讀本)』에는「언문철자법」이 적용되지 않았다.

심지어 조선총독부는 보통학교 교원들에게 조선어 철자법이 바뀌었다는 사실을 알리는 것도 그다지 중요하게 여기지 않았다. 1916년 10월 9일「소학교 및 보통학교 교원 시험규칙」이 공표되었다.[123] 이 규칙에 따르면 일본인 소학교와 조선인 보통학교의 훈도에 해당하는 제1종, 보통학교 훈도에 해당하는 제2종, 보통학교 부훈도에 해당하는 제3종으로 구분되었다. 조선어 관련 시험 과목을 보면 제1종은 조선어, 제2종과 제3종은 조선어 및 한문이었다. 첫 번째 시험은 같은 해 11월 1일에 시행되었는데「언문철자법」이 제정된 지 4년도 더 지났을 때였다. 그런데 이때의 조선어 및 한문 시험 문제를 보면 여전히 'ㆍ'를 사용한 순수 조선어 문구가 무수히 사용되었다. 반면에「언문철자법」의 규정처럼 'ㆍ' 대신에

---

122 小田省吾, 1917,『朝鮮總督府教科書編纂概要』, 朝鮮總督府, 4~5쪽.
123 『朝鮮總督府官報』, 1916.10.13.

'아'를 사용한 문구도 혼재했다. 「언문철자법」에 따라 조선어를 가르쳐야 할 보통학교 교사 자격을 위해 치르는 시험인데도 반드시 「언문철자법」을 준용한 시험 문제가 출제된 것은 아니었다.

1912년 이후 공적 영역에서 쓰이는 유일한 조선어 표기법이 「언문철자법」이었다. 그런데 보통학교 조선어 및 한문 교과서 이외의 영역에서는 「언문철자법」이 쓰였다는 증거를 찾기 어렵다. 조선총독부에 발간하던 『조선총독부관보』나 조선총독부 기관지 『매일신보』도 「언문철자법」을 적용하지 않았다.

다른 구체적인 보기를 들어 보자. 조선총독부는 일본인 관리들에게 조선어 학습을 장려하기 위해 학습서 『조선어법 및 회화서(朝鮮語法及會話書)』[124]를 직접 펴냈다. 이 책은 일본인의 조선어 학습에서 가장 흔하게 사용된 것이었다. 이 책의 부록에는 「언문철자법」의 전문이 수록되었다. 마치 일본인 관리들에게 「언문철자법」을 익히고 보급하라는 역할을 주문한 것처럼 보인다. 그런데 정작 본문에서는 「언문철자법」의 규정과는 다른 표기법도 쓰였다. 보기를 들어, 순수 조선어에서는 'ㆍ'를 쓰지 않는 것이 원칙이지만 실제로는 '닭ᄒ마리', '군청이퇴락ᄒ여' 등 순수 조선어인데도 'ㆍ'를 쓴 문구가 여럿 발견된다. 조선총독부가 발간하는 교재조차 「언문철자법」을 반드시 따르지는 않은 것이다.

앞에서도 언급한 『조선어사전』은 1920년에 조선총독부 이름으로 나왔다. 조사촉탁원 가운데 5명이 사전 편찬위원이었다. 「언문철자법」의 내용을 몰랐을 리가 없다. 당연히 원칙적으로는 「언문철자법」을 따르려고 했을 것이다. 실제로 「언문철자법」을 따른다는 원칙을 밝혔다. 이를

---

124 朝鮮總督府 編, 1917, 앞의 책.

테면 "한자음을 제외하고 … 중성 'ㆍ'를 'ㅏ'로 했다"[125]라는 규정을 보면「언문철자법」의 규정과 같다. 그런데 용언의 활용에서는「언문철자법」과 반드시 일치하지 않았다. 어간 끝이 ㅅ인 경우를 제외하고 원칙적으로 형태소 경계를 명확히 표기한다는「언문철자법」에 따르면 '밧다'의 활용은 '바다'가 되어야 하는데『조선어사전』에는 '밧아'로 표기했다.「언문철자법」의 예외 규정을 무시한 것이다.

더 큰 문제는 교육에 관한 칙어, 곧 교육칙어에도「언문철자법」이 적용되지 않은 것이다. 교육칙어는 당시 일제가 교육의 기본으로 내세우던 것이었다. 조선인에게도 교육칙어를 주입시키려고 했다. 일본어를 조선어로 번역한 칙어가 교과서에 실렸고 사회 곳곳에서 낭송되었다. 그런데 보통학교 수신서 교사용에 실린 칙어를 보면 첫머리부터 "아 황조 조종이 국을 조(肇)ᄒ심이"라고 적혀 있었다.「언문철자법」의 순수 조선어는 'ㆍ'를 폐지해 'ㅏ'로 통일한다는 표기법을 위배한 것이다.

결국「언문철자법」은 언어 정책의 최고 결정자인 조선총독부가 직접 나서서 조선어 표기법을 통일하려고 한 것이지만 그 시행 범위는 보통학교 조선어 교과서에 국한되었다. 대다수 조선인의 언어 생활과 동떨어진 것이었다. 더욱이 조사회의의 짧은 논의 과정에서 의견 대립이 일어났지만 끝내 이견을 해소하지 못한 채 어정쩡한 결론을 내렸다. 조선총독부로서도 철자법을 제정하는 그 자체에 급급했다. 게다가 교육 현장에서의 반응도 냉랭했다. 이를테면 경성여자고등보통학교 교유 심의린은 조선총독부 학무국 안의 조선교육연구회가 발간하던『조선교육연구회잡지(朝鮮教育研究會雜誌)』에 2회에 걸쳐「언문철자법」을 비판하는 글을

---

125 朝鮮總督府 編, 1920,『朝鮮語辭典』, 朝鮮總督府, 1쪽.

기고했다.[126] 이례적인 일이었다. 그만큼 「언문철자법」은 각계각층으로부터 환영받지 못한 존재였다. 결국 조선인의 언어 생활에 이렇다 할 영향을 미치지 못한 채 「언문철자법」은 1920년대 들어서 개정되는 운명을 맞게 되었다.

---

126 沈義麟, 1920, 「諺文綴字法敎授に就いて」, 『朝鮮敎育硏究會雜誌』 56·57.

제3장
문화 정치기의 언어 차별과 한글 운동

1. 제2차 「조선교육령」과 학교에서의 언어 차별의 심화

동화와 차별이라는 양립하기 어려운 정책을 시행한 것이 1910년대 일제의 교육 정책이었다.[1] 1919년 3·1운동은 일제에 큰 충격을 안겼다. 특히 당시만 해도 전체 조선인 인구 가운데 극히 일부만 차지하던 학생층, 그것도 보통학교 학생들까지 3·1운동에 적극 참여한 것은 식민 교육 정책이 사실상 실패로 끝났음을 보여 주는 것이었다.

일제의 식민 지배 논리는 국내외 각지에서 벌어진 독립 선언과 만세 시위 앞에 말 그대로 풍비박산이 되고 말았다. 특히 데라우치가 밀어붙인, 헌병 경찰제로 상징되는 무단 정치는 이제 조선 민중에게 통하지 않는다는 사실이 입증되었다. 일제로서는 식민 지배의 방침을 전면적으로 다시 검토할 수밖에 없었다.

더욱이 당시 일본 안에서도 이른바 다이쇼(大正) 데모크라시라는 이름 아래 민주주의에 대한 고민이 조금씩 구체화되고 있었다. 다이쇼 데모크라시의 정치적 상징과도 같던 내각 총리대신 하라는 조선 통치의 기본 방침으로 내지연장주의를 표방하고 나섰다.[2] 원칙적으로 조선에 일본과 같은 제도를 시행함으로써 조선의 문명화를 앞당기고 식민 지배

---

1 박철희, 2005, 「일제강점기 중등교육을 통해 본 차별과 동화교육」, 한일관계사연구논집편찬위원회 편, 『일제강점기 한국인의 삶과 민족운동』, 경인문화사, 86쪽.
2 하라의 내지연장주의에 대해서는 서종진, 2020, 「일본 제국주의의 '내지연장주의'와 조선총독부의 '문화정치': 3·1독립운동 이후 하라 수상의 「조선통치사견」을 중심으로」, 『한국정치외교사논총』 41집 2호 등을 볼 것.

의 안정성을 확보하겠다는 것이었다. 그러면서 '문화 정치'라는 말이 갑자기 등장했다. 사이토 마코토(齋藤實)도 새 조선총독으로 부임하면서 일련의 식민 지배 정책에 문명, 문치, 문화 등의 수식어를 붙였는데 이것이 무단 정치를 개선했다는 의미에서 문화 정치로 정착된 것이다.

그러나 내지연장주의의 한 표현인 문화 정치는 탄압을 기본으로 하면서 회유 수단을 동원해 조선인 사회를 분열시키고 억압하려는 다중 지배 전략이자 내지로의 동화를 향해 한 치의 흐트러짐도 용납하지 않는 지배 전략이었다. 또 다양한 지배 방식을 문화라는 이름으로 포장하며 동화를 전면에 내세우지 않아도 되는 은폐 전략이었다.[3]

3·1운동에 의해 증명된 것처럼 조선총독부는 기존의 지배 정책을 전환하지 않으면 안 되는 압박을 받고 있었다. 이후의 안정적인 식민 지배를 위해서는 더 고도의 지배 정책이 요구되었다. 일본 정부의 하라 수상은 육군 중심의 식민 지배 권력을 제국 의회의 통제 아래 두려고 했다. 이를 위해 하라가 내세운 것이 바로 내지연장주의였다. 하라는 애초에 무관만 맡던 조선총독을 문관도 맡을 수 있게 하려고 했다. 그러나 육군의 반발 때문에 문관으로의 확대가 무산되자 육군 대장인 데라우치 초대 총독이나 역시 현역 육군 대장인 하세가와 2대 총독과는 달리 3대 총독으로 해군 대장인 사이토를 지명했다. 대신에 조선총독부의 이인자인 정무총감으로 자신의 정치적 동지이자 정통 내무 관료 출신인 미즈노 렌타로(水野錬太郎)[4]를 보내 사이토 총독을 보좌하도록 했다. 미즈노는

---

3 신주백, 2004, 「일본의 '동화'정책과 지배전략-통치기구 및 학교교육과의 관계를 중심으로」, 『일본과 서구의 식민통치 비교』, 선인, 262~263쪽.

4 제국대학 법과대학을 졸업했다. 농상무성에서 첫 관료 생활을 시작했지만 곧 내무성으로 옮겨 지방국장 등을 지내면서 내무의 오코쇼(大御所) 곧 이면 실세로 불렸다.

하라의 의향에 따라 조선 지배의 새로운 틀을 짜는 중심인물로 조선에 보내진 것이다.

하라는 일본과 지리적으로나 인종적으로나 역사적으로나 거의 같은 식민지 조선에 대해서는 내지와 같은 제도와 지배 방식을 적용함으로써 조선인을 내지인으로 동화시킬 수 있다고 보고 정책의 전환을 시도했다. 하라는 사이토 신임 총독에게 자신이 구상하는 식민 지배의 기본 방침을 담은 「조선통치사견」이라는 이름의 문서를 전달했다. 이 문서의 서두에서 하라는 '현행 제도는 근본적으로 틀린 것'이라고 아래와 같이 '단언'했다.[5]

> 조선에서의 병합 후 약 10년의 경험에 의하면 현행 제도는 근본적으로 틀린 것이라고 단언할 수 있을 것이다. … 행정상·사법상·군사상 그 밖에 경제·재정의 측면에서도 교육·지도의 점에서도 완전히 같게 할 수밖에 없다. 이를 같게 하고 나서 같은 결과를 얻는다고 확신할 수 있다. … 우리 제국과 신영토인 조선과의 관계를 보자면 언어 풍속에 다소 차이는 있다고 하지만 그 근본을 거슬러 올라가면 거의 동일 계통에 속하고, 인종적으로는 고래로부터 다르지 않으며, 역사에 있어서도 상고로 거슬러 올라가면 거의 같다고 논할 수 있을 것이다. 이처럼 밀접한 관계를 맺는 영토를 구미 제국이 본국과 상당히

내무차관을 거쳐 1918년 4월부터는 데라우치 내각의 내무대신이 되었다. 1912년에는 귀족원 의원이 되기도 했다. 조선총독부 정무총감 자리에서 물러난 뒤에는 다시 내무대신이 되었다. 1923년 9월 1일 간토(關東)대지진이 일어났을 때도 내무대신으로 재직하면서 사실상 조선인 학살을 유도하는 결정을 주도했다.

5 原敬, 1919, 「朝鮮統治私見」. 하라가 직접 작성한 이 문서는 쪽 번호와 마침표가 없이 상, 하 총 34쪽으로 구성된 것이다.

멀리 있어서 여러 측면에서 완전히 특수한 영토를 다스리는 것과 같은 제도를 모방하여 이 밀접한 신영토를 다스리려고 하는 것은 커다란 잘못이며 그 성적이 좋지 않은 것을 보면 당연하다. 이번의 소요(3·1운동 – 인용자)는 같은 견지에서 본다면 전혀 이상한 것이 아니다.

내지연장주의자이자 사실상 조선에 대한 식민 지배 정책을 주도한 육군 세력과 대립각을 세우고 있던 하라는 종래의 식민 지배 방침을 잘못이라고 지적하면서, 내지와 같게 하는 것으로 15개의 기본 방침을 제시했다. 그 가운데 언어 정책과 관련해 주목할 것은 여섯 번째 방침, 곧 "교육을 내지의 교육과 같게 할 것"이다. 하라는 기본적으로 조선을 일본 제국 안의 한 행정 구역으로 통합하는 것이 가능하다고 보았다. 이러한 하라의 생각을 식민 지배에서 구체화한 것이 바로 사이토 신임 총독이 제창한 문화 정치였다.

사이토는 하라가 제안한 15개의 기본 방침 가운데 현실적으로 가능한 몇 가지를 실행에 옮겼다. 대표적인 것이 헌병 경찰제 폐지, 관리의 복제 대검(帶劍) 제도 폐지, 태형 폐지 등이다. 아울러 교육 제도 개혁에도 착수했다. 문화 정치를 위한 커다란 시정 방침의 하나로 조선인 교육의 대혁신을 내세웠다.[6]

하라의 대리인인 미즈노 정무총감도 일본 제국 의회에서 "조선 통치는 소극적인 위압으로서는 결코 만족시킬 수가 없다. 적극적 정책을 수립하여 문명의 보급·개발을 도모해 문화의 혜택을 보급함으로써 일한

---

6 大野謙一, 1936, 「朝鮮教育問題管見」, 『植民地朝鮮教育政策資料集成』 28, 大學書院, 1990, 104쪽.

병합의 정신을 철저히 해야 한다. 이를 위하여 제2의 대정책인 교육 사업의 진흥을 실행한다. 교육 사업에서는 보급·확장과 제도 및 내용의 개혁·충실로 나누어 차례로 결행해야 한다. … 제도의 개정에서는 보통학교의 연한을 연장해 내선과 연락을 맺고 차별을 철폐"해야 한다고 주장했다.[7] 여기서 주목되는 것은 미즈노가 치안 유지에 이어 '교육의 보급·개선'을 '제2의 대정책'으로 꼽았다는 사실이다. 그만큼 미즈노는 교육 '개혁'을 조선 지배를 안정화하는 핵심 요소로 꼽고 있었다. 조선에서의 교육 제도 개혁의 방향은 일본과 조선의 학교 연결 강화와 민족 간 교육의 차별을 없애는 것임을 시사한 것도 중요한 의미를 갖는다. 그리고 미즈노 자신이 구상한 교육 제도 개혁을 추진할 실무 책임자로 오사카부 내무부장이던 시바타 젠자부로(柴田善三郎)[8]를 1919년 8월 학무국장으로 발탁했다.

내지연장주의자들은 식민 본국의 학교 제도에 비해 조선에서의 교육 연한이 짧은 것은 차별적인 교육 제도로서, 교화와 지배에 곤란을 초래하게 될 것으로 우려했다. 관제 개혁의 하나로 조선총독부에서 교육 업무를 담당하는 부서가 내무국 학무과에서 학무국으로 분리 격상되면서 조선의 교육 제도를 전면적으로 재검토해 제도상의 결함을 보완하려고 했다.

무엇보다도 조선인들이 교육 목적, 교육 경비 부담, 교육 기회 제한, 학교 제도의 차이를 지적하며 일제의 식민 교육 정책에 대한 불만을 제

---

7 齋藤子爵記念會, 1941, 『子爵齋藤實傳 第2卷』, 財團法人子爵齋藤記念會, 447~449쪽.
8 도쿄제국대학을 졸업한 뒤 에히메(愛媛)현 경찰부장, 홋카이도청 척식부장, 오사카 내무부장 등을 거쳐 1919년 조선총독부 학무국장으로 부임했다. 나중에 미에(三重)현 지사, 오사카부 지사, 사이토 내각 내각서기관장, 귀족원 칙선 의원이 되었다.

기하고 있었다. 특히 문화 정치의 일환으로 1920년부터는 시사 문제를 다루는 조선어 신문·잡지의 발간이 이어지면서 이들 신문·잡지를 통해 교육 문제에 대한 조선인의 불만이 봇물 터지듯 표출되었다.

3·1운동 이후 조선인들의 교육열이 크게 높아졌다. 조선인 교육을 진흥시키는 것을 목표로 보통학교 설립 운동이 곳곳에서 일어났고 조선인 교육 진흥을 목표로 하는 단체들이 조직되었다. 대표적인 보기가 1920년 만들어진 조선여자교육회와 조선교육회였다. 제1차「조선교육령」개정을 목표로 하는 조선교육개선회(서울), 조선교육개선기성회(부산), 교육진전기성회(청주) 등의 지방 조직도 출범했다. 이들 교육 단체는 조선총독부에 조선인의 이해관계를 반영하는 방향으로「조선교육령」을 개정할 것과 조선인 학생들을 위한 교육 시설을 확충할 것 등을 요구했다. 시바타 학무국장도 "1920년 급격히 발흥한 향학심의 추세에 응하여 학제의 전면적 개정에 관하여 조사를 전개했다"[9]라고 밝힐 정도였다.

이러한 상황에서 학무국은 3·1운동을 전후해 분출된 조선인들의 교육적 불만을 어떠한 방식으로든 정책에 반영해야만 했다. 조선의 교육 제도를 개편하려는 조선총독부의 노력은 1919년 11월「고등보통학교규칙」및「여자고등보통학교규칙」개정으로 시작되었다. 규칙을 개정하면서 조선총독부는 "시급한 개정이 필요한 사항이라 새로「조선교육령」을 제정하려면 시일이 걸리므로 우선 잠정적인 개정을 한다"라면서 먼저 고등보통학교와 여자고등보통학교의 교과목과 시수를 변경한다고 밝혔다. 교과목에 새로이 외국어를 부가해 영어, 독어, 불어 가운데 한 종류를 교수하도록 했다. 외국어 학습이 중등 이상의 국민으로서 외국어를 이해하

---

9 柴田善三郎, 1922,「朝鮮敎育令改正に對して」,『朝鮮』, 1922년 3월호.

고 일상 용무를 편리하게 하는 데 필요하다[10]고 변경 이유를 내세웠으나, 실은 상급 학교에 진학하려면 외국어 과목 이수가 필요했기 때문이다. 곧 「고등보통학교규칙」 및 「여자고등보통학교규칙」 개정은 상급 학교와의 연계 특히 일본 상급 학교와의 연계 문제를 처리하려는 조처였다.

고등보통학교 졸업자가 일본의 상급 학교에 진학하거나 편입하기 위해서는 외국어 과목의 이수만 필요한 것이 아니었다. 무엇보다도 일본 본국의 수업 연한 6년의 소학교와 수업 연한 5년의 중학교와 맞먹는 교육 이수 연한이 필요했다. 조선에서 보통학교 4년의 교육 이수 연한으로는 일본의 중학교에 진학할 수가 없고, 또 보통학교 4년과 고등보통학교 4년을 합한 총 8년의 교육 이수 연한으로는 일본의 실업 학교나 전문학교에 진학할 수 없었다. 1919년 11월의 규칙 개정으로 외국어 과목을 이수하면 해당 교육 연한의 중학교에 편입할 수는 있지만 상급 학교 진학은 제도적으로 불가능했다. 이 문제를 해결하기 위해서는 다시 규정을 고쳐야 했다. 수업 연한에 관한 것은 「조선교육령」의 규정 사항이었다. 따라서 '교육을 내지의 교육과 같게' 하기 위해서는 일본인 교육 제도와 조선인 교육 제도를 아예 별개인 것으로 취급한 「조선교육령」을 개정해야만 했다.

그러나 「조선교육령」의 개정 작업은 쉽지 않았다. 「조선교육령」 개정 준비 작업은 시바타 학무국장 부임 직후부터 시작된 것으로 보인다. 첫 움직임은 1919년에 작성된 15쪽 분량의 「조선학제개량안요령」이라는 문건으로 나타났다.[11] 이 문건에는 향후 논쟁이 될 만한 여러 가지 주

---

10 『朝鮮總督府官報』, 1919.12.1.
11 이 문건의 작성 시기는 1919년이라는 것 이외에는 알 수 없다. 다만 이 문서에 '모리

장을 담고 있는데, 「조선교육령」 개정을 계획할 때의 조선총독부 학무국의 견해가 잘 드러나 있다. 그 가운데 언어 정책과 관련해 중요한 내용을 인용하면 다음과 같다.

1. 대체의 방침
- 학제 개정안은 시세의 요구에 순응하여 내선인의 교육을 가능한 한 구별없이 한다.
- 본 안은 조선인을 점차 완전한 일본 국민답게 하는 것을 교육의 대방침으로 한다. 또 당연히 학교에서 국어 교수를 중요시한다.
- 「조선교육령」에서 교육은 교육칙어의 취지에 근거해야 한다고 분명히 밝혔다. 그러나 내선인 교육의 차별을 철폐하는 취지에서도 조선인 교육에는 맞지 않으며, 소위 일시동인의 성지를 관철하는 점에서도 악영향을 미칠 것이다.
2. 학제의 개요
- 내지인과 동일 제도(약간은 예외를 둔다)에 따라 각종의 학교를 설치하여 인민에게 그 능력과 재력에 따라 적당한 정도의 교육을 선택하도록 하는 것이 좋은 대책이다. 법령상 동일의 학제로 하고 실제의 취급에서는 다소의 구별을 둔다.
- 소학교: 소학교 제도를 내선인에 같게 하는 것이 가하다. 그러나 곧바로 동일 학교에 수용하는 것은 실행이 곤란하다. 따라서 당분간 별개의 학교에서 교육하고 필요하면 내지인 소학교에 조선인

야(守屋) 3호'라고 적혀 있는 것으로 보아 1919년 8월 이후의 문건이라는 사실만은 분명하다. 모리야는 시바타와 함께 미즈노에 의해 발탁되어 같은 시기에 조선총독부 비서관(비서과장)으로 부임한 모리야 에이후(守屋榮夫)이기 때문이다.

자제의 입학을 허락한다. 조선인 소학교에 내지인 자제 입학을 허락하는 것은 종래와 같다. 조선인을 수용하는 소학교는 내지인 소학교와 동일 학제에 의하도록 하고, 과정 중에 조선어, 한문 등을 가한다.
 - 중학교: 내지인 중학교에 입학하려는 조선인 자제는 제한하여 허락한다. 조선인 중학교에 내지인 자제를 입학시키려는 경우에도 같다.
 - 고등여학교: 고등여학교에서도 중학교와 같이 내선인 공학을 강제하기 어렵다. 조선인 여생도를 내지인 고등여학교에 입학시키는 것은 내지인 여생도의 조선인 고등여학교 입학에서와 마찬가지로 중학교와 같다. …

이 문건은 제1차 「조선교육령」과 마찬가지로 조선인 교육에서의 '국어 교수' 원칙을 분명히 했다. '내선인 교육을 가능한 한 구별 없이' 해야 한다는 원칙에 따라 '소학교 제도를 내선인에 같게' 할 수 있다고도 했다. 그런데 곧바로 일본인과 조선인을 같은 소학교에 수용하는 것은 곤란하다고 밝혔다. 말하자면 일본인 소학교와 조선인 소학교를 분리하는 것이 바람직하다는 것이었다. 이는 중등학교인 중학교와 고등여학교도 마찬가지였다. 제1차 「조선교육령」에 규정된 보통학교, 고등보통학교, 여자고등보통학교 대신에 일본에서와 같은 소학교, 중학교, 고등여학교 이름을 쓰는 것으로 교육 제도상의 차별을 없앨 수 있다고 본 것이다. 이러한 생각은 이 문건과 동시에 작성된 것으로 보이는 조선교육령개정안[12]에도 그대로 드러났다. 이 개정안 제3조는 "학교는 별도로 규

12　朝鮮總督府, 1920, 「朝鮮敎育令改正案」, 1~2쪽.

정한 것을 제외하면 소학교, 중학교, 고등여학교, 사범 학교, 실업 학교, 전문학교, 고등학교와 대학으로 한다"로 되어 있었다. 일본인과 조선인을 따로 구분하지 않고 '소학교, 중학교, 고등여학교'의 같은 이름을 부여한 것이다.

조선총독부는 1920년 12월 임시교육조사위원회(위원장 미즈노 정무총감)를 설치하고 교육 제도의 개정 의견을 모으도록 했다. 교육 제도 개정안을 만들어 조사위원회에 제출하고, 조사위원회에서 이를 검토하는 형식을 밟았다. 여론을 최대한 수렴한다는 모양새를 갖추기 위한 것이었다. 그러나 28명의 위원 가운데 조선인은 중추원 부의장이자 조선귀족회 부회장인 친일 거두 이완용, 경성전수학교 교유 출신의 대정친목회 평의원 석진형, 조선총독부 경무총감부 경부 출신의 보성법률상업학교 교장 고원훈 3명에 지나지 않았다. 이들은 모두 친일파였다.

임시교육조사위원회의 회의 분위기는 간혹 자신의 의견을 말하는 사람도 있었으나 대체로 학무국장의 제안에 질의를 하는 형식으로 이루어졌다. 조선인의 요구나 견해를 대변하는 안건은 다루어지지 않았다. 조선총독부는 일본과 조선의 교육 차이를 해소하고 둘을 하나처럼 만들기 위해 「조선교육령」을 개정하겠다고 했지만, 이는 사실상 명분에 그치는 것이었고 실제로는 둘 사이의 차이를 근본적으로 해소할 생각이 전혀 없었다. 보기를 들어 첫 회의에서 조선인 위원 고원훈이 보통학교의 교수 용어로 조선어를 사용하자는 의견을 안건으로 제안했지만 동의하거나 찬성하는 위원이 없어 심의안으로 상정되지도 못할 정도였다.[13] 심지어는 조선인 대표 자격으로 위원이 된 이완용이나 석진형도 고원훈의

---

13 『동아일보』, 1921.1.21.

제안에 동의하지 않았을 정도이니 위원회의 전체 분위기를 짐작할 수 있다.

1921년 4월 출범한 조선교육개선회는 보통학교를 각 면에 1개 교씩 설립하고 고등보통학교와 사범 학교를 각 도에 1개 교 이상을 설립할 것, 보통학교 교과서는 『일어독본』을 제외하고 모두 조선어로 만들고 교사가 가르치는 말도 조선말로 하도록 할 것, 사립 학교의 경영자나 교원이나 생도에 대해 공립 학교와 차별이 없도록 할 것 등을 임시교육조사위원회에 요구했다. 이러한 요구에 대해 조선총독부는 조선교육개선회와 임시교육조사위원회의 만남을 주선했다. 그리고 이 만남에서 "그들이(조선인 측이-인용자) 주장한 가장 중요한 것은 무릇 교수어는 조선어를 사용해야 한다는 것으로, 꽤 충격을 주는 것으로, 이에 대해 사와야나기 박사 및 시바타 위원의 난점 및 설명이 있었"다고 한다.[14] 곧 「조선교육령」 개정을 앞두고 일제 당국과 조선인 측 사이에는 조선인을 교수 용어로 하는 문제를 둘러싸고 첨예한 의견의 차이가 있었는데 결과적으로 임시교육조사위원회는 조선인 측의 요구를 절대로 받아들일 수 없다는 뜻을 통첩한 것이다. 그런데 임시교육조사위원회의 시바타는 조선총독부 학무국장이기도 했다. 따라서 조선어를 교수 용어로 인정할 수 없다는 것은 조선총독부의 견해기도 했음을 미루어 짐작할 수 있다. 이러한 의미에서 임시교육조사위원회는 '형식적·위장적 성격'[15]을 지닌 것이었다.

---

14 齋藤實傳刊行會, 1933, 『齋藤實傳』, 齋藤實傳刊行會, 154쪽.

15 弘谷多喜夫外, 1972, 「台灣·朝鮮における第二次敎育令による敎育體系の成立過程－內地延長主義と民族的敎育要求の體制內把握をめぐる矛盾」, 『敎育學研究』 39권 1호, 60쪽.

조선총독부는 임시교육조사위원회에 제출한 조선교육령개정안요강[16]을 바탕으로 임시교육조사위원회의 심의 의결 결과인 것을 내세우면서 조선교육제도요항을 확정했다. 그 내용은 다음과 같다.[17]

1. 조선의 교육 제도는 내지의 교육 제도에 준거한다. …
2. 실업 학교, 사범 학교, 전문학교, 대학 예과나 대학에 내선인의 공학을 시행한다.
3. 소학교, 중학교 및 고등여학교는 희망에 따라 조선인을 입학시킬 수 있다. 보통학교, 고등보통학교나 여자고등보통학교에 내지인을 입학시킬 수 있는 것도 역시 마찬가지이다. …
5. 사립 학교에 관해서는 내지의 제도에 준한다.
(부기) 내지인의 교육은 내지의 제도에 따라서 하고, 특히 수의 과목으로서 조선어를 부가하는 길을 열어 둔다.

이로써 식민지 조선에서의 학교 제도 구성의 큰 틀이 완성되었다. 그 기본은 1항에서 밝혔듯이 내지준거주의였다. 그런데 논란의 초점이 된 '내선 공학'에 대해서는 실업 학교, 사범 학교, 전문학교, 대학에서만 허용하는 것으로 한정했다. 1919년에 작성된 「조선학제개량안요령」이나 조선교육령개정안에서는 일본인 학교와 조선인 학교 모두에 대해 소학교, 중학교, 고등여학교라는 같은 이름을 사용하겠다는 데서 다시 일본

---

16 임시교육조사위원회의 심의는 유명무실한 것이었다. 토씨까지 포함해 21자를 수정했다고 한다. 『동아일보』, 1921.5.8.
17 朝鮮總督府, 1921, 「臨時敎育調査委員會決議要項」, 2~7쪽.

인 소학교, 중학교, 고등여학교와 조선인 보통학교, 고등보통학교, 여자 고등보통학교를 구분하는 것으로 후퇴한 것도 주목된다. 그리고 대안이랍시고 초등 교육, 중등 교육에서는 일본인 학교와 조선인 학교 사이의 교차 입학을 허용하겠다고 했다. 내지 준거라고 하면서도 실제로는 조선의 교육 제도를 특례로 운영하겠다는 것이었다.

조선총독부는 1921년 6월 조선교육령안을 성안해 일본 내각에 제출했다. 이후 8개월 동안 새「조선교육령」을 확정하기까지 일본 정부 안의 식민지 담당 기구인 척식국, 일본 천황의 법 자문 기구인 추밀원과의 복잡한 조정의 과정이 뒤따랐다. 학무국 실무자의 회고에 따르면 "200회의 회의"가 있었고 "24만 매"의 종이가 사용되었다고 한다.[18] 그리고 사이토 총독이 부임한 뒤 거의 3년이 지난 1922년 4월 1일부터 제2차「조선교육령」[19]이 시행되었다.[20] 제2차「조선교육령」의 주요 내용은 다음과 같다.

제1조 조선에서 교육은 본령에 따른다.
제2조 국어를 상용하는 자의 보통 교육은 소학교령, 중학교령, 고등 여학교령에 의한다. 단 이 칙령 중 문부대신의 직무는 조선총독이

---

18 高橋濱吉, 1933,「現行朝鮮敎育令公布의 當時를 偲ぶ」,『文敎의 朝鮮』, 1933년 12월호, 69쪽.
19 『朝鮮總督府官報 號外』, 1922.2.6.
20 제2차「조선교육령」에 대해서는 강명숙, 2009,「일제시대 제2차 조선교육령 개정과정 연구」,『교육사상연구』 23권 3호; 강명숙, 2010,「일제시대 학교제도의 체계화-제2차 조선교육령 개정을 중심으로」,『한국교육사학』 32권 1호; 김한종, 2008,「제2차조선교육령 시기 일선공학정책과 조선인의 반응」,『호서사학』 48; 弘谷多喜夫 外, 1972, 앞의 글 등을 볼 것.

행한다. …

제3조 <u>국어를 상용하지 않는 자</u>에 대한 보통 교육을 하는 학교는 보통학교, 고등보통학교나 여자고등보통학교로 한다.

제4조 보통학교는 아동의 신체 발달에 유의해 이에 덕육을 시행하고 생활에 필요한 보통의 지식 기능을 가르쳐 <u>국민 된 성격을 함양하고 국어를 습득케 함</u>을 목적으로 한다.

제5조 보통학교의 <u>수업 연한은 6년으로 한다. 단 토지(지역-인용자)의 정황에 따라 5년 또는 4년으로 할 수도 있다</u>. 보통학교에 입학하려고 하는 자의 연령은 6세 이상으로 한다. …

제6조 고등보통학교는 남학생의 신체 발달에 유의해 이에 덕육을 시행하고 생활에 유용한 보통의 지식 기능을 가르쳐 <u>국민 된 성격을 양성하고 국어에 숙달하도록 하는 것</u>을 목적으로 한다.

제7조 고등보통학교의 <u>수업 연한은 5년으로 한다</u>. …

제8조 여자고등보통학교는 여학생의 신체 발달 및 부덕 함양에 유의해 이에 덕육을 시행하고 생활에 유용한 보통의 지식 기능을 가르쳐 국민 된 성격을 양성하고 국어에 숙달하도록 하는 것을 목적으로 한다.

제9조 여자고등보통학교의 <u>수업 연한은 5년 또는 4년으로 한다</u>. 단 토지(지역-인용자)의 정황에 따라 3년으로 할 수도 있다.

제10조 입학 자격에 관해서는 6년의 보통학교 졸업자는 심상 소학교 졸업자, 보통학교 고등과 제1학년 수료자 및 졸업자는 각 고등소학교 제1학년 수료자 및 수업 연한 2년의 고등 소학교 졸업자, 고등보통학교 졸업자는 중학교 졸업자, 여자고등보통학교 졸업자는 상당 수업 연한의 고등여학교 졸업자로 간주한다. …

제25조 특별한 사정이 있는 경우에는 조선총독이 정하는 바에 의해 국어를 사용하는 자는 보통학교, 고등보통학교 또는 여자고등보통학교에, 국어를 사용하지 않는 자는 소학교, 중학교 또는 고등여학교에 입학할 수 있다. (밑줄은 인용자)

제2차 「조선교육령」의 특징은 제1차 「조선교육령」에는 빠져 있던 일본인 학교 교육이 일부 포함되었다는 것이다. 제2조의 "국어를 상용하는 자"와 제3조의 "국어를 상용하지 않는 자"는 각각 일본인과 조선인을 가리킨다. 제2차 「조선교육령」은 형식상으로는 조선인의 교육만이 아니라 조선에 거주하는 일본인과 조선인의 교육 모두에 적용되는 법령이었다. 이는 일본 본국과 같은 교육 제도를 시행한다는 명분으로 제2차 「조선교육령」 개정을 기획할 때부터 일본 정부와 조선총독부 학무국 사이에서 공유된 방침이었다.

그런데 실제로는 일본인에게 적용되는 조항은 제2조뿐이었다. 왜냐하면 실제로 일본인 학교는 일본의 「소학교령」, 「중학교령」, 「고등여학교령」 적용 대상이었기 때문이다. 내지준거주의, 피아 동일의 방침에 의해 교육 제도를 개편한다고 했음에도 불구하고 실제로는 별도의 법적 기반에 근거해 일본인 교육 제도를 운용하도록 했다.

그 결과 제2차 「조선교육령」은 보통학교, 고등보통학교와 같은 조선인 학교 규정이 주를 이루었다. 제2차 「조선교육령」 제25조에서 상호 허락을 받아 교차 입학이 가능하다고 했으나 원칙적으로 조선인과 일본인은 초등 교육은 물론 중등 교육 단계까지 별도의 계통에서 별도의 학교에 다니도록 하는 것이 바뀌지 않았다. 결국 일본의 하라 내각과 사이토 총독의 내지준거주의 방침은 명분론에 그쳤다. 제2차 「조선교육령」

개정은 일본인과 조선인의 별학 체제가 유지되는 것으로 귀착되었다. 내지준거주의는 그만큼 허약하고 기만적인 방침이었다.[21]

제2차 「조선교육령」은 조선인뿐만 아니라 일본인에게도 적용되는 것이었으므로 겉으로 볼 때는 적어도 일본의 교육 제도와 같아야 했다. 이에 따라 초등 교육부터 고등 교육까지의 학제, 사범 교육 제도, 각종 학교의 입학 자격, 수업 연한, 교과목 등을 일본과 같게 했다. 조선총독부는 이러한 교육 제도의 개정이 조선인 교육 수준을 일본인과 같도록 높이는 것이라고 선전했다.[22] 그러나 그것은 겉으로만의 일치였다. 학제의 일치는 형식에 그쳤을 뿐이다. 일본인과 조선인을 구분하는 본질이 제1차 「조선교육령」보다 완화된 것은 전혀 아니었다. 조선인 본위의 교육에 대한 조선인의 요구는 완전히 무시되었다. "보통 교육 기관은 동화 기관인가 혹은 순연한 교육 기관인가. 바꿔 말하면 정치적 현상을 유지하려는 방편인가 혹은 조선인의 천진(天眞)을 개발 조장하여 순수한 인간으로서 서게 하기 위한 기관인가. 조선 민족과 일본 민족을 융화하여, 더 적절히 말하면 동화하여 혼연한 일 민족을 형성하여 일본 제국의 영원한 기초를 정하고자 함"[23]이 아니냐는 신랄한 비판이 제기된 것은 어찌 보면 당연한 일이었다.

두 번째 특징은 '국어'가 제1차 「조선교육령」보다 더 강조되었다는 것이다. 제2차 「조선교육령」 제2조의 "국어를 상용하는 자"와 제3조의 "국어를 상용하지 않는 자"의 구분부터가 그렇다. 이러한 구분은 조선교

---

21 강명숙, 2009, 앞의 글, 49~50쪽.
22 柴田善三郎, 1922, 「新敎育令に就て」, 『朝鮮』 1922년 3월호, 7쪽.
23 『동아일보』, 1922.2.9.

육령개정안 때까지만 해도 등장하지 않은 것이다. 그런데 정작 제2차 「조선교육령」에서는 사용하는 언어를 기준으로 일본인과 조선인을 구별했다. 적어도 학교 교육에서는 모어가 민족을 구분하는 절대적인 기준이 된다는 것을 공표한 셈이다. 일제는 일본인과 조선인이라는 표현 대신에 '국어' 사용을 기준으로 민족을 나눈 것이 차별을 드러내지 않기 위해서라고 강변했다. 그러나 이는 궤변이었다. 그렇다고 해서 민족 구별 아니 민족 차별이 해소되지는 않기 때문이다. 다만 민족 차별의 기준이 '국어' 상용으로 바뀌었을 뿐이다.

제2차 「조선교육령」은 '국민 된 성격의 함양'과 '국어'의 습득을 사실상 연계시켰다. 그렇다면 '국어'를 잘 익혀 '국어를 상용'하는 단계에 이르면 일본 제국의 당당한 '국민'이 될 수 있었을까? 조선인이 다니는 보통학교에서 필수 과목으로 조선어를 배우는 이상 조선어를 상용하는 조선인의 범주에서 벗어나는 것은 논리적으로 불가능하다. 그랬기 때문에 일부의 친일파는 자기 자녀를 굳이 조선인 학교에 보내지 않고 일본인 학교에 보내 처음부터 유사 일본인으로 살아가도록 하는 길을 택했는지도 모를 일이다.

보통학교와 관련된 제4조에서는 제1차 「조선교육령」의 "국어를 가르치며"(제8조)라는 구절이 "국어에 숙달하도록 하는 것을 목적으로 한다"로 바뀌었다. 이는 고등보통학교와 여자고등보통학교에 관련된 제6조와 제8조의 "국어에 숙달하도록 하는 것을 목적으로 한다"라는 구절로도 이어진다. 이는 제1차 「조선교육령」의 고등보통학교와 여자고등보통학교 조항에는 아예 '국어'와 관련된 것이 들어 있지 않았다는 사실과 대비가 된다. 조선총독부는 제2차 「조선교육령」을 통해 '국어' 교육을 초등 교육과 중등 교육의 궁극적인 목적으로 규정한 것이다.

초등학교와 중등학교에서의 언어 교육 문제는 제2차「조선교육령」의 하위 법규인 각 학교 규정을 통해서도 여실히 드러났다. 먼저 초등 교육에 해당하는 일본인 학교인 소학교와 조선인 보통학교의 언어 교육 관련 규정을 비교해 보자.

조선총독부령 제6호 소학교규정[24]

제12조

1. 심상 소학교의 교과목은 수신·국어·산술·일본 역사·지리·이과·도화·창가·체조로 하고, 여아를 위해서는 재봉을 추가한다.

2. 토지(지역-인용자)의 정황에 따라 전항 교과목 외에 수공을 추가하거나 수의 과목이나 선택 과목으로 농업·상업 또는 조선어 한 과목이나 여러 과목을 추가할 수 있다.

13조

1. 고등 소학교의 교과목은 수신·국어·산술·일본 역사·지리·이과·창가·체조로 하고, 여아를 위해서는 재봉을 추가한다.

2. 전항 교과목 외에 수공, 농업, 상업, 여아를 위해서는 가사의 한 과목이나 여러 과목을 추가할 수 있다.

3. 토지(지역-인용자)의 정황에 따라 전항 교과목 외에 도화, 조선어, 외국어 기타 필요한 교과목을 추가할 수 있다.

제15조 소학교에서는 교수상 특히 다음 각호의 사항에 주의해야 한다.

1. 국민 교육에 관련된 사항은 어떠한 교과목에서도 항상 깊이 유

---

24 『朝鮮總督府官報』, 1922.2.10.

의해야 한다.

2. 아동의 덕성을 함양하여 순량한 인격의 도야를 꾀하고, 나아가서는 사회에 봉사하는 것을 염두에 깊이 두고 동포 집목(輯睦)의 미풍을 배양하는 것을 근거로 해 어떠한 교과목에서도 항상 깊이 유의해야 한다.

제39조

1. 조선어는 일상 간이의 언어, 문장을 이해하고 용무를 처리하는 능력을 얻는 것을 요지로 한다.

2. 심상 소학교에서는 처음에는 쉬운 말하는 방법을 가르치고 발음을 바르게 하고 언문의 읽는 방법, 쓰는 방법, 글 짓는 방법을 알게 하고 나아가서는 일상 수지(須知)[25]의 문자와 보통문에 이르게 하고 또 언어를 연습하게 한다.

3. 고등 소학교에서는 전항에 준해 한층 그 정도를 나아가 가르쳐야 한다.

조선총독부령 제8호 보통학교규정[26]

제7조 1. 보통학교의 교과목은 수신·국어·조선어·산술·일본 역사·지리·이과·도화·창가·체조로 하고 여아를 위해서는 재봉을 추가한다.

2. 토지(지역-인용자)의 정황에 의하여 전항 교과목 외에 수공을 추가하거나 수의 과목 또는 선택 과목으로 농업·상업 또는 한문

---

25 '자기가 소속된 일에 대해 마땅히 알아야 함'이라는 뜻이다.
26 『朝鮮總督府官報』, 1922.2.15.

의 한 과목 또는 여러 과목을 추가할 수 있다.

제8조 보통학교에서는 교수상 특별히 다음 각호의 사항에 주의하여야 한다.

1. 국민으로서의 성격을 함양하고 국어를 습득하게 하는 것은 어떠한 교과목에서도 항상 깊이 유의하게 해야 한다. …

제10조

1. 국어는 보통의 언어, 일상 수지의 문자 및 문장을 알게 하고 정확히 사상을 표창(表彰)하는 능력을 기르고 겸해 국민으로서의 자각을 군건히 하고 지덕을 계발하는 것을 요지로 한다.

2. 국어는 처음에 주로 근이(近易)한 화법을 가르치고 발음을 바르게 하고 가나(假名)의 읽기, 쓰기, 짓기를 알게 하고 점진해 일상 수지의 문자 및 보통문에 이르게 하고 또 언어를 연습하게 한다.

3. 읽기, 말하기, 짓기, 글쓰기는 각지 주로 하는 곳에서 교수 시간을 구별할 수 있으나 상호 관련에 유의한다.

4. 독본의 문장은 평이하고 국어의 모범이 되고 또 아동의 심정을 쾌활 순정케 하는 것을 요하고 이 재료는 수신, 역사, 지리, 이과 기타 생활에 필수적인 사항에서 취해 취미를 풍부하게 한다.

5. 글쓰기에 사용되는 한문의 서체는 해서, 행서의 2종으로 한다.

6. 국어를 교수하는 데는 언제나 어구, 문장의 의의를 명료하게 하고, 그 용법을 습득시켜 발음과 어조를 정확하고 유창하게 하도록 노력한다.

7. 다른 교과목을 가르칠 때도 항상 언어의 연습 및 문자의 쓰기에 주의시킴을 요한다.

제11조

1. 조선어는 보통의 언어, 일상 수지의 문자와 문장을 가르쳐 정확히 사상을 표창하는 능력을 기르고 겸해 지덕을 계발하는 것을 요지로 한다.

2. 조선어는 처음에는 발음을 바르게 하고 언문의 읽기, 쓰기, 글짓기를 교수하고 나아가서는 일상 수지의 문자와 보통문에 이르게 하고 또 언어를 연습하게 한다.

3. 읽기, 쓰기, 글짓기는 국어에 준해 교수한다. 단 쓰기에서 특히 구별해 교수할 필요가 있는 것 외에는 <u>국어의 쓰기와 함께 교수한다</u>.

4. 조선어를 가르칠 때는 항상 <u>국어와의 연락을 확보하고 때에 따라서는 국어로 말하게 한다.</u> (밑줄은 인용자)

두 규정의 차이는 보통학교가 '국어를 상용하지 않는 자'를 위한 교육 기관이므로 제8조 1항에 국민으로서의 성격을 함양하고 국어를 습득하게 하는 것을 규정하고 있다는 데서 단적으로 드러난다. 앞에서 언급한 바와 같이 제2차「조선교육령」에서는 '국어' 상용 여부에 따라 학제를 운용했기 때문에 교과목에도 조선어 과목의 취급에 차이가 있었다. 소학교에서는 조선어를 지역 상황에 따라 수의 과목이나 선택 과목으로 추가할 수 있다고 했다(「소학교규정」제12조). 이에 비해 보통학교에서는 조선어를 필수 교과목에 포함하고 한문을 수의 과목이나 선택 과목으로 추가할 수 있다고 규정했다(「보통학교규정」제7조). 제1차「조선교육령」때는 조선어와 한문을 합해 필수 과목으로 지정했는데 이제 둘을 구분해 조선어만 필수 과목으로 지정한 것이 변화라면 변화였다.

다음으로 「소학교규정」은 선택 과목인 조선어와 필수 과목인 '국어'의 연계에 대해 아무런 언급도 하지 않은 데 반해 「보통학교규정」은 제1차 「조선교육령」처럼 조선어와 '국어'의 연락을 강조하고 심지어는 조선어 시간에도 "국어의 쓰기와 병행한다"(제11조의 3항) 또는 "때에 따라서는 국어로 말하게 한다"(제11조의 4항)라는 조항까지 집어넣었다. 제11조의 3항과 제11조의 4항이 제1차 「조선교육령」에 들어 있지 않았다는 점을 고려하면 조선어를 '국어' 교육의 도구로 활용하려는 것은 이전보다 더 강화되었다고도 할 수 있다. 규정에 따르면 일본인 소학교에서는 굳이 조선어를 가르치지 않아도 되지만 조선인 보통학교에서는 조선어조차 '국어' 교육의 하나로 가르쳐야 한다는 것이다. 조선어 과목 이외 다른 과목이 '국어' 학습과 연계되어야 한다는 것도 거듭 강조되고 있다는 것(제8조의 1항, 제10조의 7항)도 제2차 「조선교육령」 시기 「보통학교규정」의 중요한 특징이다.

마지막으로 보통학교에서의 일본어와 조선어의 차별은 수업 시수 배정에서도 여실히 드러났다. 제1차 「조선교육령」 시기와 제2차 「조선교육령」 시기 보통학교의 주당 일본어 수업 시수와 조선어 수업 시수를 비교하면 〈표 3-1〉과 같다.

이 표를 통해 같은 필수 과목인데도 6년 동안의 일본어 수업 시수가 모두 64시간이었던 데 비해 조선어 수업 시수는 그것의 3분의 1 수준인 20시간에 지나지 않았다는 사실을 확인할 수 있다. 주당 일본어 수업 시수는 총 수업 시수 182시간의 3분의 1 이상이었다. 한마디로 보통학교 교육은 '국어'를 위한 교육이었다고 해도 지나치지 않았다. 이에 비해 조선어 수업 시수는 10%에도 미치지 않았다. 조선인이 다니는 학교인데도 조선어 과목은 사실상 서자 취급을 받았다. 제1차 「조선교육령」 시기의

〈표 3-1〉 제1차 「조선교육령」 시기와 제2차 「조선교육령」 시기 보통학교의
일본어 수업 시수와 조선어 수업 시수

(단위: 시간)

	제1차 조선교육령(1911)		제2차 조선교육령(1922)		제2차 조선교육령(1929)[27]	
	조선어 (한문 포함)	일본어	조선어	일본어	조선어	일본어
1학년	6	10	4	10	5	10
2학년	6	10	4	12	5	12
3학년	5	10	3	12	3	12
4학년	5	10	3	12	3	12
5학년	-	-	3	9	2	9
6학년	-	-	3	9	2	9
계	22	40	20	64	20	64

조선어 및 한문에서 한문이 떨어져 나가고 조선어가 독자적인 과목이 되었다는 것을 고려하더라도 조선어 시수는 현저하게 줄어들었다. 더욱이 한문이 떨어져 나간 만큼 5학년과 6학년 과정이 늘어났기 때문에 조선어 수업 시수는 줄어들어서는 안 되었다. 그런데도 「조선교육령」 시기와 비교하면 일본어 수업 시수는 24시간이나 늘어났는데 오히려 조선어 수업 시수는 사실상 줄어들었다. 「조선교육령」의 개정과 부속 하위 법규의 개정을 통해 조선어는 학교에서 더 차별받는 언어가 된 것이다.

그렇다면 학교 교육에서의 공식 언어 차별은 보통학교에만 국한된 것이었을까? 그렇지 않았다. 고등보통학교와 여자고등보통학교의 주당 수업 시수를 비교한 〈표 3-2〉를 통해 이를 확인할 수 있다.

---

27 제2차 「조선교육령」은 1919년에 일부 개정되었다. 이때 보통학교의 학년별 조선어 수업 시수가 다소 조정되었다. 조정의 핵심은 저학년인 1·2학년의 시수는 1시간씩 늘이고 고학년인 5·6학년의 시수는 거꾸로 1시간씩 줄이는 것이었다. 결국 6년 동안 전체 시수의 변화는 없었다.

〈표 3-2〉 제1차 「조선교육령」 시기와 제2차 「조선교육령」 시기 조선인 중등학교의 일본어 수업 시수와 조선어 수업 시수

(단위: 시간)

	제1차 조선교육령(1911)				제2차 조선교육령(1922)			
	고등보통학교		여자고등보통학교		고등보통학교		여자고등보통학교	
	조선어 및 한문	일본어	조선어 및 한문	일본어	조선어 및 한문	일본어 및 한문	조선어	일본어
1학년	4	8	2	6	3	8	3	6
2학년	4	8	2	6	3	8	3	6
3학년	3	7	2	6	2	6	2	6
4학년	3	7	-	-	2	5	2	5
5학년	-	-	-	-	2	5	2	5
계	14	30	6	18	12	32	12	28

　제1차 「조선교육령」 시기의 고등보통학교와 여자고등보통학교의 일본어 시수와 조선어 시수는 각각 30시간 대 14시간, 18시간 대 6시간의 대조를 보였다. 그러던 것이 제2차 「조선교육령」 시기가 되면 그것이 32시간 대 12시간, 28시간 대 12시간으로 바뀌었다. 학년 제도가 바뀐 것을 참작해야겠지만 여자고등보통학교에서는 이례적이라고 할 만큼 조선어 시수가 늘어났다. 수업 시수 자체가 2배로 늘어난 데다가 일본어 시수에 대한 비율도 제1차 「조선교육령」 시기에는 3분의 1 수준이었지만 제2차 「조선교육령」 시기에는 43%까지 늘어났다. 아마 제1차 조선교육령 시기의 조선어 교육 시수가 비정상적일 정도로 적게 배정된 데 따른 조정이었던 것으로 보인다. 이보다 흥미로운 것은 고등보통학교에서의 변화이다. 고등보통학교의 조선어 및 한문 시수는 5학년제로 한 학년이 더 늘어났는데도 제1차 「조선교육령」 시기보다 2시간이 줄었다. 이에 반해 일본어 시수는 2시간이 늘어난 32시간이 되었다. 따라서 일본어와 조선어의 시수 차이도 16시간에서 20시간으로 늘어났다. 제2차

「조선교육령」 하위 법규에 따라 보통학교에서와 마찬가지로 조선어는 일본어에 비해 이전보다 더 차별받는 언어로 공식화된 것이다.

2. 적과 동침이 된 조선어 철자법 개정

사이토 총독의 부임 이후 제1차 「조선교육령」을 바꾸기 위한 논의가 진행되는 가운데 「언문철자법」도 개정해야 한다는 목소리가 나오기 시작했다. 1920년 말 「조선교육령」 개정에 따라 교과서를 개편하기 위해 설치된 임시교과서조사위원회는 "현행 보통학교 언문철자법 개정 및 그 사용 학년의 범위와 고등보통학교에 사용해야 할 언문철자법에 대해서는 위원을 설치하여 조사케 하기를 바란다"라고 조선총독부에 건의했다.[28] 이 위원회 위원 가운데는 「언문철자법」 제정에 참여한 가나자와 어윤적이 포함되어 있었다. 아마 이 두 사람이 「언문철자법」 개정 문제를 꺼냈을 것이다. 한편 「조선교육령」이 바뀌면 각급 학교의 학년 제도도 바뀔 가능성이 컸기 때문에 조선총독부 학무국으로서도 4년제 보통학교용 교과서를 전제로 만든 「언문철자법」 개정이 필요하다고 여겼을 것이다.

그러나 단순히 교과서 편찬 때문에 조선총독부가 철자법 개정에 나선 것은 아니었다. 당시에는 이미 문화 정치 아래 한글 운동이 다시 시작

---

28 「(秘)答申」, 1923년 1월 15일; 朝鮮總督府學務局, 1930, 『普通學校朝鮮語讀本券1編 纂趣意書』, 朝鮮總督府, 36~37쪽.

되었다. 한글 운동가들이 한글의 정리에 관한 글을 조선어 신문과 잡지에 기고하면서 영향력을 확대해 나가고 있었다. 조선총독부라고 해도 일방적으로 자신들의 뜻을 관철하기는 어려웠다. 원래부터 한글의 근대화 문제에 민감했던 한글 운동가들은 조선총독부가 만든 철자법에 비판적이었다. 단순히 철자법의 문제가 아니라 조선총독부 언어 정책 전체의 결함으로 보고 비난했기 때문에[29] 조선총독부는 조선어 교육 정책의 '개선'을 가시화시키기 위해서라도 개정할 수밖에 없었다.

이에 따라 조선총독부 학무국은 1921년 3월 8일 자로 조선총독부 통역관 후지나미 요시쓰라(藤波義貫),[30] 다나카 도쿠타로(田中德太郎),[31] 그리고 조선총독부 시학관 현은에게 보통학교교과용도서언문철자법 조사를 명하고 경기도 시학 신기덕,[32] 중추원 부찬의 현헌,[33] 그리고 민간

29　李完應, 1927, 「朝鮮の學政當局は何故朝鮮語科を度外視するか」, 『朝鮮及朝鮮民族』 第1輯, 朝鮮思想通信社.

30　1897년부터 3년 동안 일본 외무성의 관비 유학생으로 한국에 머물면서 조선어를 익혔다. 통감부 통역관을 거쳐 조선총독부가 출범한 뒤에도 줄곧 총독관방 비서과 소속 통역관이었다. 『朝鮮新聞』, 1929.12.1. 따라서 조선어에 능통한, 말 그대로의 통역 전문가였던 것으로 보인다.

31　도쿄외국어학교에서 조선어를 배웠다. 1907년에 한국으로 건너와 대한제국 강원도 주사, 조선총독부 이왕직 찬시를 거쳐 경무국 겸 총독관방 비서과 소속 통역관이 되었다. 나중에는 용인군수, 김포군수 등을 지냈다.

32　관립 일어 학교 출신이다. 대한제국 시기에 외국어학교 부교관, 관립 재동보통학교 교원 등을 지냈다. 강제 병합 이후에도 재동공립보통학교 훈도로 재직하다가 1921년에 경기도 시학이 되었다.

33　관립 일어 학교 출신이다. 1906년 일본의 초청으로 시마네(島根)현립상업학교 한어 교사로 부임했다. 대한제국 학부 관료를 거쳐 강제 병합 이후에는 경성고등보통학교 교유 겸 경성여자고등보통학교 교유로 근무했다. 1921년 2월 당시로서는 조선인 교육 관료 가운데 최고 직위인 학무국 시학관이 되었다. 1931년에는 강원도 참여관이 되었고 1934년부터는 중추원 참의가 되었다.

의 지석영,[34] 유필근,[35] 권덕규,[36] 최두선[37]에게 보통학교교과용도서언문철자법 조사를 촉탁했다.[38] 이 인사 명령에 따르면 새로 「언문철자법」 조사를 맡은 것은 모두 9명이지만 실제로는 임시교과서조사위원인 가나자와와 어윤적도 「언문철자법」 개정 논의에 참여했다.

새로 「언문철자법」 조사 심의에 참여한 11명 가운데 「언문철자법」 제정에 관여한 것은 자문 역할을 맡았던 가나자와와 조사촉탁원이던 현은, 어윤적의 3명뿐이었다. 나머지 8명은 기존의 「언문철자법」과는 무관한 새로운 인물이었다. 「언문철자법」 제정 당시에는 조사촉탁원의 민족별 구성이 동수였던 데 비해 조선인 8명 대 일본인 3명으로 바뀐 것도 큰 변화였다. 실제로는 시바타 학무국장, 오다 편집과장, 오구라 편수관도 심의에 참가했지만 그래도 조선인이 다수를 차지했다.

무엇보다도 큰 변화는 「언문철자법」이 학교에서 사실상 외면받은 것을 고려해 조선어 교육 경험이 있는 사람들을 대거 조사위원으로 선임한 것이다. 특히 새 「언문철자법」 제정 직후인 1921년 12월 한글 운동

---

34 종두법을 이 땅에 처음 도입한 것으로 많이 알려졌지만 한글 운동가이기도 했다. 대한제국 시기에 국문연구소 위원이 되어 주시경 등과 함께 국어를 정리하고 보급하는 일에 힘썼다.
35 일본 유학생 출신으로 경성사범학교 강사로 재직하고 있었다.
36 주시경이 만든 조선어강습원 중등과를 1912년에 수료한 뒤 1913년에는 조선어강습원 고등과와 휘문의숙을 졸업했다. 조선광문회에서 사전 편찬 일을 하다가 모교인 휘문고등보통학교 교사가 되었다. 1921년 12월 조선어연구회 창립 회원이 되었고 그 후신인 조선어학회에서도 한글 맞춤법 통일안 제정 등의 활동을 벌였다.
37 일본 와세다대학을 졸업한 뒤 중앙고등보통학교 학감을 거쳐 1919년에는 교장이 되었다. 1920년 6월 결성된 조선교육회 평의원으로도 활동했다. 1921년 12월 조선어연구회 창립 회원이 되었다. 나중에는 경성방직 사장, 동아일보사 사장, 국무총리 등을 역임했다.
38 『朝鮮總督府官報』, 1921.3.8.

가들의 모임인 조선어연구회 창립 회원이 되는 중앙고등보통학교 교장 최두선, 휘문고등보통학교 교사 권덕규, 그리고 대한제국 시기에 주시경과 함께 한글 운동을 벌인 적이 있는 지석영을 「언문철자법」 제정에 참여시킨 것이 눈길을 끈다.

그렇다면 심의에서 다수를 차지한 조선인의 의사는 실제로 새 「언문철자법」에 어떻게 반영되었을까? 학무국이 기초한 '개정 언문철자법'에 대한 심의는 1921년 3월 14일부터 17일까지 이루어졌다. 그리고 「보통학교용 언문철자법 대요」(이하 '「언문철자법 대요」')가 결정되었다.[39] 여기서 주목해야 할 것은 이미 학무국이 초안을 만들어 놓았다는 사실이다. 그리고 불과 나흘 동안의 짧은 회의를 거쳐 새 언문철자법이 확정되었다.

심의 과정에서는 「언문철자법」 제정 때와 마찬가지로 위원들 사이의 견해가 엇갈려 난항이 거듭되었다. 10년 전의 모습이 그대로 재연된 것이다. 『매일신보』의 보도에 따르면 '창설 시(創設時)대로 하자 하는' '보수주의', '현재의 통행하는 대로 하고 약간의 불완전함을 개(改)하자는' '현행주의', '양자를 절충하자 함에 재(在)한' '절충주의'가 충돌했다. 그런데 같은 보도에 따르면 '총독부도 절충주의에 찬성할 모양'이었다고 한다. 이는 조선총독부가 어차피 심의 과정에서 결론이 나지 않을 걸 예상하고 '절충주의'를 채택하려고 했음을 시사한다. 그리고 결국에는 「언문철자법 대요」도 「언문철자법」과 마찬가지로 절충주의로 귀결되었다.

「언문철자법 대요」 제정 이후 『매일신보』는 조선총독부 학무국 편집과장 오다가 새 철자법을 해설하는 기사를 실었다.[40] 오다에 따르면 세부 심의에 앞서 세 가지 논점에 대해 논의했다고 한다. 그것은 "보통학교

---

39 小倉進平, 1940, 『朝鮮語史』, 刀江書院, 142쪽.

에서는 제1학년부터 제6학년까지 동일한「언문철자법」으로 할 가부, 보통학교용「언문철자법」에 재(在)하여는 조선어이든지 한자음이든지 표음적 철자법으로써 표기할 가부, 고등보통학교 정도에 재하여는 순수한 조선어이든지 한자음이든지 역사적 철자법으로써 표기할 가부"의 문제였다.[41]

셋 가운데 첫 번째 의안은 만장일치로 가결되었다. 문제는 두 번째 의안이었다. 순수한 조선어에는 표음적 철자법을 적용하자는 데 큰 이견이 없었다. 그러나 '보수주의'를 선호하는 이들은 한자어에 대해서는 역사적 철자법을 인정하자고 주장했지만 '현행주의'를 따르는 이들은 한자어에 대해서도 표음적 철자법을 적용해야 한다고 맞섰다.「언문철자법」 제정 당시와 똑같은 논쟁이 되풀이된 것이다. 그 결과 조선총독부 학무국이 마련한 개정안에 순수한 조선어와 한자어 모두 'ㆍ'를 폐지하고 '아'로 통일하기로 되었던 것이 정작「언문철자법 대요」에는「언문철자법」과 마찬가지로 순수한 조선어는 'ㅏ'로 통일하되 한자어에 대해서는 따로 바꾸지 않는 것으로 결론이 났다.

오다가 말한 세 번째 논점도「언문철자법 대요」의 성격을 이해하는 데 중요한 실마리가 된다.「언문철자법 대요」는 이름에서도 알 수 있듯이 일차적으로는 보통학교 조선어 교과서 편찬의 기준을 마련하는 데 목적이 있었다. 그런데 정작 심의 과정에서는 '고등보통학교 정도'의 교과서 편찬 문제까지 거론되었다. 이는 처음부터 조선총독부 학무국이「언문철자법」을 중등학교 교과서까지 확대 적용하려는 의도가 있었음을 의

---

40 「諺文綴字改正案(1-4) 小田編輯課長談」,『매일신보』, 1921.4.1~4.
41 「諺文綴字改正案(1) 小田編輯課長談」,『매일신보』, 1921.4.1.

미한다. 「언문철자법」 개정의 실마리를 제공한 임시교과서조사위원회에서도 '고등보통학교에 사용해야 할 언문철자법'을 언급한 바 있었다.

시바타 학무국장은 심의 회의에서 "언문도 현재와 그 제정 당시와 대(大)히 시세가 상이하며 그 사용의 범위도 확장되었음에 불구하고 철자 방법에는 종종의 주의가 유(有)하여 하나로 합치지 못하면 이를 연구하여 적당히 정리 통일함은 극히 필요한 사(事)라 신(信)하는 바"[42]라고 밝혔다. 강제 병합 이후 10년 이상의 시간이 지났는데도 '언문의 사용 범위'가 '확장'되는 현실을 인정하고 거기에 맞추어 철자법을 통일하는 것이 필요하다는 인식을 드러낸 것이다. 시바타 학무국장의 이러한 발언은 문화 정치 아래 『동아일보』·『조선일보』 같은 조선어 신문의 발간, 그리고 『개벽』 같은 조선어 잡지의 발간이 이어지는 상황에서 조선어의 폐지는 사실상 불가능해졌다는 현실적 판단에 따른 것이라고 여겨진다. 그렇다면 시바타 발언의 이면에는 조선어 신문·잡지까지 아우르는 조선어 철자법의 제정을 조선총독부가 주도하는 것이 바람직하다는 희망이 깔린 것이 아닐까?

그러나 조선총독부 학무국으로서는 당장 학교 교과서용 조선어 철자법의 통일조차도 강력하게 밀고 나갈 여력이 없었다. 그랬기 때문에 일단 교육 분야에 한정해 조선어 철자법을 새로 정리하되 초등학교에서 중등학교까지 범위를 확장하려고 한 것으로 보인다. 「언문철자법 대요」 심의 과정에 현직 중등학교 교원 그것도 조선어 교과서를 쓸 가능성이 큰 사립 중등학교 교원인 최두선과 권덕규를 참여시킨 것도 이 때문이었을 것이다.

---

42 『매일신보』, 1921.3.16.

「언문철자법 대요」는 「언문철자법」과는 달리 서언을 따로 두지 않고 16개의 규정 항목으로만 구성되었다.[43] 첫 항목은 "용어는 현대의 경성어를 표준으로 함"이었다. 「언문철자법」의 "경성어를 표준"으로 한다는 기준에 '현대'를 덧붙인 것이다. 여전히 표준어라는 표현을 쓰지 않으면서도 '현대 경성어'로 명기한 것은 첫 「언문철자법」의 기본 방침이기도 했던 표음주의에 대한 좀 더 강력한 의지의 표현으로 보아도 좋을 것이다.

이러한 의지는 두 번째 항목인 "가급적 순수의 조선어는 발음대로의 철자법을 채용함"으로까지 이어졌다. 그런데 "순수의 조선어에 대해서는 표음적 표기법에 따라 'ㆍ'를 사용하지 아니하고[자음(字音: 한자어-인용자)은 역사적 철자법에 따라 '릭(來), 믹(每)'로 (書)함] 'ㅏ'로 대신함"의 다섯 번째 항목에서 표음주의 원칙은 퇴색하고 만다. "순수의 조선어에 대해서는 표음적 표기법에 따라 댜·뎌·됴·듀·디·탸·텨·툐·튜·티를 자·저·조·주·지·차·처·초·추·치로 쓰고 샤·셔·쇼·슈를 사·서·소·수로 쓰고 쟈·져·죠·쥬를 자·저·조·주로 씀"의 여섯 번째 항목과 "한자음에 대해서는 역사적 표기법에 따라 댜·뎌·됴·듀·디·탸·텨·툐·튜·티·샤·셔·쇼·슈·쟈·져·죠·쥬 등을 그대로 보존함"의 일곱 번째 항목도 마찬가지이다. 분명히 '발음대로의 철자법을 채용'하겠다고 했는데 순수 조선어와 한자어를 구분해 후자에 대해서는 발음을 무시하고 역사적 철자법을 따르겠다고 밝힌 것이다.

「언문철자법 대요」는 또 하나의 문제점을 갖고 있었다. 주시경 이래 한글 운동가들이 주장하는 형태주의에 대해 결론을 내리지 않고 앞으로

---

43 자세한 내용은 이응백, 1987, 「일정시대의 국어 표기법」, 『국어생활』 9, 53~56쪽을 볼 것.

의 과제로 넘긴 것이다. 「언문철자법 대요」의 여덟 번째 항목에는 다음과 같은 규정이 나온다.

종성(받침)에 관해서는
(갑)   (을)
(1) 곳(處), 곳을   곧, 곧을
    엇는다(得), 어들   얻는다, 얻을
(2) 돕는다(助), 도을   돕는다, 돕을
(3) 숫(炭), 숫치   숯, 숯이
(4) 낫(晝), 낫에   낮, 낮에
…

갑을 중 어느 철자법을 따를 것인가는 자못 중대한 문제나 을호의 제례(諸例)를 채용할 시는 종래 관용되어 오던 'ㄱ, ㄴ, ㄹ, ㅁ, ㅂ, ㅅ, ㅇ'의 종성 이외에 오히려 'ㄷ, ㅈ, ㅊ, ㅋ, ㅌ, ㅍ, ㅎ'의 7개 종성도 허용하고 또 이중 종성(둘 받침)도 허용하지 아니할 수 없게 된다. 이에 대하여 갑을 쌍방의 이해에 관하여 학문상 또 실제 교수상으로부터 각종의 의론이 생긴다. 그중 금일 보통으로 행하지 아니하는 종성을 새로 채용하는 가부, 또 이들 종성의 발음 여하 및 이를 채용한 경우에 대한 실지 교수상의 어려움과 쉬움에 관하여는 아직 연구를 요할 점이 적지 않다. 요컨대 갑을 양설 어느 것이든지 상당한 이유가 있어서 속히 흑백을 결정하기 곤란한 고로 본 교과서에 대하여는 금후의 결정을 보기까지 대체로 종래의 철자법에 따라 대략 갑호에 준거하기로 함.

종성 표기와 관련된 여덟 번째 항목의 핵심은 'ㄷ, ㅈ, ㅊ, ㅋ, ㅌ, ㅍ, ㅎ'의 이른바 7종성을 인정할 것인가의 여부였다. 이는 대한제국 말 이래 계속된 표음주의와 형태주의 사이의 논쟁을 재연한 것이기도 했다. 권덕규 등이 형태주의 원칙에 따라 7종성의 채택을 주장했을 것으로 짐작된다. 그러나 이 문제에 대한 조선총독부의 결론은 형태주의의 적용 여부는 앞으로 검토하기로 하고 「언문철자법 대요」에서는 '종래의 철자법' 곧 표음주의 원칙을 따른다는 것이었다.

「언문철자법 대요」는 「언문철자법」에 이어 표음주의를 표방했다. 몇 가지 미세한 변화가 있기는 했지만, 전체적으로는 「언문철자법」과 거의 비슷했다. 가장 큰 차이는 철자법 이름에는 '보통학교용'이 붙었지만, 실제 그 적용 범위를 고등보통학교까지 확대한 것이다. 「언문철자법」의 내용이 바뀌었다기보다는 적용 범위가 확대된 것이 「언문철자법 대요」의 특징이라면 특징이었다. 그래서 중등학교 교원들의 목소리를 반영하기라도 할 것처럼 위원회 구성을 바꾸었지만, 그것도 결국 생색내기에 그쳤다.

특히 한글 운동의 태두인 주시경의 제자이자 나중에 조선어연구회의 창립 회원이 되는 권덕규나 역시 조선어연구회 창립 회원이 되는 최두선은 아마 '현행주의'를 강하게 주장했을 것이다. 그런 주장이 무시되고 조선총독부 학무국이 처음부터 의도한 절충주의로 귀결되었다는 데서 「언문철자법 대요」의 한계는 뚜렷했다. 기존의 「언문철자법」에 이어 사실상 실패로 끝난 셈이었다.

이 무렵 학교에서 조선어를 가르치던 교사들 가운데 상당수는 조선총독부가 주도한 철자법 제정에 냉랭한 반응을 보였다. 이와 관련해 흥미로운 기사가 있다. 동우회 기관지 『동광』이 우리글 표기에서 쟁점이 되고 있던 10가지 문제에 관한 의견을 교사와 조선어 연구자에게 물은 것이다.[44] 설문 조사에 답한 것은 배재고등보통학교 교유 김진호, 배화여자고등보통학교 교유 김지환·이만규, 중동학교 교유 정열모, 중앙고등보통학교 교유 권덕규, 보성고등보통학교 교유 이규방, 경성여자고등보통학교 교유 장응진,[45] 송도고등보통학교 교유 이상춘, 경성제국대학 강사 어윤적, 경신학교 교유 장지영, 김윤경, 백정목, 보성전문학교 교장 박승빈, 휘문고등보통학교 교유 이병기, 숙명여자고등보통학교 교유 이기석, 배재고등보통학교 교유 강매, 연희전문학교 교수 최현배, 신소년사 주필 신명균의 18명이었다. 이 가운데 신원을 알 수 없는 응답자 백정목을 제외하면 17명이 교육계 관계자였다. 그리고 김윤경, 박승빈, 신명균, 어윤적, 최현배를 제외한 12명이 현직 중등학교 교사였다. 그런데 김윤경은 전 배화여자고등보통학교 교유, 신명균은 전 독도(뚝섬)공립보통학교 훈도, 최현배는 전 동래보통학교 훈도이기도 했다. 따라서 초·중등학교에서 조선어를 가르쳤거나 가르치고 있는 이는 모두 15명인 셈이었다.

응답자들이 조선어 연구 또는 교육의 전문가였으므로 설문 조사 문항 10개에 대한 응답도 다양했다. 그런데 한 문항만은 의견이 일치했다. 바로 7종성 문항이었다. 18명이 모두 「언문철자법 대요」가 배격한 'ㄷ, ㅅ, ㅊ, ㅋ, ㅌ, ㅍ, ㅎ'의 7종성을 받침으로 써야 한다고 본 것이다. 응답

---

44 김진호 외, 1927, 「우리글 표기례의 몇몇」, 『동광』 9, 54~76쪽.
45 도쿄고등사범학교 출신이다. 평양 대성학교 교사로 근무하다가 1912년 '신민회 사건'으로 옥고를 치렀다. 휘문고등보통학교 학감을 거쳐 경성여자고등보통학교 교유가 되었다. 1931년 조선총독부 학무국 시학관이 되어 조선인 사립 학교를 담당했다. 1938년에는 조선인 최초로 공립 고등여학교 교장이 되어 광주 욱(旭)고등여학교에 부임했다.

자 가운데 권덕규와 어윤적은 「언문철자법 대요」 심의에 참여한 적이 있었다. 그런데 권덕규는 물론이고 어윤적도 7종성 사용에 찬성한 것이다. 게다가 장응진은 공립 고등보통학교의 교유이자 몇 년 뒤에는 조선총독부 학무국 시학관이 되는 인물이고 박승빈은 한글 정리와 관련해 조선어연구회와 대립하던 인물이었다. 말하자면 견해의 차이를 떠나 조선인 교사나 연구자는 모두 조선총독부의 「언문철자법 대요」의 7종성 사용 불가를 인정하지 않은 것이다.

7종성 문제는 하나의 예시일 뿐이다. 「언문철자법 대요」는 사실상 조선어를 쓰는 언중으로부터 배척되었다. 특히 앞에서 언급한 18명 가운데 10명(권덕규, 김윤경, 신명균, 이규방, 이만규, 이병기, 이상춘, 장지영, 정열모, 최현배)이 한글 운동 단체인 조선어연구회의 회원이었다는 점도 주목할 필요가 있다. 조선어연구회로서는 '국어'의 부속물처럼 조선어를 처리하려는 조선총독부의 철자법 방침을 바로잡으려고 나설 수밖에 없었다.

『조선일보』 1927년 10월 24일 자는 조선어연구회의 '가갸날' 제정 2주년 특집 기사를 여러 개 실었는데 그 가운데 하나가 10명의 중등학교 교원으로부터 조선어 교육의 실상에 대한 의견을 모은 '한글 보급책과 남녀 각 교의 방침'이다. 이 기사에서 눈길을 끄는 것은 앞에서 언급한 『동광』의 설문 조사에도 응한 적이 있는 김지환의 발언이다. 김지환은 "우리 학교에서는 벌써 오륙 년 전부터 생도들에게 정음(세종 때 만든 우리 글자-인용자) 교수를 해 왔습니다. 주시경 씨가 저술한 책에 의지해 문법을 가르칩니다. 현재 4학년은 한 주일에 한 시간씩 한글 문법을 가르치고 1·2·3학년은 조선어 시간에 겸하여 가르칩니다"라고 언급했다.[46]

---

46 『조선일보』, 1927.10.24.

김지환에 따르면 적어도 배화여자고등보통학교에서는 1920년대 초부터 주시경 문법에 바탕을 둔 맞춤법 교육을 하고 있었다는 것이다. 그리고 그런 사실을 굳이 감추지 않고 당당하게 언론에 밝힌 것은 조선총독부에서 만든 조선어 철자법과는 다른 맞춤법을 학생들에게 가르치는 것이 적어도 사립 중등학교에서는 일상적이었음을 시사한다. 사립 학교 가운데 일부에서는 「언문철자법 대요」를 받아들이지 않고 있었다는 것만은 분명하다.

『조선일보』가 보도한 김지환의 발언에서 주목되는 것은 또 있다. 최고 학년인 4학년에는 조선어와는 별도로 1주일에 1시간의 한글 문법 시간을 배정하고 있었다는 사실이 바로 그것이다. 1915년부터 시행된 「사립학교규칙」에 따르면 사립 중등학교의 교육 과정, 교과서, 교수 용어는 모두 공립 고등보통학교에 준해야 했다. 고등보통학교 교육 과정에 조선어 문법은 들어 있지 않았다. 그런데도 배화여자고등보통학교에서는 따로 한글 문법 교육을 하고 있었다. 그리고 이는 배화여자고등보통학교 한 학교에만 국한되지 않았다.

일찍이 「언문철자법」을 비판하는 글을 발표한 적이 있던 심의린은 나중에 경성여자고등보통학교 교유에서 경성사범학교 교유로 자리를 옮겼는데 1932년에 발표한 글에서 "중등학교에 따라서는 문법 시간을 설정해 이른바 '한글' 철자법을 가르치는 곳도 있고, 잡지 가운데도 이 철자법을 시행하고 있는 곳도 있었다. 그리하여 새로운 교육을 받은 자는 거의 그것을 이해하지 못하는 자가 없을 정도로 보급되어 갔다"[47]라고 썼다. 말하자면 따로 문법 시간을 설정해 한글 문법을 가르치는 중등학

---

47 沈宜麟, 1932, 「改正諺文綴字法講義」, 『中等朝鮮語講座』 2, 25쪽.

교가 여럿 있었다는 것이다. 관·공립 학교에서 오랫동안 조선어를 가르쳐 오던 심의린이니까 당시 학교에서의 언어 교육 사정에 누구보다도 밝았을 것이다. 심의린이 이런 이야기를 한 이유는 바로 「언문철자법」이나 「언문철자법 대요」나 모두 "혼돈스러운 것"이어서 학교 교육에서 외면받고 있으니 "하루빨리 개정 정리해 통일을 도모"[48]해야 한다는 것이었다.

심의린이 지적했듯이 학교에서 조선어 교육을 담당한 교사들 더 나아가 조선인 언중은 조선총독부가 식민 정책의 하나로 만든 「언문철자법 대요」를 계속 비판 내지는 배격하고 있었다. 심지어는 공립 학교의 교사들마저 노골적으로 조선총독부가 만든 철자법에 입각한 "국정 교과서에 옳지 않은 조선어가 많이 쓰여 있다"[49]라고 비판할 정도였다. 따라서 조선총독부는 「언문철자법」을 만든 지 채 10년도 되지 않아 새로운 조선어 철자법을 만드는 일에 착수할 수밖에 없었다.

1928년 8월 초에 열린 임시교과서조사위원회는 조선총독부가 미리 준비한 교과서 편찬 방침을 승인했다. 그 가운데는 '보통학교 교과용 도서 편찬에 관한 일반방침(普通學校敎科用圖書編纂に關する一般方針)'도 있었다. 그리고 이 방침에는 "언문철자법은 새로이 본부(조선총독부-인용자)에서 개정하는 것에 의거할 것"[50]이라고 적혀 있었다. 1928년의 시점에 조선총독부는 기존의 「언문철자법 대요」의 개정을 이미 준비하고 있었던 것이다. 실제로 이나가키 시게카즈(稻垣茂一)[51] 편집과장은 임시교과

---

48 沈宜麟, 1932, 위의 글, 24쪽.
49 洪秉三, 1922, 「朝鮮語ノ硏究」, 『朝鮮敎育』 6권 12호, 47쪽. 홍병삼은 강원도 장전공립보통학교 교사였다.
50 「臨時敎科書調査委員會」, 『文敎の朝鮮』 37, 1928, 58쪽.
51 도쿄고등사범학교를 졸업한 뒤 문부성 속, 도교고등사범학교 교유를 지냈다.

서조사위원회 회의가 끝나자마자 언론에 "『조선어 독본』은 철자법의 개정부터 시작치 아니하면 진실한 개정은 될 수 없으므로 먼저 철자법의 개정을 실행코자 조사위원회를 조직하려 해 목하 그 인선 중이다"[52]라는 뜻을 밝히기도 했다.

이나가키가 말한 위원회 구성은 몇 단계로 나누어 진행되었다. 먼저 학무국에서 기초안을 만드는 위원회가 있었던 것으로 보인다. 학무국 편집과의 현헌, 다지마 야스히데(田島泰秀),[53] 이원규[54]가 기초안 작성에 관여했다.[55] 두 번째 위원회는 기초안을 1차 심의하기 위해 9월 초에 열렸다. 이때는 이미 조선총독부 학무국이 개정 기초안을 만든 뒤였다. 이 기초안을 심의한 것은 경성사범학교 훈도 심의린, 경성제2고등보통학교 교유 박영빈,[56] 수송공립보통학교 훈도 박승두,[57] 진명여자고등보통학교

1928년 조선총독부 학무국 편수관 겸 시학관으로 임명되었고 편집과장을 맡았다.

52 『매일신보』, 1928.8.10.
53 가고시마(鹿兒島)현립가와우치(川內)중학과 경성고등보통학교 임시교원양성소를 졸업했다. 1915년 3월 함경북도 경성(鏡城)공립보통학교 훈도, 서울 매동공립보통학교 훈도를 거쳐 1921년부터 조선총독부 학무국에서 근무했다. 1926년 2월 학무국 편집과 편수서기에 임명되어 『조선어 독본』 편찬 업무를 맡았다. 1934년에는 평안북도 선천군수로 임명되었다.
54 경성고등보통학교 임시교원양성소를 졸업한 뒤 경기도의 여러 공립 보통학교 훈도로 근무했다. 1923년 조선총독부 학무국 편집서기로 임명되었고 1930년부터는 평안북도 후창군수, 태천군수, 의주군수를 지냈다.
55 『동아일보』, 1928.9.4.
56 평양고등보통학교 사범과와 히로시마(廣島)고등사범학교를 졸업한 뒤 현립 히로시마중학교 교사, 공주고등보통학교 교유를 거쳐 1925년부터 경성제2고등보통학교 교유가 되었다. 1932년 이후에는 조선총독부 학무국 편수관, 강원도 울진군수, 고성군수, 울진군수, 강릉군수를 지냈다.
57 정동공립보통학교 훈도를 지냈으며 1934년부터는 경기도 가평공립보통학교 교장, 경기도 시학을 지냈다.

교원 이세정[58]이었다.[59] 물론 1차 심의 과정에는 외부의 위원 4명 외에도 이나가키 편집과장, 현헌 시학관 외 편집과의 실무 관료들이 계속 관여하고 있었다.[60]

1차 심의가 끝나면 "경학원 강사와 신문 기자와 기타의 관민 유지"로 구성된 기본조사위원회에 넘겨질 예정이었다. 그러나 1차 심의 자체가 난항을 거듭하면서 사실상 결론을 내리지 못하자[61] 조사위원회 구성 자체도 지체되었다. 게다가 조선총독부에서 촉탁한 민간 위원 여럿이 고사하는 사태까지 벌어졌다. 그 결과 1929년 5월에 가서야 "2명의 결원대로 13명을 임명하고 제1회 조사위원회를 개최"하는 상황이 되고 말았다.[62]

조사위원회의 위원은 결국 조선총독부 경무국 통역관 니시무라 신타로(西村眞太郎),[63] 경성제국대학 교수 오구라·다카하시, 조선총독부 관방총무과 통역관 다나카·후지나미, 『조선일보』 지방부장 장지영,[64] 경성

---

58 경성고등보통학교 부설 교원양성소를 거쳐 일본 와세다대학을 졸업했다. 매동공립보통학교 교원, 경기도교원양성소 강사, 경기공립상업학교 교원을 거쳐 진명여자고등보통학교 교장이 되었다.
59 『매일신보』, 1928.9.11. 이세정 등 4명은 비공식적으로 의견을 제시했다고도 한다. 『동아일보』, 1928.9.4.
60 『동아일보』, 1928.10.1.
61 『동아일보』, 1928.9.4, 10.1, 10.7, 10.13, 1929.1.24, 5.27.
62 『동아일보』, 1929.5.27.
63 도쿄외국어학교 한어과를 졸업하고 경성전수학교 교유가 되어 조선에 건너왔다. 조선총독부 사법부 속, 경성지방법원 서기 겸 통역생, 경무국 통역생을 거쳐 1921년 통역관이 되었다. 「언문철자법」 조사로 학무국 겸무 명령을 받기 전에는 경무국 도서과에서 신문 검열 업무를 담당했다.
64 한성외국어학교와 사립 정리사(精理舍)를 졸업했다. 주시경으로부터 한글을 배웠다. 한성외국어학교 교관, 용정 명동학교, 정주 오산학교 교사, 경신학교 교무주임 등을

고등보통학교 교유 이완응,[65] 진명여자고등보통학교 교원 이세정, 중앙고등보통학교 교원 권덕규, 중동학교 교원 정열모,[66] 연희전문학교 교수 최현배, 『매일신보』 편집국장 김상회,[67] 신명균,[68] 경성사범학교 교원 심의린[69] 14명으로 낙착되었다.[70] 위원의 면면을 보면 앞선 「언문철자법」이나 「언문철자법 대요」 때와는 확연하게 달라졌음을 알 수 있다.

먼저 민족별 구성에서 조선인이 9명으로 5명인 일본인보다 많았다. 더욱이 조선인 9명 가운데 6명(장지영, 이세정, 권덕규, 정열모, 최현배, 신명

지냈다. 3·1운동을 전후한 시기에 흰얼모, 조선민족대동단 등의 비밀결사에서 민족운동을 벌였으며 조선어연구회와 신간회 등에서도 활동했다.

[65] 대한제국 시기에 관립한성중학교를 졸업했다. 대한제국 학부 관리를 거쳐 강제 병합 이후에는 경성고등보통학교 교유로 조선어과를 담당했다. 일본인의 조선어 학습을 장려하기 위해 만든 '조선어연구회'의 회장으로도 활동했다.

[66] 주시경이 만든 조선어강습원에서 한글을 배웠다. 경성고등보통학교 부설 교원양성소를 거쳐 일본 와세다대학에서 언어 이론을 공부했다. 1925년부터 중동학교 조선어 교원이 되었다. 이 무렵 조선어연구회에 가입해 기관지 『한글』 동인으로 활동했다. 1931년 사립 김천고등보통학교로 옮겨 1932년에는 교장이 되었다.

[67] 일본 교토의 히가시야마(東山)중학교를 졸업했다. 1920년 시사신문사 이사를 맡았고 참정권 청원 단체인 국민협회 간부로 활동했다. 1923년 국민협회 기관지 『시사평론』의 사장 겸 주필을 맡았다. 1920년대 중반 『매일신보』로 옮겨 조선인 최초의 편집국장이 되었고 이후 주필, 이사 등의 요직을 거쳤다. 1929년부터는 조선총독부의 일어판 기관지 『경성일보』 이사가 되었고 1938년에는 중추원 참의에 임명되었다.

[68] 한성사범학교를 졸업했다. 주시경이 만든 조선어강습원에서 한글을 배웠다. 독도공립보통학교 교원을 거쳐 신소년사 주필을 맡았다. 1930년부터는 동덕여자고등보통학교에서 조선어를 가르쳤다. 조선어연구회 창립 회원이었으며 조선어학회에서도 회원으로 활동했다.

[69] 경성고등보통학교를 졸업하고 어의동공립보통학교, 경성여자보통학교, 경성사범학교 교원을 거쳤다. 1930년대에는 조선어학회 회원으로 활동했다.

[70] 실제로는 「언문철자법」 제정 당시부터 깊이 관여한 바 있던 가나자와도 초기에는 회의에 참석했으며, 주무 부서인 편집과의 이나가키 과장, 현헌 시학관은 계속 회의에 참석했다.

균)이 조선총독부와는 무관하게, 아니 어떤 의미에서는 처음부터 조선총독부의 언어 정책에 맞서서 한글 운동을 벌이던 조선어연구회의 회원이었다. 심의린도 이 당시에는 조선어연구회 회원이 아니었지만 1930년대 이후에는 조선어학회 회원으로 활동한 것으로 보아 조선어연구회의 동조자였을 가능성이 크다. 결국 조선어연구회 회원 또는 동조자가 15명 가운데 거의 절반을 차지하고 있었던 셈이다.

최종적으로 새로운 철자법이 완성된 것은 첫 조사위원회가 열리고도 다시 해를 넘긴 1930년 2월이었다. 이전의 「언문철자법」이나 「언문철자법 대요」가 이른 시간 안에 만들어진 데 비해 새 철자법은 기초안 작성부터 따지면 1년 반 정도의 시간을 들인 것이니 그만큼 조선총독부 학무국이 고심했음을 알 수 있다. 1930년에 「언문철자법」[이하 '「언문철자법」(1930)']을 새로 내놓으면서 조선총독부 학무국은 이례적으로 개정의 사유를 밝혔다.[71]

첫 번째 사유는 학생의 학습 부담을 경감시켜 학습 능률을 증진한다는 것이었다. 조선인 아동은 '국어'와 조선어를 같이 배워야 하는 부담 때문에 학습 능률이 떨어질 우려가 있으니, 일본어는 물론 조선어에 관해서도 철자법을 학리적으로 정리하고 단순화함으로써 교육의 효과를 높여야 한다는 것이 조선총독부가 내세운 첫 번째 명분이었다.

두 번째 사유는 시대에 순응한 철자법을 학교에서 가르쳐야 한다는 것이었다. 이는 「언문철자법」과 「언문철자법」 제정 당시 이론을 절충하는 방식으로 철자법을 확정한 것이 결국 한글 운동가들과 그에 동조하

---

71 朝鮮總督府學務局, 1930, 『普通學校朝鮮語讀本卷1編纂趣意書』, 朝鮮總督府, 33~37쪽.

는 학교 교사와 일반 사회의 언중으로부터 외면을 받는 원인이었다는 사실을 시인하는 것과 마찬가지였다. 이와 관련해 "근년 사회에서 철자법 연구의 진보"를 언급한 대목이 눈길을 끈다. 당시 철자법 연구의 진보를 이끈 것은 바로 조선어연구회의 한글 운동가들이었기 때문이다. 조선총독부로서는 조선어연구회 회원들의 협조를 끌어내 철자법을 만드는 것이 철자법 보급에 가장 좋은 방법이라고 판단했을 가능성이 크다.

세 번째 사유는 두 번째 사유와도 관련되는데 「언문철자법」과 「언문철자법 대요」 제정 당시 이론이 있어 유보했던 사항을 다시 검토해 결론을 내려야 한다는 것이었다. 이론 가운데 핵심은 표기에서 '발음대로'의 원칙을 순수 조선어와 한자어의 구분 없이 모든 조선어에 적용할 것인가의 여부였다. 앞에서 언급했듯이 조선총독부는 이 문제에 대해 순수 조선어와 한자어를 구분해 한자어에 대해서는 역사적 철자법을 인정한 바 있었다. 결국 이론의 재검토와 최종 결론이란 역사적 철자법의 존폐 문제와 직결된 것이었다.

1년 반의 긴 시간에 걸쳐 완성된 「언문철자법」(1930)은 총설, 각설, 부기로 구성되었다. 총설은 이 철자법의 기본 지향을 압축하고 있다.[72]

언문철자법(1930) 총설

1. 조선어 독본에 채용하는 언문철자법은 각 학교를 통해 이를 동일하게 할 것
2. 용어는 현대 경성어를 표준으로 함

---

72 「언문철자법」(1930)의 일본어 전문은 朝鮮總督府學務局, 1930, 위의 책, 8~32쪽에 실려 있다. 조선어 번역판은 '한글철자법개정안 학무국안 전문'이라는 제목으로 『동아일보』, 1930.2.8, 9, 10, 13에 실려 있다.

3. 언문철자법은 순수한 조선어거나 한자음을 불문하고 발음대로 표기함을 원칙으로 함. 단 필요에 의해 약간의 예외를 설(設)함

총설의 두 번째 항목은 이전의 「언문철자법」과 「언문철자법 대요」와 다를 바가 없었다. 그런데 첫 번째 항목과 세 번째 항목은 사뭇 달랐다. 언문철자법(1930)은 보통학교용 교과서 편찬을 목적으로 했던 「언문철자법」은 물론 내용상으로는 중등학교까지 확대 적용할 것을 염두에 두었으면서도 여전히 제목에 '보통학교용'이라는 단서를 달았던 「언문철자법 대요」와는 달리 처음부터 '각 학교'에 적용되는 철자법일 것을 분명히 했다. 그랬기 때문에 아예 철자법의 이름 자체에 '보통학교'를 붙이지 않았다.

더 큰 차이는 세 번째 항목이었다. 이전의 두 철자법이 발음대로 표기하는 표음주의 원칙을 표방하면서도 실제로는 순수한 조선어와 한자어를 구분해 후자에 대해서는 이미 발음되지 않는 역사적 철자법을 적용한 것과는 달리 순수한 조선어와 한자어를 구분하지 않겠다는 뜻이었다. '필요에 의해 약간의 예외'를 둔다는 단서가 붙기는 했지만 이제 역사적 철자법은 말 그대로 역사의 유물이 되었음을 선언했다. 물론 이는 조사위원회에 참여한 조선어연구회 회원들의 의견이 반영된 것이었다. 각설을 보면 이전 철자법과의 차이를 더 분명히 알 수 있다.

각설

1. 순수한 조선어거나 한자음을 물론하고 'ㆍ'는 전부 폐하고 다음 갑호와 같이 'ㅏ'로 서(書)함

   갑   을

말(馬)　　　　　　　 물

사방(四方)　　　　　 ㅅ방

2. 순수한 조선어거나 한자음을 불문하고 '댜쟈, 뎌져, 됴죠, 듀쥬, 디'가 '자, 지, 조, 주, 지'로 발음되거나 '탸챠, 텨쳐, 툐쵸, 튜츄, 티'가 '차, 처, 초, 추, 치'로 발음되거나 '샤, 셔, 쇼, 슈'가 '사, 서, 소, 수'로 발음될 때는 표음적 표기법을 좇아 후자로 일정하여 다음 갑호와 같이 서함

　갑　　　　　　　　 을

　절(寺)　　　　　　　뎔

　적당(適當)　　　　　적당

　…

　대소(大小)　　　　　대쇼

3. 순수한 조선어거나 한자음을 불문하고 '뎨몌볘셰졔쳬켸톄폐'가 '제메베세제체케테페'로 발음되고 '믜븨싀츼킈픠'가 '미비시치키피'로 … 발음될 때는 표음적 표기법을 좇아 갑호와 같이 서함

　갑　　　　　　　　 을

　졔일(第一)　　　　　데일

　…

4. 순수한 조선어거나 한자음을 불문하고 다음의 갑호와 같은 자는 을호처럼 발음되나 이는 갑호와 같이 독해서 자연 을호처럼 발음되는 것인 고로 갑호에 준거하고 따라 종성을 변치 아니함

　갑　　　　　　　　 을

　갓모(笠帽)　　　　　간모

　…

5. 이어(二語)가 합해 복합어를 형성하고 그 사이에 착음 현상을 낳을 때는 다음과 같이 서함

 (1) 상어가 중성으로 종할 때는 상어의 종성으로 'ㅅ'을 부(附)함

  동짓달(冬至月)

  …

 (2) 상어가 종성으로 종할 때는 다른 말과 혼동하기 쉬운 경우에 한해 중간에 'ㅅ'을 씀

  장ㅅ군

  …

7. '나'행 '라'행의 한자음은 역사적 철자법을 쓰나 중성에 끝나는 음 앞에서는 '나'행음이 '라'행음으로 변하고 '라'행음이 '나'행음으로 변하는 경우는 표음적 표기법에 따라 갑호와 같이 씀

  갑   을

 (1) 회령(會寧) 회녕

  …

 (2) 의논(議論) 의론

  …

10. 동사 또는 형용사의 어미에 '음, 암, 엄' 또는 '이, 에' 등의 음을 붙여 명사로 전성(轉成)되는 것 중

 (1) 다음과 같은 것은 갑호와 같이 씀

  갑   을

  이름(名) 일음

  사람(人) 살암

  …

(2) 다음과 같이 원래의 동사 또는 형용사가 단순히 명사화한 외에 그 의의에 있어서 하등 변화 증감이 없는 것은 갑호와 같이 씀

갑　　　　　을

웃음(笑)　　우슴

울음(泣)　　우름

죽음(死)　　주금

…

깊이(沈)　　기피

13. 종성(받침)은 종래 사용되던 'ㄱㄴㄹㅁㅂㅅㅇ ㄺㄻㄼ' 이외에 'ㄷㅌㅈㅊㅍㄲㄳㄵㄾㄿㅄ'을 가(加)함. 따라서 여하한 것은 갑호를 준거하여 씀

갑

얻다(得), 얻어서, 얻을

밭(田), 밭매기…

값(價), 값본다, 값이, 값에, 값은

…

조타(好), 조와서, 조은

만타(多), 만아서, 만을

올타(正), 올아서, 올을

[부기] '업다'(無)는 '업다, 업서서'라고 쓰고 '없다, 없어서'라고 쓰지 아니함

…

19. 종성으로 끝나는 용언의 활용부는 어간과 구별해서 씀을 본칙으

로 함

먹으오, 먹엇소

…

20. 중성으로 끝나는 용언의 활용부는 표음적 표기법을 따라 다음과 같이 씀

두다(置), 두어서

…

　각설의 1은 'ㆍ'의 표기 문제를 정리한 것이다. 이 문제는 「언문철자법」을 처음 만들 때부터 끊임없이 논란이 되었다. 그리고 「언문철자법」과 「언문철자법 대요」는 모두 한자어의 경우 역사적 철자법을 인정한다는 전제 아래 'ㆍ'의 표기를 존속시킨 바 있었다. 그런데 「언문철자법」(1930)은 순수 조선어와 한자어 모두 'ㆍ'를 전면 폐지하기로 했다.

　각설의 2·3·4는 모두 순수 조선어나 한자어의 구분 없이 표음적 표기법을 따른다는 조항이다. 이들 조항을 통해 한자어에는 '발음대로 표기' 원칙의 예외를 인정해야 한다는 '보수주의'가 완전히 배격된 것이다.

　각설의 5는 사이시옷에 관한 규정이다. 개정 전에는 종성으로 끝나는 복합어를 '동짓달(冬至月), 모짜리(苗垈)'처럼 표기했지만 「언문철자법」(1930)에서는 전자는 그대로 종성에 사이시옷을 표기하는 반면 후자에 대해서는 '못자리'처럼 종성에 사이시옷을 같게 표기하게 되었다. 이는 '모'와 '자리'의 형태를 그대로 인정하고 사이시옷의 표기 위치를 종성에 적도록 통일한 것이다. 특히 앞의 어휘가 종성으로 끝나는 경우 '장ㅅ군(市場人)'과 '장군(將軍)'을 구별하기 위해 중간에 사이시옷을 표기한다고 규정했다. 그러나 이는 한자로 표기하면 혼동이 없으므로 중간에

사이시옷을 표시하지 않아도 된다고 주를 달고 있다.

각설의 10은 동사나 형용사가 명사로 바뀌는 경우 '웃음, 깊이'처럼 표기한다고 정했다. 이는 '우슴, 기피'처럼 표기해 원래의 품사가 명확해지지 않는 것을 막기 위한 것인데 표음주의에서 벗어난 형태주의에 따른 것이라고 할 수 있다.

각설의 13은 「언문철자법 대요」에서 큰 논란이 된 7종성 문제에 대한 최종 결론이 담긴 항목이다. 「언문철자법」(1930)은 7종성 가운데 'ㄷ, ㅈ, ㅊ, ㅌ, ㅍ'의 표기를 인정하고 쌍자음·겹받침 가운데서도 기존의 'ㄼ, ㄻ, ㄺ' 이외에 'ㄲ, ㄳ, ㄵ, ㄽ, ㄿ, ㅄ'의 표기를 인정했다. 종전에는 'ㄷ, ㅅ, ㅈ, ㅊ, ㅌ, ㅎ'에 모두 'ㅅ'을 달아야 했는데 'ㅎ'을 제외하고 허용된 것이다. 'ㅎ'에 대해서는 종전대로 '조타(好)'로 표기해 '조와서, 조을'을 예시하고 있다. 다만 「언문철자법」에서 예로 든 '조흔(好)'과 비교하면 「언문철자법」(1930)에서는 발음대로 표기하는 경향이 더 강해졌다고 할 수 있다. 전체적으로 보면 주시경의 맥을 잇는 조선어연구회에서 줄기차게 주장해 오던 형태주의 원칙을 부분적으로나마 인정했다. 조선총독부로서는 이례적인 양보였다.

그러나 여기에도 한계는 있었다. 7종성 가운데 'ㅋ, ㅌ'과 겹받침 'ㄶ, ㅀ' 등의 표기는 인정하지 않은 것이다. 그래서 '많다'가 아니라 '만타'가, '옳다'가 아니라 '올타'가 되었다. 특히 'ㅄ'은 아예 부기 항목을 설정해 일부 표기에는 아예 쓰지 말라고까지 규정했다. 말하자면 조선어연구회와 손을 잡는 것처럼 했지만 그것은 마음에서 우러난 악수가 아니라 어쩔 수 없이 한 악수였고 언제든지 뿌리칠 수 있는 악수였던 셈이다.

조선총독부는 「언문철자법」(1930) 제정 과정에 많은 조선어연구회 회원을 참가시켰다. 그리고 「언문철자법」이나 「언문철자법 대요」 제정 당시만 해도 한글 운동가들의 견해는 다양한 이론 가운데 하나라고 치부한 데 비추어 보면 조선어연구회의 견해를 일정하게 반영하는 형태로 철자법을 크게 바꿨다. 이전의 두 철자법에 비해 엄청난 변화였다. 형태주의 요소를 부분적으로 받아들였고 역사적 철자법을 사실상 폐기했다.

그렇지만 조선어연구회로서는 완전히 만족할 정도로 철자법 정리가 이루어진 것은 아니었다. 더욱이 조선어 철자법의 제정은 처음부터 조선어를 '국어' 보급의 한 도구로 여기는 조선총독부의 정책 목표 아래 이루어진 것이었다. 비록 나라를 잃었지만, 한글이 독립 이후 다시 국어가 되어야 한다고 굳게 믿고 있던 조선어연구회 회원들은 조선어 철자법에서는 처음부터 고려되지 않았던 표준어와 연계해 맞춤법을 통일할 필요를 더 강하게 느꼈을 것이다.

그리하여 이전부터 언론계와 교육계로부터 지지를 받고 있던 조선어연구회는 「언문철자법」(1930) 제정에 참여한 데 따르는 한글 운동의 주도권을 바탕으로 더 철저하게 자신들의 형태주의 언어관이 반영된 한글 맞춤법 통일 작업에 따로 착수하게 되었다. 그러한 의미에서 「언문철자법」(1930)은 조선어학회의 맞춤법 통일안이 조선인의 언어 생활에 자리를 잡는 한 계기를 마련했다는, 조선총독부로서는 의도하지 않은 결과를 낳은 셈이다.

3. 조선총독부의 언어 정책에 맞선 한글 운동[73]

1) 민족 운동으로서의 한글 운동

3·1운동 직후 부임한 사이토 조선총독이 내건 문화 정치는 조선총독부가 의도하지 않았던 뜻밖의 결과를 낳았다. 민족 운동이 고양된 것이다. 같은 맥락에서 조선총독부의 언어 정책과 대척점을 이루는 한글 운동도 다시 살아났다.

민족 운동으로서의 한글 운동은 19세기 말 계몽 운동의 하나로 시작되었다. 이 시기 한국 사회의 당면 과제는 제국주의의 침략에 맞서 자주적인 근대 민족 국가를 만드는 것이었다. 이와 관련해 민족의 언어인 한글이 갖는 중요성에 주목해 처음으로 한글 운동의 깃발을 든 것은 주시경이었다. 주시경의 영향 아래 한글의 중요성을 인식하게 된 일군의 청년들 곧 김두봉, 신명균, 권덕규, 최현배, 정열모, 김윤경 등이 이후 한글 운동의 핵심을 이루게 된다는 점에서 주시경은 한글 운동의 출발점이라고 할 수 있다.

주시경은 민족의 언어인 한글을 살리는 것이야말로 나라와 민족의 위기를 이기는 지름길이라고 여겼다. 이러한 주시경의 생각을 언어 민족

---

[73] 이하 한글 운동에 관한 서술은 이준식, 1994, 「외솔과 조선어학회의 한글 운동」, 『현상과 인식』 18권 3호; 이준식, 1996, 「일제 침략기 한글 운동 연구」, 『한국사회사연구회논문집』 49집; 이준식, 2008, 「최현배와 김두봉-언어의 분단을 막은 두 한글학자」, 『역사비평』 82; 이준식, 2010, 「히못(白淵) 김두봉의 삶과 활동」, 『나라사랑』 116을 바탕으로 한 것이다.

주의로 부를 수 있을 것이다. 주시경이 한글 운동을 시작한 시기는 일본의 '국어' 이데올로기가 형성되던 시기와 맞물린다. 일본에 우에다가 있었다면 한국에는 주시경이 있었다. 우에다가 그랬던 것처럼 주시경도 국가와 민족의 운명이 말글과 함께한다고 생각했다. 다만 우에다가 일본의 '국어'를 제국주의의 관점에서 보았다면 주시경은 민족을 지킨다는 관점에서 우리의 국어를 보았다는 차이가 있다. 주시경은 말글이 독립의 얼(性)이라고 보았다. 그에 따르면 나라의 성쇠는 말글의 성쇠에 달려 있었다.[74]

주시경에게 배우거나 같이 활동하면서 민족의 말글을 지키고 살리는 것이야말로 국권을 회복하고 나라의 독립을 유지하는 데 가장 중요한 일이라고 생각한 사람들이 주시경을 중심으로 모이게 되었다. 이들은 '말-글-얼 일체'의 사상을 바탕으로 한자를 쓰지 말고 우리의 고유 언어인 한글만을 쓰자는 한글 전용을 내세웠다. 그리고 한글을 쓸 때도 한자 쓰기 방식인 세로쓰기를 버리고 가로(풀어)쓰기를 하자고도 주장했다. 맞춤법에서는 어휘 형태소의 기본형 곧 낱말의 원형을 고정해 표기하는 형태주의 원칙에 따르려고 했다. 이러한 생각을 갖고 한글의 연구와 보급에 이바지하려고 한 사람들을 주시경 학파라고 할 수 있다.[75]

주시경은 순 한글 신문인 『독립신문』의 편집에 적극 관여하는 한편 각종 학교와 강습회에서의 교육 활동을 통해 한글을 연구하고 보급하는

---

74 주시경, 1910, 『국어문법』, 1~2쪽.
75 원래 '주시경파'라는 말이 널리 퍼져 있었다. 최현배, 1937, 『한글의 바른 길』, 조선어학회, 45쪽. 그러나 '파'라는 말이 주는, 다소 부정적인 의미를 고려할 때 주시경 학파라는 말이 더 어울린다고 여겨진다. 주시경 학파라는 생각은 김석득, 2006, 「근·현대의 국어(학) 정신사」, 『한글』 272에서 따온 것이다.

데 앞장섰다. 또한 『독립신문』에서 같이 일하던 사람들과 함께 한글 사용의 방법을 연구하기 위해 최초의 한글 연구 모임인 국문동식회(國文同式會)를 조직했으며, 1907년에는 최초의 한글 교육 기관인 하기국어강습소를 개설했다. 이어 1908년에는 강습소 졸업생들을 중심으로 국어연구학회(國語演究學會)를 조직했고, 1909년에는 국어연구학회 산하에 국어강습소를 개설했다.[76]

그러나 우리 사회가 일제의 식민지로 전락하고 만 1910년 이후 주시경의 한글 운동에는 커다란 위기가 닥쳐왔다. 주시경은 한글을 대한제국의 나라 말글 곧 국어로 만들겠다는 꿈을 갖고 있었는데 강제 병합은 국어의 존재 자체를 불가능하게 만들었기 때문이다.

강제 병합을 계기로 주시경이 추진하던 한글 운동은 객관적으로 좌절될 처지에 놓였다. 그렇지만 한글 운동을 통해 근대 민족 국가의 건설에 이바지하겠다는 주시경의 소망 자체는 흔들리지 않았다. 주시경의 제자인 최현배에 따르면 "건지려던 나라가 이미 없어지기는 하였으나, 그 백성인 내 겨레가 아직 여전히 남아 있으니 … 이미 엎어진 큰 집을 미래에 다시 세우는 것이 더 깊고 먼 스승(주시경-인용자)의 포부였으며, 더 간절하고 질긴 스승의 의지"[77]였다는 것이다. 주시경은 일제의 식민 지배 아래에서도 민족 국가 건설이라는 기존의 목표를 포기하기보다는 거기에 독립을 위한 기반의 구축이라는 새로운 목표를 추가하는 것으로 위

---

76 20세기 초반 한글 운동의 전개 과정에 대해서는 고영근, 1983, 「개화기의 국어연구 단체와 국문보급활동」, 『한국학보』 30; 김민수, 1992, 「조선어학회의 창립과 그 연혁」, 『주시경학보』 5 등을 볼 것.

77 최현배, 1963, 「나의 존경하는 교육자 주 시경 스승」, 『나라건지는 교육』, 정음사, 159~160쪽.

기에 대처하려고 했다.

주시경은 1911년에 국어연구학회를 조선언문회(朝鮮言文會 곧 배달말글몯음으로 명칭을 바꿈)로 개편하는 동시에 국어강습소도 조선어강습원으로 개편해 처음으로 중등과 학생을 모집했다. 다시 1912년에는 조선어강습원에 고등과를 설치하고, 1913년에는 '배달말글몯음'의 이름을 '한글모'로 바꾸었다.

주시경 학파의 활동은 좁은 의미의 한글 운동에 국한되지 않았다. 한글 운동을 다른 차원의 민족 운동과 결합하려고 한 것이다. 주시경은 한글 학자이자 한글 운동가로 알려져 있다.[78] 그러나 당대 사람들의 생각은 달랐다. 주시경이 죽은 뒤 10여 년이 지나 간행된 『한글』에는 "선생(주시경-인용자)은 가세 빈곤하여 갖은 고역을 하시면서도 학문 연구와 국사 경륜에 염염불태(炎炎不怠)하시었다"라는 대목이 나온다.[79] 이 글을 쓴 이는 주시경 학파의 한 성원이었을 것이다. 그런데 그가 주시경의 행적을 '학문 연구'와 '국사 경륜'으로 구분한 것이 흥미롭다. 주시경이 전념했다는 국사 경륜이란 구체적으로 무엇이었을까? 그동안 잘 알려지지 않았던 주시경 학파의 몇 가지 활동에서 그 답을 찾을 수 있다.

일제의 탄압으로 정치적 성격을 띤 결사의 활동이 사실상 금지되고 있던 1909년 대동청년단(일부 자료에는 대동청년당)이라는 비밀 결사가 만들어졌다.[80] 초대 단장은 나중에 조선어강습원 원장이 되는 남형우였다. 이 단체는 박중화, 신백우, 김동삼, 안희제, 윤현진, 서상일, 장건상, 이우

---

78 김민수, 1962, 「주시경의 업적」, 『국어학』 1, 25쪽.
79 「주시경 선생 약력과 진영」, 『한글』 5, 1927, 1쪽.
80 대동청년단에 대해서는 권대웅, 1992, 「대동청년단 연구」, 『수촌 박영석교수 화갑기념 한민족독립운동사논총』을 볼 것.

식, 윤병호, 오상근, 김약수, 이극로, 신채호, 김명식, 고순흠 등도 참가한 대규모의 항일 조직이었다. 단원 가운데는 경상도 출신이 많았다. 1907년에 출범한 비밀 결사 신민회가 경상도에서는 거의 조직을 꾸리지 못했다는 점을 고려할 때 사실상 신민회 계열의 경상도 출신들이 항일 운동을 위해 만든 조직이었던 것으로 보인다. 실제로 남형우, 김동삼, 박중화, 신백우, 신채호 등은 대동청년단 단원이자 신민회 회원이었다. 그런데 주시경의 제자인 김두봉과 주시경의 동지인 남형우도 대동청년단에 참가했다. 두 사람 외에도 나중에 조선어학회의 중추 역할을 하게 되는 이극로, 그리고 조선어학회 활동의 재정 후원자가 된 이우식, 윤병호 등도 단원이었다. 따라서 황해도 출신인 주시경의 이름은 보이지 않지만, 주시경 학파가 대동청년단과 밀접한 관련을 맺고 있었음을 알 수 있다.

강제 병합 1년 뒤인 1911년 9월을 전후해서는 주시경, 남형우를 비롯한 배달말글몯음 회원 다수가 대종교에 입교했다. 나철이 대종교를 만든 목적은 단군을 내세워 민족혼을 일깨우는 데 있었다. 주시경의 제자인 김두봉과 최현배도 대종교에 입교했다. 김두봉은 나철이 일제에 항거하다가 끝내 뜻을 이룰 수 없어 1916년 음력 8월 4일 황해도 구월산 삼성사에서 자결할 때 수행할 정도로 대종교 안에서 비중 있는 역할을 맡았다.[81] 최현배도 경성고등보통학교에 재학 중이던 1912년 무렵 담임인 다카하시가 말리는데도 몰래 다니면서 경전을 손수 베껴 읽을 정도로 대종교에 빠져 있었다.[82]

---

81 독립운동사편찬위원회 엮음, 1976, 『독립운동사 제8권 문화투쟁사』, 독립유공자사 업기금운용위원회, 760~761쪽.
82 최근학, 1971, 「외솔 최현배 선생님의 전기」, 『나라사랑』 1, 151쪽.

1915년 무렵 경성고등보통학교에 부설된 교원양성소 학생들과 경성고등보통학교 학생들을 중심으로 조선 식산장려계라는 비밀 모임이 꾸려졌다.[83] 모임은 조선의 경제적 자립을 표방했다. 조선에서 만들어진 옷감을 입는 것으로 민족의 힘을 길러 식민지 경제의 예속에서 벗어나자는 것이었다. 회원은 130여 명이었는데 김두봉도 협의원으로 활동했다. 이 모임에는 김두봉뿐만 아니라 배달말글몯음 회원들이 대거 가입했다. 조선어강습원 원감인 윤창식이 총무를 맡았고 남형우도 협의원이 되었다. 장지영 등은 일반 회원으로 참가했다.

주시경, 김두봉과 함께 '말모이' 곧 한글 사전 편찬 작업을 하던 이규영이 1920년 1월 3일 병으로 사망하자 같은 달 14일 상해(上海)민단 주최로 추도식이 열렸다. 한글 학자이고 상하이(上海)와는 아무런 직접 인연이 없는 이규영의 죽음에 대해 상하이의 독립 운동 세력이 "김두봉 씨와 더불어 주시경 선생 문하의 쌍벽"이니 "전 민족의 손실"이니 추켜세우면서[84] 추도식을 가진 이유는 무엇일까?

추도식 발기인에는 남형우, 김두봉 외에 이광수, 최창식, 신익희가 포함되어 있다.[85] 앞의 두 사람이야 주시경 학파에서 같이 활동한 인연으로 발기인이 되었다고 하더라도 뒤의 세 사람은 왜 발기인에 이름을 올렸는지 궁금해진다. 최창식은 대한민국임시정부 국무원 비서장을 지낸 적이 있으며 이 무렵에는 이미 사회주의자로서의 정체성을 갖고 있던 이였다. 이광수는 대한민국임시정부 기관지 『독립신문』의 주필이었고,

---

83   慶尙北道警察部, 1934, 『高等警察要史』, 慶尙北道警察部, 260쪽.
84   『독립신문』, 1920.2.5.
85   『독립신문』, 1920.2.12.

신익희는 대한민국임시정부 법무차장을 거쳐 국무원 비서로 재직하고 있었다. 신익희가 "민국 원년 독립 운동 개시 이래 군은 암중에 동지의 연락 기타의 모의에 참여하였"다는 내용의 약력 보고를 한 것을 보면[86] 상하이의 독립 운동 세력이 이규영을 단순히 한글 학자나 한글 운동가가 아니라 다른 모습의 민족 운동가로 여기고 있었음을 알 수 있다.

주시경 학파의 성원이던 남형우는 주시경이 죽은 뒤 해외로 망명해 러시아 연해주의 대한국민의회에서 간부로 활동하다가 상하이로 갔다. 이때 상하이의 대한민국임시정부에서는 이동휘가 국무총리로 부임하면서 이동휘 세력과 안창호 세력 사이에 운동 노선을 둘러싸고 다툼이 벌어지고 있었는데 남형우는 늘 이동휘와 행동을 같이했다. 대한민국임시정부 초창기에 법무총장 자리를 고사하고 한때 베이징(北京)을 중심으로 반(反)임시정부 활동을 벌였으며, 이동휘의 권유로 대한민국임시정부 교통총장으로 취임하고도 이동휘가 국무총리를 그만두자 이동휘를 따라 교통총장을 사임했다.[87] 안창호 세력이 『독립신문』을 중심으로 활동했다면 남형우는 그에 맞서 『신대한신문』(주필 김두봉)을 중심으로 활동한 '신대한그룹'의 '수위'였다고도 한다.[88] 1925년 4월에는 만주에서 계급 타파, 약소 민족과의 연대를 내세우고 다물단을 조직해 항일 무장 투쟁을 전개하기도 했다. 곧 해외에 망명한 뒤 남형우의 활동에는 순수한 뜻의 한글 운동가의 모습은 보이지 않은 셈이었다.

---

86 『독립신문』, 1920.2.17.
87 반병률, 1998, 『성재 이동휘 일대기: 조국 광복만을 위해 살다간 민족의 거인』, 범우사.
88 계봉우, 1996, 「꿈 속의 꿈 하권」, 『북우 계봉우 자료집 1』, 독립기념관 한국독립운동사연구소, 67쪽.

앞의 두 보기만으로 모자란다면 다른 보기를 들어 보자. 그것은 일제 강점 이후 한글 교육이 점차 어려워지는 상황에서 주시경이 해외 망명을 계획하고 있었다는 사실이다. 미처 망명을 실행에 옮기기 전에 주시경이 죽었기 때문에 그가 망명 이후 어떠한 활동을 벌이려고 했는지는 알 수 없다. 그렇지만 국내에서 연구와 교육을 통한 한글 운동에 주력하던 것과는 다른 모습으로 민족 운동을 계속하려고 했다는 것만은 분명해 보인다. 이와 관련해 눈길을 끄는 사실이 있다.

한국 사회주의 운동이 해외에서 먼저 시작되었으며 초기 사회주의 운동의 역사에서 상해파와 이르쿠츠크파가 서로 맞서고 있었다는 사실은 많이 알려져 있다. 두 파가 맞선 데는 이유가 있었다. 혁명을 바라보는 시각 자체가 달랐다. 그런데 최근 발굴된 자료[89]에 따르면 주시경 학파는 상해파와 깊이 관련되어 있었다.[90]

상해파와 이르쿠츠크파 사이의 대립 과정에서 배달모듬이라는 조직이 여러 차례 거론되었다. 1921년 12월 상해파의 전신 가운데 하나인 사회혁명당 출신이자 상해파의 간부이던 홍도는 상해파의 전신인 사회혁명당의 기원을 설명하면서 "사회혁명당의 역사를 대략 말하면 1911년에 고려 국어학자 주시경 등의 발기로 배달모듬이라는 단체가 일어났는데, 그 종지는 고려에 정치 혁명을 실현하며 풍속 개량과 기타 여러 가지

---

[89] 주로 러시아 국립 사회정치사 문서 보관소에 소장된 한국 문제에 관한 방대한 제3공산주의 인터내셔널 곧 코민테른 관련 기록을 가리킨다. 이 기록은 원래 코민테른이 소장하고 있던 것인데 1943년 코민테른이 해체되면서 소련공산당 중앙 위원회 문서 보관소로 이관되었다. 이 보관소가 소련의 해체 이후 러시아 문서 보관 연구 센터를 거쳐 현재의 이름으로 바뀐 것이다.

[90] 이 사실을 처음으로 밝힌 글로 임경석, 2003, 「20세기 초 국제질서의 재편과 한국 신지식층의 대응」, 『대동문화연구』 43을 볼 것.

문명 사업이었다"⁹¹라고 주장했다. 그리고 배달모듬은 1915년 이후 일본에서 결성된 신아동맹당(또는 신아동맹단)의 한국 지부 역할을 했다는 사실도 언급했다. "1915년에 일본 동경에서 고려, 중국, 안남 등 각국 유학생들이 신아동맹단을 조직했는데 그 종지는 일본 제국주의 타파와 서로 도움과 민족 평등과 및 국제 평등 여러 가지인데, 고려 배달모듬은 이 신아동맹단의 지부로 행사하였"다는 것이다.⁹² 홍도는 신아동맹당과 사회혁명당에 직접 참여한 이였다. 홍도의 말이 맞다면 배달모듬은 신아동맹당 조선 지부를 거쳐 사회혁명당으로, 그리고 다시 상해파 고려공산당으로 이어졌다는 이야기가 된다.

상해파만 이러한 주장을 편 것이 아니다. 이르쿠츠크파의 간부이던 김철훈은 코민테른에 낸 한 보고서에서 "소위 박진순 일파당의 기근(基根)된다는 배달모둠(사회 혁명주의 단체)"에 대해 언급했다.⁹³ 여기서 거론된 박진순은 상해파의 핵심 인물 가운데 한 사람이었다. 따라서 김철훈이 경쟁 세력인 상해파의 국내 간부와 배달모둠을 이어서 파악하고 있었음을 알 수 있다. 이러한 주장을 편 사람은 또 있다. 역시 이르쿠츠크파의 지도자로 코민테른 파견 대표이기도 한 한명세는 코민테른 집행위원회에 제출한 1921년 11월 16일 자 보고서에서 상해파 고려공산당의 조직 기반 가운데 하나가 서울의 비밀 단체 사회혁명당인데 이 단체의 전신은 민족 단체 배달모둠(ПяДармодум, 러시아어 발음으로는 빠다르모둠)이라고 언급했다.⁹⁴

---

91 『붉은군사』 2(1921년 12월 24일), 5쪽.
92 『붉은군사』 2(1921년 12월 24일), 5쪽.
93 김철훈, 1921, 「박진순 일파에 대한 보고-제3국제공산당 동양비서부에」(1921년 12월 27일), 2쪽.

결국 초기 사회주의 운동을 대표하는 두 파가 모두 상해파의 뿌리로 '배달모듬(또는 배달모둠)'을 지목한 셈이다. 여기서 배달모듬은 배달말글 몯음을 가리키는 것으로 보인다. 이는 배달모듬을 만든 것이 주시경으로 적시되어 있는 데서도 확인된다. 배달말글몯음은 어쨌든 조직이 공개된 합법 단체였다. 그리고 활동의 영역도 말글의 연구와 보급에 있었다. 그런데 상해파와 이르쿠츠크파는 배달모듬을 일종의 비밀 결사로 여기고 있었다. 주시경 학파의 성원 가운데 일부는 분명히 좁은 의미의 한글 운동을 뛰어넘는 다른 차원의 민족 운동을 지향하고 있었다. 주시경이 그러했고 김두봉이 그러했다. 이들이 배달말글몯음이라는 합법 단체 안에 비밀 결사를 만들었을 가능성이 크다고 생각된다.

이와 관련해 주시경의 수제자 격인 김두봉[95]의 행적이 흥미롭다. 김두봉은 3·1운동에 참여한 뒤 중국 상하이로 망명했는데 이곳에서 당시 꿈틀거리고 있던 사회주의 운동과 일정하게 연관되었다. 김두봉은 한인 공산당(상하이 지역 위원장 이동휘)에 가입했다.[96] 그런데 한인공산당은 이동휘 등이 만든 한인사회당이 1920년에 이름을 바꾼 것이다. 따라서 1920년 무렵 김두봉이 이동휘 세력과 일정하게 관련되어 있었음을 알 수 있다. 일제 경찰은 나아가 "재상하이 불령선인이 조직한 사회당"이 "종래 이동휘, 김만겸, 김립, 계봉우, 고창일, 최창식, 여운형, 원세훈, 김

---

94 한명세, 「코민테른 집행위원회 상임간부회 앞 보고」(원문은 러시아어), 10~12쪽.

95 김두봉은 주시경이 사망한 후 조선어강습원 고등과 강사로 선출되었다. 이규영의 「한글모 죽보기」를 볼 것. 이 자료는 조선언문회의 의사원인 이규영이 손으로 쓴 것이다.

96 京城地方法院, 1930, 「刑事第1審訴訟記錄」, 김준엽·김창순 공편, 1979, 『한국공산주의운동사 자료편』 1, 고려대학교 아세아문제연구소, 248~249쪽, 317쪽. 이 자료는 통칭 '여운형 조서'라고 알려진 것이다.

두봉, 홍도 등을 주뇌(主腦)"로 하고 있었다고까지 언급했다.[97] 김두봉이 상하이 사회주의 세력의 중심인물 가운데 한 사람인 것으로 파악하고 있었던 것이다. 그리고 상해파와 이르쿠츠크파의 다툼이 본격화되고 있던 1921년 여름의 정보 문서에 따르면 상해파의 김립과 박진순은 소련 정부로부터 받은 자금 가운데 일부를 갖고 김두봉을 중심으로 경상남도 출신 청년 십수 명에 러시아 연해주와 중국에 산재한 청년들을 더해 '대한청년공산당'을 조직하려는 움직임을 보였다고 한다.[98]

물론 일제 경찰의 정보 가운데는 잘못된 것이 많다는 점을 참작할 필요가 있다. 그렇더라도 1921년 무렵 일제 경찰의 정보 문서에 김두봉과 상해파의 관계가 자주 거론된다는 것 자체가 둘 사이에 일정한 관련이 없고서는 가능하지 않은 일이었다. 상해파의 김철수가 "문제의 40만 원(소련 정부의 지원금-글쓴이) 건"에 대해 "남형우, 이동휘도 여비 썼고, 신채호의 역사편찬비, … 김원봉파의 의열단에도 자금을 도와주고 김두봉 이극로 중로한(中露韓) 회화 저작 등에도 도와주는 등등 각 방면으로 쓰여졌든 것"[99]이라고 회고한 것도 김두봉이 상해파와 연관되어 있었음을 시사한다.

김두봉과 상해파의 관련을 보여 주는 보기는 또 있다. 계봉우와의 관계가 그것이다. 계봉우는 상해파의 지도자인 이동휘와 가장 가까운 인물

---

97 「大正10年6月10日 高警第18936號 國外情報」, 『不逞團關係雜件 朝鮮人ノ部 鮮人ト過激派(1)』.

98 「大正10年7月26日 高警第24265號 國外情報」, 『不逞團關係雜件 朝鮮人ノ部 鮮人ト過激派(1)』.

99 김철수, 1999, 「본대로, 드른대로, 생각난대로, 지어만든대로」, 한국정신문화연구원 현대사연구소 엮음, 『지운 김철수』, 한국정신문화연구원 현대사연구소, 8쪽.

가운데 한 사람이었다. 계봉우는 1919년 무렵 대한민국임시정부 국무총리로 취임하게 된 이동휘를 따라 상하이에 온 뒤 임시의정원 의원, 사료편찬위원회 위원으로 활동하면서 『독립신문』에 여러 편의 글을 실었는데, 1920년 2월 26일 「아령실기」를 연재하면서부터 '뒤바보'라는 이름을 쓰기 시작했다. 뒤바보는 원래의 호인 북우(北愚)의 순우리말 표현이다. 이는 이때부터 계봉우가 한글 전용에 관심을 갖기 시작했음을 뜻한다. 김두봉과 만난 것이 계기였다고 한다. 나중에 김두봉이 쓴 『깁더조선말본』을 갖고 연해주에 돌아가 한글 교육과 연구에 몰두할 정도로 계봉우와 김두봉은 밀접한 사이였다.

현재로서는 배달모듬의 성원이 누구였는지를 보여 주는 자료는 없다. 주시경과 밀접한 관련을 맺고 있던 사람들 가운데 일부였을 것으로 추정될 뿐이다. 김두봉이 중국 망명 이후 한동안 상해파와 밀접한 관계를 맺고 있었다는 것을 고려할 때 비밀 결사 배달모듬의 성원이었을 가능성이 크다고 생각된다. 김두봉 외에 이를테면 1910~1914년 사이에 조선어강습원을 통해 형성된 한 무리의 사람들 가운데 주시경을 따라 대종교에 들어갈 정도로 주시경과 가까이 있던 사람들이나 한글 운동 이외의 다른 분야 민족 운동에 적극 참여하면서 '혁명적 민족주의'의 성향을 보인 사람들이 배달모듬의 성원이었을 것이다.

2) 조선어연구회와 조선어학회의 한글 운동

주시경의 제자인 권덕규, 장지영, 이병기, 김윤경 등은 1921년 12월 조선언문회의 후신으로 조선어연구회를 조직했다. 사이토 총독이 내건 문화 정치라는 구호 아래 조선의 독립을 내건 정치 단체만 아니라면 결사의 자유가 제한적으로 허용되던 시대의 흐름 때문에 가능한 일이었다. 이로써 일제 강점 아래 끊어졌던 한글 운동을 다시 벌일 수 있는 첫 단추가 마련되었다.

그런데 조선어연구회는 "조선어의 정확한 법리를 연구함을 목적으로 한다"라는 창립 회칙에서도 알 수 있듯이 주로 회원들이 한글에 관해 연구한 결과를 토의하는 장의 역할을 하고 있었다.[100] 이는 창립 초기의 조선어연구회가 자신을 스스로 민족 운동의 한 부문으로 인식하지는 않았을 가능성을 시사한다. 1920년대 초는 일제가 제한적으로 허용한 합법 공간을 이용해 민족 운동의 기치를 내건 각종 사회 단체가 조직되고 있던 시기였다. 그런데도 조선어연구회가 다른 단체처럼 적극적으로 민족 운동 대열에 나서지 못한 데는 주시경이 없는 상황에서 주시경의 제자 가운데 가장 돋보이던 김두봉과 최현배마저 각각 중국 망명,[101] 일본 유학[102]으로 국내에 없었다는 요인이 작용했을 것이다.

그러나 상황은 1920년대 중반부터 변화하기 시작했다. 그 직접적인 계기는 일본에서 귀국한 최현배의 활동 재개(1926년)와 독일에서 귀국한 이극로의 입회(1929년)였다. 두 사람은 민족 운동으로서의 한글 운동론의 정립과 한글 운동의 전개에 필요한 재정 마련이라는 측면에서 조선어연구회의 혁신에서 핵심적인 역할을 했다.

먼저 조선어강습원의 1기 수석 졸업자인 최현배는 김두봉의 중국 망

---

100 한글학회, 1971, 『한글학회 50년사』, 선일인쇄사, 5쪽.
101 김두봉은 3·1운동에 참여했다가 일제의 검거를 피해 상하이로 망명했다.
102 최현배는 주시경이 세상을 떠난 뒤 일본 유학에 나섰다. 히로시마고등사범학교를 거쳐 교토제국대학에서 공부했다. 최현배가 특히 관심을 가진 분야는 페스탈로치 교육학과 언어학이었다.

명 이후 적어도 국내에서는 주시경의 후계자라는 상징성을 가진 존재였다. 최현배는 일본 유학을 통해 한글 연구의 체계화를 위한 합리적이고 과학적인 훈련을 쌓은 전문적 지식인이라는 점에서도 한글 운동의 초기 세대와 새로운 세대를 이어 한글 운동의 목표를 달성하기에 가장 적합한 사람이었다. 더욱이 그는 1926년 『동아일보』에 연재한 「조선 민족 갱생의 도」라는 긴 글을 통해 대표적인 민족 운동 이론가의 자리를 차지하고 있었다.[103] 이 글뿐만 아니라 비슷한 시기에 여러 신문·잡지에 발표한 글[104]을 통해 민족의 말글을 지키고 가다듬는 일이야말로 민족 운동의 성격을 갖는다는 점을 분명히 했다. 최현배의 한글 운동론을 간략하게 정리하면 다음과 같다.[105]

최현배는 민족의 기초를 이루는 것이 민족 문화이며 다시 민족 문화의 밑바탕이 되는 것이 말글이라고 보았다. 그가 일제의 식민지 지배 아래 벌어지고 있는 민족 투쟁이 결국에는 언어 투쟁으로 귀결된다고 본 이유도 바로 여기에 있었다. 그가 볼 때 민족 투쟁에서 이기기 위해서는 민족의 말글을 보존하는 것이 급선무였다. 따라서 한글 운동의 궁극적 목표도 우

---

[103] 실제로 『동아일보』 사장 송진우에 따르면 "온 조선의 유심 인사들이 동서남북에서 (「조선 민족 갱생의 도」에-인용자) 큰 충격과 감명과 찬동을 표하였다"고 한다. 최현배, 1973a, 「나의 걸어온 학문의 길」, 『나라사랑』 10, 170쪽.

[104] 최현배, 「한글을 어떻게 정리할까」, 『동아일보』, 1927.10.24; 최현배, 「한글 문제를 어떻게 해결하여 갈 것인가」, 『조선일보』, 1927.10.24, 25; 최현배, 「한글 정리에 대한 제가의 의견」, 『동아일보』, 1928.11.3~5; 최현배, 1928, 「조선문자사」, 『현대평론』 10; 최현배, 1928, 「이독문자란 무엇이냐」, 『한빛』 2; 최현배, 1928, 「한글 글씨의 이름에 대하여」, 『한빛』 6; 최현배, 1929, 「한힌샘 스승님을 생각함」, 『신생』 2권 9호; 최현배, 1937, 「조선 문학과 조선어」, 『한글의 바른 길』, 조선어학회(원래 1928년에 쓴 글) 등을 볼 것.

[105] 최현배의 한글 운동론에 대해서는 이준식, 1994, 앞의 글, 46~56쪽을 볼 것.

리 민족의 말글을 말살하려는 "일제의 동화 정책에 항거하는 운동",[106] 그리하여 궁극적으로 민족의 자주와 독립을 성취하는 데 있었다. 이러한 맥락에서 한글 운동은 민족 운동으로서의 성격을 갖는다는 것이다.

이와 관련해 그는 민족 운동으로서의 한글 운동의 영역을 연구 발표(월례회, 회지인 『한글』이나 신문·잡지, 책)(연구 사업), 한글 맞춤법 통일, 표준말 사정, 철자 사전 편찬, 한글 대사전 편찬, 가로 글씨 제정, 조선말 소리와 만국 음성 기호 로마자의 대조안 작성 및 외국어 고유 명사 사전 편찬(이상 통일 사업), 그리고 『한글』을 통한 맞춤법 통일안 선전, 한글 강습회 개최, 신문·잡지 등 출판물의 교정 돕기, 조선 어학 도서 전람회 개최(이상 보급 운동)로 나누었다. 곧 한글의 통일과 보급이라는 문제 의식이 다시 한글 운동의 영역에 들어오기 시작한 것이다.[107]

한편 이극로는 "언어 문제가 곧 민족 문제의 중심이 되는 까닭에 일본 통치하의 조선 민족은 이 언어의 멸망이 곧 따라올 것"으로 보고 "(어문 운동으로) 민족의식을 넣어 주며 민족 혁명의 기초를 쌓"기 위한 "경제적 기초를 세우는" 일에 주력했다. 그에 따르면 "난마와 같은 불통일의 철자를 통일시키며 방언적으로만 되어 있는 말을 표준어로 사정하며 외국어 고유 명사와 외래어의 불통일은 그 표기법을 통일"하기 위해서는 조선어사전편찬위원회를 조직하고 이를 통해 한글 운동에 필요한 재정적 지원을 외부로부터 끌어들이는 것이 필요하다는 것이다.[108] 이러한

---

106 최현배, 1973b, 「나의 저서를 말한다」, 『나라사랑』 10, 191쪽.

107 최현배와 더불어 한글 운동을 주도한 이극로는 이보다 늦은 1930년대 중반에 한글 운동의 삼대 공작으로 맞춤법 제정, 표준어 사정, 외래어 표기법 제정을 제기한 바 있다. 이극로, 「조선어문정리운동의 금후」, 『조선일보』, 1935.10.28; 이극로, 「한글 발달에 대한 회고와 및 신전망」, 『조선일보』, 1935.11.4, 5.

생각에 따라 그는 자신의 재정적 후원자이던 이우식을 비롯해 사회 유지 108명으로 구성된 조선어사전편찬위원회를 조직했다. 이 밖에도 뒤에서 자세히 언급하겠지만 이극로를 통해 이우식, 김성수 등이 필요한 경비를 부담함으로써 한글 운동은 한글의 통일과 보급이라는 영역으로까지 확대될 수 있었다.

이같이 한글 운동론이 정립되고 필요한 경비가 마련됨에 따라 조선어연구회는 점차 활발한 활동을 벌일 수 있었다. 그리하여 1926년 10월 '가갸날'(1928년부터 '한글날'로 바뀜)을 제정하고 첫 기념식을 가진 데[109] 이어 같은 해 12월에는 조선어 강습회를 개최함으로써 대중과의 접촉을 도모하기 시작했다.[110] 아울러 1927년 2월에 창간된 기관지 『한글』을 통해 한글 운동의 목표가 "이천삼백만 민중의 동무"이자 "조선 문화의 원동력이 되어 조선이란 큰 집의 터전을 닦으며 주초를 놓"는 데 있다고 밝혔다. 곧 "조선 문화수의 지엽은 과학, 종교, 예술, 정치, 경제, 도덕 등 여러 가지가 있겠지만 그 근본을 위탁할 토대는 말과 글이다. 이 말과 글을 잘 갈고 닦아서 조선 문화수의 영원한 발달의 원동력이 되"려는 것이 한글 운동의 목표임을 천명한 것이다.[111] 이어 1929년 10월에는 조선어사전편찬위원회를 조직했으며, 1930년 12월에는 한글 맞춤법의 제정, 표준어 사정, 외래어 표기법의 작성에 착수하기로 결정하고 곧 실무 진행에 착수했다.

여기서 조선어연구회가 설정한 세 가지 사업의 의미를 짚어 볼 필요

---

108 이극로, 1947, 『고투사십년』, 을유문화사, 63쪽
109 한글학회, 1971, 앞의 책, 6~7쪽.
110 『동아일보』, 1926.12.17.
111 조선 어학회, 1927, 「첨내는 말」, 『한글』 1.

가 있다.[112] 먼저 통일된 맞춤법의 제정은 언어를 표기하는 기본적 규범을 확립함으로써 민족의 공용어를 확정한다는 의미가 있다. 다음으로 표준어 사정은 민족 구성원 내부에 존재하는 언어의 불일치라는 문제를 극복하는 계기를 마련한다는 의미가 있다. 마지막으로 외래어 표기법의 제정은 한 민족의 개별 언어가 다른 나라의 언어와 국제적으로 교류될 수 있는 기반을 마련한다는 의미가 있다. 이렇게 볼 때 조선어학회가 1930년 이후 벌이기로 한 사업은 모두 일제 식민 지배 아래 민족 문화를 지킨다는 소극적 의미만을 갖는 것이 아니라 해방 이후 우리 민족이 이루어야 할 근대 사회로의 이행이나 민족 국가의 성립이라는 과제에 필요한 기초 작업이라는 적극적 의미도 갖는 것이었다.

한편 이 시기 조선어연구회의 움직임 가운데 주목되는 것은 그동안 소원했던 다른 민족 운동 단체와의 연계가 이루어지기 시작했으며,[113] 현실적으로 큰 영향력을 갖고 있던 신문(특히 『동아일보』)과 깊은 유대 관계를 형성하고 있었다는 점이다. 보기를 들어 『동아일보』는 1920년대 말에 한글 운동을 소개하는 기사를 집중적으로 게재하기 시작했는데, 이는 조선어연구회와 무관한 것이 아니었다. 실제로 『동아일보』가 창간 10주년 기념사업으로 선정한 9명의 한글 공로자[114] 가운데 중국에 있던 김두봉, 조선어연구회에 반대하던 박승빈, 그리고 신원을 알 수 없는 김희상[115]

---

112 김하수, 1992, 「식민지 문화운동 과정에서 찾아 본 이극로의 의미」, 『주시경학보』 10, 268쪽.

113 보기를 들어 이 무렵 김윤경과 이윤재는 수양동우회, 그리고 최현배는 흥업구락부 회원이었다.

114 『동아일보』, 1930.4.1.

115 김희상의 경우 이후 한글 맞춤법 통일안을 만들고 표준말을 사정하는 작업에 참여한 것으로 보아 조선어연구회와 일정한 관계를 유지하고 있었을 것이다.

을 제외하고 6명(이상춘, 권덕규, 이규방, 최현배, 신명균, 이윤재)이 조선어연구회 회원이었다.

그런데 이 무렵부터 한글의 맞춤법을 둘러싸고 주시경의 제자들과 박승빈 사이에 논쟁이 본격화되기 시작했다.[116] 논쟁의 핵심은 쌍서(ㄲ, ㄸ 등) 사용, ㅎ받침 사용, 한 음절 문자에 두 개의 받침 사용 등을 둘러싼 것이었다.[117] 조선어연구회가 현실적 용례에 따라 앞의 경우를 모두 인정하자고 주장한 데 비해 박승빈은 이를 부정하고 있었다. 이러한 논쟁에 대해 『동아일보』는 조선어연구회의 회원들을 한글 발전의 공로자로 인정함으로써 사실상 조선어연구회가 한글 운동에서 대표성을 갖고 있음을 인정하고 나섰다. 이러한 대표성은 이후 주시경 학파를 중심으로 한 한글 운동이 전개되는 데 중요한 무형의 자원이 되었다.

한글 운동을 전개하는 데 필요한 기초 작업을 쌓아 가던 조선어연구회는 1931년 1월 조선어학회로 개편되었다. 조선어학회는 개편과 함께 이전부터 추진해 오던 활동을 더욱 체계적이고 대중적으로 벌여 나갔다. 실제로 1930년대 초에는 실로 한글 운동의 전성기라고 해도 과언이 아닐 정도로 활발한 활동이 전개되고 있었다. 이는 다시 한글의 대중적 보급을 위한 활동, 그리고 한글의 정리와 통일을 위한 활동으로 나뉜다.

먼저 조선어학회 회원들은 1931년부터 전국 각지를 순회하면서 하

---

116 논쟁의 구체적인 내용에 대해서는 『한글』 및 박승빈이 1931년에 조직한 조선어학연구회의 기관지 『정음』에 실린 여러 글을 볼 것. 이를 간결하게 정리하고 있는 글로는 한글학회, 1971, 앞의 책, 180~189쪽을 볼 것. 아울러 박승빈에 대해서는 三ツ井崇, 2012, 「朴勝彬の言語観とその背景·補論」, 『日韓相互認識』 5를 볼 것.

117 보기를 들어 쌍서를 인정할 경우 'ㅅ다름'은 '따름'으로 되고, ㅎ받침을 인정할 경우 '만흐니'는 '많으니'로 되며, 한 음절 문자에 두 개의 받침을 인정할 경우 '안즈며'는 '앉으며'로 된다.

기 한글 강습회를 개최하는 등 수시로 대중(주로 지방의 교원)을 상대로 한 한글 보급 운동을 전개했다. 보기를 들어 1931년 7월부터 9월까지 개최된 하기 강습회의 개최지와 강사는 다음과 같다.

권덕규: 경상도(진주, 마산, 통영, 부산, 밀양, 대구)
이병기: 전라도(전주, 군산, 목포, 순천, 영암, 여수)
이윤재: 평안도(선천, 평양, 정주, 운향)와 황해도(황주)
이상춘: 함경도(홍원, 청진, 회령, 함흥)와 만주(용정)
이극로: 황해도(해주, 신천)와 평안도(진남포)
신명균: 경상도(거창, 대구, 경주, 김천)
김윤경: 경기도(인천, 수원)와 황해도(개성, 안악)
김선기: 경기도(안성, 충청도(대전), 전라도(이리)
최현배: 함경도(원산)

이밖에 1933년에도 순회 강습회가 열렸으며, 1934년과 1937년에는 개성과 서울에서 각각 강습회가 열렸다.[118] 특히 조선어학회가 한글 운동의 대중적 기반을 넓혀 나가는 데 중요한 역할을 한 것은 당시 『동아일보』와 『조선일보』에서 각각 벌이고 있던 '브나로드 운동' 및 '문자 보급 운동', 그리고 각급 학교와 종교 단체를 중심으로 일고 있던 농촌 계몽 운동이었다.[119] 조선어학회는 이러한 일련의 운동에 강사를 파견하고

---

118 한글학회, 1971, 앞의 책, 314~315쪽.
119 보기를 들어 1931년에는 브나로드 운동을 이용해 7월부터 8월까지 신명균, 권덕규, 이상춘, 이윤재, 김윤경, 이병기, 최현배, 이극로, 김선기 등이 전국 각지에서 1,652명을 대상으로 한글 강습회를 열었다. 한글학회, 1971, 위의 책, 322~323쪽.

맞춤법 통일안을 설명함으로써 민중에게 한글 운동의 당위성을 선전하고 있었다.

조선어학회의 한글 운동가들은 민족 운동의 주체를 민족 전체로 보고 있었다. 과거와 같은 소수의 엘리트 중심의 시대가 가고 바야흐로 '민중의 시대'가 열린 이상 모든 민족, 전체 민중이 깨어나야 독립을 쟁취할 수 있다는 것이 한글 운동가들의 생각이었다. 이는 결국 한글 운동을 포함한 민족 운동이 궁극적으로 민중을 지향해야 한다는 것을 의미한다. 따라서 민족 운동의 하나로서의 한글 운동도 궁극적으로는 모든 민족 구성원이 주체로 참여할 때 그 목적을 달성할 수 있는 것으로 여겨졌다. 조선어학회가 한글의 정리와 통일 작업에서 소수의 특권층이 중심이 된 언어 문화를 비판하면서 민중이 쓰기 쉬워야 한다는 원칙을 강조한 것도 이와 무관하지 않았다.

한편 조선어학회는 1930년에 시작된 맞춤법[120] 통일 작업을 마무리해 1차 독회(1932년 12월~1933년 1월), 1차 수정 위원회(1933년 2월~6월), 2차 독회(1933년 7월), 2차 수정 위원회(1933년 8월~10월)를 거쳐 1933년 10월 '한글 맞춤법 통일안'으로 발표했다.[121] 조선어학회의 맞춤법 통일안 제정은 사실상 조선총독부가 만든 「언문철자법」(1930)을 부정하는 의미를 갖는 것이었다. 앞에서 언급했듯이 조선어연구회 회원 일부가 「언문철자법」(1930) 제정에 관여한 바 있었다. 그런데도 굳이 조선어연구회와 그 후신인 조선어학회는 독자적인 맞춤법 통일안을 만들려고

---

120 맞춤법 통일안 제정 당시에는 마춤법이라고 쓰였으나 지금 표기대로 하면 맞춤법이다. 이하 원문대로 인용하는 경우가 아니면 맞춤법으로 쓴다.
121 한글학회, 1971, 위의 책, 164~171쪽.

했다. 이는 「언문철자법」(1930)이 자신들의 주장과 상당 부분 다르다고 보았기 때문이다. 조선어연구회·조선어학회가 「언문철자법」(1930)에 불만을 품고 있었다는 것은 이 철자법 제정 직후인 1930년 12월에 바로 독자적인 맞춤법 정리 작업에 착수했다는 데서도 확인된다.

그렇다면 무엇이 달랐을까? 차이의 출발점은 조선어 철자법의 정리를 '국어' 교육을 위한 하나의 수단으로 본 조선총독부와는 달리 조선어연구회·조선어학회 회원들은 맞춤법을 포함한 한글의 정리가 민족의 재흥, 갱생, 그리고 궁극적으로는 식민 지배로부터의 해방으로 이어져야 한다는 믿음을 갖고 있었다는 것이다. 이러한 차이는 실제 맞춤법 통일안에도 그대로 반영되었다. 조선어학회가 한글 맞춤법 통일안을 마련하면서 밝힌 원칙은 다음의 세 가지였다.[122]

1. 한글 마춤법(철자법)은 표준말을 그 소리대로 적되, 어법에 맞도록 함으로써 원칙을 삼는다.
2. 표준말은 대체로 현재 중류 사회에서 쓰는 서울말로 한다.
3. 문장의 각 단어는 띄어 쓰되, 토는 그 웃말에 붙여 쓴다.

먼저 첫 번째 조항인 '맞춤법은 소리대로 적되, 어법에 맞도록'이라는 부분에 주목할 필요가 있다. 「언문철자법」(1930)은 형태주의 요소를 부분적으로 도입하기는 했지만 표음주의 표기를 기본으로 했다. 반면에 한글 맞춤법 통일안은 「언문철자법」(1930)의 규정을 일부 인정하면서도 새로 '어법에 맞도록'이라는 규정을 만들었다. 원음에 입각한 맞춤법을

---

[122] 조선어학회, 1933, 「총론」, 『한글 마춤법 통일안』, 조선어학회.

제시한 것이다. '어법에 맞도록'이라는 규정은 표음주의와는 대립하는 개념으로, '원형'을 밝힌다는 의미와 문법에 맞는다는 의미를 아울러 갖는다. 보기를 들어 '없-'이 '없고, 없는'에서 '업-, 엄-'과 같은 다른 형태로 바뀌는 모습을 표기법에 반영하지 않고, 그 원형 '없-'을 분명히 한다는 것은 곧 각 형태소의 기본형을 분명히 하겠다는 것으로 해석할 수 있다.

한글의 탄생 배경에는 한자를 모르는 민중 곧 '우민(愚民)'이 있었다. 따라서 처음부터 음소 문자의 특징을 살려 '소리 나는 대로'의 표기가 가능하다는 것이 한글의 최대 강점이었다. 그러나 한글이 근대 국가의 국어로 다시 태어나기 위해서는 소박한 표음주의에 입각한 '소리 나는 대로'가 아닌 원형이나 문법을 고려한 형태주의 시각의 도입이 필요하다는 것이 주시경 이래 한글 운동가들의 생각이었다. 따라서 주시경의 계승자인 조선어학회는 「언문철자법」(1930)보다 더 철저하게 형태주의 원칙을 따르는 맞춤법 통일안 제정에 따로 나선 것이다.

두 번째 조항의 '현재 중류 사회에서 쓰는 서울말'이라는 기준은 그 자체만으로는 「언문철자법」(1930)의 '현대 경성어'에 '중류 사회'라는 기준을 덧붙여서 큰 차이가 없는 것처럼 보인다. 그러나 그 의미는 크게 달랐다. 「언문철자법」(1930)은 표준어를 상정하지 않았다. 1912년 「언문철자법」 제정 당시 표준어 대신에 굳이 '표준'이라는 용어를 쓸 때부터 철자법과 표준어를 연계시키지 않는다는 것이 조선총독부의 확고한 견해였다. 그도 그럴 것이 식민 본국인 일본도 표준어를 정하지 못한 상황에서 기껏해야 지방어에 지나지 않는 조선어에 표준어 개념을 적용할 수는 없었다. 그러나 조선어학회 회원들의 생각은 달랐다. 맞춤법 통일이 표준어 사정으로 이어져야 한다는 것이 조선어학회의 확고한 견해였다. 실제로 맞춤법 통일안 제정 이후 바로 표준어 사정 작업에 들어간 조선어학회는 "표준말 가려잡기(採擇)에 대하여는, 물론 한글 맞춤법 통일안에서 정한 '표준말은 대체로 현재 중류 사회에서 쓰는 서울말로 한다' 한 원칙에 의지하였다"라는 기준을 분명히 했다.

세 번째 조항도 「언문철자법」(1930)과 뚜렷한 차이를 보여 준다. 조선총독부가 세 차례에 걸쳐 만든 「언문철자법」은 띄어쓰기를 언급조차 하지 않았다. 그러나 주시경 이래 한글 운동가들은 될 수 있으면 한글을 띄어 써야 한다고 굳게 믿고 있었다. 그랬기 때문에 총론의 세 항목 가운데 하나로 띄어쓰기를 꼽은 것이다. 사실 글을 쓸 때 세로쓰기를 기본으로 하는 한문이나 일본어는 띄어쓰기 개념 자체가 거의 없었다. 가로쓰기와 띄어쓰기는 바로 이어지는 것이었다. 띄어쓰기는 조선어 철자법 정리를 '국어' 교수의 도구로 여긴 조선총독부와 한글만의 고유한 성격을 살리되 국가 언어가 되는 데 필요한 만큼의 법칙성을 만들려는 한글 운동가들의 차이를 바로 드러내는 것이었다.

조선어학회는 맞춤법 통일안 제정에 이어 1934년 8월 조선어 표준어 사정 위원회를 구성함으로써 표준말 사정 작업에 착수해 제1 독회(1935년 1월), 제2 독회(1935년 8월), 제3 독회(1936년 7월)를 거쳐 1936년 10월 '사정한 조선어 표준말 모음'을 발표했다.[123] 그리고 1940년 6월에는 10년에 걸친 작업 끝에 '외래어 표기법 통일안'을 확정했다.[124] 이로써 한글의 정리, 통일, 체계화라는 역사적 과제가 일단락되었다. 조선어학회는 이를 기초로 해 '큰 사전'을 내기 위한 작업을 벌여 많은 어려움 끝

---

123 한글학회, 1971, 앞의 책, 197~210쪽.
124 한글학회, 1971, 위의 책, 217~235쪽.

에 원고를 거의 완성했으나 1942년 10월에 일어난 '조선어학회 탄압 사건'으로 유종의 미를 거두는 데 실패했다.[125]

3) 한글을 지킨 사람들

1920년대 조선어연구회의 한글 운동이 주로 회원들을 중심으로 이루어진 데 비해 1930년대 이후 조선어학회의 한글 운동에는 회원은 물론이고 비회원도 폭넓게 참여하고 있었다. 물론 엄밀하게 말해 비회원은 조선어학회의 구성원이 아니었다. 그렇지만 한글 운동의 대중적 확산에 중요한 역할을 한 후원 세력이었다는 점에서 한글 운동의 성격을 이해하는 데는 중요한 실마리를 제공한다. 따라서 여기서는 비회원도 조선어학회의 한글 운동 참여자로 포함해 조선어학회의 사회적 구성을 살펴볼 것이다.

조선어연구회 창립 당시의 회원은 임경재(휘문고등보통학교 교장), 최두선(중앙고등보통학교 교장), 권덕규, 이병기, 이규방, 신명균, 김윤경, 이원규(조선사편찬위원회), 이상춘 등 15명 정도였다.[126] 여기에 조선어학회로 개편될 때까지 최현배, 정열모, 이호성, 이윤재, 이극로, 심의린 등 10여 명이 새로 입회했다.[127] 그러나 1931년 조선어학회가 출범할 때 회원은 15명 정도에 불과했다.[128] 10여 년 동안에 상당수의 회원이 중도에 탈락했음을 알 수 있다. 이후 1942년 조선어학회 탄압 사건이 일어날 때

---

125 한글학회, 1971, 위의 책, 262~273쪽.
126 김윤경, 1938, 『朝鮮文字及語學史』, 조선 기념 도서 출판관, 654~655쪽.
127 김민수, 1992, 앞의 글, 57쪽.
128 김민수, 1992, 위의 글, 62쪽.

까지 회원 수는 20명에서 40명 사이를 벗어나지 않았다. 이러한 양상은 조선어학회의 전신인 조선언문회가 한글 교육을 이수한 사람은 모두 회원으로 받아들임으로써 특별 회원을 포함해 120여 명의 회원을 포괄하고 있었던 것과는 대조적이다.[129] 이는 한편으로는 일제의 가혹한 탄압 아래 한글 운동이 겪고 있던 어려움을 반영하는 것인 동시에 다른 한편으로는 조선어학회가 대중 단체가 아니라 한글에 대한 전문적 식견과 열정이 있는 사람으로 회원의 자격을 제한해 소수 정예의 전문가 조직을 지향했음을 의미한다.[130] 그렇다면 이들 소수의 전문가는 어떤 특성을 가졌을까? 〈표 3-3〉을 통해 몇 가지 사실을 확인할 수 있다.

첫째, 대부분이 정규 중등·고등 교육을 받은 지식인이었다. 특히 조선어연구회 창립 이후 새로 가입한 회원 가운데 상당수가 일본(최현배, 김윤경, 정열모, 정인섭, 방종현), 중국(이극로, 이윤재), 영국(김선기), 프랑스(김선기), 독일(이극로) 등 외국에서의 유학 경험을 가졌거나 국내 대학(연희전문학교의 정인승, 경성제국대학의 이희승)을 졸업한 당대 최고의 지식인들이었다. 특히 이들이 대학에서 언어학을 포함한 인문·사회과학의 체계적인 훈련을 쌓았다는 사실에 주목할 필요가 있다.

이들 새로운 한글 전문가의 등장이야말로 1930년대 초 한글 운동이 활발하게 전개되는 데 중요한 배경이 되었다. 실제로 1930년대에 조선어학회에서 활동한 임원 가운데 신명균, 이만규, 장지영을 제외한 이극로, 최현배, 김윤경, 이희승, 이윤재, 방종현, 정인승 모두 대학에서 공부

---

129 김민수, 1992, 위의 글, 55쪽.
130 물론 회원 가운데는 이름만 걸어 놓고 활동이 보이지 않는 경우도 있었다. 그러나 핵심 회원들은 한글의 연구, 통일, 보급에서 1인 3역의 역할을 열정적으로 수행하고 있었다.

<표 3-3> 조선어연구회·조선어학회의 주요 회원[131]

이름	학력	주요 경력 및 활동
김선기	연희전문학교, 파리대학, 런던대학	동명의숙 교사, 조선어학회 사전 편찬원
김윤경	연희전문학교, 일본 릿쿄(立敎)대학	창신학교 교사, 배화여자고등보통학교 교사, 수양동우회
방종현	경성제국대학, 도쿄제국대학	-
신명균	한성사범학교	동덕여자고등보통학교 교사, 중앙인서관 경영, 민립 대학 설립 운동, 전조선청년당대회
이강래	관립공업견습소, 일본 사범학교	송도고등보통학교 교사, 배화여자고등보통학교 교사, 만주와 러시아 연해주에서 독립 운동
이극로	베를린대학	1회 세계 약소민족대회 참가, 조선어사전편찬회
이만규	경성의학교	의사 출신, 송도고등보통학교 교사, 배화여자고등보통학교 교사, 계몽 운동과 3·1운동에 참여, 흥업구락부
이병기	한성사범학교	동광학교 교사, 휘문고등보통학교 교사
이상춘	한영서원	송도고등보통학교 교사
이윤재	베이징대학	숭덕학교 교사, 연희전문학교 강사, 『한빛』 간행, 수양동우회
이희승	경성제국대학	이화여자전문학교 교수
장지영	관립외국어학교	오산학교 교사, 중앙고등보통학교 교사, 『조선일보』 편집인과 문화부장, 물산장려운동, 3·1운동, 신간회
정열모	와세다대학	김천고등보통학교 교장
정인섭	와세다대학	연희전문학교 교수
정인승	연희전문학교	고창고등보통학교 교사, 사전 편찬 주무 위원
최현배	히로시마고등사범학교, 교토제국대학	연희전문학교 교수, 흥업구락부
한징	-	『시대일보』, 『중외일보』, 『조선중앙일보』 기자

출처: 함흥지방법원, 「조선어학회 사건 예심 종결 결정문」, 『나라사랑』 42; 경성복심법원 형사부, 「소화 20년 형상 제29호(조선어학회 사건 최종 판결문)」, 독립 유공자 공훈록 편찬 위원회, 「독립 유공자 공훈록 제6권 학생 운동·문화 운동」(국가보훈처, 1988); 한글학회(엮음), 「얼음장 밑에서도 물은 흘러」(한글학회, 1993).

---

131 이 밖에도 김극배(이화여자고등보통학교), 김기홍(계성보통학교), 김해윤(불교전문학교), 백낙준(연희전문학교), 심의린, 이규방(보성고등보통학교), 이세정(진명여자고등보통학교), 이승규(휘문고등보통학교), 이제혁(경성여자보통학교), 이호성(수송공립보통학교), 김병제, 김영건, 김재희, 김형기, 맹주천, 박학규, 박현식, 송병기, 윤구섭, 윤복영, 이갑, 이탁, 장성균, 조용훈, 허영호 등이 회원이었다.

한 한글 운동가였다. 이러한 세대 교체를 통해 한글 운동은 새로운 단계로 접어들 수 있었다. 보기를 들어 1930년 12월에 선정된 한글 맞춤법 통일 위원 12명 가운데는 외국 유학의 경험이 있던 최현배, 김윤경, 이극로, 이윤재, 정열모, 정인섭과 경성제국대학 출신의 이희승이 포함되어 있었으며, 이어 맞춤법 통일안의 확정을 앞두고 1933년 7월에 선정된 정리 위원 9명 가운데도 최현배, 김선기, 김윤경, 이극로, 이윤재, 이희승, 정인섭 등 한글 운동의 새로운 경향을 대표하던 한글 운동가들이 다수를 차지하고 있었다.

곧 맞춤법 통일이라는 역사적 과제를 담당한 핵심적인 한글 운동가 가운데 다수가 대학에서 언어 연구에 관한 과학적 훈련을 받은 전문적 지식인이었다. 이들은 근대 교육을 통해 과학적 훈련을 쌓은 새로운 세대의 지식인이었다. 따라서 세계사적 맥락에서 우리 민족의 문화적 전통을 자리매김하면서 민족의 독립을 도모하고 있었다. 이들 가운데 상당수가 언어학을 공부하면서도 사회과학에 대한 깊은 관심을 가졌던 것[132]도 단순히 겨레의 얼과 문화를 강조하는 것만으로는 독립이 이루어질 수 없다는 자각에 따른 것이었다. 이들은 다른 언어와의 비교를 통해 한글의 우수성을 확인하고 언어학 이론에 근거해 한글 사용을 체계화함으로써 한글의 발전, 나아가 민족 문화의 발전에 이바지하려고 한 것이다.

둘째, 회원의 직업은 몇몇 예외(언론인 권덕규, 조선어사전편찬위원회 김선기, 이극로 등)를 제외하고는 대개 보통학교나 중등학교의 교원(김주배,

---

132 보기를 들어 최현배가 사회학과 교육학, 김윤경이 역사학과 사회학, 이윤재가 역사학, 이극로가 정치경제학을 각각 공부했다.

김기홍, 김윤경, 신명균, 심의린, 이강래, 이만규, 이병기, 이상춘, 이승규, 이윤재, 이제혁, 이호성, 장지영, 정열모, 정인승)이거나 전문학교의 교수(김해윤, 이희승, 정인섭, 최현배 등)였다. 그리고 교원 가운데 대다수는 서울 소재 사립 학교에 재직했으며, 지방 사립 학교 교원은 이상춘, 정열모, 정인승 정도에 불과했다. 이는 결국 조선어학회가 서울의 사립 학교 교원, 교수 중심으로 이루어진 조직이었으며, 따라서 지방 회원의 참여가 사실상 거의 없었음을 의미한다. 조선어학회가 1920년대 말부터 1930년대 중반까지 방학을 이용해 전국 각지를 순회하며 주로 지방 교원들을 대상으로 강습회를 개최한 것도 이러한 한계를 극복하기 위한 노력이었다고 할 수 있다.

셋째, 관립 학교나 관변 단체에 재직 중이거나 관립 학교 출신인 회원은 극소수에 불과했다. 전자에 해당하는 회원은 이원규(조선사연구회 시기에 조선사편찬위원회), 심의린(경성여자고등보통학교), 이호성(수송공립보통학교→경기도 시학) 정도였으며, 후자에 해당하는 회원은 경성제국대학 출신의 이희승과 방종현 정도였다. 특히 후자와 관련해 당시 경성제국대학 출신의 조선 어문학 전공자가 1회의 조윤제, 2회의 이희승을 비롯해 20여 명[133]에 달했음에도 불구하고 이들 가운데 단 2명만이 조선어학회에 가입했으며 다른 사람들은 어떠한 형태로든 조선어학회의 활동에 관여하지 않았다는 사실에 주목할 필요가 있다. 이는 식민 지배 기구와 조선어학회의 관계를 상징적으로 보여 준다.

넷째, 조선어학회 회원 가운데는 계몽 운동과 3·1운동을 거쳐 1930년대에 이르기까지 다양한 형태로 민족 운동에 참여한 경우가 많았다. 그

---

133 이충우, 1980, 『경성제국대학』, 다락원, 196~200쪽.

보기로 김윤경(수양동우회), 신명균(민립 대학 설립 운동과 전조선청년당대회), 이강래(만주와 러시아 연해주에서의 독립 운동, 흥업구락부), 이극로(1923년 제1회 세계 약소민족대회, 조선물산장려회), 이만규(계몽 운동, 3·1운동, 조선청년회연합회, 흥업구락부), 이윤재(수양동우회), 장지영(물산장려운동, 3·1운동, 신간회) 등을 들 수 있다. 특히 최현배, 김윤경, 이윤재 등이 모두 1920년대 초반부터 중반 사이에 교육을 통한 사회 개조에 깊은 관심을 기울이고 있었다는 데 주목할 필요가 있다. 최현배가 흥업구락부에, 그리고 김윤경과 이윤재가 수양동우회에 가입한 것도 1920년대 중반이었다. 따라서 조선어학회의 회원들이 계몽 운동 이후 민족 운동의 큰 흐름 속에서 한글 운동을 전개하고 있었음을 알 수 있다.

한편 비회원으로서 한글 운동에 참여한 사람들은 조선어학회의 활동을 재정적으로 뒷받침한 경우와 조선어학회가 체계화한 한글의 정리 및 통일 방침의 대중적 확산에 이바지한 경우로 나눌 수 있다. 먼저 전자의 경우에 속하는 사람들의 대표적인 보기는 다음과 같다.[134]

> 공진항: 1931년 12월부터 다음 해 1월까지 개성에서 열린 맞춤법 통일안 1차 독회의 경비를 전부 부담하고, 1940년 최현배가 『한글갈』이라는 저서를 낼 때 출판 경비를 부담하는 등[135] 한글 운동을 재정적으로 지원했을 뿐만 아니라 천도교 기관지인 『신인간』(1933년 9월호)에 '우리 문화와 우리 글'이라는 글을 기고해 "한글

---

[134] 아래에서 특별히 근거가 언급되지 않은 것은 한글학회, 1971, 앞의 책; 한글학회 엮음, 1993, 「얼음장 밑에서도 물은 흘러」, 한글학회에 따른 것이다.
[135] 최현배, 1973a, 앞의 글, 177~178쪽.

의 생명에 대하여 절대의 믿음을 가질 것"과 "우리의 사상 표현 방식을 있는 대로 한글화함에 힘쓸 것"을 주장했다.

김도연: 1936년부터 1940년까지 조선어학회에 700원을 지원했다.

김성수: 1935년 8월 조선어 표준어 사정 위원회의 제2 독회에 3백 원을 기증하는 등 조선어학회의 모임이 있을 때마다 재정적인 후원자 역할을 했다.[136]

김양수: 1935년 무렵 조선어학회의 재정 책임을 맡아 김도연, 장현식, 서민호 등과 함께 활동 자금을 지원했으며, 1936년부터 1940년까지 본인이 낸 700원을 비롯해 7,100원을 모아 사전 편찬 자금으로 제공했다.

이우식: 1929년 조선어사전편찬위원회의 조직을 주도했으며, 1931년부터는 그 간사장이 되었다. 1936년에는 김양수, 장현식, 김도연, 이인, 서민호, 신윤국, 김종철, 설태희, 설원식, 윤홍섭, 민영욱, 임혁규, 조병식 등과 함께 사전편찬후원회를 결성하고 16,400원의 자금을 제공했다. 이 밖에도 1930년대 중반까지『한글』편집 비용을 비롯해 조선어학회의 운영비 대부분을 지원했다.

이인: 1934년과 1935년 두 해에만 1,400원을 조선어학회에 제공했으며, 1937년 3월에는 조선어학회의 외곽 기관인 조선기념도서출

---

[136] 이에 대해 이희승은 다음과 같이 회고하고 있다. "인촌 선생은 조선어학회와 직접적인 관계는 맺고 계시지 않았지만 기회 있는 대로 음으로 양으로 원조를 아끼지 않으셨다. … 지금 기억에 남는 것으로 표준어 사정 위원회를 우이동 봉황각에서 열었을 때 인촌 선생은 당시로서는 상당히 거액이었던 3백 원을 쾌척하셨고, 철자법 위원회는 제1회 개성, 제2회는 인천, 제3회는 서울 화계사에서 열었을 때도 그때마다 적지 않은 액수의 돈을 내주었던 것으로 안다." 동아일보사 편집부 편, 1985,『인촌 김성수-인촌 김성수의 사상과 일화』, 동아일보사, 215쪽.

판관을 조직하고 그 첫 사업으로 모친의 수연(壽宴)을 기념해 김윤경의 『조선문자급어학사』 출판을 지원했다.

장현식: 김양수의 권유로 1936년 4월부터 1939년 말까지 조선어학회에 3,000원을 지원하는 한편, 친족과 지인 등으로부터도 1,400원을 모아 조선어학회에 제공했다.

정세권: 1935년 조선어학회에 건물을 기증했다.

기타: 인쇄소를 경영하던 이중건, 노성석 등은 『한글』의 출판을 지원했으며, 이 밖에도 전국 각지의 독지가들이 『한글』을 발간하는 데 필요한 경비를 후원했다. 그리고 노성석 등은 외래어 표기법 통일안 출판과 사전 출판을 지원하기도 했다.

그런데 〈표 3-4〉에서 확인할 수 있듯이 이들은 대부분 지주, 부르주아지 출신이며 그 가운데 상당수는 외국 유학의 경험을 가진 지식인이기도 했다. 그리고 1910년대 말부터 어떤 형태로든 민족 운동에 참여한 경험도 갖고 있었다. 따라서 이들이 조선어학회를 재정적으로 후원한 것은 한글 운동 자체를 민족 운동으로 인식하고 있었기 때문이었음을 알 수 있다. 1920년대 말 이후의 정세 변화 속에서 점차 위축되기 시작한 공개적인 민족 운동은 1930년대 중반이 되면 그 자취조차 찾아보기 어려울 지경이 되었다. 이러한 상황에서 민족 운동을 완전히 포기하지 않은 사람들이 선택할 수 있는 길은 그다지 많지 않았다. 1930년대 중반 이후 조선어학회에 대한 재정적 지원이 끊이지 않은 이유도 바로 여기에 있었을 것이다.

한편 조선어학회의 외곽에서 한글 운동의 대중적 확산을 도운 이들은 다시 조선어 사전편찬위원회에 참가하거나 한글 맞춤법 통일안을 지

〈표 3-4〉 조선어학회 한글 운동의 재정적 후원자

이름	학력	경력 및 활동
공진항	프랑스 유학(사회학 박사)	자산가
김도연	게이오대학, 컬럼비아대학	연희전문학교 교수, 조선흥업주식회사 경영, 2·8독립선언 참여
김성수	와세다대학	대지주, 『동아일보』 사주, 중앙고등보통학교와 보성전문학교 교주
김양수	와세다대학, 컬럼비아대학	『동아일보』 주주 및 논설 반장, 『삼일신보』 주필
김종철	미국 유학	재산가, 조선흥업주식회사
서민호	와세다대학, 컬럼비아대학	대지주, 도쿄에서 6·10만세운동 참여
설태희		대한제국 말 군수, 조선물산장려회 이사
신윤국	미국 유학	조선흥업주식회사
안재홍	와세다대학	자산가
윤병호	보성전문학교, 와세다대학	대지주, 대동청년단, 대한민국임시정부
이우식	도요(東洋)대학	대지주, 자본가(『시대일보』, 『중외일보』, 경남은행, 원동무역회사), 대한민국임시정부 후원
이인	일본대학, 메이지대학	변호사
장현식	한문 수학	지주 출신, 『동아일보』 감사역
정세권	-	건축업자, 조선물산장려회, 신간회

출처: 함흥 지방 법원, 「조선어학회 사건 예심 종결 결정문」, 『나라사랑』 42; 한글학회 엮음, 1993, 앞의 책.

지한 경우와 개인적으로 사전편찬준비위원회와 표준어 사정 작업에 참여한 경우로 나눌 수 있다. 이를 좀 더 자세히 살펴보자.

첫째, 1929년 10월 "엄정한 과학적 방법으로 언어와 문자를 통일"할 것을 선언하면서 발기된 조선어 사전편찬위원회의 준비 위원 32명 가운데는 조선어연구회의 회원 외에 김법린, 방정환, 백낙준, 안재홍, 유억겸, 이광수, 이우식, 이중건, 정인보, 조만식, 주요한, 최두선 등이 포함되었다.[137] 이 위원회의 결성이야말로 한글 운동이 공식적으로 다른 민족 운동 세력과 연계를 맺는 첫걸음이었다.

---

137 한글학회, 1971, 앞의 책, 265~267쪽.

둘째, 조선어학회의 한글 맞춤법이 발표된 후 이를 둘러싸고 조선어학회와 조선어학연구회 사이의 대립이 치열해지던 상황에서 주요 종교 단체, 언론 기관, 교육 기관이 조선어학회를 지지하고 나섰다. 기록에 나와 있는 것만 보더라도 최린(천도교 대도정), 이종린(천도교 현기관장), 양주삼(감리교 총리사), 함태영(장로교 목사), 원형근(천주교 주교), 한용운, 송진우(『동아일보』 사장), 방응모(『조선일보』 사장), 여운형(『조선중앙일보』 사장), 유억겸(연희전문학교 부교장), 김성수(보성전문학교 교장), 김활란(이화여자전문학교 부교장), 우호익(숭실전문학교 문과 과장), 오긍선(세브란스의학전문학교 교장), 김종만(감리교신학교 학감), 독고선(경성보육학교 교장), 차사백(중앙보육학교 교장), 현상윤(중앙고등보통학교 교장), 조동식(동덕여자고등보통학교 교장), 김경홍(보성고등보통학교 교장), 안종원(양정고등보통학교 교장), 이윤주(휘문고등보통학교 교장), 최규동(중동학교 교장), 김준옥(송도고등보통학교 교장), 김관식(함흥 영생여자고등보통학교 교장), 이경렬(배재고등보통학교 교무주임), 이시웅(경신학교 교무주임), 윤성순(정신여학교 교무주임), 김지환(배화여자고등보통학교 교유), 이덕상(이화여자고등보통학교 교무주임), 전필순(『기독신보』 사장), 주요섭(『신동아』 주간), 이은상(『신가정』 주간), 이인(『신흥조선』 주필), 이정호(『별건곤』 주간), 박완(『천도교월보』 주간), 김병순(『농민주보』 주간) 등이 조선어학회를 지지하는 글을 『한글』에 기고했다.[138] 물론 이들은 모두 당시 종교·교육·언론계를 대표하던 인물이었다.

이들이 조선어학회를 지지한 주된 이유는 전문성에 있었다. 보기를 들어 조동식은 "어법의 체계를 세워 완전한 표준을 정하는 것은 아무라도 저마다 못하는 것이니, 이것은 일체 전문 학자에게 맡기고, 대중은 전문

---

138 『한글』 2권 1호, 2호, 4호(1934).

학자들이 정한 바 안을 절대로 신뢰하여 그대로 실행할 것"을 주장했다.[139] 실제로 앞에서 거론된 대부분 사람이 맞춤법 통일안에 따라 민중에게 우리 말글을 가르쳐야 한다는 점을 강조하고 있었다. 이들의 공개적인 지지야말로 조선어학회의 맞춤법 통일안이 정당성을 획득하는 데 중요한 밑받침이 되었다. 이밖에 각지에서 단체의 이름으로 또는 개인적으로 맞춤법 통일안을 지지하는 성명을 발표했다.[140]

물론 이들의 지지는 형식적인 것이 아니었다. 이는 이들이 한글 맞춤법 통일안이 공표되었을 때 축하회에 참석해 축사를 하거나(송진우, 주요한, 조동식, 여운형, 양주삼, 조병옥)[141] 한글 통일 위원을 위로하기 위한 모임(1933년 11월 8일)을 발기했다는 데서도 확인된다.[142] 실제로 각 언론 기관은 맞춤법 통일안을 가장 먼저 실행에 옮기는 한편 사설 등을 통해 한글 운동의 당위성을 주장함으로써,[143] 종교 기관은 각종 종교 경전과 산

---

139 『한글』 2권 2호, 1934, 3쪽.

140 보기를 들어 만주 신징(新京) 유지 7명과 광주기독면려청년회가 낸 성명서에 대해서는 『한글』 2권 6호, 1934, 15쪽과 『한글』 2권 7호, 1934, 16쪽을 볼 것.

141 『동아일보』, 1933.10.31.

142 『동아일보』, 1933.11.5; 김선기, 1977, 「국어 운동, 한글학회의 발자취」, 『나라사랑』 26, 37쪽. 발기 위원에는 김법린, 김활란, 박희도, 방응모, 송진우, 신흥우, 양주삼, 여운형, 윤치호, 유억겸, 유형기(『신생』 주간), 이종린, 이상협(『매일신보』 사장), 조동식, 조병옥, 차상찬(『개벽』 주간), 최두선, 최규동, 최린, 한용운, 현상윤 등이 포함되어 있었다.

143 보기를 들어 『동아일보』와 『조선일보』는 맞춤법 통일안이 발표되자마자 당일 자 신문 부록으로 통일안 전문을 인쇄 배포했으며, 『신동아』, 『신가정』, 『조광』, 『사해공론』, 『기독신보』, 『고려시보』, 『신인문학』, 『학증』, 『가톨릭청년』, 『성서조선』, 『농민생활』, 『신학세계』, 『종교시보』, 『삼천리』, 『조선문단』, 『시원』, 『예술』, 『영화시대』, 『비판』, 『아이생활』, 『별나라』, 『아동세계』, 『우리집』, 『철학』, 『극예술』 등의 잡지가 맞춤법 통일안을 실행에 옮기고 있었다. 『동아일보』, 1933.10.29; 『조선일보』, 1933.10.29; 김병제, 1935, 「한글 운동의 금후」, 『조선중앙일보』, 1935.10.28.

하 기관지에 한글 맞춤법 통일안을 적용함으로써 한글 운동이 대중화되는 데 큰 도움을 주었다.

셋째, 맞춤법 통일안을 둘러싼 논쟁에서 "가장 위력을 발휘했고 일부 반대자들에게 커다란 방파제가 된 것"[144]은 1934년 7월 9일에 발표된 문인들의 "한글 철자법 시비에 대한 성명서"였다.[145] 성명서의 주요 내용은 다음과 같다.

 1. 우리 문예가 일동은 조선어학회의 '한글 통일안'을 준용하기로 함
 2. 한글 통일안을 저해하는 타파의 반대 운동을 일절 배격함
 3. 이에 따라 조선어학회의 통일안이 완벽을 이루기까지 진일보의 연구 발표가 있기를 촉함

이 성명에 참여한 문인은 강경애, 김광섭, 김기림, 김기진, 김동인, 김동환, 김억, 모윤숙, 박영희, 박종화, 박태원, 박화성, 백철, 서항석, 송영, 심훈, 양주동, 엄흥섭, 염상섭, 오상순, 윤기정, 윤석중, 이광수, 이기영, 이무영, 이북명, 이상화, 이은상, 이태준, 임화, 전영택, 정지용, 주요섭, 차상찬, 채만식, 최정희, 함대훈, 현진건, 홍효민 등 78명이었다. 여기서 눈길을 끄는 것은 좌익 계열의 문인으로 알려진 김기진, 박영희, 송영, 엄흥섭, 윤기정, 이기영, 임화 등도 지지 성명에 참여했다는 점이다. 이는 이념적 지향성의 대립을 떠나서 맞춤법 통일안이 민족적 지지를 얻고 있었음을 보여 준다.

---

144 한글학회, 1971, 앞의 책, 178쪽.
145 『한글』 2권 6호, 1934, 14쪽.

넷째, 맞춤법 통일안을 만드는 작업이 철저하게 조선어학회 회원 중심으로 이루어진 데 비해 1935년부터 1936년까지 세 차례에 걸쳐 열린 표준말 사정 작업에는 상당수의 비회원이 참여했다. 그들의 면면을 보면 공진항(프랑스 유학), 구자옥(YMCA), 김동환(『삼천리』), 김두현(불교전문학교), 김양수(『동아일보』), 김창제(이화여자고등보통학교), 김태원(기독교서회), 김활란(이화여자전문학교), 김희상(호수돈여자고등보통학교), 문세영(저술업), 박윤진(불교전문학교), 방신영(이화여자전문학교), 백상규(보성전문학교), 서항석(『동아일보』), 신윤국(미국 유학), 신인식(천주교), 안석주(『조선일보』), 안재홍(『조선일보』), 양주동(숭실전문학교), 염상섭(『매일신보』), 옥선진(보성전문학교), 유진오(보성전문학교), 유형기(감리교), 윤일선(세브란스병원), 이관구(『조선중앙일보』), 이기윤(외국어 학원), 이명칠(저술), 이숙종(경성여자상업학교), 이운용(연희전문학교), 이유웅(협성보통학교), 이원철(연희전문학교), 이종린(천도교), 이태준(『조선중앙일보』), 이헌구(체신국), 장현식(일본 유학생), 전필순(기독교), 정노식,[146] 조기간(천도교청년당), 조용만(세브란스의학전문학교), 조용훈(평양 정진여자고등보통학교), 조헌영(동양의약사), 차상찬(천도교), 최두선(보성전문학교), 함대훈(『조선일보』), 홍애시덕(『조선일보』) 등이었다.[147] 당시 우리 사회를 대표하는 각계각층의 전문적 지식인이던 이들이야말로 조선어학회의 외곽에서 한글 운동을 지원하고 있던 확실한 후원 세력이었다.

---

146 일본의 메이지대학을 중퇴했으며, 3·1운동 당시 48인 가운데 한 사람이었다. 이후 사회주의 운동에 투신한 그는 1920년 사회혁명당에 참여한 데 이어 1921년 5월 상하이에서 결성된 고려공산당의 국내 간부가 되었으며, 이 밖에도 조선청년회연합회, 조선물산장려회, 민립대학기성회, 조선청년총동맹 등에서 활동했다. 강만길·성대경 엮음, 1996, 『한국사회주의운동 인명사전』, 창작과비평사, 429~430쪽.

147 한글학회, 1971, 앞의 책, 197~206쪽.

제4장
전시 체제기의 일본어 상용 정책과 조선어 금압 정책

1. 제3차 「조선교육령」과 조선어 과목의 형해화

1936년 8월 우가키 가즈시게(宇垣一成)에 이어 육군 대장 미나미 지로(南次郎)가 7대 조선총독으로 부임했다. 미나미는 조선군 사령관, 관동군 사령관을 역임한, 일제가 벌인 침략 전쟁의 최고 책임자 가운데 한 사람이었다. 미나미의 부임 1년 뒤인 1937년 7월 일제는 중일전쟁을 일으켰고 이에 따라 일본은 물론 식민지 조선에서도 본격적인 전시 체제가 출범했다.

중일전쟁 이후의 '국어' 보급 정책이 군사적 요청에 따라 강화되었다는 것은 일찍부터 지적된 사실이다.[1] 더욱이 중일전쟁이 교착 상태에 빠지고 중국에서의 전선이 확대됨에 따라 조선인의 징병 문제가 현실적인 과제로 떠올랐다.

일본인의 병역 의무는 메이지 헌법의 "일본 신민은 법률이 정한 바에 따라 병역 의무를 갖는다"(제20조)라는 규정에 기반을 두었다. 그리고 1889년 개정 징병령과 함께 징병제가 본격적으로 시행되었다. 그리고 1927년에는 징병령을 대체하는 「병역법」이 제정되었다. 그런데 조선인은 징병령과 「병역법」의 적용 대상이 아니었다. 강제 병합 이후 조선인에 대해서는 병역의 의무가 부과되지 않았다. 징병 검사 대상자를 일본 호적법 적용자로 제한함으로써 조선 호적에 등록된 조선인을 병역 의무 대상자에서 제외했기 때문이다.[2] 그런데 만주사변에서 중일전쟁으로 일

1　宮田節子, 1991, 「皇民化政策の構造」, 『朝鮮史研究會論文集』 29.
2　최유리, 2000, 「일제 말기 징병제 도입의 배경과 그 성격」, 『역사문화연구』 12, 400쪽.

제의 침략 전쟁이 확대됨에 따라 일본군의 병력 부족 문제가 심각해졌다. 그러면서 일본 군부에서는 조선인 징병 문제가 논의되기 시작했다. 여기에 가장 적극적인 것은 조선에 주둔하고 있던 조선군사령부였다.

그러나 일제는 조선인의 민족성에 대한 우려 때문에 징병제를 즉시 시행하지 않고 대신에 지원병 제도를 도입했다. 일부의 조선인 청년을 대상으로 '지원'이라는 이름으로 일본 군대에 입대시켜 중국 전선에 파견한 것이다.

조선인 징병제를 시행하기 위해서는 안정적인 병력 자원을 공급할 만한 '황국 신민'의 존재가 필요하고 또 교육 체제의 개선이 필요했다. 조선군사령부가 중일전쟁 발발 직전인 1937년 6월 "현행 보통학교, 고등보통학교의 명칭을 버리고 소·중학교와 합병해 내선 공학의 조처를 할 것"을 조선총독부에 요구한 것도 바로 이러한 이유 때문이었다.[3] 아울러 조선인 전체 아동의 취학을 목표로 소학교를 정비하고 점차 의무 교육 제도를 채용할 것도 요구했다. 의무 교육 제도의 시행은 조선총독부로서도 어떻게 할 수 없는 요구였다. 그러나 '내선 공학' 문제에 대해서는 재빠르게 움직이기 시작했다. 그 결과가 1938년 3월의 제3차 「조선교육령」으로 나타났다. 이러한 의미에서 조선총독부의 「조선교육령」 개정은 군부의 요청에 대한 응답의 성격을 갖는다.

1937년 7월 1일 도쿄에 체재하고 있었던 미나미 총독은 오타니 손유(大谷尊由) 척무대신을 만나고 난 뒤 "소학교, 보통학교, 중학교, 고등보통학교, 여학교, 여자고등보통학교 등 내선인별 학교를 철폐·통합하고 중등학교 이상의 기구를 완비하며 공학 시행 등의 제 문제를 협의한 결

---

3   宮田節子, 1991, 앞의 글, 48쪽.

과 의견의 일치"를 보았다고 발표했다.[4] 「조선교육령」 개정 작업이 시작된 것이다.

그리고 이틀 뒤인 7월 3일에는 조선총독부의 인사 이동이 이루어졌다. 핵심은 조선총독 비서관이던 시오바라 도키사부로(鹽原時三郎)[5]가 이례적으로 학무국장 직무 대리에 발탁되었다는 것이다.

시오바라는 미나미 총독의 최측근 참모였다. 미나미는 부임하면서 관동군 사령관으로 재직할 때의 만주국 관료들, 이른바 '만주조(滿州組)'를 조선총독부 고위 관료로 대거 발탁했다.[6] 미나미의 전적인 신임 아래 만주조는 미나미가 구상한 조선 지배 정책을 구체화하는 권한을 부여받았다.[7] 시오바라도 만주조의 한 사람이었다.

시오바라는 도쿄제국대학 법학부 학생일 때부터 국가주의자로서의 면모를 보이던 인물이었다.[8] 일본 체신국에서 관료 생활을 시작한 이래 타이완총독부 체신부 서무과장, 만주국 관동국 비서과장, 만주국 국무원 총무청 인사처장 등을 지냈다. 만주에 있을 때 관동군 사령관이던 미나미를 알게 되었다. "미나미 대장과는 오래전부터 각별한 사이는 아니고, 대장이 1년 정도 관동군 사령관으로 재임할 때, 만주국 정부의 중견 관리로 속 시원한 솜씨를 보여 주는 시오바라 군의 활약을 좋게 보아 오다

---

4   『京城日報』, 1937.7.2.

5   시오바라에 대해서는 임이랑, 2013, 「전시체제기 염원시삼랑(鹽原時三郎)의 황민화 정책 구상과 추진(1937~1941)」, 『역사문제연구』 29를 볼 것.

6   만주조의 대표적인 인물이 만주국 관동국 총장에서 조선총독부 정무총감으로 옮긴 오노 로쿠이치로(大野綠一郎)였다.

7   岡本眞希子, 2008, 『植民地官僚の政治史: 朝鮮·台灣總督府と帝國日本』, 三元社, 546~554쪽.

8   岡崎茂樹, 1942, 『時代を作る男 鹽原時三郎』, 大澤築地書店.

가, 조선총독이 되자 비서관으로 불러들인 것이니, 시간상으로는 짧지만, 총독의 신뢰가 있으므로 시오바라 군도 마음으로부터 미나미 총독에게 복종하고 있다"⁹라는 평을 들을 정도였다.

시오바라가 조선총독부로 옮겼을 때는 고등관 3등이었다. 그런데 조선총독부 국장의 요건은 고등관 1~2등의 칙임관이었다. 따라서 시오바라는 자격 미달이었지만 학무국장 직무 대리로 임명한 것이다. 이후 시오바라는 1941년 3월 일본 후생성으로 옮길 때까지 약 3년 8개월 동안 미나미의 뜻에 따라 제3차 「조선교육령」, 황국 신민의 서사 및 황국 신민 체조, 국민 총동원 운동, 창씨개명, 육군 특별 지원병 제도 등의 입안과 시행을 밀어붙였다. 미나미가 구상한 황민화 정책의 실질적 책임자였던 셈이다.

미나미가 시오바라를 학무국장 직무 대리로 임명한 1937년 7월은 중일전쟁 직전이었다. 전시 체제 수립을 위해 일본 육군성과 조선군사령부, 조선총독부가 긴박하게 움직이던 때였다. 그리고 군으로부터 앞으로 병력 자원이 되어야 할 조선인 청소년층에 대한 교육 쇄신의 요구가 조선총독부에 전해진 직후이기도 했다. 학무국장으로서의 시오바라의 임무는 군의 요구에 따라 조선의 교육 제도를 바꾸는 일이었다.

학무국 학무과장으로 시오바라를 보좌하던 야기 노부오(八木信雄)¹⁰의 평가에 따르면 시오바라는 "엄청난 히틀러 숭배자, 전체주의 예찬자"¹¹

---

9 宮崎義男, 1940, 「朝鮮當面の人物(その一) 鹽原時三郞君」, 『朝鮮公論』 331, 28쪽.
10 도쿄제국대학 법학부를 졸업했다. 조선총독부에서 관료 생활을 시작했다. 황해도·경상북도 경무과장, 황해도·경상북도 경찰부장을 지낸 경찰 관료였으나 1939년에 이례적으로 학무국 학무과장으로 임명되었다. 나중에 경무국 보안과장으로 자리를 옮겼다.

였다고 한다. 당시 언론도 시오바라가 유난히 "파쇼적"이었다고 평가했다.¹² 시오바라가 구상한 황민화 교육의 배경을 짐작할 수 있는 대목이다.

시오바라는 미나미 총독과 조선군사령부의 전폭적인 지원 아래 미나미가 제창한, 그리고 조선군사령부도 요구하던 내선일체를 교육 정책에 적용해 나갔다. "내선융합은 이상이 아니다. 이상은 조선인의 일본화이다. 그런데 조선인의 일본화는 가능한가라는 물음이 제기된다면 가능성이 있다고 대답하고 싶다. 그 논거는 골격, 혈액형 등의 인류학, 의학상의 점에서, 기질의 점에서, 또 언어상 우랄 알타이계에 속하고 … 일본인을 지나(중국-인용자)화 한 것이 조선인이기 때문에, 그 지나화를 벗겨 원래의 일본인으로 만드는 것이다. 이처럼 일본화는 가능하다. 따라서 일본인으로 만드는 교육을 하겠다. 따라서 교육을 확장하지 않으면 안 된다"¹³라는 것이 시오바라가 밀어붙인 교학 쇄신의 출발점이었다. 여기서 시오바라가 '조선인의 일본화'를 언급하면서 그 근거로 언어의 동계를 꼽은 것이 주목된다.

'일한양국어동계론'은 강제 병합 직전에 가나자와가 주장한 바 있었다. 그러나 강제 병합 이후에는 '일선 동조론'과 함께 일본 언어학계는 물론이고 식민 당국자 사이에서도 사실상 백안시되던 이론이었다. 그런데 전시 체제기에 접어들면서 조선인을 전쟁에 동원할 필요가 커지고 그에 따라 황민화가 식민 지배의 궁극적 목표로 떠오르면서 '일선동조

---

11 八木信雄, 1981, 『日本と韓國』, 日韓文化協會, 226쪽.
12 一記者, 1938, 「(人を語る)南總督陣營の幕僚」, 『朝鮮及滿洲』 366, 10쪽; 妙法寺龍太郎, 1940, 「朝鮮新官僚論(三)(學務局の卷)」, 『朝鮮及滿洲』 392, 44~46쪽.
13 伊藤猷典, 1942, 『鮮滿の興亞敎育』, 目黑書店, 3~4쪽. 시오바라가 이 책의 저자에게 한 말이다.

론'은 물론 '일한양국어동계론'도 다시 주목받게 되었다.

「언문철자법」 제정에도 관여한 바 있던 경무국 통역관 니시무라는 1937년 초에 '일한양국어동계론'에서 한 걸음 더 나아간 '국어조선어동일론'을 주장하기도 했다. "국어와 조선어는 완전히 같았다. 그러나 친형제가 서로 떨어진 이래 유구한 세월이 흘러 외견상으로는 조금 다른 모양을 보이기에 이르렀다. … 우리는 강한 신념을 갖고 양어 동일론에 매진하고 전어(全語) 하나하나를 상등시키는 이상을 빨리 실현하게 해 언어상에서의 양 민족 동조를 실증하고자 한다"[14]라는 것이었다. 그에 따르면 "두 언어(일본어와 조선어-인용자)의 친밀함 정도가 단순한 동계동원(同系同源)이거나 모어가 같은 자매어 정도에 그치지 않고, 언어 내면의 철학적 정신까지도" '완전'히 같은 국어와 조선어의 관계 자체가 "정치의 최고 지엄의 철학인 내선일체라는 영구불변의 금언"[15]이었다. 심지어 니시무라는 "국어나 조선어나 서로 같은 것"이어서 창씨개명한 이광수의 이름 가야마 미쓰로(香山光郎)도 "조선음이 아니라고 할 수 없다"[16]라고까지 주장했다. 말하자면 '언어를 통한 내선일체 운동'[17]을 벌인 셈인데 앞에서 소개한 시오바라의 발언도 이러한 맥락에서 나온 것으로 보인다.

학무국장 직무 대리가 된 시오바라는 바로 교육 체제의 전면 개편에 나섰다. 그 성과가 바로 제3차 「조선교육령」이었다. 시오바라가 설정한 식민 교육의 최종 목표는 황국 신민의 완성이었다. 당시 「조선교육령」

14　西村眞太郎, 1937, 「國語朝鮮語同一論」, 『朝鮮』 1937년 1월호.

15　西村眞太郎, 1938, 「天地日月の信仰と其の言語を究明內鮮一體を立證す」, 『朝鮮』 1938년 7월호, 47쪽.

16　西村眞太郎, 1940, 「創氏雜攷」, 『警務彙報』 1940년 5월호, 29쪽.

17　廣瀨四郎, 「西村通譯官を送る」, 『警務彙報』, 1940년 9월호.

개정의 실무를 맡은 학무국 학무과장 다카오 진조(高尾甚造)에 따르면 제3차 「조선교육령」은 '1938년 4월 신학기'에 맞추어 실행하기로 결정되었기 때문에 모든 계획이 이를 기준으로 진행되었다고 한다.[18] 따라서 개정 작업은 빠른 속도로 진행되었다.

제3차 「조선교육령」에서 조문의 개정은 비교적 간단했다. '내선 공학'을 위해 보통학교, 고등보통학교, 여자고등보통학교의 조항을 소학교, 중학교, 고등여학교로 통합하면 되었다. 문제는 시행령에 해당하는 각 학교 규정을 정리하는 것이었다. 게다가 관련된 각종 법규도 개정해야만 했다. 개정이 필요한 전체 법규가 무려 30여 개나 되었다. 이 방대한 작업을 9개월 동안 진행한 것이다.[19]

개정의 핵심은 '교명 통일, 공학 실현, 과목 통일, 부담 균형'의 네 항목, 열여섯 글자로 압축되었다. "과목은 소학교, 중학교, 보통학교, 고등보통학교가 대개 비슷하나 다만 조선어 과목 하나만이 차이가 있는데 이 조선어 과목을 전연 폐하든지 또는 수의 과목으로 할 것을 연구 중"[20] 이라는 기사에 비추어 보면 개정 준비 과정에서 조선어 과목의 존치 여부가 논란이 된 것으로 보인다.

1937년 이후 8월 초순부터 9월 하순에 걸쳐 각 학교 규정에 관한 학무국 원안이 작성되었으며, 10월 22일에는 조선총독부 훈령 제74호로 「임시교육심의위원회 규정」이 공포되었다. 그리고 11월 8일 제1회 임시교육심의위원회(위원장 오노 정무총감)가 열렸다.[21] 위원회는 학무국 원안

---

18 高尾甚造, 1938, 「改正教育令の實施まで」, 『文敎の朝鮮』 1938년 4월호, 140쪽.
19 宮田節子, 1997, 『朝鮮民衆과 皇民化政策』, 一潮閣, 114~115쪽.
20 『동아일보』, 1937.7.30.
21 宮田節子, 1997, 앞의 책, 115쪽.

에 대해 '충분히 양해하고 의안에 전폭적으로 동의해 실행에 관해 절대적인 지지'를 표시했다. 그리고 원안은 12월 1일 내각에 송부되었다.[22] 같은 달에 척무성 심의, 다음 해 1월에 법제국 심의를 통과한 원안은 2월의 추밀원 본회의에서 큰 논란 없이 가결되었다. 조선총독부와 일본 내각 사이에 「조선교육령」 개정을 둘러싼 이견은 거의 없었던 셈이었다. 그만큼 학무국에서 일본 정부와 군이 원하는 바를 원안에 담았다고도 볼 수 있을 것이다.

다시 「조선교육령」 개정 작업이 벌어지기 직전인 1938년 8월로 돌아가 보자. 학무국은 「국민교육에 대한 방책(國民敎育ニ對スル方策)」이라는 짧은 극비 문서를 만들었다. 이 문서의 '교육내용의 개선쇄신' 항에는 "1. 내선 학교의 명칭을 통일하는 동시에 교육 내용을 쇄신하고 국민교육을 철저히 하며, 특히 조선인이 일본 국민이라는 자각을 철저하게 갖도록 하고, 학교에서 조선어 수업은 점차 없애도록 조치할 방침이다. 2. 1의 취지에 따라 교육령 기타 부속 법령을 개정하고 학과, 과정, 교칙, 교재, 교육법 등의 쇄신 개선을 꾀해 대략 쇼와 13년(1938년-인용자) 4월부터 시행할 수 있도록 조치할 방침이다"라고 적혀 있다.[23] 이는 두 달 전에 조선군사령부가 조선총독부에 교육 쇄신을 요구한 데 대한 조선총독부의 답신이었다. 조선총독부가 제2차 「조선교육령」을 개정하려고 하는 의도가 무엇인지를 잘 보여 주기도 한다. '국민 교육을 철저히 하며, 특히 조선인이 일본 국민이라는 자각을 철저하게 갖도록' 하기 위해 조선어 교육의 폐지를 조선총독부는 검토하고 있었다. 다만 폐지하더라도

---

22 宮田節子, 1997, 위의 책, 115~116쪽.
23 朝鮮總督府學務局, 1937, 「極祕 國民敎育ニ對スル方策」, 1937년 8월.

즉각 폐지가 아니라 점진적 폐지라는 방침으로 기울어지고 있었다는 데도 유의할 필요가 있다.

1938년 3월에 공포된 제3차 「조선교육령」[24]의 핵심 개정은 '내선 공학' 네 글자로 정리될 수 있을 정도로 '간단한' 것이었다. 제3차 「조선교육령」은 충량한 황국 신민의 육성 곧 황민화 교육이라는 목표 아래 만들어졌다. 그 전문을 보면 제2차 「조선교육령」과 비교해 큰 차이는 없었다. 제2조, 제6조(특과), 그리고 9조만 달라지고 나머지 조항은 제2차 「조선교육령」과 대동소이하다.

> 제2조 보통학교는 소학교령, 중학교령 및 고등여학교령에 의한다. 다만 이 칙령 중 문부대신의 직무는 조선총독이 이를 행한다. …
>
> 제9조 심상과의 수업 연한은 5년으로 한다. 다만 여자의 경우는 4년으로 한다. 심상과의 입학 자격은 심상 소학교를 졸업한 자 또는 조선총독이 정하는 바에 의한 이와 동등 이상이 학력이 있다고 인정되는 자로 한다. …
>
> 부칙
>
> …
>
> 2. 본령 시행의 때 현재 조선에 있는 보통학교, 고등보통학교와 여자고등보통학교는 각 이를 본령에 따라 설립되는 소학교, 중학교 및 고등여학교로 한다.

---

24 『朝鮮總督府官報』, 1938.3.4.

제2조와 부칙 제2항은 주목할 필요가 있다. 제3차 「조선교육령」 제정 과정에서 언론에 가장 먼저 공개된 미나미 총독과 오타니 척무대신의 회담 내용, 곧 '내선 학교명 통일'이 여기에 담겼기 때문이다. 일단 외형상으로는 내선인 교육 차별을 철폐하겠다는 조선총독부의 취지가 법적으로 구현되었다. 하지만 실상은 달랐다.

제3차 「조선교육령」은 가정의 사정, 수학의 편의 등을 고려해 특별한 사정이 있는 자에 대해서는 일본인이 보통학교로, 조선인이 소학교로 서로 입학할 수 있다는 특례(제2차 「조선교육령」 제25조)를 폐지했다. 법적으로는 일본인과 조선인의 공학이 가능해졌기 때문이다. 그러나 실제로는 반드시 곧 공학을 시행하는 것이 아니었다.[25] 학교 설치나 재정 측면에서는 종전과 변함없이 일본인 소학교와 조선인 소학교는 명확하게 구분되었다. 학제 단선화에 의해 새로 공포된 「소학교규정」은 일본인 소학교에 적용된 「소학교규정」을 구 보통학교에 적용한 데 지나지 않았다.

제3차 「조선교육령」에 따라 이전까지 존재하던 조선인 교육 기관의 이름 곧 보통학교, 고등보통학교, 여자고등보통학교는 완전히 사라지게 되었다. 보통학교는 일본인 학교의 이름과 같은 소학교로, 고등보통학교와 여자고등보통학교도 역시 일본인 학교의 이름과 같은 중학교, 고등여학교로 바뀌게 되었다. 이제 조선인 학교와 일본인 학교의 이름이 같아진 것이다.

---

25 교육령 개정에 따라 일본인과 조선인 학교에 대한 구별은 없어지지만 실제로는 곧 공학하는 것이 아니며, 종전의 학교에서는 현상을 유지하고, 앞으로 설치하는 학교에는 경비 등 여러 정황을 고려해 적당한 조치를 한다는 것이 일본 정부와 조선총독부의 일치된 견해였다. 樞密院, 1938, 「樞密院會議筆記 朝鮮教育令改正ノ件 奏任文官特別任用令中改正ノ件(1938년 2월 23일)」.

그러나 제3차「조선교육령」의 전모는「조선교육령」그 자체에 있지 않다. 눈에 보이는 것이 전부가 아니듯이 제3차「조선교육령」의 조문만으로는 그것이 갖는 의미를 제대로 파악하기 힘들다. 언어 정책이라는 우리의 관심과 관련해 정작 제3차「조선교육령」에서 주목해야 할 일은 하위 법규로 1938년 3월 15일 일제히 공포된 각 학교 규정에서 잘 드러났다. 각 학교 규정에는 각 학교의 과목별 교수 요지, 내용, 방법 등이 포함되어 있는데 이것이 오히려 제3차「조선교육령」의 성격을 파악하는 데 중요하다. 그 핵심은 모든 학교 규정에서 조선어가 수의 과목으로 전락한 것이다. 각 학교 규정 가운데 핵심적인 내용은 다음과 같다.

조선총독부령 제24호 소학교규정[26]

제1조 소학교는 아동 신체의 건전한 발달에 유의해 국민 도덕을 함양하고 국민 생활에 필수적인 보통의 지식을 얻게 함으로써 충량한 황국 신민을 육성하는 데 힘을 쏟아야 한다.

제2조 소학교는 이를 나누어 심상 소학교와 고등 소학교로 한다. …

제12조

　1. 심상 소학교의 수업 연한은 6년으로 한다. 단 당분간 토지(지역-인용자)에 따라 4년으로 할 수 있다.

　2. 고등 소학교의 수업 연한은 2년으로 한다. 단 연장해 이를 3년으로 할 수 있다.

제13조

　1. 심상 소학교의 교과목은 수신, 국어, 산술, 국사, 지리, 이과, 직

26　『朝鮮總督府官報 號外』, 1938.3.15.

업, 도화, 수공, 창가, 체조이고 여아를 위해 가사 및 재봉을 추가한다.

2. 전항의 교과목 외 조선어를 추가할 수 있다.

3. 전항의 교과목은 이를 수의 과목으로 할 수 있다.

제14조

1. 고등 소학교의 교과목은 수신, 국어, 산술, 국사, 지리, 이과, 직업, 도화, 수공, 창가, 체조이고 여아를 위해 가사, 재봉을 추가한다.

2. 전항의 교과목 외 조선어를 추가하고 기타 토지(지역-인용자)의 정황에 따라 필요한 교과목을 추가할 수 있다.

3. 전항의 교과목은 이를 수의 과목으로 할 수 있다. …

제16조

…

7. 국어를 습득시켜 그 사용을 정확하게 하고 응용을 자재롭게 해 국어 교육을 철저히 함으로써 황국 신민 된 성격을 함양하는 데 힘을 쏟아야 한다.

8. 교수 용어는 국어를 써야 한다.

제1호표

	국어	조선어
1학년	10	(4)
2학년	12	(3)
3학년	12	(3)
4학년	12	(2)
5학년	9	(2)
6학년	9	(2)
계	64	(16)

조선총독부령 제25호 중학교규정[27]

총칙

제1조 중학교는 남자에게 필요한 고등 보통 교육을 시행하고 특히 국민 도덕을 함양함으로써 충량 유위한 <u>황국 신민을 양성</u>하는 데 힘을 쏟아야 한다.

제10조

1. 중학교의 학과목은 수신, 공민과 국어한문, 역사, 지리, 외국어, 수학, 이과, 실업, 도화, 음악, 체조로 한다.

2. 전항의 학과목 외 <u>조선어를</u> 추가할 수 있다.

3. 외국어는 지나어(중국어-인용자), 독어, 불어 또는 영어로 한다.

4. 조선어는 이를 <u>수의 과목</u>으로 할 수 있다.

제11조

…

7. 국어의 사용을 정확하게 하고 그 응용을 자재롭게 해 <u>국어 교육</u>을 철저히 함으로써 황국 신민 됨의 성격을 함양하는 데 힘을 쏟아야 한다. …

제25조 각 학년에서 각 학과목의 매주 교수 시수는 다음 표에 따라야 한다.

	국어	조선어	외국어
1학년	7	(2)	5
2학년	7	(2)	5
3학년	6	(1)	6
4학년	5	(1)	5
5학년	5	(1)	5
계	30	(7)	26

---

27 『朝鮮總督府官報 號外』, 1938.3.15.

조선총독부령 제26호 고등여학교규정[28]

총칙

제1조 충량 지순한 황국 여성을 양성하는 데 힘을 쏟아야 한다. …

제11조 고등여학교의 학과목은 수신, 공민과, 교육, 국어, 역사, 지리, 외국어, 수학, 이과, 실업, 도화, 가사, 재봉, 음악, 체조로 한다. 외국어는 지나어(중국어-인용자), 불어 또는 영어로 한다.

토지(지역-인용자)의 정황에 따라 제1항의 학과목 외에 <u>조선어 또는 수예를 추가</u>하고 기타 조선총독의 인가를 받아 필요한 학과목을 추가할 수 있다.

전항의 학과목은 이를 <u>수의 과목 또는 선택 과목</u>이라고 할 수 있다.

제12조

7. 국어의 사용을 정확하게 하고 그 응용을 자재롭게 해 <u>국어 교육을 철저히 함으로써 황국 신민 됨의 성격을 함양</u>하는 데 힘을 쏟아야 한다. … (밑줄은 인용자)

제30조

갑호표

	국어	조선어
1학년	6	(2)
2학년	6	(2)
3학년	6	(1)
4학년	5	(1)
5학년	5	(1)
계	28	(7)

---

28   『朝鮮總督府官報 號外』, 1938.3.15.

을호표

	국어	조선어
1학년	6	(2)
2학년	6	(2)
3학년	5	(1)
4학년	5	(1)
계	22	(6)

제3차「조선교육령」의 하위 법규에서 제시된 각 학교의 교육 목표는 왜 조선군사령부와 조선총독부가 서둘러「조선교육령」개정에 나섰는지를 잘 보여 준다. 소학교의 교육 목표는 '아동 신체의 건전한 발달에 유의해 국민 도덕을 함양하고 국민 생활에 필수적인 보통의 지식을 얻게 함으로써 충량한 황국 신민을 육성'하는 데 있었다. 종래에는 일본어의 보급이 보통학교의 가장 중요한 목표였으나 제3차「조선교육령」시기에 이르러서는 차원을 높여 '충량한 황국 신민 육성'을 교육 목표로 삼았다. 그리고 중학교와 고등여학교의 교육 목표는 각각 '남자에게 필요한 고등 보통 교육을 시행하고 특히 국민 도덕을 함양함으로써 충량 유위한 황국 신민을 양성'하고 '충량 지순한 황국 여성을 양성'하는 데 있었다. 황민화가 각급 학교에서의 유일한 교육 목표로 설정되었음을 알 수 있다.

제1차·제2차「조선교육령」의 하위 법규에서는 '국어의 습득'('보통학교규정') 또는 '국어의 숙달'('고등보통학교규정'·'여자고등보통학교규정')이 강조되었다. '국어' 보급은 학교 교육의 중요한 목표였다. 그런데 제3차「조선교육령」의 하위 법규에서는 이러한 목표가 아예 빠졌다. 그렇다고 '국어' 보급을 교육 목표에서 빼도 좋을 정도로 일본어 보급이 된 것도 아니었다. 그런데도 법규에서 '국어의 습득'이나 '국어의 숙달'을 뺀 것은 황국 신민 또는 황국 여성이라는 말 그 자체에 '국어'의 구사 능력이 들어 있다고 판단한 데 따른 조처였다.

일본어 보급과 가장 밀접한 과목은 당연히 '국어'이다. 그리고 조선어는 제3차 「조선교육령」의 하위 법규에 따라 완전히 일본어에 밀려났다. 이제 적어도 학교에서 일본어와 조선어는 서로 섞일 수 없는 물과 기름처럼 되어 버렸다.

일본어 교수 요지의 변화는 생각만큼 크지 않았다. 그나마 의미 있는 변화라면 기껏해야 제2차 「조선교육령」 때의 '국민'이라는 단어가 '황국 신민'으로 바뀐 정도였다. 수업 시수에도 변화는 없었다. 흔히 제3차 「조선교육령」 시기에 조선총독부가 전시 체제에 맞춰 황민화 교육에 박차를 가하면서 일본어 교육을 강화했다고 하지만 교수 요지나 수업 시수에서는 강화의 흔적이 드러나지 않는다. 물론 여기에는 이유가 있었다. 일본어가 이미 학교 교육에서 차지하는 비중이 절대적으로 높았기 때문이다. 보통학교의 경우 주당 수업 시수는 최소 9시간, 최대 12시간이었다. 12시간이면 하루에 2시간씩 '국어'를 배웠다는 뜻이니 수업 시수를 더 늘리고 싶어도 늘리는 것이 물리적으로 불가능했다. 또 다른 이유도 있었을 것이다. 전시 체제기 때문에 전쟁 수행과 관련된 다른 교과목의 비중을 높일 수밖에 없었다. 특히 중등학교에서 그랬다. 그래서 일본어 교과는 형식적으로는 제2차 「조선교육령」 시기와 큰 차이를 보이지 않은 채 운용된 것으로 보인다.

이에 반해 조선어 교과는 위상이 크게 바뀌었다. 제1차 「조선교육령」 시기보다 제2차 「조선교육령」 시기의 조선어 교과가 위축되기는 했지만 그래도 필수 과목의 지위는 유지되었다. 그런데 소학교, 중학교, 고등여학교 모두에서 조선어는 수의 과목 또는 선택 과목으로 격하되었다. 물론 각 학교 규정에 조선어 관련 조항이 아주 사라진 것은 아니었다. 교수 요지도 이전처럼 꼼꼼하게 규정되었다. 명목상으로는 조선어 수업 시수도 배정되었다. 소학교의 수업 시수는 16시간, 중학교와 5년제 고등여학교의 수업 시수는 7시간 그리고 4년제 고등여학교의 수업 시수는 6시간이었다. 그러나 과목이 개설되지 않으면 아무 쓸모가 없는 수업 시수였을 뿐이다.

제3차 「조선교육령」이 시행되기 전까지 조선어는 보통학교·고등보통학교·여자고등보통학교의 필수 과목으로서 교과 배열 순위에서도 일본어 다음을 차지하고 있었다. 그런데 제3차 「조선교육령」 시행 이후에는 수의 과목으로 전락했고 교과 배열 순위에서도 가장 마지막을 차지하게 되었다.

미나미 총독 이하 조선총독부 학무국 당국자들은 조선어 폐지를 점진적으로 진행할 것이라는 뜻을 밝혔지만 실제로는 하루아침에 필수 과목에서 선택 과목으로 바뀜으로써 학교에서의 조선어 교육에 사형선고를 내린 셈과 마찬가지였다. 남은 문제는 사형 집행이 언제 이루어질 것인지, 시기를 선택하는 것처럼 보였다.

이제 학교에서 조선어 교과를 개설하는 권한은 각 학교 교장에게 넘어갔다. 법적으로는 조선어 교과가 없어진 것은 아니었다. 그러나 수의 과목이기 때문에 교과 개설 여부가 교장에게 일임된 상태에서는 법령의 규정이나 조선총독부 학무국으로부터의 관련 통첩이 없는데도 폐지를 선택하는 학교가 잇달았다.[29] 사실상 조선어 과목의 고사가 시작된 것

---

29 井上薫, 2001, 「日帝末期朝鮮における日本語普及強制の構造: 徵兵制度導入決定前後の京城府を中心に」, 『釧路短期大學紀要』 28, 126~129쪽. "일본인 교장이 학교에 있어, 또 학교에 일본인을 배치하는 관계로 과목 설정에 관한 판단자의 인사를 판단하

이다.

1941년 3월 1일 일본에서 「국민학교령」이 공포되었다. 「국민학교령」 제1조에는 국민학교의 목적이 "황국의 도(皇國ノ道)에 의해 초등 교육을 시행하고, 국민의 기초적 연성(鍊成)30을 이루는"데 있다고 명기되었다.31 「국민학교령」은 일본뿐만 아니라 조선에도 전면적으로 적용되었다. 제3차 「조선교육령」에서 형식상으로는 이미 일본과 같은 「소학교령」이 적용되고 있었기 때문에 「조선교육령」 해당 규정의 「소학교령」을 「국민학교령」으로 바꾸는 것으로 「조선교육령」의 정비는 마무리되었다.

그런데 하위 법규를 정비하는 과정에서 다시 큰 변화가 일어났다. 조선총독부는 1941년 3월 31일 「소학교규정」을 「국민학교규정」32으로 개정했다. 그 가운데 주요 내용은 다음과 같다.

조선총독부령 제90호 국민학교규정

제1장

제1조

　1. 국민학교의 교과는 국민과, 이수과, 체련과, 예능과 및 직업과로 한다.

　2. 국민과는 이를 나누어 수신, 국어, 국사 및 지리의 과목으로 한다. … <u>전 5항에 걸린 과목 외에 조선어를 개설하고</u> 고등과에서

　　고, 강제적으로 조선어를 폐지하는 형식을 채용할 수 있었다"라는 것이다.

30　연성은 '연마 육성'의 줄임말로 연마, 실천, 반복을 통해 일본인의 참된 모습을 구현하려는 교육 이념이다.

31　「국민학교령」은 1941년 2월 28일 칙령 제148호로 일본에서 공포되었다.

32　『朝鮮總督府官報』, 1941.3.31.

는 외국어 기타 필요한 과목을 개설할 수 있다. 전항의 규정에 따라 개설되는 과목은 이를 수의 과목으로 할 수 있다. …

13. 순정한 국어를 습득시키고 그 사용을 정확 자재롭게 해 국어 교육을 철저히 함으로써 황국 신민 된 성격을 함양하는 데 힘써야 한다.

14. 교수 용어는 국어를 써야 한다. …

제1호표, 제2호표, 제3호표

국민과 수신, 국어, 국사, 지리

이수과 산수, 이과

체련과 무도, 체조

예능과 음악, 습자, 도화, 공작

직업과 농업, 공업, 상업, 수산 (밑줄은 인용자)

이 규정 제1조 제2항에는 국민과, 이수과, 체련과, 예능과, 직업과의 필수 과목 외에 조선어를 수의 과목으로 개설할 수 있다고 규정되었다. 그런데 정작 수업 시수를 배정한 제1호표, 제2호표, 제3호표에는 조선어가 아예 빠졌다. 워낙 다급한 상황에서 급하게 법규를 만든 데 따른 입법 미비인지는 모르겠지만 이전의 「소학교규정」에 수의 과목이면서도 수업 시수는 배정했던 것과 분명한 차이를 보인 것이다. 이는 수의 과목 개설의 권한을 가진 각 학교 교장에게 이제는 아예 조선어 수업을 하지 말라는 법규상의 압력처럼 비칠 수밖에 없었을 것으로 짐작된다.

1943년 이후 일제의 침략 전쟁은 날로 패배의 조짐을 보이고 있었다. 그러면서 이전보다 국민 총동원의 강도로 더욱 세졌다. 학교 교육도 그 영향에서 벗어나지 않았다. 조선총독부는 1943년 3월에 제4차

「조선교육령」[33]을 개정했다. 개정의 목적은 "황국의 도에 따른 국민 연성"이라는 구절에 함축되어 있었다. 이 시기가 되면 '연성'이 조선총독부 시정의 핵심 단어가 되었다. 조선총독부는 국민 연성을 위해 정신적으로는 팔굉일우의 사상이 필요하다고 보았다. 그리고 이를 위해 "사상 교환의 도구인 국어를 철저히 습득시키고 국민 정신을 함양함과 동시에 국어에 내포된 윤리성을 감득시켜 황국 신민을 육성시킬 필요가 있었다."[34]

제4차 「조선교육령」 개정을 계기로 조선어 과목은 이제 중등학교 이상의 학교에서도 완전히 사라졌다. 1943년 3월 27일 공포된 「중학교규정」[35] 제2조에는 중학교 교과목으로 국민과(수신, 국어, 역사 및 지리), 이수과, 체련과, 예능과, 실업과, 외국어과(영어, 독어, 불어, 지나어, 말레이어 또는 기타의 외국어)만이 규정되었다. 고등여학교도 실업 학교도 마찬가지였다. 조선어는 더는 중등학교에서 개설할 수 없는 법외 과목이 되고 만 것이다. 1941년 「국민학교규정」에서의 조선어 과목 퇴출에 이은 두 번째 사망 선고였다.

일제의 패전 직전인 1945년 3월에 조선총독부는 결전교육조치요강을 공표했다.[36] 이 요강의 핵심은 국민학교는 가급적 수업을 계속하되 고등과 이상의 학교는 전황에 따라 수업 지속 여부를 결정한다는 것이었다. 그리고 실제로 전황이 계속 나빠지면서 각급 학교 학생들은 식량 증산, 군수 생산, 방공 방위 등의 이른바 결전 업무에 동원되었다. 학생은 신분만 학생이었지 전쟁 수행을 위한 도구이자 부속물로 전락했다.

---

33 『朝鮮總督府官報』, 1943.3.18.
34 朝鮮總督府 編, 1942, 『ヨミカタ(敎師用)』, 38쪽.
35 『朝鮮總督府官報 號外』, 1943.3.27.
36 『매일신보』, 1945.3.20.

이러한 상황에서 학교에서의 일본어 보급도 사실상 종언을 고한 것과 마찬가지였다.

2. 징병제와 일본어 보급

일제가 처음 중일전쟁을 일으켰을 때만 하더라도 일본군이 워낙 승승장구했기 때문에 짧은 시간 안에 중국이 항복하거나 일본과의 협상에 나설 것으로 보였다. 그러나 1938년 초가 되자 상황이 바뀌어 중일전쟁의 장기화가 결정적인 것이 되었다. 그리고 일본 국내와 마찬가지로 조선도 총동원 체제 아래 놓이게 되는 것도 명백해졌다. 일제가 1938년 4월 1일 「국가총동원법」을 공표한 데 이어 같은 해 5월 5일부터 시행한 것이 이러한 상황을 잘 보여 준다.

일제는 강제 병합 이래 일본에서 시행되는 법률을 식민지 조선에서는 시행하지 않는다는 것을 식민 지배의 기본 원칙으로 삼고 있었다. 보기를 들어 일본의 민법, 형법에 준하면서도 법보다 하위 법령인 「조선민사령」, 「조선형사령」을 별도로 제정한 바 있었다. 1938년 「국가총동원법」 시행 이전에 법 제정과 동시에 일본과 조선에서 동시에 시행된 법률은 「치안유지법」뿐이었다. 그런데 중일전쟁이 장기화하고 총동원의 필요성이 높아지자, 「국가총동원법」을 처음부터 조선에서도 시행하기로 한 것이다. 「국가총동원법」은 법 이름에서 알 수 있듯이 침략 전쟁을 확대하는 과정에서 일본 제국이 일본 열도와 한반도 등 '제국 판도' 안에서 인력과 물자를 최대한 많이 동원하기 위해 제정된 전시 통제법이었다.

「국가총동원법」의 제정을 전후해 황국신민화를 위한 하나의 방법으로 이전보다 더 강력한 '국어' 보급 방침이 가시화되기 시작했다.

1938년 9월 조선총독부 시국대책조사회가 개최되었다. 조선, '내지', 만주 관련 지식인, 실무자를 초빙하는 형태로 열린 자문 회의였다. 조선총독부가 이 회의를 준비하기 시작한 것은 중일전쟁이 교착 상태에 빠지는 것이 확실해진 1938년 2월부터였다. 이 회의는 조선인에 대한 황민화 정책과 관련해 중요한 의미가 있다.[37] 회의의 내용은 자세한 기록으로 남아 있는데 여기서는 특히 '국어' 보급과 관련해 조선총독부에서 사전에 준비한 참고 자료와 시오바라 학무국장이 회의에서 한 발언에 주목하려고 한다.

시국대책조사회는 18개 항목의 자문 사항을 다루었다. 그 가운데 하나가 "내선일체 강화 철저에 관한 건"이었다. 그리고 그 안에 '국어' 보급에 관한 것이 들어 있었다. 최종 답신서의 "교육 보급 및 쇄신을 꾀할 것"의 하위 항목에도 "2. 국어 보급을 조속히 하도록 적절한 조치를 마련할 것", "3. 조선교육령 및 각 학교 규정 개정 취지를 더 철저히 해 교학 진흥을 도모할 것"[38] 그리고 "일상생활의 내선일체화를 도모할 것" 하위 항목에 "5. 국어 생활에 힘써 의식주에 관한 일상생활상 풍습 습관의 내선혼화를 도모할 것"이 들어 있었다.[39] '국어' 보급이 상당히 심도 있게 논

---

37 이 회의에 대해 상세히 논의하고 있는 三ツ井崇, 2013, 「搖らぐ'內鮮一體'像: 日中戰爭と朝鮮植民地支配」, 『現代中國研究』, 33; 三ツ井崇, 2013, 「조선총독부 시국대책조사회(1938년) 회의를 통해 본 '내선일체(內鮮一體)' 문제: 제1분과회를 중심으로」, 『일본공간』 14를 볼 것.

38 朝鮮總督府, 1938a, 『(秘) 朝鮮總督府時局對策調查會諮問答申書』, 4쪽.

39 朝鮮總督府, 1938a, 위의 책, 5쪽.

의되었음을 알 수 있다.

시국대책조사회 개최에 앞서 각 자문 위원에게 배포된 『조선총독부 시국대책조사회 자문안 참고서(내선일체 강화 철저에 관한 건)』에 따르면 1937년 말 '국어 회화에 지장이 없는 조선인의 수'를 '전체 인구의 6분 이상에 상당'하다고 보았다.[40] 1930년 조선 국세 조사에서 일본어를 아는 조선인 비율이 6.82%였던 데 비추어 보면,[41] '전체 인구의 6분 이상'이 근거 없는 수치는 아니었다. 일제가 말하는 '시정'이 시작된 지 벌써 28년째인데 조선인에 대한 '국어' 보급률은 기껏해야 7%에도 채 미치지 못한 실정이었다.

그렇다면 조선총독부는 이러한 상황을 어떻게 '해결'하려고 했을까. 초등·중등학교의 확충과 '국어' 강습회의 증설이 답이었다. 전자와 관련해서는 이미 1937년부터 1946년까지의 10개년 계획으로 초등학교의 수용 능력을 배가시켜 추정 학령 아동 5할 이상의 취학을 달성시킬 예정이었는데, 시국의 변화에 따라 5년 앞당겨 1942년까지 완성하고 또 이에 따라 4년제 학교를 6년제로 연장한다는 것이었다.[42] 중등학교도 초등학교의 확충에 맞추어 1937년부터 1946년까지 700학급의 증설을 계획했고, 특히 실업 교육의 '충실'을 꾀하겠다는 방안을 내놓았다.[43]

다음은 '국어' 강습회의 증설이다. 조선총독부는 1938년부터 3년 동

40　朝鮮總督府, 1938b, 『(秘) 朝鮮總督府時局對策調查會諮問案參考書(內鮮一體ノ强化徹底二關スル件』, 44쪽.

41　朝鮮總督府, 1935, 『昭和5年朝鮮國勢照查報告 (全鮮編) 第1卷 結果表』, 75쪽. '가나 및 언문을 읽고 쓸 수 있는 사람'과 '가나만을 읽고 쓸 수 있는 사람'을 합친 비율이다.

42　朝鮮總督府, 1938b, 앞의 책, 24~25쪽.

43　朝鮮總督府, 1938b, 위의 책 25~26쪽.

안 옛 공립 보통학교였던 공립 심상 소학교와 공립 간이 학교 총 3,338개 교 가운데 3,000개 교에서 '국어' 강습회를 개최해 모두 30만 명을 새로 '국어'를 아는 사람으로 만든다는 계획을 세웠다. 계획상으로는 그 이후에도 해마다 30만 명에게 국어 강습회를 열 예정이었다.[44] 그러나 "향후 본 계획 완료 후 매년 졸업자 300,000명에 조선인 심상 소학교 졸업자 100,000명을 더해도 400,000명에 불과한 데 비해, 인구의 자연 증가는 약 300,000명에서 500,000명이므로 결국 국어 해득자의 비율이 대략 현상을 유지할 수 있다는 계산이 된다"[45]라는 언급에서도 알 수 있듯이 초등학교 확대와 '국어' 강습회 개최만으로는 '국어' 보급률이 크게 상승할 것이라고는 전망하지 않았다.

'국어' 보급의 책임을 맡은 시오바라는 시국대책조사회 회의에서 1942년 말 심상 소학교 졸업자 30만 명과 '국어' 강습회를 거친 30만 명의 합계 60만 명이 '국어'를 습득하게 되는 한편, "늙은이는 점차 사회에서 정리되어 죽어 간다. 국어를 모르는 이가 점차 죽"기 때문에 1955년 무렵에는 약 70%, 1960년에는 100%의 조선인이 '국어'를 할 줄 알게 될 것이라고 발언했다.[46] 나이가 든 노인들이 죽어야 '국어' 보급률이 높아질 것이라는 계산법 자체가 황당하다. 그보다는 초등 교육과 '국어' 강습회의 확대를 통해 한 해에 60만 명씩 일본어를 할 줄 아는 조선인을 늘린다고 하더라도 전체 조선인이 일본어를 익히는 데는 1942년을 기준으로 20여 년의 기간이 더 필요하다고 실토한 것이 더 눈길을 끈다.

---

44 朝鮮總督府, 1938b, 위의 책, 43~44쪽.
45 朝鮮總督府, 1938b, 위의 책, 44쪽.
46 朝鮮總督府, 1938a, 앞의 책, 83~84쪽.

곧 60만 명이라는, 겉으로는 그럴듯해 보이는 수치 이면에는 일본어 보급의 확대라는 정책 목표와는 달리 조선총독부로서도 당장은 '국어' 보급률을 높일 이렇다 할 현실적 방안이 없다는 고민이 담겨 있었던 셈이라고나 할까.

이와 관련해 의무 교육제 시행 여부 문제에 대해서도 살펴보자. 시국대책조사회의 자문 사항 답신에는 "교육 보급 및 쇄신을 꾀할 것"의 하위 항목으로 "1. 조선인 초등 교육 기관의 확충을 지속해서 단행하고 가급적 빠른 교육 보급을 꾀해 개학(皆學) 이상 실현에 매진할 것"이라고 적혀 있다.[47] 조선총독부가 준비한 참고서에서도 초등 교육 확충은 "의무 교육의 단계로 삼을 계획"으로 규정되었다.[48]

그러나 학교 교육의 주무 국장이던 시오바라는 의무 교육제 시행에 대해서는 여전히 유보적이었다. 시오바라에 따르면 1950년 무렵 '개학'에 가까운 상황은 되겠지만, 의무 교육을 할지 어떨지는 '개학'을 달성한 시점에서 고려할 수 있다는 것이었다. 곧 조선총독부는 시국대책조사회가 열린 1938년을 기준으로 12년 뒤에도 의무 교육제의 전면 시행에 대해 소극적이거나 부정적으로 본 것이다.[49] 조선총독부로서는 당면 취학률 증가에는 애쓰겠지만 그것이 의무 교육 도입과는 직결되지 않는다는 것이었다. 당시 조선총독부가 내건 '국어' 보급의 확대는 사실상 초등 교육 확대에 기대는 바가 컸다. 그런데도 초등 교육 확대라는 구호에도 불구하고 여전히 의무 교육제 시행은 고려하지 않는다는 것은 그만큼 '국

---

47 朝鮮總督府, 1938a, 위의 책, 4쪽.
48 朝鮮總督府, 1938b, 앞의 책, 256쪽.
49 朝鮮總督府, 1938a, 앞의 책, 83~84쪽.

어' 보급 정책 자체가 어려운 일이었음을 보여 준다.

조선총독부가 원론적으로는 의무 교육제 도입을 천명하면서도 그것이 이른 시간 안에는 사실상 어렵다고 본 것은 당시 침략 전쟁 확대를 주도하고 있던 일본 군부의 견해와 관련해 이해할 필요가 있다. 중일전쟁 이후 조선총독부가 추진한 황민화 정책의 직접적인 원인은 전쟁 시국의 확대였다. 따라서 황민화 정책의 본질을 이해하기 위해서는 먼저 군부의 동향에 주목할 필요가 있다.

원래 제3차 「조선교육령」은 1938년 2월 육군 지원병 제도의 도입과 맥락을 같이하는 것이었다. 이와 관련해 중일전쟁 직전인 1937년 6월 조선군사령부가 작성한 「조선인 지원병 제도에 관한 의견」을 살펴보자.

조선군사령부는 이 극비 문서에서 병역 문제와 조선 상황에 관한 인식과 과제에 대해 "반도 민심 추세의 선도가 현재 중요 초미의 대문제라고 말해야 할 것"이며 "도도히 은연 저류하는 조선 민족의 반발, 자포자기적 사상이 엄존함을 알아차릴 때 우리의 임무를 조선 방위에 두는 것도 결코 평탄하지 않"기 때문에 "조선 민족을 되도록 빨리 황국 신민으로서 삼가 황모(皇謨)를 부익(扶翼)하는 정신적 존재로 만드는 한 가지 일에 귀착한다"라고 주장했다.[50] 1937년 6월이라는 시점에서 "반도 민심 추세의 선도"가 쉽지 않음을 인식하고 있으며 "즉 이제 조선의 교학 시설을 단호히 개선할 때도 향후 50년으로 하여 조선의 황혼(皇魂) 교육이 비로소 궤도에 오를 수 있도록 해야 한다. 그렇지만 이 50년은 교육 행정 운용으로 반감 단축하게 해 15년 또는 20년 동안에 목적을 달성할

---

50 朝鮮軍司令部, 1937, 「(極祕)朝鮮人志願兵制度ニ關スル意見」, 「朝參密354號 朝鮮人志願兵制度ニ關スル意見具申 朝鮮軍司令官小磯國昭發 陸軍大臣衫山元宛」, 陸軍省, 1939, 『昭和14年 第4冊 密大日記』, 3~4쪽.

수 있도록 노력해야 한다"라는 것이다.[51] 조선인 지원병 교육 상황은 "내지인 교육 정도와 균형을 맞출 필요가 있다"[52]라고도 하고 "조선인 아동 전부의 취학을 목표로 하여 소학교를 정비할 것"[53]이라고도 했다.

여기서 중요한 것은 "조선인 아동 전부의 취학"을 목표로 했을 때 당연히 상정되는 것이 의무 교육제라는 사실이다. 의무 교육제에 대해 현실적으로는 어렵다고 보는 조선총독부와는 달리 조선군사령부는 원래 50년 뒤의 일로 상정한 의무 교육제의 도입을 짧게는 15년, 길어도 20년 안에 이루어야 한다고 보았다. 말하자면 조선총독부는 의무 교육제 시행과 관련해 현실적으로 요원한 정책 과제로 보았지만, 조선군사령부 곧 군부는 전쟁 수행을 위해서는 의무 교육제를 가장 빨리 시행해야 하는 최우선의 정책 과제로 보고 있었던 셈이다. 조선군사령부가 다섯 달 뒤인 1937년 11월에 작성한 「조선인 지원병 문제에 관한 건 회답」에서도 "조선인 아동 전부의 취학을 목표로 하여 소학교를 정비하고 장차 의무 교육 제도를 채용할 것"[54]과 의무 교육제 시행을 분명히 한 것도 이와 관련해 주목할 필요가 있다.

징병제의 전 단계로 시행된 지원병 제도에 따라 지원병으로 응모한 조선인 청년의 대부분은 궁핍한 농민이었다. 학력도 낮아 생계를 유지하기 위한 수단으로 응모한 경우가 많았다.[55] 1938년 지원자 240명 가운

---

51 朝鮮軍司令部, 1937, 위의 글, 6쪽.
52 朝鮮軍司令部, 1937, 위의 글, 10쪽.
53 朝鮮軍司令部, 1937, 위의 글, 2쪽.
54 朝鮮軍參謀部, 1937, 「朝參密第713號 朝鮮人志願兵制度ニ關スル件回答 朝鮮軍參謀長久納誠一發 陸軍次官梅津美治郎宛」, 「朝鮮人志願兵制度ニ關スル件」, 陸軍省, 『昭和12年 第2冊 密大日記』, 10쪽.

데 8할 정도인 190명이 6년제 공립 보통학교 졸업 또는 이와 동등한 정도의 학력을 갖고 있었으며, 직업별로는 농업이 115명(약 48%)으로 가장 많았다.[55] '황혼 교육'의 성과를 기대할 수 있는 상황은 아니었다.

1938년 11월 조선군사령부는 다시 「조선군 제시설 희망 요강」을 작성해 다음 달 조선군 참모장 이름으로 육군차관 도조 히데키(東條英機)에게 보냈다. 조선군사령부는 이 문서에서 "인구 2천3백만으로 내지인의 3분의 1에 달하는 엄청난 인적 자원을 허투루 사멸시키는 것이 과연 옳은가. 이제 문화가 점차 향상되고 견식 있는 인물이 속속 생겨나니 … 우주의 엄청난 권외웅비의 긴요함을 주입하여 내지인과 함께 동아 대륙을 활보하도록 시책하고 대륙 경영을 위해 조선 외에 있는 조선인과 조선 내의 조선인을 조선 본토 외에 있는 내지인과 국내 내지인과 마찬가지로 지도하는 것이 긴요하다"[57]라고 해 "인적 자원"으로서의 조선인을 적극 활용해야 한다는 인식을 드러냈다. 특히 중요한 것은 조선인 징병 문제를 언급한 것이다. 만주 국군을 편성하고 있는 만주국과 달리 조선에서는 "합방 30년" 동안 아무런 성과도 없지만, 이제 인적 자원의 총동원 통제를 외치는데 "조선인 병역 문제는 단번에 해결되어야 마땅하다"[58]라는 것이다. 조선인 병역 문제의 해결이란 결국 징병제 시행을 의미했다. 그만큼 조선군사령부는 전쟁 시국을 긴급하게 보고 있었다.

그러나 앞에서 언급한 「조선인 지원병 제도에 관한 의견」에서도 드러

---

55 宮田節子, 1997, 앞의 책.
56 朝鮮總督府, 1938b, 앞의 책 57~58쪽.
57 朝鮮軍司令部, 1938, 「軍事機密 朝鮮軍諸施設希望要綱」, 「朝鮮軍諸施設希望要綱送付ノ件通牒」, 陸軍省, 1939, 『昭和14年 第4冊 密大日記』, 18~19쪽.
58 朝鮮軍司令部, 1938, 위의 글, 30~31쪽.

났듯이 "조선의 황혼 교육"이 의무 교육제 시행 없이 달성될 리 만무했다. 「조선군 제시설 희망 요강」에서도 교육 정도와 전망에 대해 언급했는데 "교육도(敎育度)에 관해서는 정확한 표준을 요구하는 것이 곤란하다"라고 하면서 취학률은 3할에서 6할로(1942년), 그리고 의무 교육으로(1950년) 간다고 전망하는 한편 '국어' 보급률에 대해서는 현재 전체 조선인 인구 약 2천만 명에 대해 1할 정도, 적령기에서는 2할 전후의 40,000여 명으로 추산했다. 그리고 합격률을 60%로 가정하고 24,000명 정도가 징집할 수 있는 인원이라는 계산을 하고 있었다.[59] '국어' 보급률을 200만 명 정도로 추산한 것은 아마 시국 대책 조사회의 자문안 참고서의 숫자(1937년 말 현재 "보통 회화에 지장이 없는 자" 1,196,350명)를 근거로 했을 것이다. 그러한 의미에서 조선군이 시국 대책 조사회의 논의 결과를 「조선군 제시설 희망 요강」에 반영했을 것으로 짐작된다.

그렇지만 "그리하여 국어를 이해하는 이만 징병하게 한다면 여타에 미치는 영향이 클 것이므로 이해하지 못하는 이라도 상당하는 이를 징병하는 제도가 적당하다"[60]라고 해 '국어' 이해도='황민화'도라는 중요한 기준을 포기한 점에 주목할 필요가 있다. 1938년 시점에서 앞으로 있을 징병제 도입을 염두에 두었을 때 '국어'를 완전히 이해하는 상태가 반드시 징병의 절대적인 조건은 아니었으며, 또 이를 기대하기도 어려운 상황이었음을 조선군도 인정하고 있었던 셈이다.

여기서 다시 일본어를 자유롭게 운용할 수 있는 사람이 일제강점기 전반을 통틀어 결코 많다고 할 수는 없었다는 점을 상기할 필요가 있다.

---

59 朝鮮軍司令部, 1938, 위의 글, 31쪽.
60 朝鮮軍司令部, 1938, 위의 글, 31쪽.

일본어 보급률은 1919년 말 시점에 약 2.0%, 1923년 말 시점에 약 4.1%, 1930년에 약 8.3%였다. 중일전쟁 이후 일본어 보급의 움직임이 더 강화되었다고는 하지만, 그래도 1943년 말에 22.15%였다. 분명히 증가의 추세를 보이고는 있었지만, 국민정신이나 황국 신민 정신을 일본어로 심기에는 여전히 어려운 상황이었다. 전체 조선인 인구의 8할 정도가 일본어를 모르고 있었기 때문이다.

이러한 상황에서 조선총독부는 일본어의 보급과 관련해 조선어의 존재를 어떻게 할 것인가를 놓고 고민했을 것으로 보인다. 이와 관련해 앞에서 언급한 1938년 조선총독부 시국 대책 조사회 회의에서 다음과 같은 의견 교환이 있었다는 사실이 눈길을 끈다.

> 43번[다가와 쓰네지로(田川常治郞) 군]: … 출판물에 대해 말인데, 언문 출판물이 자주 보입니다만, 이것을 전부 국문으로 써서 여기에 후리가나[61] 혹은 언문을 붙인다는 생각은 있는지 어떤지 묻고자 합니다. …
> 84번[미쓰하시 고이치로(三橋孝一郞)[62] 군]: 국문에 언문 후리가나를 붙이는 것은 규제를 만들면 안 될 것은 없지만 작금 총독부로서는 학무국에서 국어를 장려하고 있습니다. 이 일이 장차 진전된다면 장래 어느 정도 오늘날과 같은 불편이 제거되리라 생각합니다. … 오늘날 국어를 잘하는 사람이 매우 적은 시대에는 역시 시국 인식을 말하고자 하더라도 또 총독부의 시설을 충분히, 철저히 미치게 하는 데도

61　일본어 표기에서 어떤 글자(보통 한자)의 읽는 법을 주위에 작게 써 놓은 것을 가리킨다.
62　미쓰하시는 당시 조선총독부 경무국장이었다.

우선 이해하기 쉬운 방법으로 모든 민중에게 알리는 것이 가장 중요하다고 봅니다. 그러한 의미에서도 위의 불편한 방법보다 우선적인 방법은 역시 언문으로 모든 것을 관철하는 것, 다른 한편으로 국어를 보급하는 일이 목하 상황에서는 가장 적절하다고 생각합니다.

회장[오노 로쿠이치로((大野綠一郎) 군]: 방금 하신 질문은 간단하지만 매우 커다란 문제입니다. 여기서 간단하게 처리할 수 없습니다. 역시 분과회에서 심의가 있을 것입니다. 결론적으로는 지금 국장이 말한 대로입니다. 국어는 장려하지만 현재의 언문을 당장 어떻게 할지는 생각하고 있지 않습니다.[63]

일제 강점 초기에 일찍이 조선에 정착해 다양한 기업 활동을 벌였으며 시국대책조사회가 열린 1938년에는 용산공작주식회사 사장을 맡고 있던 다가와는 재조(在朝) 일본인 유력자의 처지에서 '내선일체' 강화의 일환인 '국어' 장려책을 염두에 두고 발언을 한 것이다. 이에 반해 조선총독부의 미쓰하시는 "국어를 잘하는 사람이 매우 적은 시대에는 … 우선 이해하기 쉬운 방법으로 모든 민중에게 알리는 것이 가장 중요"하기 때문에 "언문으로 모든 것을 관철한다"라는 태도를 보였다. 조선어의 사용을 제한하자는 재조 일본인 사업가 다가와와 달리 조선의 치안을 책임지고 있던 경무국장은 조선인에게 시국을 제대로 알리기 위해서는 조선어를 계속 써야 한다고 본 것이다. 여기에 오노 정무총감도 "언문을 당장 어떻게 할지는 생각하고 있지 않습니다"라고 언급했다. 오노나 미쓰하시의 발언을 통해 적어도 1938년 무렵까지만 해도 조선총독부가 조

---

63 朝鮮總督府, 1938a, 앞의 책, 50~52쪽.

선어를 식민 지배에 활용한다는 기존의 정책 기조를 바꾸어 조선어를 폐지하겠다는 방침을 세우지 않고 있었음을 알 수 있다. 이와 관련해 1939년에 작성된 「극비 언문신문통제안」도 『동아일보』와 『조선일보』를 매수해 조선어 신문을 『매일신보』로 통일하자는 것을 주요 내용으로 하는 내부 문서이지만 당장 조선어 언론 말살을 주장한 것은 아니었다는 사실에도 주목할 필요가 있다.[64]

시국대책조사회에 앞서 개정된 제3차 「조선교육령」과 연동되어 각 학교 규정 특히 「소학교규정」에서 조선어는 필수 과목에서 수의 과목으로 바뀌었다. 「극비 언문신문통제안」에서 그려지는 조선어 언론에 대한 통제 방침도 제3차 「조선교육령」에 구현된 '국어' 장려 방침과 밀접하게 이어진다.[65] 이 시기 일제의 '국어' 보급 강화 정책은 단지 교육 제도에만 그치는 것이 아니었다. 조선총독부가 아직 조선어의 폐지까지는 고려하고 있지는 않았지만, 일제 강점 초기에 비해 조선어의 위상은 현저하게 낮아졌다. 특히 학교에서는 수의 과목으로 전락함으로써 과목 설치의 여부가 교장에 일임되어 있었고 실제로 조선어 과목을 포기하는 학교가 연달아 나타났다.

여기서 한 가지 유의할 것이 있다. 그것은 조선어를 제도적으로 '폐지'하는 것과 조선어의 사용을 '금지'하는 것은 다른 차원의 문제라는 사실이다. 조선어에 대한 규제가 침략 전쟁을 둘러싼 정세의 변화와 맞물려 어떠한 측면에서 어떻게 이루어졌는지를 구별하기 위해서라도 중일전쟁 이후 학교에서의 조선어 금지와 아시아태평양전쟁 이후 학교에서

---

64 「極祕 諺文新聞統制案」, 1939.
65 위의 글.

의 조선어 폐지를 구분할 필요가 있다. 제3차「조선교육령」(1938년)에서의 조선어 과목 수의 과목 지정과 『동아일보』와 『조선일보』 폐간(1940년)의 인상이 너무 강해 마치 1930년대 말부터 조선어의 폐지가 현실이 된 것처럼 보려는 경향이 엄연히 존재한다. 이와 관련해 앞의 「극비 언문신문통제안」에 적힌 내용에 주목할 필요가 있다.

> 반도인의 황국신민화를 실현할 구체적 방법의 하나로 국어 보급 장려를 꾀하는 것은 가장 유효하다고 믿는다. 이러한 관점에서 학교 교육에서 작년에 조선교육령을 개정함과 동시에 초등학교 교내 조선어 사용을 금지하고 교수 용어를 국어로 한정해 조선어 수업 시간을 감소시켰다. 그리고 종래 필수 과목이던 것을 선택 수의 과목으로 하는 등 문화 공작의 지도 정신에 순응해 가는데 사회 교육의 가장 유력한 기관이라 할 신문에 대해서도 이러한 정신에 순응해 정책을 결정할 필요가 있다.
> 단, 국어 보급을 철저히 하기 위해서는 앞으로 상당한 시일이 필요하므로 그 사이에 민심의 지도 기타에 언문 신문이 필요함은 당연하므로 오늘날 완전히 이들의 존재를 인정하지 않는 것은 타당하지 않으며 최소한도로 통제해야 한다.[66]

곧 1939년에도 조선총독부는 초등학교에서의 조선어 사용 금지 방침과는 별개로 조선어의 존재 자체는 부정하지 않았다. 앞에서 여러 차례 언급했듯이 극히 일부의 조선인만이 일본어를 아는 상황에서 식민

---

66 위의 글.

지배를 위해서는 조선어를 활용해야 할 필요가 있었기 때문이다.

전시 체제기에 들어서면서도 조선총독부로서는 조선어는 '황민화'의 수단으로서 결코 포기할 수 없는 언어였다. 동시에 조선총독부가 표방하던 황민화를 가로막는 대표적인 민족적 요소이기도 했다. 그랬기 때문에 전시 체제기 이전보다는 조선어의 사용을 더 규제하는 쪽으로 정책의 방향을 잡아 가기는 했지만, 여전히 조선어 폐지나 말살의 단계로까지는 나가지 않았던 것이 아시아태평양전쟁 이전까지의 상황이었다.

이 시기 동아시아 정세를 이해하는 데 중요한 사실은 중일전쟁을 통해 중국의 민족주의가 한층 강화되었다는 점이다. 국민 혁명의 과정에서 이미 중국 민족주의는 일정하게 고조되고 있었다. 이때 중국 민족주의의 주적은 바로 일본이었다. 그런데 실제로 일본이 침략 전쟁을 일으키자 중국 민중의 민족주의는 더욱 고조되었다. 그 결과 중일전쟁은 일제의 의도와는 달리 장기전이 되었다. 그러면서 1940년대 초에 조선인 징병 문제가 갑자기 수면 위로 떠올랐다.

1941년 1월 당시 고노에 내각의 육군대신이던 도조가 제국 의회에서 의원들의 질의에 답변하는 과정에서 조선인 징병을 검토하고 있다는 발언을 했다. 일본 군부 최고 실력자의 발언이었기 때문에 조선인 징병제가 일거에 초미의 관심사가 되었다. 이 사실은 조선총독부의 기관지 『경성일보』와 『매일신보』 같은 매체를 통해 조선에서도 대대적으로 보도되었다. 조선인에 대한 징병제 시행은 1938년부터 조선군사령부에서 요청한 것이었다. 그런데 육군의 최고 실세이던 도조가 징병제 시행 검토를 이야기했으니, 세간의 관심을 끈 것이다.

그렇다고 일본 군부의 태도가 징병제 시행으로 확실히 기울어진 것은 아니었다. 실제로 같은 해 4월 16일에는 징병을 관할하는 육군성 병무국장인 다나카 류키치(田中隆吉)가 징병제 시행은 고려하지 않는다는 뜻을 밝혔다. 그리고 다시 두 달 뒤인 6월 5일에는 육군성의 군사과장 사나다 조이치로(眞田穰一郎)가 1950년부터 조선에서 징병제를 시행할 계획이라고 밝혔다.[67] 불과 6개월 사이에 육군성의 대신, 국장, 과장이 징병제 시행과 관련해 서로 다른 이야기를 했다는 것은 조선인 징병 문제 논의가 그만큼 급박하게 이루어지고 있었음을 보여 준다.

애초에 일본 정부와 군은 조선인에 대한 징병제 시행은 조선에서 의무 교육 제도가 도입되어 징병 적령자가 일본어를 할 줄 알게 된 뒤의 일이라고 여기고 있었다. 1930년대 말을 기준으로 50년은 더 지나야 조선인에게도 징병의 의무를 부가한다는 것이었다. 그런데 1941년에 갑자기 조선인 징병을 검토한다는 이야기가 나오게 된 데는 이유가 있었다. 중일전쟁이 교착 상태에 빠지면서 병력 부족 사태의 조짐이 나타난 것이다. 이를 해소하기 위해 1938년에는 육군 특별지원병제도를 시행하면서 일부의 조선인 청년들을 전쟁에 동원했지만, 중국에서의 상황이 나아질 조짐이 보이지 않는 데다가 중일전쟁을 둘러싼 미국, 영국과의 관계도 계속 나빠졌다. 중일전쟁이 아시아태평양전쟁으로 확대되기 일보 직전의 상황이었다.

그리고 다음 해인 1942년 3월에는 징병 검사의 사전 단계 성격을 갖는 조선 청년 체력 검사가 조선 전역의 270개소에서 시행되었다. 이제 징병제 시행이 가까워진 것이다. 도조와 미나미 총독은 조선 청년 체력 검사 직후인 1942년 3월 13일에 만났다. 만남의 자세한 내용은 공표되지 않았지만 두 사람이 조선인 징병 시행을 합의했다고 여겨진다. 이는

---

[67] 이형식, 2021, 「태평양 전쟁시기 조선인·대만인 참정권 문제」, 『사총』 102, 391쪽.

조선총독부가 다음 달인 4월에 징병제 시행과 함께 육군특별지원병 지원자 훈련소의 시설을 입영 전 준비 교육을 하는 시설로 사용한다는 방침을 세운 데서 확인된다.[68]

일본 정부가 공식적으로 징병제 시행을 논의한 것은 1942년 5월 8일의 일이다. 이날 각의에서 조선인 징병제 시행을 위한 준비를 할 것이 결정되었다. 비록 준비라고는 하지만 사실상 징병제 시행이 초읽기에 들어간 셈이었다. 일본 정부의 징병제 시행 준비 방침이 정해진 3일 뒤인 5월 11일 조선총독부는 「조선총독부징병제시행준비위원회규정」을 공포했다.[69] 일본 정부와 조선총독부 사이에 사전 논의가 있었음을 짐작할 수 있다. 이로써 징병제 시행이 가시화되었다.

그리고 일본 정부는 「병역법」 개정에 착수했다. 다음 해인 1943년 3월 1일 개정 「병역법」이 공포되었고 다섯 달 뒤인 8월 1일부터 시행되었다.[70] 개정되기 이전의 「병역법」에는 '호적법의 적용을 받는 사람' 곧 일본인만 병역의 의무를 갖는 것으로 되어 있었는데 이 조항을 '호적법 또는 조선민사령 중 호적에 관한 규정의 적용을 받는 사람'으로 고침으로써 병역 의무를 「조선민사령」의 적용 대상 곧 조선인에게도 부과할 수 있는 기초를 마련한 것이다.[71]

「병역법」 개정을 토대로 1944년에 징병제가 실질적으로 적용되면서

---

68 「甲委員會打合決定事項」(1942년 4월 24일).
69 『朝鮮總督府官報』, 1942.5.11.
70 『朝鮮總督府官報』, 1943.3.20.
71 개정 전 「병역법」에는 "호적법의 적용을 받는 사람으로서 전년(前年) 12월 1일부터 그해 11월 30일까지 사이에 나이 20세에 달하는 사람은 징병 검사를 받을 것을 요한다"라고 규정되어 있었다.

징병 검사를 통해 만 20세에 해당하는 조선인 청년을 동원할 수 있게 되었다.[72] 한편 일제는 징병제 준비를 위해 징병 대상자인 청년층이 갖추어야 할 기본적인 훈련과 교육이 선행되어야 함을 절감했다. 조선총독부가 1944년에 호적 정비 작업으로 파악하고 있던 징병 대상자의 수는 약 22만 명이었다. 그런데 이 가운데 11만 명이 초등 교육 수준의 교육도 받지 못한 상태였다.[73] 이는 황국 신민으로서 갖추어야 할 기본적인 국민 교육을 이수한 인원의 비율이 높지 않았다는 사실을 반증한다. 따라서 조선총독부는 중등 교육 이상의 졸업자를 비롯해 초등 교육조차 받지 못한 미취학 조선인 청년까지 포함해 일본 군인이 되는 데 필요한 사전 교육을 할 필요가 있다고 판단했다. 조선청년특별연성소의 설립이 바로 그것이다.[74] 조선총독부는 징병제 사전 준비를 위해 1942년 10월 1일 「조선청년특별연성령」을, 그리고 10월 26일 「조선청년특별연성령 시행규칙」을 차례로 공포했다.[75] 「조선청년특별연성령」의 주요 내용은 다음과 같다.

제1조
 본령은 조선인 남자 청년에 대한 심신의 단련, 기타 훈련을 시행해 장래 군무에 복무하면 필요한 자질의 연성을 하는 것을 목적으로 하고 겸해 근로에 적응할 소질의 연성을 기하는 것으로 한다.

---

72 표영수, 2013, 「일제강점기 조선인 군사훈련 현황」, 『숭실사학』 30, 230~231쪽.
73 최유리, 1997, 『일제 말기 식민지 지배정책 연구』, 국학자료원, 202~203쪽.
74 표영수, 2013, 앞의 글, 203쪽.
75 『朝鮮總督府官報 號外』, 1942.10.1, 26.

제2조

    조선에 거주하는 나이 17세 이상 21세 미만의 조선인 남자로서 제7조 제1항의 규정에 따라 선정된 자는 본령에 따라 연성을 받아야 한다. …

제5조

    연성 기간은 대개 1년으로 한다. 단, 전시 또는 사변에 따라 조선총독이 필요하다고 인정될 때는 이를 6월까지 단축할 수 있다.

제6조 연성은 청년특별연성소에서 이를 행한다.

제7조 도지사는 조선총독이 정한 바에 따라 연성을 받게 할 자를 선정하여 이를 청년특별연성소에 입소시켜야 한다. 도지사는 진행의 선정을 하기 위해 필요할 때는 조선총독이 정한 바에 따라 본인에게 출두를 요구할 수 있다. …

제9조 부·읍·면은 청년특별연성소를 설치해야 한다. 특별한 사정이 있는 경우에는 부·읍·면은 조선총독이 정한 바에 따라 도지사의 허가를 받아야 한다. …

부칙 본령의 시행 기일은 조선총독이 이를 정한다.

이와 관련해 조선총독부는 홍보 책자인 『조선사정(朝鮮事情)』을 통해 조선청년특별연성소에 대해 다음과 같이 언급했다.

본 제도는 쇼와 17년(1942년-인용자) 10월 발포되어 동년 11월부터 시행된 청년특별연성령에 의한 것인데, 본령의 목적으로 하는 바는 징병제 시행에 관한 가장 중요한 시책이자 조선인인 남자 청년(17세 이상 21세 미만) 가운데 국민학교 미취학자에 대해 심신의 단련 기타 필요한 훈련을 시행하여 청년이 장래 군무에 복무하면 필요한 자질 연성을 위해, 더욱 오늘날 아국(我國) 총력전 체제 완수상 반도 청년이 근로 때문에 성업을 익찬(翼贊)하고 봉사하는 것은 병역에 버금가는 중요한 책무가 되어 근로에 적응한 소질의 연성을 겸하여 시행하는 것에서 법령의 규정에 따라 선정된 자는 원칙적으로 1년간 청년특별연성소에서 연성을 받아야 할 책무를 부여받는다. 작년 12월 연성소 개소 이래 엄격한 규율 절제하에 연성시켜 <u>교련, 학과, 국어와 더불어</u> 소기의 목적에 도달하고 있다.[76] (밑줄은 인용자)

조선총독부는 '징병제 시행에 관한 가장 중요한 시책'으로 초등 교육을 이수하지 못한 조선인 남자 청년[77]에 대한 연성[78]의 필요성을 강조했다. 특히 '국어' 곧 일본어 교육이 훈련의 주요 내용에 포함되었다는 것이 눈길을 끈다. 이는 「조선청년특별연성령 시행규칙」에서 더 확실

---

[76] 「朝鮮青年特別鍊成所」, 『朝鮮事情』, 朝鮮總督府, 1943, 213~214쪽.

[77] 조선청년특별연성소의 설립이 추진되기 이전에 겉으로는 비슷한 성격을 갖는 청년 훈련소가 1920년대부터 이미 운용되고 있었다. 그러나 청년 훈련소는 애초에 군대에 입대할 청년들 곧 일본인 청년들에 대한 사전 군사 교육 기관 또는 중등 교육 대체 기관으로서의 성격을 갖고 있었기 때문에 초등 교육을 이수한 일본인이 입소 대상이었다. 청년 훈련소에서 교육받으면 군 복무 기간 단축이라는 혜택이 주어졌기 때문에 애초에 병역의 의무가 없던 조선인의 입소는 일본인에 비해 현저하게 적었다.

[78] 전시 체제기에 들어서면서 일제는 청년의 자질을 향상하는 수단으로 '훈련'이라는 말을 쓰고 있었다. 그런데 1942년 무렵부터는 '연성'이라는 말이 훈련을 대체했다. 연성은 단순 교육을 넘어 장래의 예비 전력이 될 군사적 인간형을 양성하기 위한 과정을 의미했다. 이기훈, 2005, 「일제하 청년담론 연구」, 서울대학교 박사학위논문, 218쪽.

하게 드러난다. 「조선청년특별연성령 시행규칙」의 주요 내용은 다음과 같다.

제1조 청년특별연성소에서의 연성 항목은 훈육, 학과, 교련 및 근로 작업으로 한다.

훈육은 교육에 관한 칙어의 취지에 따라 국체의 본의를 명징하게 하고 황국 신민으로서의 자각을 철저히 하여 이를 실천궁행으로 인도함을 요지로 한다.

학과는 <u>황국 신민으로서 필요한 일상의 국어 및 지식을 습득케 함</u>을 요지로 한다.

교련은 군사적 기초 훈련을 하여 단체적 동작 및 기율을 철저히 하는 것을 요지로 한다.

근로 작업은 근로 존중의 관념을 함양하는 동시에 근로 생활의 국가적 의의를 체득케 하는 것을 요지로 한다.

연성은 각 연성 항목 상호의 연락을 밀접히 하고 또한 각 사항의 종합에 유의하여 행한다.

제2조 청년특별연성소에서의 연성 시수는 6백 시 이상으로 하고 다음 표준에 의하여 토지(지역-인용자)의 정황에 따라 정하여야 한다. 다만 조선청년특별연성령(이하 '영'이라 칭함) 제5조 단서의 규정에 따라 연성 기간을 단축할 때는 그때마다 조선총독이 정한다.

특별한 사정으로 전항의 연성 시수에 따르기가 어려울 때는 도지사의 인가로서 연성 시수를 단축할 수 있다.

제3조 청년특별연성소의 입소기는 매년 4월로 한다. 다만 영 제5조 단서의 규정에 따라 연성 기간을 단축하면 그때마다 조선총독이

이를 정한다.

특별한 사정이 있는 자는 전항의 규정에도 불구하고 도중에서 입소시킬 수 있다.

제4조 청년특별연성소의 연성은 토지(지역-인용자)의 정황에 따라 적당한 시각 및 계절에 응하여 이를 행한다. (밑줄은 인용자)

'황국 신민으로서 필요한 일상의 국어 습득'(제1조)이라는 규정에서도 알 수 있듯이 이 시행규칙은 청년특별연성소의 교육이 '국어' 중심임을 분명히 하고 있다. '황국 신민으로서 필요한'이라는 표현 자체가 징병을 전제로 한 것이었다. 곧 일본 군인이 되기에 필요한 최소한의 일본어 교육을 시킨다는 것이 청년특별연성소를 설치한 근본 이유였던 셈이다.

청년 연성의 대상이 되는 청년들은 17~21세 사이의 남자였다. 국민학교 초등과 미수료자가 첫 번째 조건이었다. 연성 기간은 1년으로 잡혔다. 그리고 야간 교육 위주였다. 연성 시설로는 주로 국민학교를 사용했다.[79] 학과는 훈육, 학과, 교련, 근로 작업으로 구분되었는데 이 가운데 훈육과 학과 400시간, 교련과 근로 작업 200시간, 합해서 600시간을 이수해야 했다.

훈육의 기본은 정규 학교에서 그런 것처럼 '교육에 관한 칙어'였다. 좀 더 구체적으로 훈육의 항목을 보면 다음과 같다.

1) 천황 폐하·궁성 요배(천황의 존재와 궁성 요배의 방법을 가르친다)
2) 칙어·조서 봉독(내용의 설명을 암기시킨다)

---

[79] 朝鮮總督府情報課, 1943, 『徵兵制參考資料』.

3) 황대신궁·신사(각호에 대마를 봉사하는 일을 포함해 이해시킨다)

4) 제일·축일·대조봉대일 등(의미를 설명한다)

5) 국기(국기의 설명과 게양 방법)

6) 기미가요와 사사(노래하는 방법과 의미)

7) 군인에 내린 칙유(5개조의 암기)

8) 황국 신민의 서사(암기시킨다)

9) 국민 도덕 일반(국민학교 초등과 국민과, 수신과의 교과서를 사용한 수업)

9개의 훈육 요목 가운데 4개가 '암기'하는 것이었다. 당연히 암기의 언어는 '국어'였다. 반드시 '국어'로 암기하도록 했다는 점에서 훈육도 일본어 교육과 밀접하게 관련되었다. 암기라고 적혀 있지 않은 다른 요목도 일본어를 알아듣지 않으면 따라갈 수 없는 것들이다. 이러한 의미에서 훈육은 한편으로는 군인이 되는 데 필요한 황민 의식을 일깨우는 것인 동시에 앞으로 군인이 될 병력 자원에 '국어'를 익히도록 하는 수단으로서의 성격을 갖고 있었다.

학과는 병역에 복무하는 데 필요한 최저한의 지식과 '국어'에 중점에 두고 있었다. 이 가운데 더 중요한 것은 지식이 아니라 '국어'를 익히는 것이었다. 일본 군부는 애초에 조선인만의 부대 편성은 고려하지 않았다.[80] 일본인 병사 가운데 조선인을 분산 배치한다는 방침이었다. 조선인 병사와 일본인 병사 사이에 의사소통이 되지 않는다면 큰 문제

---

80 당시 일본 육군은 지역별로 부대를 편성하는 것이 일반적이었다. 보기를 들어 교토 사단 하면 교토에 주둔하는 부대라는 뜻과 함께 교토 또는 교토와 가까운 지역 출신의 군인들로 편성된 부대라는 뜻이 있었다.

였다. 당연히 일본어로 의사소통해야 했기 때문에 일본어 교육 가운데서도 회화가 가장 중시되었다.

그런데 연성소에 입소하는 대부분의 조선인 청년은 일상생활에서 조선어를 주로 사용했을 것이다. 초등 교육도 받지 못했기 때문에 일본어를 써본 적이 거의 없는 조선인 청년들을 대상으로 한 야간 교육이 효과를 거두기는 어려웠을 것으로 짐작된다. 연성 훈련의 효과를 알려 주는 문서도 언론 기사도 거의 없다는 사실이 역설적으로 일제의 의도와는 달리 청년특별연성소가 기대만큼의 제 몫을 다하지 못했음을 방증한다.

정해진 연성 기간의 훈련만으로 일본 군인이 되는 데 필요한 일본어 교육이 이루어지기는 쉽지 않았다. 억지로 일부 어휘를 이해시키는 것까지는 가능했을지 모르지만 정작 필요로 하는 회화가 가능한 정도로 일본어를 익히게 하는 것은 기대하기 어려웠다. 주간에는 자기 일을 하다가 야간에만 모여서 연성 훈련을 받는 것이기 때문에 연성소에서 집으로 돌아가면 다시 조선어의 세계가 청년들을 기다리고 있었다.

청년 특별 연성은 징병 대상자 전원을 참가시키는 것을 전제로 했다. 그러나 연성 대상 연령자는 해마다 20만 명 정도였다. 연성 대상 외의 국민학교 졸업자를 제외하면 해마다 15만 명의 17~21세의 조선인 남자를 대상으로 연성해야 했다. 단순하게 계산해도 75만 명이다. 연성소는 읍·면마다 설립하는 것을 원칙으로 했는데 당시 조선의 읍·면 수는 2,324개였다. 각 읍면에 연성소가 설립되었다고 가정해도 100명씩 수용했을 때 1년에 수용할 수 있는 인원은 23만 명밖에 되지 않는다.

1942년 12월 1일부터 첫해의 청년특별연성소가 설치되었다. 원래는 다음 해 9월 30일까지 10개월 동안 연성을 시행해야 했지만, 기간이 6개월로 단축되었다. 첫해부터 계획이 어긋난 것이다. 이는 〈표 4-1〉에

〈표 4-1〉 청년특별연성소 설치 상황

설치 연도	공립		사립		계	
	연성소 수 (개소)	입소자 수 (명)	연성소 수 (개소)	입소자 수 (명)	연성소 수 (개소)	입소자 수 (명)
1942	715	31,638	31	1,238	746	32,876
1943	1,920	66,685	33	1,023	1,953	67,708
계	2,635	98,323	64	2,261	2,699	100,584

출처: 朝鮮總督府學務局, 1943,『本邦にける敎育制度倂狀況關係雜件-義務敎育參考資料』, 外務省外交資料館 茗荷谷文書 I-14

서 알 수 있듯이 첫해에 개설된 공·사립 청년특별연성소가 2,324개 읍·면의 3분의 1에도 못 미치는 746개소에 그친 데서도 드러난다. 물론 다음 해인 1943년에는 그 숫자가 1,953개소로 많이 늘어났지만, 여전히 청년특별연성소를 개설하지 못한 지역이 있었던 것으로 보인다.

청년특별연성소가 애초 계획과는 달리 원활하게 추진되지 않았다는 것은 입소자 수에서 더 분명하게 드러났다. 첫해에는 3만 3천 명 남짓, 다음 해에도 6만 8천 명 남짓으로, 두 해의 입소자를 다 합해도 10만 명을 아슬아슬하게 넘기는 수준이었다. 애초 계획대로라면 75만 명 정도에게 연성해야 했는데 실제 연성을 시행한 것은 10만 명 정도에 지나지 않았다. 이는 이 제도가 현실을 고려하지 않은 채 병력 동원이라는 긴박한 필요 때문에 무리하게 입안되었음을 보여 준다.

연성소가 모든 면에 설치되지는 않았을 것으로 보인다. 더욱이 설립된 연성소 가운데는 도시부가 포함되어 있었다. 입소는 명령서(시행규칙 10조)에 의해 시행되었다. 그리고 본인 이름으로 된 영수증을 지사에게 제출하지 않으면 안 되었다. 연성 자체가 강제였던 셈이다. 입소를 할 수 없는 사람은 도지사에게 신청서를 제출해야 했는데 여기에는 경찰관 등의 증명이 필요했다. 전시 체제기라는 엄혹한 상황에서 실제로는 연성을 거부할 수 없었을 것이다.

연성소는 대부분 기존의 학교 안에 개설되었다. 규정상으로는 소장과 직원을 따로 두는 것으로 되어 있었지만 전시 체제기에 그럴 만한 인적 여력은 없었다. 그래서 학교 교장이 소장을 겸직하는 것이 일반적이었다. 실제 연성도 학교 교원 등이 담당했다. 일부 지역에서는 일본인 재향 군인 등이 연성 교관으로 참여하기도 했다. 청년특별연성소에는 지도원이 배치되었지만 역시 겸무인 경우가 일반적이었다. 결국 청년특별연성소는 독자적으로 운용된 기구라기보다 지방 행정 기관과 학교가 일체가 되어 만들어 나간 연성 기구의 성격을 갖고 있었다. 연성의 구체적인 사례로 경성부의 경우를 살펴보자.

경성연성소의 연성 대상자는 1923년 12월 2일부터 1924년 12월 1일 사이에 태어난 20~21세의 조선인 남자였다. 1회 연성은 징병 검사를 받는 자로 한정했다. 법령상으로는 연성 대상자로 규정된 17~19세의 자는 아예 연성 대상에 포함하지 않았다. 지명된 자의 입소는 의무제였다. 정당한 이유 없이 연성을 받지 않으면 구류되어 과료 처분을 받았다. 이는 다시 입소가 강제였다는 것을 반증한다.

경성부는 1942년 12월 1일에 6개소의 공립 청년특별연성소를 개설했다.[81] 그리고 지역별 할당에 따라 274명이 입소자로 지정되었다. 연성소당 평균 50명도 되지 않는 수였다. 입소식은 12월 1일 효제국민학교 강당에서 열렸다. 6개소 입소자들이 모인 가운데 '성대한' 입소식이 진행되었다. 성대하다고 할 수밖에 없는 것이 오노 정무총감을 비롯해 학

---

81 宮野寬, 1943, 「朝鮮青年特別緣成令と京城府」, 『京城彙報』 1943년 2월호. 미야노는 경성부 학무과장이었다.

무국장, 도지사, 경성부 학무국장, 조선군 관계자들이 300명도 되지 않는 입소자들을 격려하기 위해 모였다. 조선총독부로서는 청년특별연성소에 거는 기대가 크다는 것을 보여 주고 싶었을 것이다.

그런데 당시 경성부는 모두 24개 지구로 구성되어 있었다. 지구당 1개소의 연성소가 개설되었다고 한다면 연성소가 미처 설치되지 않은 지역이 설치된 지역의 3배인 18개 지구였다. 미설치 지구에는 1943년에 연성소를 개설할 예정이었다. 경성부와 같은 곳에서도 설치율이 25%에 그쳤다는 것은 조선총독부의 청년특별연성소 설치 지시에 대한 지방 행정 기구의 대응이 그다지 빠르게 이루어지지 않았음을 의미한다. 경성부의 다른 지역에 연성소가 설치된 것은 다음 해인 1943년 4월 1일로 미설치 18개소에 모두 설치가 완료되었다.

1942년 12월 1일 6개소 연성소에 입소한 연성 대상자를 직업별로 보면 농업 20명, 공업 80명, 상업 52명, 교통업 8명, 공무 자유업 26명, 기타 유업자 78명, 무직 10명, 합계 274명이었다.[82] 이들을 다시 학력별로 보면 불취학 14명, 사립 학술 강습회 및 서당 63명, 사립 초등학교(국민학교와 같은 정도의 인정 학력 제외) 중퇴 34명, 수료 15명, 간이 학교 수료 5명, 국민학교 중퇴 13명, 합계 274명이었다.[83] 법령의 규정대로 국민학교를 수료하지 않은 징병 적령의 조선인 청년들이 입소 대상자였음을 확인할 수 있다. 다만 여기서 주목할 것은 불취학자를 제외한다면 다양한 형태이기는 하지만 일본의 근대 학교 제도에 편입된 사람들 이외

---

82 宮野寬, 1943, 위의 글.

83 宮野寬, 1943, 위의 글. 그런데 학력별 숫자를 모두 합해도 274명이 되지 않는다. 다른 자료가 없어서 그대로 인용한다. 일정한 경향성을 이해하는 데는 큰 문제가 없다고 여겨진다.

에도 어느 정도의 학력을 가진 사람들이 존재하고 있었다는 사실이다. 일제는 단순하게 '학력이 없는 자'가 연성 대상이 된다고 법령으로 규정했지만, 실제 연성 대상자를 선정할 때는 서당을 포함해 어느 정도의 교육을 받은 사람을 우선 고려했을 것이다. 왜냐하면 연성은 징병을 염두에 둔 것이기 때문에 그야말로 일자무식의 사람은 현실적으로 연성 대상에 포함하기가 쉽지 않았을 것으로 판단된다.

이상에서 알 수 있듯이 「조선청년특별연성령」에서 대상으로 규정된 '17세 이상의 사람'은 첫해에는 대상이 되지 않고 징병 대상자만 먼저 연성이 시행되었다. 경성부에 국한해 보자면 첫해에는 대상 지역 가운데 3분의 1에 해당하는 지역의 청년에게 연성한 데 지나지 않았다. 연성 훈련이 그나마 궤도에 오른 것은 징병제 시행을 한 해 앞둔 1943년이었다. 이러한 현상은 경성부에만 국한되지 않았을 것이다. 애초의 목표에는 미치지 못했지만, 전국 각지에 연성소가 설치되어 10만 명 정도의 징병 대상 청년이 일본어와 간단한 군사 훈련을 받았다.

1944년 4월부터 8월에 걸쳐 첫 번째 조선인 병역 판정 검사가 시행되었다. 그리고 9월 1일부터는 입대가 시작되었다.[84] 조선총독부는 1944년 징병제가 시행됨에 따라 현역 입영 예정자를 대상으로 조선총독부 군무예비훈련소를 설치했다. 군무예비훈련소의 설치 목적은 "조선민사령 중 호적에 관한 규정의 적용을 받는 장정(조선인-인용자)에 대해 병역에 복무하는 데 필요한 심신의 단련, 기타 훈련을 시행해 황국 군인으로서의 소질을 연성"하는 것이었다.[85]

---

84 『매일신보』, 1944.9.1.
85 『朝鮮總督府官報』, 1944.4.22.

군무예비훈련소의 훈련 대상은 현역 입영 예정자 가운데 국민학교를 졸업하지 못한 조선인이었다. 곧 징병 검사에서 현역 판정을 받은 조선인 가운데 국민학교 과정을 수료하지 못한 사람들을 대상으로 군사 훈련을 시행한다는 것이었다.

징병 제도가 시행되기 이전에 국민학교 과정도 수료하지 못한 조선인에 대해서는 「조선청년특별연성령」에 의해 청년특별연성소에서 훈련하고 있었다. 그러나 일제는 징병을 위한 예비 훈련으로서 청년특별연성소 훈련만으로는 불충분하며 "일본어의 숙련도 및 생활 습관의 개선, 규율 훈련 방면에서 유감스러운 부분이 적지 않다"[86]라고 해 이들에 대한 추가 훈련을 시행하려고 했다.

조선총독부는 1944년도의 징병 적령자 240,000여 명 가운데 현역 군인으로 동원될 인원을 약 50,000명으로 산정하고, 이 가운데 절반을 국민학교도 나오지 못한 청년특별연성소 수료자로 예상했다. 이에 따라 일제는 이들 25,000명에 대해 징병에 앞서 군무예비훈련소를 설치하고, 이를 통해 입영 전 최종적인 군사 훈련을 시행하려고 한 것이다.

이를 위해 조선총독부는 기존의 조선총독부 육군병지원자훈련소를 폐지하고 이를 군무예비훈련소로 개편했다. 조선총독부는 5월 1일 경기도 양주군과 평안남도 평양부에 있던 제1·2 육군병지원자훈련소를 제1·2 군무예비훈련소로 개편했다.[87] 또한 1944년 4월 22일에는 건설하고 있던 경기도 시흥군의 제3 육군병지원자훈련소를 제3 군무예비훈련

---

86 「昭和19年4月23日內甲66號內務大臣請議朝鮮總督府軍務豫備訓練所官制制定ノ件」, 『公文類聚』第69編.
87 『朝鮮總督府官報』, 1944.5.1.

소로 개편하고[88] 5월 28일부터 개소했다.[89]

군무예비훈련소의 훈련은 크게 1부와 2부로 나뉘어 시행되었다. 제1부는 청년특별연성소 출신인 현역 입영 예정자들을 대상으로 1년에 여섯 차례 시행하려고 했다. 훈련 기간은 2개월 정도였다. 1944년도 징병 적령자 50,000명 가운데 국민학교 미수료자 25,000명에 대해 3개의 군무예비훈련소에서 훈련을 시행하려고 한 것이다. 그러나 1944년에는 5월부터 훈련이 시작되었기 때문에 회당 훈련 기간을 40일로 단축하게 되었다. 1945년에는 1944년 징병 적령자의 수에 비례해 2개월 동안 6회에 걸쳐 훈련하려고 했다.

한편 제2부는 국민학교 이상 수료자 가운데 특히 장기 지원을 희망한 자로서 징병 예비 검사에서 현역 징집이 예상되거나 징병 검사 후 현역으로 징집될 자에 대해 6개월씩 1년에 두 차례에 걸쳐 훈련하려고 했다. 조선총독부는 제2부생들을 해마다 약 1,000명 정도로 예상했다. 다만 1944년에는 늦게 훈련이 시작되었기 때문에 7월부터 12월까지 1회만 시행한 것으로 보인다. 인원은 500명 정도였을 것이다.

군무예비훈련소에서의 훈련 항목은 크게 훈육, 보통 학과, 술과로 구분된다. 훈육은 대개 '교육칙어'와 '군인 칙유'의 취지에 기초해 '황국 정신'을 함양시키는 것을 요지로 하고 있었다. 보통 학과에서는 "일상에 필수적인 지식을 습득"케 하는 것을 요지로 해 일본어, 일본사, 지리, 수학, 이과 등에 대해 군인 생활 및 실제 생활에 필요한 사항을 선정해 가르쳤다. 또한 술과는 "심신 일체의 단련을 행하고 지성 진충의 정신을 체

88 『朝鮮總督府官報』, 1944.4.22.
89 『매일신보』, 1944.5.25.

득"시키는 것을 요지로 해 교련, 체조, 무도, 기타 군대에 필요한 사항을 가르쳤다.

군무예비훈련소에서의 훈련은 주당 총 39시간의 교육 시간이 책정되어 있었다.[90] 주당 39시간 가운데 일본어와 교련이 각기 10시간(26%)씩 배정된 데서 군무예비훈련소에서의 주된 교육 내용이 청년특별연성소와 마찬가지로 일본어 보급과 군사 훈련에 있었음을 알 수 있다. 일본어 시수와 군사 훈련 시수가 똑같이 배정되었다는 것은 그만큼 일본어를 익히도록 하는 것이 군사 훈련을 받도록 하는 것 못지않게 중시되고 있었음을 보여 준다. 더욱이 일본어 이외의 보통 학과는 물론이고 훈육과 군사 훈련도 모두 일본어로 이루어지고 있었다고 한다면 사실상 군무예비훈련소의 교육은 곧 일본 군인이 될 조선인 청년에게 일본어를 보급하려는 성격을 강하게 띠고 있었음을 알 수 있다.

앞서 언급했듯이 일본 군부는 조선인이 과연 일본 군인으로서 적합한지 아닌지를 판단할 때 무리한 점이 많다는 것을 알고 있었다. 징병 대상이 될 조선인 청년들 가운데는 아직 일본어를 모르는 경우가 더 많았고 일본어를 할 줄 안다고 해서 일본 제국과 천황을 위해 기꺼이 목숨을 바치겠다는 충성심을 갖추었다는 보장도 없었다. 그래서 조선인 징병이 50년 뒤에나 가능하다고 본 것이다. 그런데도 일본 정부와 군부가 갑자기 태도를 바꾸어 조선인 징병을 서둘러 결정한 데는 이유가 있었다. 심각한 병력 부족 때문이었다. 중일전쟁에서 아시아태평양전쟁으로 일제의 침략 전쟁이 확대되면서 병력 부족은 심각한 상태였다. 특히 전쟁터에 나가 있는 일선 부대는 대부분 정원에 크게 못 미치는 병력만 확보하

---

90 이는 제1부, 제2부 모두 같았다.

고 있었다.

이에 일본 정부와 군부는 병력 부족 사태를 식민지에서 가장 많은 인구를 확보하고 있던 조선을 대상으로 보충하기로 한 것이다. 급작스럽게 징병제의 시행이 결정되었기 때문에 그 실행 과정에는 무리가 따르기 마련이었다. '국어'를 할 줄 아는 일본 군인을 만들기 위해서는 '국어'를 더 빨리 더 많은 청소년에게 보급해야 했다. 후술하듯이 징병제 시행 결정을 전후해 '국어' 상용 정책이 추진되고 조선인에게 모어인 조선어를 쓰지 못하도록 하는 무리한 정책을 강요한 것도 징병제와 직결된 것이었다.

조선총독부는 제1차 교육 확장 계획을 1937년에 시행했다. 학무국은 1940년 8월에 조선에서도 일본 내와 같은 의무 교육 제도를 시행하기 위한 준비에 착수한다고 발표했다. 의무 교육이 시행되는 해는 1946년으로 예상되었다. 전시 체제를 위한 준비 작업으로, 일제 침략 전쟁에서 일본 국민의 의무를 다해 달라고 요구하면서 조선인의 요구 사항인 의무 교육에 대해 더는 간과할 수 없었을 것이다.

당시 시오바라 학무국장은 "조선인을 황국신민화 곧 동화시키려면 하루라도 속히 의무 교육 제도를 시행해 소년 교육부터 철저하게 해야 한다. … 이미 지원병 제도가 시행되고 징병 제도 또한 멀지 않음으로 군대 교육의 효과를 거두기 위해서도 황국신민화 교육의 확충을 서둘러야 할 것이다"[91]라고 의무 교육 제도가 징병제와 직결된다는 속내를 드러냈다. 오노 정무총감도 "시국의 급격한 진전에 처해 대(大) 전진 기지로써 부하(負荷)한 반도의 중대한 사명을 달성하기 위해서는 제반 시설의

91　八木信雄, 1981, 앞의 책, 241쪽.

원천이 되어야 할 인적 요소의 보육 계배(啓培)에 관한 각별한 고려를 해야 함"92에 의무 교육 제도 추진의 목적이 있음을 밝혔다.

의무 교육 제도 시행 계획은 조선총독부 학무국을 통해 발표되었지만, 그 배후에는 군부가 있었다. 조선총독부로서는 당시 상황에 비추어 의무 교육 제도의 시행이 원활하지 않을 것이라는 사실을 충분히 인식하고 있었다. 그런데도 쫓기듯이 의무 교육 제도를 조속히 시행하겠다고 밝힌 데는 '국어'를 할 줄 아는 조선인 청년을 일본 군대로 징집해야 할 상황에 몰리고 있던 군부의 입김이 크게 작용했을 것이다. 실제로 조선총독부 학무국이 작성한 한 문서에는 "1946년부터 시행 예정의 수업 연한 6년으로 하는 의무 교육 제도는 징병제 시행에 조응해 규정 방침대로 이를 시행한다"라고 적혀 있다.93

1938년의 제3차 「조선교육령」 개정을 통해 일본인과 조선인 사이에 존재하던 학제 불통일의 문제를 해소하겠다고 밝히면서도 조선총독부는 의무 교육 제도에 대해서는 언급하지 않았다. 이는 이 시점까지만 해도 의무 교육 제도를 시행하겠다는 구상이 없었다는 사실을 시사한다. 그런데 1940년에 갑자기 의무 교육 제도 시행을 발표하고 이어 다음 해에는 기존의 소학교라는 이름을 폐지하고 새로 국민학교라는 이름을 쓰겠다는 방침도 밝혔다.

이름에서 알 수 있듯이 국민학교는 일본 제국과 천황에 충성하는 국민을 양성하기 위한 가장 기본적인 교육 기관으로 규정되었다. 일본과

---

92 「彙報 義務敎育實施の急務に就き政務總監談發表」, 『朝鮮』 1940년 9월호, 101쪽.

93 朝鮮總督府學務局, 1943, 「學制臨時措置案說明資料一問一答」, 『本邦にける教育制度 倂狀況關係雜件』, 外務省外交資料館茗荷谷文書 I-9.

식민지 조선의 모든 제도를 다르게 규정하던 기존의 정책과는 달리 일본과 동시에 국민학교로의 전환을 추진한 것은 그만큼 일본의 전쟁 상황이 날로 심각해지고 있음을 방증하는 것이었다. 일본「국민학교규정」제1조에 "국민학교는 황국의 길에 비추어 초등 보통 교육을 시행하고 국민의 기초적 연성을 목적으로 한다"라고 적힌 데서도 잘 드러난다. 다만 일본에서는 8년제 국민학교 제도가 시행된 데 비해 조선에서는 6년제 국민학교 제도가 시행되었다. 교과서는 일본에서 사용하는 교과서와 똑같은 내용의 교과서를 조선에서도 사용하도록 함으로써 그나마 형식적으로라도 일부 남아 있던 조선인 본위의 교육은 사실상 완전히 사라지고 말았다.

일제가 조선총독부 학무국을 앞세워 갑자기 의무 교육 제도의 시행을 공언하게 된 것은 조선인을 징병하는 데 가장 큰 장애였던 '국어' 교육의 미비라는 문제가 아직 해소되지 않았다는 사실과 직결된다. 일본어를 모르는 조선인 청년을 일본 군인으로 끌고 갈 수는 없었기 때문에 일본 군인이 되는 데 필요한 최소한의 '국어' 교육을 위해 의무 교육제가 반드시 선행되어야 했다.

조선인 징병이 결정될 당시 일본어를 이해하는 조선인의 비율은 〈표 4-2〉에서 알 수 있듯이 전체 인구의 16.1%에 지나지 않았다. 그나마 남자는 비율이 25%까지 높아졌지만, 여자는 7.69%에 그쳤다. 식민 지배가 시작된 지 30년도 더 지났는데 아직도 약 84%의 조선인이 일본어를 할 수 없는 상황이었다. 더욱이 일본어를 이해하는 조선인 가운데 절반 가까이는 일본어 회화가 가능한 수준이 아니라 '조금' 아는 정도의 수준이었다. 조금 아는 것이 어느 정도인지는 알 수 없지만 일상 회화가 가능한 수준이 아니라는 것은 분명해 보인다. 기초적인 일본어 몇 마디를 아

〈표 4-2〉 조선인의 일본어 이해 정도

	총수	남자	여자
조선인 총수	23,912,063명	-	-
일본어를 이해하는 사람	3,972,204명(16.1%)	25.42%	7.69%
보통 회화가 가능한 사람	2,087,361명(8.73%)	13.76%	3.63%
조금 이해하는 사람	1,884,733명(7.88%)	11.66%	4.04%
일본어를 이해하지 못하는 사람	19,939,969명(83.39%)	74.58%	92.31%

출처: 朝鮮總督府學務局, 1943, 『本邦にけゐ敎育制度倂狀況關係雜件-朝鮮敎育令改正關係』, 外務省外交資料館茗荷谷文書 I-36.

는 사람이 이런 범주에 속했을 것이다. 그러니 일본 군부가 요구하는 수준의 '국어' 능력을 갖춘 사람은 8~9% 정도였을 것으로 추정된다.

이를 다시 도시와 농촌으로 나누어서 보면 도시 지역에서는 36%의 조선인이, 주로 농촌에 해당하는 군 지역에서는 14%의 조선인이 일본어를 이해하는 수준이었다. 징병 제도를 시행하게 되면 학력과 상관 없이 그리고 거주 지역과도 상관 없이 일정한 나이가 된 조선인 청년이 모두 징병 대상이 된다. 징병제의 취지에 비추어 볼 때 농촌 지역의 조선인 청년이라고 징병 대상에서 배제되는 것은 아니었다. 그렇다면 일본 군부가 보았을 때 농촌 지역 징병 대상자의 '국어' 능력 미비는 특히 심각한 문제였다.

더욱이 여전히 조선인 대부분은 조선어의 세계에 머물고 있어서 집 안에서는 조선어를 사용하는 것이 일반적이었다. 조선총독부가 '국어' 상용 정책을 강행하던 일제 강점 말기에 집 안에서 일본어를 사용하는 것이 미담으로 자주 소개되고는 했다. 이는 역설적으로 조선인 대부분이 적어도 집 안에서는 조선어를 쓰고 있었음을 방증한다.

일본 정부와 군부는 이처럼 생활 기본 언어로 조선어를 쓰고 있던 조선인이 일본 군대의 일원이 되는 것에 강한 불안감을 느끼고 있었다. 실제로 1944년에 시행된 첫 징병 검사에서는 여전히 일본어를 모르는 조선인 청년들 때문에 조선어 통역을 두어야 하는 상황이었다. 조선군 징병주임참모였던 요시다 도시쿠마(吉田俊隈)가 기록한 「조선인 지원병 징병의 경개」라는 문서를 보면 제1회 징병 검사(1944년) 당시 일화로 "벽추(僻陬)의 땅"[94]에서는 '국어'를 모르는 이가 많아 징병관이 우선 '국어'로 훈시한 뒤 통역이 조선어로 설명하는가 하면 검사장에서도 "손짓발짓 통역의 진풍경"이었다고 한다.[95] 징병제 시행을 계기로 조선인에 대한 일본어 교육은 절대적 필요성을 갖게 되었다.

물론 학교 교육 이외의 조선 민중에 대한 일본어 교육은 징병 시점부터 시작된 것은 아니었다. 앞에서 언급했듯이 중일전쟁 이후 '국어'를 보급하기 위한 강습회가 대대적으로 열렸다. '국어' 강습회에서 사용하는 교재는 조선총독부가 무상으로 배포했다. 1938년에 3,600개소였던 강습소는 1940년에는 7,795개소까지 늘어났다. 1940년의 수강자 수는 34만 명 정도였고 배포된 교과서도 22만 권이었다. 숫자만 놓고 보면 상당한 성과를 거둔 것 같지만 실제는 그렇지 않았다.

이름에서도 알 수 있듯이 이 강습회는 '국어' 보급을 목표로 한 것이었다. '국어' 외에는 강습회에서 따로 가르치는 것이 없었다. 일본어를 전혀 알지 못하는 조선인들에게 재미도 없는 '국어' 강습이 제대로 이루어질 리 없었다. 더욱이 강습회 자체가 단발성을 띠고 있었다. 일시적인 데다가 아무 체계를 갖추지 않았으며 강습의 시간 수도 많지 않았다. 조

---

[94] 벽지 또는 벽촌을 뜻한다. 조선을 일본의 벽지처럼 보는 일본인의 시각을 보여 주는 표현이다.
[95] 吉田俊隈, 「朝鮮軍歷史別冊 朝鮮人志願兵·徵兵ノ梗概」, 『朝鮮軍關係史料 2/2』, 防衛省防衛研究所, 15쪽.

선인을 충성스러운 일본 군인이 되도록 만들기에는 실효성이 부족했다. 따라서 조선총독부로서는 더 효율적인 다른 방법을 마련해야만 했다.

장기적으로는 조선인 학령자의 취학률을 높이고 이를 통해 황민화 교육, 기초 군사 교육을 충실하게 하게 된다면 모든 청년에 대한 징병이 가능해질 것이다. 그랬기 때문에 조선총독부는 서둘러 의무 교육 제도의 조기 시행이라는 안을 내놓았다. 징병 검사를 통해 정식으로 군복을 입게 되는 것은 전체 징병 대상자의 4분의 1 미만으로 예상되었다. 그렇다고 나머지 사람들을 그냥 놓아둘 수는 없다고 본 조선총독부는 일본어를 할 수 없는 청년들을 중심으로 무기를 소지하지 않은 채 노동만을 목적으로 한 근무병(勤務兵) 또는 농경 대원 등의 노동병으로 차출한다는 계획을 하고 있었다.

징병 대상자 조선인 청년은 약 25%가 초등 교육을 받았다. 남은 75%는 일본어를 충분하게 이해하지 못하는 청년이었다. 조선총독부의 근대 학교 교육을 받지 않은 대부분의 조선 청년도 평등하게 징병하지 않으면 조선의 징병 제도 그 자체가 존립 위기에 처할 수 있었다. 그들을 병사로 기르는 것이 조선인 징병제 시행 성패의 관건이었다. 이를 위해서도 일본어 교육, 초보적 군사 훈련 등이 긴급하게 필요했다. 이는 징병제 시행 발표 직전에도 검토된 바 있었다. 징병제 시행과 함께 초등 교육을 받지 않은 조선 청년에의 대응이 시급한 현안이 된 것이다.

징병에서 가장 중요한 기준은 원칙적으로 체격이었다. 「병역법」이 그렇게 규정하고 있었다. 그러면 '국어'를 몰라도 체격이 좋으면 징집이 되기 때문에 "군대의 소질(素質)을 현저하게 저하하게" 되므로 "이 원칙에 약간 손질을 가할 수 있도록 중앙의 이해를 얻"었는데, 그러면 거꾸로 "국어를 모르면 징집되지 않는다는 분위기를 만들어서 모처럼의 국어 보급조차 좌초될 우려가 있다고 하여 정치적 반대의견이 일었다"라고 한다.[96] 그러나 군으로서는 "신속하게 전력 충실을 요하는 중대 시기에 헛되이 배치 부대의 교육을 복잡 곤란하게 하는" 것은 적절치 않다고 해, "동일 체격의 범위 안에서는 국어 이해를 우선"했다고 한다.[97] 1944년의 시점에서조차 징병 당국이 '국어'를 우선시할 것인가 체격을 우선시할 것인가를 놓고 고민했다는 것은 그만큼 일본이 처한 상황이 위급했다는 것을 의미한다.

다만 "동향인의 풍문에 의해 징병 기피의 목적으로 국어를 고의로 습득하지 않는 이의 경우에 거의 징벌적으로 입영시키는 것이 전반적인 상황에 유리하다고 인정될 때 국어 우선순위를 따르지 않을 수 있도록 정"[98]했다고 한다. '국어'를 습득하지 않았다고 해서 징집에서 제외하지는 않았다는 것이다.

'징벌적으로' 입영시킬 때 과연 '국어 상용'과 징병 어느 쪽이 원래의 목적인지 알 수 없게 되었다. 결국 '국어' 미습득자에 대해 입영 전에 조선총독부 제1·제2 군무예비훈련소에서 한 달 동안 '국어' 교육을 하고 성적 불량자는 재교육하는 것으로 대응했지만,[99] 한 달의 훈련으로 습득할 수 있는 것은 제한적일 수밖에 없었다. 이처럼 '국어 상용'의 폭력은 공공연하게 진행되고 있었다. 그리고 그것을 받아들이지 않는 층이 상당한 비율로 존재했음은 쉽게 상상할 수 있다. 바꾸어 말하면 '국어 상용·전해(全解)' 운동의 폭력적 전개는 동시에 그것을 쉽게 받아들이지 않는

---

96 吉田俊隈, 위의 글, 15~16쪽.
97 吉田俊隈, 위의 글, 17쪽.
98 吉田俊隈, 위의 글, 17쪽.
99 吉田俊隈, 위의 글, 17~18쪽.

이들의 존재를 더욱 부각시켰다고도 할 수 있다. 그리고 조선어 폐지를 공공연하게 행사할 수 없는 이상, 조선총독부든 조선군이든 '국어' 보급률의 저조=' 우량한 '황국 신민'이 적다는 한계를 극복할 수 없었다. 거꾸로 말하면 '국어' 보급층이란 '황민화'의 폭력을 집중적으로 받은 사람일 것이다. 그리고 '국어' 보급층과 미보급층 사이에서 발생한 차이를 보면, 여전히 조선의 '언어적 근대'를 '국어'로 달성하지 못하고 있었음을 알 수 있다.

3. 학교에서의 일본어 강제와 조선어 금지

1938년 제3차 「조선교육령」 개정을 통해 국체명징, 내선일체, 인고단련의 교육 3대 강령이 수립됨으로써 이제 조선의 교육은 황민화 교육으로 자리를 잡게 되었다. 황민화 교육 정책 가운데 일본어 사용은 신사 참배, 궁성 요배, 국기 게양 등과 함께 늘 행해야 하는 것이 되었다.

일제 강점 말기가 되면 조선총독부는 학교에서도 일본어 상용을 철저하게 하기 위한 각종 방안을 마련했고 또 이를 지속적이고 강력하게 추진했다. 이 시기에 취해진 각급 학교에서의 일련의 일본어 상용을 위한 강제적인 조치는 조선총독부의 직접적인 지시와 방침에 기인하고 있었다. 미나미 총독은 1941년 9월 30일 정례 국장 회의에서 학교의 일본어 상용 운동 이완에 대해 주의를 환기하며, 각 학교에서는 어떤 경우에도 반드시 일본어를 사용하도록 지도하라는 훈시를 했다. 훈시의 구체적인 내용은 다음과 같다.

국어 보급에 대해 이미 각 학교를 비롯하여 각 방면에서 상당히 열심히 하고 있는 것을 듣고 있으나 최근에는 그리 철저하지 못하다는 것을 듣게 됨은 자못 유감으로 생각하는 바이다. 즉 국민학교와 중등 이상 학교 또는 상급생들이 국어를 사용치 않고 조선어를 사용하며 국어 사용열이 식어 가는 듯하다는 것을 듣게 되는 것은 유감으로 여겨 마지않는 바이다. 그러므로 각 학교에서는 어떠한 경우를 막론하고 반드시 국어를 사용하도록 교직원들은 각별한 주의와 장려를 해야 하며 가정에서는 노인이라든지 국어를 알지 못하는 부인네들이 있는 경우는 부득이하지만 그래도 할 수 있는 대로 교원과 생도들은 스스로 집에서 국어를 사용함으로써 국어 보급에 기백을 가지지 않으면 안 될 것이다. 이 국어 보급 문제는 5대 정강 속에 들어 있는 교학 쇄신과 내선일체를 표현하는 것이므로 국어 상용열이 식어 간다는 그러한 유감의 소리가 들리지 않도록 국어 장려의 주지(主旨)를 철저히 해 주기를 바라는 바이다. 그러므로 첫째 학교 방면에서 이 점에 특히 유의해야 하며 일반 사회의 지도 계급에서도 각별한 공부와 연구가 있기를 바라 마지않는 바이다.[100]

미나미 총독의 훈시에 따라 조선총독부 학무국에서는 10월 6일 각 도지사에게 '국어 생활화 장려에 관한 건'을 통첩했는데 그 요점은 다음과 같다.

국어의 보급과 생활화는 황국 신민의 '연성'과 내선일체의 요건으로

---

100 『매일신보』, 1941.10.1.

특히 학교 교육에서는 이러한 취지의 관철을 위하여 노력하고 어떠한 사정이 있더라도 절대로 이완됨이 있어서는 안 된다. 관내의 학교장을 독려하여 일본어 교육의 쇄신과 철저를 기하고 학생들 간에는 항상 국어를 사용시키고 가정과 사회 생활에서도 국어의 상용에 힘쓰게 하여, 일반에게 국어 사용의 분위기를 조성하도록 하는 방책을 세워 실행하라는 것이었다. 국어 사용의 장려에 관하여서는 여러 차례 통첩과 지시한 바가 있었는데 국어의 보급과 그 숙달에 힘쓰며 다시 이것의 생활화를 도모하는 것은 반도 통치의 근본정신으로부터 나온 철칙으로 황국 신민을 연성하고 내선일체를 구현시킴에는 없지 못할(없어서는 안 될-인용자) 요건이다. 그러므로 특히 학교 교육에 있어서는 그 종류와 정도를 불문하고 본 취지의 관철을 위하여 노력하여 여하한 사정이 있더라도 절대로 이완됨이 있어서는 안 된다. 즉 반도 통치 31주년을 맞이한 오늘에 있어서는 더욱이 이 철칙을 철저히 하는 데 모든 노력을 기울일 필요가 인정됨으로 귀 관하의 학교장을 독려하여 국어 교육의 쇄신과 철저를 기하며 장래 국어를 일상의 생활에 쓰는 힘이 되게 하기 위하여 생도 아동 사이에는 항상 이것을 사용시키고 애써 공부하여 능숙하게 익히도록 하는 동시 그 가정과 사회의 생활에 있어서도 될 수 있는 대로 국어 사용에 힘쓰게 하여 일반으로 국어 사용의 분위기를 양성시키도록 적절한 방책을 세워 실행하여 주기를 여기에 통첩한다. 따라서 본 건은 반도의 교학을 쇄신하는 데 매우 중요한 것이므로 학교 경영안을 만들 때 본 건에 관한 구체적 방책을 세우게 하고 시학관, 시학 등이 학교를 순시할 때에는 그 실적에 철하여 지도 감독하여 주기를 바란다.[101]

이러한 조선총독부의 일본어 상용 강화 방침에 따라 전국의 각급 학교에서는 일본어 상용을 철저하게 하기 위한 '거교 일치의 비상 체제'를 갖추고 일본어 보급 운동을 일으켰다. 그리고 도마다 학교장 회의를 소집해 일본어 보급을 위한 장려 방법을 토의하고 또 실행에 옮겨 나갔다. '국어' 상용의 철저함을 꾀하기 위한 학교 교육의 전반적 쇄신, '국어' 교수법의 근본적 개선, '국어' 상용의 지도 감독의 강화, 학교 외에서 학생·생도로 하여금 '국어' 보급의 추진대가 되기 위한 지도 감독의 통일화 등의 방침에 따라 각 학교에서는 각각 독특하고도 구체적인 방법으로 '국어' 상용 강화에 온 힘을 기울였다.[102]

일제 강점 말기 학교에서의 일본어 보급 정책은 "가장 먼저 국어, 자나 깨나 국어를 목표로 한 교육"[103]으로 변화시킨 데서 단적으로 드러나듯이 일본어 교육을 통해 조선의 어린이를 일본의 어린이처럼 변화시키는 것을 목표로 했다. "황국 신민 육성에 국어 교육의 우위를 역설하고, 1학년에 들어오는 그날부터 국어로 가르치고 아동에게 '학교는 국어를 배우는 곳이다'라는 관념을 부식시키고, 1학년 국어과의 교수 시간을 3학년까지 매주 2시간 증가시키고, 담임으로 그 학교에서 가장 우수한 교원으로 지도하게 했다"라는 것이다.[104]

일본어 학습의 구체적인 방법으로 많이 쓰인 것이 '귀로부터 입으로' '입으로부터 손으로'라는 이른바 구두 교수법이었다. 당시에는 직접법이

---

101 『매일신보』, 1941.10.8.
102 『매일신보』, 1942.6.29.
103 森田悟郎, 1943, 「國語敎授方法」, 15쪽. 小澤有作, 교육출판기획실 옮김, 1990, 『민족문제와 교육』, 푸른나무, 129쪽에서 재인용.
104 森田悟郎, 1943, 위의 글.

라고도 했다. 일본어 학습은 세 단계로 진행되었다.[105] 첫째, 일본어를 충분히 귀에 익히는 단계이다. 의미를 알건 모르건 간에 모르는 말이라도 열심히 듣는 것, '국어'다운 발음을 스스로 터득하는 것에 중점을 둔다. 둘째, 귀에 익은 말을 입으로 해 보는 연습의 단계이다. 문장을 그대로 반복해 연습하는 것으로부터 단어의 연습으로 옮아간다. 자신 있게 말하는 것에 중점을 둔다. 셋째, 마지막으로 문자를 학습하는 단계이다.

이러한 교수법은 이론상으로는 그럴듯해 보인다. 그러나 일본어를 전혀 모르는 초등학교 학생들에게 다짜고짜 일본어로만 가르친다는 것은 매우 폭력적인 일이었다. 식민 지배 권력과 피식민자의 관계를 그대로 상징하는 것이기도 했다. 조선총독부는 그런데도 보통학교 1학년 학생의 교사로는 아예 조선어를 할 줄 모르는 일본인 교사를 배정하는 방침을 밀어붙였다.

학교에서의 일본어 교육은 일정한 계획에 따라 진행되었다기보다는 강압적이고 비상식적으로 진행되었다. 보기를 들어 교내에 국어 애용상이라는 작은 상자를 만들어 교실 복도 곳곳에 걸어 놓고 조선어를 사용한 학생을 보면 그 이름을 적어 넣도록 해 주말에 한 번씩 그 상자를 열어 조사한 결과 거기에 이름이 있는 학생에게는 처벌을 가했다. 심지어 1전씩 벌금을 통에 넣도록 하기도 했다.[106]

일본어 상용 대책은 단지 일부 학교만의 움직임이 아니었다. 보기를 들어 경기도 학무과에서는 중학생들에게 일본어 상용의 철저함을 꾀하고 학생들을 일본어 보급의 추진대가 되도록 하는 것을 목표로 대대적

---

105 各務虎雄, 1942, 「國語學習方法」. 小澤有作, 1990, 앞의 책, 130~131쪽에서 재인용.
106 박성의, 1982, 「일제하의 언어문자정책」, 『일제의 문화침략사』, 현암사, 238쪽.

인 운동을 전개하기로 하고, 일반 중학생들의 일본어 사용 장려에 대한 구체적 방침을 정하기 위한 중등학교 교장 회의를 소집했다.[107] 1942년 4월 11일 개최된 경기도 사립 중등학교 교장 회의(60여 개교 참석)에는 조선총독부의 교학관, 시학관 외에 경기도의 여러 관계자가 참석했다. 이 회의에서 참석자들은 학교 전체가 일치해 교직원·학생 전원이 한 사람도 빠짐없이 일본어 상용의 강력한 체제를 확립하고, 학생들이 통학할 때나 학교 밖의 일상생활에서도 일본어 상용을 장려하기 위해 현재의 지도 감독을 더욱 강화해 일본어 상용을 철저히 이행토록 하는 방안을 논의했다. 특히 '국어' 과목의 점수는 학과 성적보다 일상생활에서의 사용 상태를 충분히 고려한 다음에 채점한다는 등의 구체적인 방안까지 결정했다. 이날 회의에서 결정된 내용은 다음과 같다.

(1) 지금까지의 국어 상용 운동은 형식은 몹시 활발한 듯하나 그 실적은 만족할 수 없으므로 이때에 있어 거교가 일치하여 교직원 생도 전원이 한 사람도 빠짐없이 국어 상용의 강력한 체제를 확립하여 일반 민중에 모범이 되게 하기 위하여 각 학교 국어 상용 방법의 획기적인 쇄신을 단행한다.
(2) 각 생도들의 통학할 때와 또는 학교 이외에 있어서의 일상생활에 국어 상용을 장려하기 위하여 현재의 지도 감독을 더욱 강화하는 한편 각 학교 당국이 긴밀한 연락을 가지고 학교 직원은 어느 학교 생도임을 물론하고 평상시에 충분히 지도 훈계하여 전반적으로 국어 상용을 철저케 한다.

---

107 『매일신보』, 1942.6.29.

(3) 국어의 교수법을 개선하여 음성학(音聲學)적인 것에 중점을 두어 많이 사용되는 일상용어는 특히 여러 번 반복 연습시켜 능숙하도록 지도하며 국어 과목의 점수는 학과 성적보다도 일상 국어 사용 상태를 충분히 고려한 다음 채점한다.[108]

교장 회의의 일본어 상용 방안 협의에 이어 경기도 학무과에서는 다음 달에 다시 사립 중등학교에 중점을 두어 일본어를 상용하지 않는 학생에 대한 엄한 처벌, 학교 내외의 상용 상태 조사, 학교 종례 때의 상용 선서 등의 일본어 상용 구체 방안을 결정했다. 앞의 교장 회의에서 협의가 이뤄진 것보다 훨씬 강제성을 띤 것이었음을 다음에서 쉽게 확인할 수 있다.

(1) 매 주일 날을 정하여 학교 외에서 상용하는 상태를 조사하여 독려할 것
(2) 생도들 사이에 국어 여행(勵行)이 실행되는 상태를 엄중히 조사할 것
(3) 학교 이외에서의 국어 상용 상태를 조사하여 그것을 조행과 성적 고사에 충분히 고려할 것
(4) 매일 종례 때에 교외에서 국어를 상용할 것을 선서케 할 것
(5) 각 가정의 국어 전해(全解) 상태를 조사하는 한편 부모 형제를 소집하여 가정 전해 상용을 장려할 것
(6) 휴가 중에 있어서는 부락민과 가정에 대한 지도를 시키게 할 것

---

[108] 『매일신보』, 1942.4.12.

(7) 국어 상용 생도 반상회, 국어 상용 수련회를 때때로 개최하며 비속한 국어의 상용을 금지시킬 것[109]

조선총독부가 이미 일본어 상용이라는 큰 원칙을 정했음에도 불구하고 경기도가 이처럼 강제성을 노골화한 데는 이 시기에 이미 징병제 시행이 결정된 데다가 '국어보급운동요강'의 발표가 겹치면서 상급 기관 곧 조선총독부의 강력한 의지가 그대로 반영된 것으로 보인다. 이 시기에 들어서면 일반 사회에서도 일본어의 보급과 사용이 강제되고 있었는데, 일본어 상용 강제의 실상은 조선총독부의 한 시학관의 "일본어 상용자에 대한 표창 및 우선적 처우에 대해서는 상당히 철저한 시책을 행하고 있는 도도 있다. 예를 들면 도청의 전화는 상대가 일본어를 이해하든 그렇지 않든 상관없이 일본어가 아니면 일절 접수하지 않고, 또 진정은 일본어에 의하지 않으면 접수하지 않는다고 하는 과감한 결정을 하고 있는 곳도 있다"[110]라는 발언으로도 확인된다. 총독을 비롯해 조선총독부의 관료들이 나서서 조선총독부로부터 각 도와 학교로 이어지는 조직적이고 철저한 일본어 상용 강화 대책이 강구되고 있던 이른바 '비상 체제' 아래 각 학교에서는 다음과 같은 일본어 상용 방안을 밀어붙였다.

(1) 주당(週當) 일기에 국어 상용의 상황란을 만든 것
(2) 생도 중에서 국어 상용의 보도 위원을 설치한 것
(3) 국어 상용의 서약서를 학교장에게 제출케 한 것

---

109 『매일신보』, 1942.5.13.
110 廣瀨續, 1942, 「國語普及の新段階」, 『朝鮮』 1942년 10월호, 42쪽.

(4) 한 달에 한 번씩 또는 한 학기에 한 번씩 국어 연습회를 개최한 것
(5) 국어 상용의 성적이 우량한 생도와 학교에는 국어 상패를 수여하는 것
(6) 손님에게도 국어로 접대하는 것
(7) 월말에 각 학급마다 국어 상용 성적을 게시하여 생도를 반성케 하는 것
(8) 학교 생도 통학구역에 국어 상용 포스터를 붙이는 것
(9) 가정의 국어 보급 정도를 일제히 조사하는 것
(10) 부형에 대해서도 국어 상용을 지도 독려를 의뢰하는 것
(11) 학급 주임으로 하여금 생도의 국어 사용 상황 채점표를 교장에게 제출케 하여 진급의 유력한 재료로 하는 것
(12) 취직 알선에 국어 능력이 우수한 자를 먼저 순위로 하는 것
(13) 학교 안에서 국어 상용을 장려하는 라디오 방송을 하는 것
(14) 국어 상용 강조 주간을 때때로 시행하는 것
(15) 종례를 행할 때나 학급 간담회 때에 국어 상용을 서약케 하는 것[111]

그런데 이러한 일련의 일본어 상용 강화 조치는 각각의 하급 기관에 의한 독자적인 것이 아니었다. 학교에서 일본어 상용을 위한 다양한 방법이 강제되고 있었음을 보도한 위의 신문 기사에도, 중등학교장 회의가 있었던 '4월 11일 이래로'라고 적혀 있는 데[112]서도 확인되듯이, 조선총독부의 지시와 방침에 따라 각 도에서 다시 하급 기관으로 이어지는 체

---

111 『매일신보』, 1942.6.29.
112 『매일신보』, 1942.6.29.

계적이고 조직적으로 준비된 대책이었음을 알 수 있다. 이러한 비교육적이고 강제적인 일본어 상용 방안은 단지 상부 기관의 지시와 명령에 따라 불가피하게 일시적으로 준비된 것은 아니었다. 단순히 전시 행정을 위한 것도 아니었다. 위에서 언급한 각종 방안은 각 학교의 보고를 토대로 한 것이지만, 이러한 방안이 단지 구호에만 그친 것이 아니라 실제로 강력하게 시행되고 있었음을 다시 확인할 수 있다. 각 과목의 채점에 일본어 상용을 고려한다든가 학생을 통해 가정으로 하루 한 마디(1일 1어)씩 보급하게 하는 정도가 새로운 내용이다. 각 학교에서 벌이고 있던 일본어 상용 철저 방안의 주요한 것은 다음과 같다.

(1) 각 과 채점에 국어 상용을 고려한다.
(2) 진급할 때에도 유력한 참고 자료로 한다.
(3) 생도를 통하여 하루 한 마디 보급을 시킨다.
(4) 국어 사용 서약서를 보호자로부터 제출시킨다.
(5) 한 달에 한 번 또는 학기 중에 국어 연습회를 개최한다.
(6) 국어 상패를 수여한다.
(7) 취직 추천에 국어 능력이 우수한 자를 먼저 한다.[113]

이처럼 학교 안팎에서 일본어 상용으로 학생들을 내모는 상황이 교육 현장에서 벌어지고 있었는데, 그밖에 개별 학교에서 시행되던 것 가운데 특이한 것 몇 가지를 더 소개해 보자. '국어생활훈련요강'을 제정해 이를 소책자로 제작 배부해 이행하도록 한 경우,[114] 이른바 미국에 대한

---

113 『매일신보』, 1942.8.28.

선전 포고 기념일인 대조봉대일(大詔奉戴日)에 기념행사 후 강당에 모여 일본어로 자유롭게 발표하는 '국어회'를 연 경우[115] 등이 바로 그것이다. 일본어 사용의 조사 당번을 두어 쉬는 시간이나 운동 시간에도 항상 일본어 상용을 감시하도록 하고 있었고, 징병제 발표 후에는 보급 운동을 교외와 가정으로 확대해 일본어를 모르는 가족에게 하루 한 마디씩 지도하도록 하고, 학교에서 인쇄물로 제작한 경과표를 학생들에게 배부해 1일 1어 지도의 경과를 학교에 보고하도록 했다.[116]

학교의 일본어 상용 강화는 지시와 명령에 그치지 않았다. 실제 사찰까지 이루어지기도 했다. 보기를 들어 경성부 학무과에서는 시학관(장학관), 시학(장학사), 직원들로 구성된 독려반을 각 학교로 파견해 교직원과 학생의 일본어 상용 실태를 시찰하고 교직원들에게 일본어 사용을 지시하고 관찰하도록 독려했다. 경성부 학무과 독려반의 활동 목표는 "첫째는 전교, 전 유치원의 국어화 체제 확립에 두고 교직원은 물론이요, 학동들 간에도 국어를 상용하도록 지도 강화하고, 둘째는 일반 학동들이 집으로 돌아가면 국어를 사용치 않으므로 학교에서는 각 가정과 연락하여 학동 가정의 국어화를 지도하며, 셋째는 종래 학교 자체의 교수법에도 개선할 점이 많으므로 국어의 발음, 회화 등의 교수에 유감이 없도록 그 교수 방법을 검토하여 개선하도록 할 것"[117] 등이었다.

이처럼 시국의 급변과 징병제 시행을 앞두고 일본어 상용 운동은 사회 일반에 대해서뿐만 아니라 학교에서도 크게 강화되고 있음을 알 수

---

114 『매일신보』, 1942.10.7.
115 『매일신보』, 1942.7.10.
116 『매일신보』, 1942.10.15.
117 『매일신보』, 1942.5.13.

있다. 특히 바로 동원이 가능한 중등 학생들이 상용 운동의 집중적인 대상이 되었다. 이는 물론 "반도 2천4백만의 적자들도 이제는 국가의 간성으로서 총칼을 들고 제1선에 용감히 돌격할 수 있는 광영을 가질 수 있게 되었지만 그러기 위해서는 국어를 한 사람도 빠짐없이 알아야 하며 또한 그것은 일반 중등 학생들이 가장 활발한 추진 부대가 되어야 한다고 경기도 학무과에서는 그간 도내 3만 5천여 명의 남녀 중등 학생에게 국어를 상용하기를 장려하여 오는 터이다. 그러나 시국의 진전은 한층 이것에 박차를 더하여야 될 것임에 비추어…"[118]라는 기사에서 확인할 수 있듯이 징병과 직접 관련이 있었다.

학교 안팎에서 조직적이고 철저하게 일본어 상용을 강요하고 이를 위한 온갖 방법이 동원되고 있던 움직임에 부응해 상급 학교 진학을 위한 입시 제도도 조선총독부의 방침을 철저히 반영해 수험생과 그 가정의 일본어 상용을 장려하고 유도하는 방향으로 바뀌었다. 종래 중등학교 입학시험 과목으로는 일본어와 산술을 부과해 왔으나 1939년의 입학시험 제도 개정으로 입시에서 필기시험 과목으로는 일본어인 '국어' 한 과목만 부과하도록 바뀌었다.[119] 개정의 이유로는 입시 제도의 폐해가 거론되었지만 실제로는 1938년의 제3차「조선교육령」에 따른 조선어와 일본어의 위상 변화와 관련되었을 것이다.

---

118 『매일신보』, 1942.5.13.
119 『매일신보』, 1939.10.11. 이러한 제도는 1941년까지 유지되었다. 1941년 10월 6일의 학무국장 통첩으로 중등학교 학생 선발은 필기시험 성적과 신체 검사, 그리고 구두 시험 결과와 초등학교 교장의 조사서를 종합적으로 참고해 결정하게 되었다. 입시 과목은 1942년도부터는 다시 필기시험으로 국어 외에 산술을 부과하기로 결정되었다.『매일신보』, 1941.10.5. 1943년도에도 같은 과목이 공표되었다.『매일신보』, 1942.12.22.

당시의 입학시험 전형은 필기, 구술, 신체 검사 외에 초등학교 교장의 내신서(소견표)와 5·6학년 성적 등 네 가지를 종합해 이루어졌다.[120] 개정안에 구술시험으로 기억력, 판단력, 사고력, 그리고 지능, 언어 구사력 외에 지조(황국 신민으로서의 지조), 성행(性行) 등을 묻게 되어 있었던 것으로 보아[121] 수험 부담의 경감 외에 훌륭한 황국 신민을 길러 내려는 데 개정의 진의가 있었을 것이다.[122]

입시 제도의 개정은 겉으로는 입시 부담의 경감 때문이라고 했지만, 이는 표면적인 것이고 실제로는 '일본어 보급=황민 연성'이라는 신념을 바탕으로 젊은 층에 더 철저하게 일본어를 보급하고 상용하게 하기 위해서였다. 당시는 중일전쟁이 본격화되고 한반도도 대륙 병참 기지로서 일제의 전시 체제에 편입되고 지원병제, 징용 등 전시 동원이 예정되어 있었다. 이러한 상황에서 일본어 보급을 위한 대책이 세워지고 있었고 학교도 여기에 부응할 수 있도록 입시 제도의 개정이 이루어진 것이다. 필기시험 과목을 일본어 한 과목으로 한정해 일본어 학습 열기를 고조시키고, 내신서를 이용해 가정의 일본어 보급과 상용을 장려할 수도 있었을 것이기 때문이다. 당시 조선의 교육 상황은 상급 학교 진학 희망자보다 학교 수가 절대적으로 부족했기 때문에 중등학교 입시는 폐해를 논할 정도로 과열 양상을 보이고 있었다.[123] 입시 경쟁이 격심한 상황에

---

120 『매일신보』, 1939.10.17.

121 『매일신보』, 1939.10.17.

122 『매일신보』, 1939.10.17.

123 함경북도 경성군의 경우를 보면 입학 지원자는 3,596명인데 실제 입학자는 2,386명으로 입학률은 66%에 그쳐 나머지 34%인 1,210명은 입학할 수 없는 실정이었다. 咸鏡北道, 1942, 「咸鏡北道管內狀況-國語全解運動實施狀況」, 『大野文書』, 日本國會圖書館 憲政資料室 所藏.

서 필기시험 과목을 일본어 한 과목으로 한정함으로써 철저한 일본어 학습과 상용을 유도해 일제가 의도하는 목표를 달성하려고 한 것이다.

1942년부터는 입학시험에 일본어 외에 다시 산술 과목이 추가되었으나 일본어의 위상은 변함이 없었다. 학교의 일본어 보급 운동을 가정과 긴밀히 연계해 더한층 활발히 전개하기 위해, 먼저 학교에 입학하기 전부터 항상 일본어를 상용하는 열성과 습관을 길러야 할 필요가 있다고 해 새로 입학하는 학생들은 가정에서 일본어를 상용하는 상태와 열의를 참고 자료로 삼아 입학 전형을 한다는 방침이 세워졌다. 이러한 방침은 1943년부터 남녀 중등학교와 초등학교의 입학시험에 그대로 시행되었다.

(1) 일반 남녀 중등학교
  1) 구두 시문(口頭試問)에서 언어·사상·성행(性行)을 고사할 때에는 국어 생활을 실천하고 있는가 또는 회화술에 능숙한가를 고사하여 황국 신민 된 사념(思念)에 투철한 여부를 판단한 다음 입학의 자료로 한다.
  2) 선발 시험에 있어서도 항상 수험자의 언동 태도에서 국어 상용의 상태와 국어 발표력의 여하를 충분히 관찰하여 입학 자료로 한다.
  3) 국민학교장의 가정 조사서(내신서)에는 가정 환경란 또는 비고란 중에 아동 가정의 국어 상용의 실제 상태와 국어 보급의 열의의 유무를 기입케 하여 그것을 참고 자료로 한다.
(2) 국민학교 입학생
국민학교 입학에 있어서도 직접 수험 아동을 통하여 또는 그 외의 조사 자료에 의하여 가정의 국어 전해 상태와 국어 상용의 열의를 중요

참고 자료로 한다.

중등학교 입학 전형에서는 여전히 다른 학과보다도 일본어를 중시하여 여러 각도로 일본어 능력을 검정하여 입학 자격을 주기로 하였는데, 시험 문제는 일본어 능력과 그 상용 열의를 조사하고 일본어에 의한 학력을 테스트하는 데에 중점을 두어 출제하기로 하였다. 구두 시험에서는 학생들의 일본어 능력 외에 상용 정도와 열의를 검정하기로 하고 있다.[124]

그렇다면 피교육자인 학생들의 의사와는 무관하게 조선총독부가 일방적으로 밀어붙인, 학교에서의 일본어 보급은 어느 정도의 효과를 거두었을까. 이 시기에 초등 교육을 받은 사람들 가운데 일본어의 세계에 젖어 든 경우가 상대적으로 많았다는 점을 고려하면 마치 조선총독부의 '국어' 상용과 조선어 사용 금지가 효과를 거둔 것처럼 보일 수도 있다. 그러나 그 효과는 매우 제한적이었다.

국어학자 이기문은 1930년에 태어나 소년기를 일제 강점 말기에 보냈다. 그는 자신이 초등학교에 다닐 때의 일본어 교육에 대해 다음과 같은 흥미로운 회고를 남겼다.[125]

소학교에 입학하면서 나는 거의 완전한 이중 교육을 받았다. 일제 시대의 우리 민족의 고민을 잘 나타낸 것이었다. 가정에선 민족 교육을 받고 학교에 가서는 일본 교육을 받았으니 어린 마음에 큰 부담이 아

---

124 『매일신보』, 1943.1.15.
125 이기문, 1980, 「문학서 남독시대」, 『신동아』 1980년 1월호, 220~221쪽.

닐 수 없었다. 소학교 4학년 때 조선어가 없어지던 마지막 날의 광경은 지금도 내 머리 속에 똑똑히 새겨져 있다. 그때 우리 담임 선생은 선친의 심우의 한 사람으로 매우 엄격한 분이었는데 그날은 숙제를 해오지 않은 것도 책망을 하지 않고 두어 시간 남짓 우리말로 편지 쓰는 법을 자세히 가르치고 시조도 몇 수 가르치시더니 이것으로 조선어는 마지막이라고 하시는 것이었다 나직하게 떨리는 목소리와 함께 선생의 눈에 눈물이 번쩍이는 것을 보았을 때 우리 교실은 한동안 울음바다가 되었었다. 내게 소설가의 소질이 조금이라도 있었더라면 아마 알퐁스 도데의 「마지막 수업」보다도 훨씬 감동적인 작품을 쓸 수가 있었을 것이다.

이기문의 회고에 따르면 초등학교 일본어 교육은 '큰 부담'이었다. 왜냐하면 집에 가면 가족이 민족 교육을 하는데 학교에서 일본어를 배워야 했기 때문이다. 그가 말하는 민족 교육은 집안 어른들로부터 한글을 배우는 것을 의미할 터이다. 아무리 학교에서 일본어를 강요해도 집에 돌아가면 여전히 조선어의 세계가 기다리고 있었다. 그러니 4학년이 되었는데도 일본어는 여전히 부담이었다. 선생님으로부터 '조선어는 마지막'이라는 이야기를 들었을 때 울음을 터뜨린 학생들이 과연 그 순간부터 조선어의 세계에서 벗어나 일본어만의 세계로 들어갔을까. 이기문 본인이 이후 국어학의 길을 걸었다는 데서 답을 찾을 수 있을 것이다.

당대에 일본어 글쓰기와 조선어 글쓰기를 병행하면서 이중 언어주의자의 길을 걸었던 김사량도 일찍이 이 문제 대한 답을 제시한 적이 있다. 1914년에 태어난 그는 일찍이 평양고등보통학교를 거쳐 일본의 사가(佐賀)고등학교(현재의 사가대학)와 도쿄제국대학 문학부를 졸업했다. 아마

조선인 가운데 일본어를 구사하는 능력에서는 누구보다 뛰어났을 것이다. 실제로 1939년에 쓴 『빛 속에(光の中に)』라는 일본어 소설은 유명한 아쿠타가와(芥川)상 후보까지 될 정도였다. 그런 김사량이 1939년에 쓴 글에서 조선어 교과의 사실상 퇴출을 놓고 "중국 한학의 완명(頑冥)하에 있던 몇 세기 동안도 나름대로 우리들은 지금까지 여전히 흰옷과 자기 언어를 지켜 왔다"[126]라고 썼다. 몇백 년 동안에 걸친 한문의 세계도 한글의 세계를 끝내 없애지 못했는데 하물며 몇십 년의 일제 식민 지배로 민족의 언어가 사라질 일은 없다고 본 것이다.

4. 학교 밖에서의 일본어 보급[127]

일제 식민 교육 정책의 핵심은 조선인을 일본인으로 동화시키려는 것이었다. 일본어 보급이야말로 이를 위한 최고의 수단으로 여겨졌다. 조선총독부는 일본어 습득을 통해 일본 정신의 체득이 가능하고 일본인으로 동화할 수 있다고 보고 일본어 보급에 전력을 기울였다.

강제 병합 후 초기 일본어 보급 정책의 중점은 학교 등의 제도권 교육이었다. 조선총독부는 학교 교육을 통해 습득한 일본어가 점차 가정과 사회로 파급될 것으로 기대했다. 그러나 일본어의 보급은 조선총독부의

---

126 金史良, 1939, 「朝鮮文學風月錄」[安宇植 解題, 1973, 『金史良全集(4)』, 河出書房新社, 9쪽].
127 여기에 대해서는 배종각, 2006, 「일제강점기의 일본어보급운동 연구: 1936~1945년을 중심으로」, 한양대학교 박사학위논문에서 상세하게 다루고 있다.

의도대로 이뤄지지 않았다. 전반적으로 보았을 때 부진을 면하지 못하고 있었다. 1937년 당시의 일본어 보급률 11%[128]는 강제 병합 후 30년이 임박한 시점에서 보면 일제의 애초 예상과 기대를 크게 벗어난 결과였다. 이에 따라 학교 교육을 중심으로 장기간에 걸쳐 자연스럽게 일본어를 보급한다는 정책은, 침략 전쟁의 확대에 따른 사회·정치적 상황과 맞물려 전환을 요구받게 되었다.

장기간에 걸쳐 점진적으로 일본어를 보급한다는 정책이 급격한 변화를 보인 것은 전시 국면의 확산에 따른 것이었다. 태평양전쟁의 발발에 이어 1944년부터는 징병제가 시행된다는 것이 발표되고 조선인을 일본의 병력 자원으로 활용하기 위해 군대 생활에 필요한 일본어 능력의 강화가 꾀해졌다. 관청이나 신문, 라디오 방송에서도 일본어 상용을 강조하는 등 온갖 수단을 동원한 일본어 보급 운동이 강력하게 추진되었다. 일본어 보급 운동의 배경과 의도는 정책 담당자인 학무국 편집과장의 "특히 전쟁 국면이 진행되어 감에 따라 서쪽으로 남쪽으로 일장기가 펄럭이는 곳, 그곳에는 눈부신 기세로 일본어가 진전되어 가고 있는 것을 생각하면 조선의 일본어 보급 운동의 철저는 당연히 초미의 문제라고 하지 않을 수 없다. … 게다가 이번 조선에 징병제 시행이 결정 발표되어 일본어의 전해 보급 운동에 더한층 박차를 가하게 되었다"[129]라는 발언에서도 확인된다.

결국 일본어 보급의 부진과 전쟁 국면의 확산으로 학교 교육 중심의 일본어 보급 정책은 전환을 요구받지 않을 수 없었다. 조선인 동원의 필

---

[128] 『朝鮮總督府調査月報』 9권 7호, 1937.
[129] 島田牛稚, 1942, 「國語普及運動の展開」, 『文教の朝鮮』 1942년 8월호, 243쪽.

요에 직면한 당시의 급박한 상황과 맞물려 일반 민중을 대상으로 대대적인 일본어 보급 운동이 추진된 것이다.

1) 전시 체제의 구축과 일본어 보급

일제는 중일전쟁 발발 전부터 조선의 전시 체제 구축에 착수해 한반도를 물질적·정신적으로 전쟁 수행을 위한 병참 기지로 재편해 나갔다. 중일전쟁으로 조선인 동원을 염두에 둔 일제는 전쟁 발발 전인 1936년 후반부터 이미 일본어 보급의 강화를 위한 구체적인 움직임을 본격화했다. 중일전쟁 발발 이후 가열화된 황민화 운동도 궁극적으로는 전쟁 수행을 위한 것으로, 이는 곧 황민화를 통해 '완전한 내선일체를 이루어 장기화하는 전시 상황에 대처하고 대륙의 병참 기지로서의 사명을 완수하는 데 그 목적'이 있었다.[130] 미나미 총독은 취임 초부터 일본어의 보급을 정강의 하나로서 그리고 시정 구호로 내세울 정도로 사회 교육으로서의 일본어 보급을 강조했다. 일본어 보급과 관련된 지시와 통첩이 이 시기 이후에 집중된 것도 이러한 사실을 뒷받침한다. 실제로 총독의 직접 지시와 강조 사항만 해도 다음에서 알 수 있듯이 다수에 이른다.

1) 도지사 회의에서 학생들의 일본어 상용과 일반인에 대한 일본어 보급 실적을 높이도록 하라는 지시(1936년 6월)
2) 도지사 회의에서 일반인에 대한 일본어 강습과 보급 확충 재차 강조(1937년 5월)

---

130 朝鮮總督府, 1938a, 앞의 책, 1쪽.

3) 국어 상용 이완 경계, 중등학교 학생에게 학교는 물론 가정에서도 일본어를 상용하도록 강조(1941년 9월 30일)

4) 부인 계몽 운동 전개, 교육 기관 종사자 일본어 상용 적극적 지도 필요(1942년 2월 3일)

5) 국장 회의에서 일본어 보급 강조, 대대적 보급 운동 방침 천명 (1942년 4월 14일)

6) 도지사 회의에서 일본어 보급 재차 강조(1942년 4월 20일)

1936년 6월의 도지사 회의에서는 '국어의 보급 철저에 관한 건'이라는 총독 지시가 있었는데 학생들의 일본어 상용과 일반인에 대한 일본어 보급 실적을 올리도록 하라는 것이었다.[131] 이 지시에서는 일본어 보급의 당위성과 함께 학교 교육의 일정한 성과를 인정하면서도 일상에서의 상용에는 미흡하다고 하며, 앞으로는 실생활에 입각한 교육을 시행하고 일반 민중에 대해 일본어를 보급하는 것이 필요하다고 했다. 농촌 진흥 사업 일환으로 이루어진 마을 단위의 야학에서도 일본어를 해득할 방도를 강구하고, 학교 교육에서의 일본어 사용을 철저하게 하는 동시에 일반 민중에 대한 일본어 보급의 실적을 올리도록 노력할 것을 요구한 것이다. 이어서 1937년 5월의 도지사 회의의 총독 지시에서도 일반인에 대한 일본어 강습과 보급을 확충하라는 것이 재차 강조되었다. 1937년 3월에는 관공서 직원들은 집무 중에도 일본어 사용에 힘쓰라는 통첩이 있었고, 이러한 분위기에 따라 학무국에 근무하는 조선인 직원들에게 일본어 상용 결의[132]를 공표하게 했으며, 지방 공직자도 일본어 상용에 노

---

131 國民總力朝鮮聯盟, 1943, 『國民總力運動要覽』, 352쪽.

력할 것과 도·부·읍회의 통역 폐지 지시(1937년 2월)도 이어졌다.

이러한 총독의 일본어 보급 지시에 따라 각급 행정 기관에서도 총독부의 통첩 내용을 바탕으로 교내와 가정에서 일본어 상용에 힘쓸 것을 주 내용으로 하는 통첩을 빈번하게 하달했다.[133] 조선총독부의 지시도, 각 도 하급 기관인 군수, 중등학교 교장에 대한 지시도 또한 '엄명'이라고 언론은 전했다. 많은 경우 상부 기관의 이러한 지시가 하부 기관에서 증폭되어 더욱더 강제성의 도를 더해 갔다. 이러한 일본어 보급과 관련된 지시와 통첩은 계속해서 이어졌는데, 시기를 조금 달리해 1939년 7월 31일에도 조선총독부는 각 도에 학무국장 명의의 통첩을 보내 많은 직원을 고용하고 있는 공장, 상점, 회사에서는 일본어를 철저하게 보급할 것을 지시했다.[134]

1938년에 들어서면 조선총독부에서는 조직적이고 대대적인 일본어 보급 운동을 계획하고 실행에 옮겨 나갔다. '국어 보급 시설 계획'이 바로 그것이다.[135] 이 계획은 1938년부터 3년 동안 주로 17·18세~30세에 해당하는 농어촌 청년층을 중심으로 1년에 10만 명씩 총 30만 명에게 일본어를 보급하겠다는 것이었다. 학무국에서는 1938년도 소요 예산

---

132 자세한 것은 現代史の會 編, 1967, 「朝鮮人の皇民化と國語(=日本語)教育-簡易學校から日本語の強制的常用化まで」, 『(資料)季刊現代史』 8, 232~233쪽을 볼 것.

133 『매일신보』, 1937.5.28.

134 『매일신보』, 1939.8.2.

135 이 계획의 개요는 다음과 같다. 1938년부터 3년 동안 초등학교와 간이 학교 3천 개교를 중심으로 일본어 강습회를 개최해 해마다 30만 명의 일본어 해득자를 내는 것을 목표로 하고 있었다. 1938년에는 1천 개소에서 강습회를 개최해 10만 6천 명의 일본어 해득자를 얻었다고 하며, 1939년에는 기존의 강습소 외에 다시 1천 개소를 증설해 2천 개소에서 강습회를 개최한다는 계획이었다. 朝鮮總督府, 1938b, 앞의 책, 43~44쪽.

으로 7만 원을 계상하고 본격적인 준비에 착수했다. 전국 2천6백여 초등학교에 교사로 조직된 간이 국어 보급반을 두어 사회교육과가 편찬한 『간이국어독본』을 무상으로 배포해 일상생활에 필요한 일본어를 가르치도록 한다는 것이었다. 이 계획의 실행을 위해 조선총독부에서는 1월 22일 일본어 강습회 시행 등의 구체적 계획을 담은 학무국 통첩을 각 도에 보냈다. 이 통첩에 따르면 1938년부터 전면적으로 시행될 국어 보급 시행 계획에 따라 무상으로 배포된 『국어독본』[136]으로 각지 간이 학교를 중심으로 지방의 실정에 맞추어 2개월 이상 일본어 강습회를 전국적으로 개최한다는 것인데, 수강자 수는 한 강습회당 남녀 각 50명씩 100명으로 잡혀 있었다. 강습회 개최가 예정된 곳은 경기도 110개소를 비롯해 전국 1천 개소였다.[137]

조선총독부의 이러한 계획에 따라 각 도에서도 이를 실천하려는 조치가 취해졌다. 예컨대 경기도에서는 조선총독부의 보조금 외에도 1938년도 보급 운동 예산을 책정하고 각 공립 초등학교와 간이 학교를 중심으로 각 군에서부터 보급 운동을 일으키기로 했다.[138] 이를 위해 먼저 농촌의 초등학교와 간이 학교 교사들을 동원해 일본어 보급 운동에

---

136 1938년에 사용한 『국어교본』은 농촌 실정과 맞지 않는 부분이 많고 또한 내용이 다소 어려워 1939년에는 평범한 내용으로 개편하기로 했다. 그리고 특히 '국어'의 가나를 손쉽게 기억시키고자 가나를 조선어로 표기한 『농민독본』을 만들어 사용하기도 했다. 이 두 가지 책으로 국어 해득의 교재를 만들어 각 도에 배부하기로 했다. 『매일신보』, 1939.5.5.

137 예정된 강습회 수는 경기 110, 충북 45, 충남 66, 전북 68, 전남 100, 경북 101, 경남 97, 황해 87, 평남 63, 평북 77, 강원 74, 함남 67, 함북 45로 전국 합계 1천 개소였다. 『매일신보』, 1938.1.23.

138 『매일신보』, 1938.2.24.

나서게 했고, 그 외에 농한기나 야간을 이용해 농촌의 청소년과 부녀자에게 일본어를 보급하려는 노력을 대대적으로 전개할 방침을 세웠다.[139]

강원도에서도 조선총독부의 지원을 받아 일본어 강습회 74개소를 개설할 예정이었다. 각 학교의 형편에 따라 개최일은 일정하지 않았고, 적당한 시기를 택해 남녀 각 50명씩 100명을 대상으로[140] 2개월씩 일본어 보급 야학회를 개최하기로 했다. 이러한 계획에 따라 8월에 3개월짜리 일본어 강습소 74개소가 강원도 내에 설치되어 초등학교 재학생 이외의 일본어 미해득자에게 강습했고, 1939년도에는 100여 개 교를 선정해 일본어 강습회를 가질 것을 계획했다.[141] 그 밖에도 강원도에서는 일반인에게 일본어를 보급하고 상용을 선도할 목적으로 강원도 교직원들의 '국어보급연맹'이 활동하고 있었는데 이 연맹은 남을 가르치는 교원 자신들의 가정에서부터 일본어를 상용하게 한 후에 일반 민중에게도 보급하는 것이 효과적이라는 취지에서 결성된 단체였다.[142]

강습회는 개최 수, 수강 인원 등에서는 예정대로 각 도에서 개최되고 있으나 강습 시기나 대상, 형태 등에서는 일정하지 않았다. 농한기나 하기·동기의 방학에 열리는 것이 주류를 이루었지만, 학교에 따라 '적당한 시기'라고 해 기일을 분명히 정하지 않은 곳도 있었고 강원도에서처럼 야학회의 형태로 강습회를 개최하는 곳도 있었다.

국어 보급 시설 계획을 추진한 결과 교본도 10만 부 예정에 20만 부나 나가는 등 겉으로는 성과가 적지 않았다. 이에 조선총독부는 각 도 예

---

139 『매일신보』, 1938.1.22.
140 『매일신보』, 1938.9.16.
141 『매일신보』, 1939.1.14.
142 『매일신보』, 1938.9.16.

산에 일본어 강습회 소요 경비를 계상하고 아직 개설하지 않은 곳에 대해서는 강습회 개설을 독려하는 통첩을 보냈다.[143] 각 도의 발표를 통해 1년 차의 성적을 보면, 대체로 교본, 강습소, 강습 참가 인원 등에서 예상을 초과했다. 일본어 강습회는 3,662개소에 강습생은 210,374명에 달했고, 이 가운데 쉬운 말을 할 수 있는 사람이 40~50%, 일본어의 가타카나를 익힌 사람이 70~80%, 히라가나를 해득한 사람이 50~60%에 달했다고 한다.[144]

이러한 결과에 고무된 총독부는 국어 보급 시설 계획 시행 2년 차인 1939년에도 각 도 1천 개소의 강습회 경비와 교재 대금으로 7만 원을 지원하기로 하는 등 2년 차 보급 계획에 착수했다. 운동의 전개는 1년 차인 1938년과 비슷한 양상을 보였다.[145] 이 계획은 3년 차인 1940년 언론 기사에서도 확인된다. 경성부에서는 1940년 8월에 1기 강습회를 마치고 9월 중순에 2기 강습이 예정되어 있었고, 전시 국민 생활 주간의 제2일을 '국어일'로 정해 일본어 미해득자에 대한 보급에 착수한다는 계획을 세웠다.[146]

조선총독부 주도의 국어 보급 시설 계획은 애초 3개년에 30만 명의 일본어 해득을 목표로 하고 있었으나 기대 이상의 성적을 거두었다고 한다.[147] 이러한 성과에 고무된 조선총독부에서는 애초 예정된 3개년

---

143 『매일신보』, 1939.1.26.
144 『매일신보』, 1939.9.30.
145 『매일신보』, 1939.5.5.
146 『매일신보』, 1940.9.6.
147 일본어 보급 운동의 실적으로는 1938년에 30만 9천 명, 1939년에 28만 4천 명, 1940년에는 29만 2천 명으로 합계 88만 5천 명에 달했다고 한다. 이로써 조선인

계획 이후인 1941년에도 소요 경비를 계상해 이 운동을 계속할 예정이었다.

이와 같은 대대적 일본어 보급 운동에 학교도 예외일 수는 없었다. 학생들을 동원한 전선국어전해운동은 일반 민중에게 일본어 보급을 통해 내선일체의 구체화와 일본 정신을 철저히 하고 학생들이 멸사봉공의 정신을 기른다는 목적과 취지 아래 시작되었다.[148] 이 운동은 국민훈련후원회가 주최하고 조선총독부 사회교육과와 매일신보사의 후원으로 진행되었다. 방학을 이용해 귀향하는 중등 학생들을 비국어 전해 운동 추진대로 선발해 일본어 미해득자를 대상으로 단기간의 일본어 강습과 기초적인 숫자를 가르치게 하는 것이었다. 그 요강은 다음과 같다.[149]

전선국어전해운동(全鮮國語全解運動) 실시요강

1. 목표

매년 여름과 겨울 방학에 각 2주간을 운동 시행 기간으로 해서 매 기마다 천만 명의 아직 일본어를 알지 못하는 자에게 매일 2시간의 교수를 한다.

2. 시행 방법

22,008,310명 중 일본어를 다소 해득한 사람은 1,491,120명이고, 회화를 할 수 있는 사람은 1,577,912명 합계 3,069,032명에 달해 전체 조선인의 13.89%였다고 한다.『매일신보』, 1939.9.10.

148 이 운동에 남자 학교로는 경성사범학교, 경기중학교, 경복중학교, 배재중학교, 중앙중학교, 휘문중학교 등 6개 교, 여자 학교는 이화여자전문학교, 경기고등여학교, 제일고등여학교, 덕성여자실업학교, 이화고등여학교 등 8개 교로 총 14개 교가 참가했다.『매일신보』, 1940.12.15.

149 森田梧郎, 1942,「朝鮮の國語普及全解運動」,『國語運動』6권 11호, 38~39쪽.

전 조선의 주요한 중등 정도 200여 학교 생도 1만 명(각 학교당 50명)을 선발해 일본어 전해 운동 추진 대원으로 해 매일신보사의 지사, 지국과 연락을 취해 소속 애국반을 중심으로 해 대원 한 사람에게 열 명 내외의 일본어 강습생을 담당시킨다.

3. 교과서

가타카나를 주로 하는 『단기국어강습교본』(매일신보사 발행)을 사용

4. 추진 대원 양성

『단기국어강습교본 교수비고』를 편찬해 이에 의해 미리 추진대 소속의 학교 직원을 위촉해 사용하는 교본을 기준으로 해서 교수법의 지도를 한다.

이 운동의 추진 과정을 살펴보면, 제1회는 1940년 12월에 시작되었는데 12월 12일에는 운동 추진을 위한 관계자협의회[150]를 개최하고 운동의 전개 방안을 협의했다. 이 협의회의 결정 사항으로는, 서울의 남녀 중등학교 이상의 상급생 2백여 명을 추천받아 이들에게 일본어 교과서를 배부해 2주일 동안 간단한 일본어 외에도 일본의 국가와 황국신민서사까지 가르치기로 했다. 이렇게 국어 전해 추진 대원이 구성되면 귀향 전에 지도 방법 등에 대해 예비 교육을 시행하기로 했다.[151] 예비 교육이

---

[150] 1940년 12월 20일 오후 4시부터 매일신보사 강당에서 열린 협의회에는 조선군사령부와 조선총독부의 담당자 외에 민간의 이광수, 주요한, 그리고 김활란 이화여자전문학교 교장을 비롯해 서울의 각 중학교 교장 등 30여 명이 참석했다. 『매일신보』, 1940.12.13.

[151] 1940년 12월 17일에는 지원자 가운데 선발된 이화여자전문학교를 비롯한 9개 교 240명의 여학생이 경기고등여학교 강당에 모여 교재에 대한 설명과 교수법 등의 예비 교육을 받았고, 18일에는 경기중학교에서 남학생들이 모여 같은 내용의 교육을

끝나면 12월 19일에는 선발된 남녀 학생들이 전부 조선 신궁에서 봉고제를 거행해 2주일 동안 일본어를 가르치겠다는 것을 맹세하기로 되어 있었다.[152] 이러한 과정을 거쳐 전해 운동은 참가 학생들을 떠나보내는 장행회를 끝으로 각자 귀향해 약 2주일 동안 일본어 보급 강습회를 갖는 형태로 이루어졌다.[153]

강습회를 마친 참가 학생들은 1월 28일 경성사범학교에서 관계자가 참석한 가운데 운동 기간 중의 체험과 일본어 보급 실적을 보고하는 체험 보고회를 열었다. 운동 기간은 원래 2주로 계획되어 있었으나 평균 16일로 연장되었고 강습생은 5명에서 10명, 많은 곳은 50명도 있었다.[154] 최종적인 결과는 서울의 34개 대상 학교 가운데 14개교 학생 800명이 동원되어 한 학생이 평균 7명의 일본어 미해득자를 지도해 총 5천 6백여 명의 해득자를 얻은 것으로 되어 있다.[155]

국민훈련후원회와 매일신보사에서는 제1회 운동 결과에 만족을 표하고 다음의 전해 운동을 협의해 여름 방학에 시행되는 제2회 운동에는 지방의 사범 학교 9개교와 중등학교까지 포함한 서울과 지방의 200개 학교에서 각각 5천 명씩 약 1만 명의 학생을 선발해 10만 명의 해득자

받았다.『매일신보』, 1940.12.18.
152 『매일신보』, 1940.12.15.
153 『매일신보』, 1941.1.24.
154 『매일신보』, 1941.1.24.
155 『매일신보』, 1941.1.31. 참가 학생 수와 보급 인원이 기획 단계의 숫자와는 상당히 다르다. 처음에는 200명을 동원할 계획이었고 또『매일신보』1941년 1월 24일 기사에 따르면 강습회의 수강자도 8천 명(6월 15일 기사에는 1만 명)으로 보도되기도 했다. 그러나 실제로는 보고회가 끝난 뒤인 1월 31일 기사의 5천6백 명이 더 신빙성이 있는 것으로 보인다.

를 목표로 전국에서 일본어 강습회를 열 계획을 세웠다.[156] 그리고 제2회 운동부터는 조선총독부 학무국 외에 경무국과 국민총력조선연맹에서도 후원에 나설 계획이었다.[157]

제2회에 이은 제3회 전해 운동으로 1941년 12월 25일부터 이듬해 1월 15일까지 22일 동안 전국 각지에서 일본어 강습회 개최가 예정되어 있었으나 돌연 중단되었다. 당시 기사에서는 '일시적 중지'라고 보도했지만[158] 이후 재개 여부는 확인되지 않는다. 1941년 12월 3일까지 신청 상황을 보면 28개 교에 1,078명에 달했다. 그리고 주최 측과 후원 기관도 이전과 같았다.[159] 일본어 보급 운동이 강화되던 시기였음에도 불구하고 2회를 마치고 3회를 준비하다가 갑자기 중단되었다.

그 배경은 분명하지 않지만, 추진 과정과 그 전후의 사정을 살펴보면 어느 정도 추론은 가능하다. 표면상 우선 생각해 볼 수 있는 것은 강사 요원의 수급 문제이다. 전해 운동을 일으키기로 하자 신청자가 조수같이 밀려들었다는 보도와 달리 마감을 사흘 앞둔 12월 17일 현재 목표는 1만 명이었는데 실제 지원자는 1천 명대에 머물렀다.[160] 그 때문인지 원래의 동원 대상이 중등학교 이상의 학생으로 한정되었던 것과는 달리 3회에 들어서면 초등학교 교원, 지방 관공서 직원, 애국반 반장까지도 포함되었는데, 이를 일본어 보급을 위한 열기로만 설명하기에는 충분하지 않다.[161]

---

156 『매일신보』, 1941.1.31.
157 『매일신보』, 1941.6.15.
158 『매일신보』, 1941.11.23.
159 『매일신보』, 1941.12.4.
160 『매일신보』, 1941.12.18.
161 『매일신보』, 1941.12.18.

그리고 중단하게 된 또 다른 이유로 생각해 볼 수 있는 것은 1942년의 국어보급운동요강 발표를 전후한 시기에 일본어 보급 강습회를 국민총력조선연맹으로 일원화시키고 있었다는 사실이다.[162] 제3회 운동에 들어가기 전에 중지되었던 전해 운동이 재개되었다는 것은 확인되지 않지만, 경기도와 같은 일부 지역에서 보급 운동에 학생을 동원한 사례는 있었다. 경기도에서는 학생들을 일본어 보급 운동의 추진대로 만들기 위해 도내 각 중등학교 교장에게 통첩을 발해 "(1) 방학으로 고향에 돌아가는 생도들에 대하여서는 총력연맹 주최의 국어 강습회에 적극적으로 참가하게 하여 그 교사로서 애국의 지성을 바치게 할 것, (2) 총력연맹 주최의 국어 강습회에 직접 관계하지 않은 생도라고 하더라도 향토의 국어 보급 운동을 위하여 적극적으로 노력하도록 지도할 것"[163]을 지시했다.

이상에서 조선총독부의 국어 보급 시설 계획, 그리고 학생을 동원한 전선국어전해운동 등에 대해 살펴보았다. 일제는 중일전쟁 발발 전부터 전시 체제 구축에 착수했는데, 조선인의 전시 동원을 상정하고 황민화와 그 주요 수단으로서 일본어 보급을 위한 대책을 본격적으로 구체화했다. 조선총독부의 일본어 보급 강조와 지시도 계속 이어졌고 하급 행정 기관에 의한 후속 조치도 뒤따르고 있었다.

강제 병합 이후 학교 교육 중심의 일본어 보급 정책은 전시 국면의 확산에 따라 사회 일반에 대한 보급으로의 정책 전환을 요구받게 되었다. 1938년에 들어서면 조선총독부에서 기획한 국어 보급 시설 계획이 시작되었는데, 1월에는 이 계획의 시행을 위해 각 도에 대한 학무국의

---

162 『매일신보』, 1942.4.12.
163 『매일신보』, 1942.8.1.

통첩과 각 도의 후속 조치 등이 잇달아 이루어졌다.

2) 전시 체제의 일본어 보급 운동

미나미 총독은 조선인에 대한 지배 이데올로기로 제창한 내선일체 달성의 가장 중요하고 효과적인 수단을 일본어의 보급으로 보고 취임 이후 줄곧 일본어의 보급과 상용을 강조했다. 1942년 4월 14일의 정례 국장 회의 석상에서 행한 훈시는 일제 강점 말기의 일본어 보급 운동이 어떤 방향과 강도로 전개될 것인가를 대변하는 것이었다. 이 자리에서 미나미는 일본어 보급의 당위성을 역설하며 일본어 보급 운동을 국민 총력 운동의 중요 부문의 하나로서 대대적으로 전개할 방침을 천명했다. 여기서 주목해야 하는 것은 미나미가 직접 "국어 보급 방법으로서는 일면 국민학교 교육을 확충하여 학교로부터 다시 가정에 보급할 것은 물론이나 타면(他面) 이것과 함께 일반 민중을 상대로 하여 국민 총력 운동으로서 강력하게 추진시키고자 생각한다"라고 해 학교 교육과 함께 일반 민중을 대상으로 일본어의 보급을 강력히 추진할 것을 제창했다는 점이다.[164] 운동의 대상과 범위도 확대해 국민 총력 운동으로 강력하게 전개할 것임을 밝혔다.[165] 같은 달 4월 20일에 열린 도지사 회의에서도 미나미 총독은 개회와 폐회의 훈시를 통해 국어 보급을 재차 강조했는데,[166] 일본어 보급을 철저히 하는 문제에 관한 방법과 함께 강력한 운동

---

164 『매일신보』, 1942.4.15.
165 『매일신보』, 1942.4.15.
166 『매일신보』, 1942.4.23.

을 전개할 방침을 표명한 것이다. 아울러 일본어 보급 운동의 당위성을 강조하기 위해 남양군도 징용 조선인 노무자의 예를 들어 이른바 대동아공영권 건설의 지도자로서의 조선인에 대한 일본어 보급의 시급함을 강조했다.[167]

미나미 총독의 일본어 보급 운동 방침 천명과 대대적 일본어 전해 운동의 지시(1942년 4월 14일)에 따라 도지사 회의(4월 20일~4월 22일)에서는 조선총독부 담당 부서(사정국, 학무국)의 일본어 전해 운동 방안과 총독의 지시 사항이 하달되었다. 그리고 각 도에 철저한 일본어 보급 방안에 대한 자문을 구하는 한편 한반도 전역에 일본어를 보급할 구체적 방책을 마련하라는 요구를 제기했다. 일본어 보급에 관한 문제는 '대동아 전쟁 완수상 각 도 실정에 즉한 가장 유효 적절한 시책 여하'라는 자문 사항에 대해 각 도지사가 답신하는 형식으로 논의되었다. 각 도지사가 제기한 일본어 보급의 실제 운동 방침에 관한 것을 종합해 보면, 향후 3년 동안 조선인의 일본어 해득을 목표로 (1) 직장에서 국어를 상용할 것, (2) 청년대를 통해 대원들에게 간단한 회화를 보급할 것, (3) 국민학교 아동을 통해 가정 생활에서 국어를 상용토록 장려할 것 등이었다.[168]

도지사 회의에서 일본어 보급의 문제는 첫날부터 의제에 올라 일본어 보급의 철저함을 강조하는 총독 훈시를 시작으로 3일 동안 계속 중요 의제로 거론되었다. 미나미 총독은 회의 벽두에 '병참 기지 한반도의 사명과 진로'를 밝히는 내용의 훈시를 했다. 회의에서 각 도지사가 중점적으로 논의한 것도 총독이 강조하는 병참 기지 역할 수행을 위한 일본어

---

167 『매일신보』, 1942.4.23.
168 『매일신보』, 1942.4.23.

보급, 관공리의 재교육, 식량 증산 등의 문제와 일치하고 있었음을 알 수 있다.[169] 미나미 총독은 도지사 회의 종료 때의 훈시를 통해 자문 사항에 대한 각 도의 답신 내용에 대해 시의적절하다며 만족을 표하고, 일본어 보급의 철저 문제에 관해 학교 교육, 학생들을 통한 가정으로의 보급 철저 등 여러 가지 방법으로 힘찬 운동을 전개할 방침을 재차 천명했다. 그리고 각 도지사는 일본어 강습회 개최 등 아래의 일본어 보급 실천 방안을 결의했다.[170]

각 도 결의 사항

1. 관공서와 그 밖의 직역 단체에서는 일본어를 상용하게 해 솔선수범을 보일 것
2. 학교 방면의 협력을 얻어, 학생, 생도의 1일 1어 습득 운동을 각 가정에 보급할 것
3. 애국반(隣組) 또는 부락 단위의 일본어 강습회를 활발히 할 것
4. 공립 국민학교에서 일본어 강습회를 개최하고, 약 60일 기간 단위로 해 일상생활 용어의 일해에 힘쓸 것
5. 국민학교 부설 청년대에 대한 일본어 강습회를 개최하고 부락에서의 국어 보급의 추진대가 되도록 할 것
6. 학교를 중심으로 학동 가정의 일본어 전해를 촉진하기 위해 '국어의 집'을 지정 표창할 것

---

169 『매일신보』, 1942.4.24.

170 『매일신보』, 1942.4.24.

도지사 회의에 따른 후속 조치로 각 도는 국어 전해 운동 본부를 설치하고 다시 부와 군에 자문[171]을 구해 답신을 받는 과정을 밟았다. 함경북도의 경우를 통해 도지사 회의 이후 운동의 전개 상황을 살펴보면, 우선 국민총력함경북도연맹에 운동 본부를 두고(5월 1일 설치) 부·군 연맹에 지부 설치를 추진했다. 같은 날 개최된 제1위원회에서는 전해 운동 시행의 대강에 대한 것과 일본어를 아는 자와 미해득자에 대한 방책이 논의되었다. 이어서 열린 제2위원회(5월 20일)에서는 각종 강습회 개설에 대한 방책과 개설에 필요한 제반 경비와 절차 등이 논의되었다. 5월 12일의 부윤·군수·경찰서장 합동 회의에서는 앞서 제시된 자문에 대한 답신이 이루어졌다. 이에 대해 도지사는 이 운동은 단순히 일본어의 전해와 상용에 그치는 것이 아니기 때문에 일본 정신의 침투와 황국 신민으로서의 자질을 함양하는 데, 그리고 전해 상용의 사회 분위기를 조성하는 데 힘쓸 것을 지시했다. 아울러 부·군·경찰서가 일체가 되어 관계 부서와의 협력 아래 전해 운동을 시행할 것도 지시했다.[172]

이같이 일본어 보급 운동은 지방에서도 신속하고 철저하게 준비되고 있었다. 특이한 점은 도 본부와 지부가 국민총력함경북도연맹 안에 설치되었고, 전해 운동 본부의 임원 구성에서 도지사 이하 도의 주요 부서 간부들이 망라되었다는 점이다.

미나미 총독의 일본어 보급에 대한 일련의 지시와 강조에 부응해 조선총독부와 각 도는 물론 국민총력조선연맹 등의 단체에서도 일본어 보급과 상용을 위한 준비와 대책을 강화해 나갔다. 그 결정판이 '국어보급

---

171 咸鏡北道, 1942, 앞의 글.
172 咸鏡北道, 1942, 위의 글.

운동요강'이다.

　1942년 4월 14일 국장 회의 석상의 총독 훈시 이후 5월 6일 국어보급운동요강 발표에 이르기까지의 과정을 정리하면 다음과 같다.[173] 국민총력조선연맹에서는 총독 훈시에 대해 바로 그날 일본어 보급의 철저함을 강화할 것이라는 취지의 사무총장 담화를 발표했다. 그리고 이틀 뒤에는 이사회를 열어 '국어 생활의 철저'(제6항)를 포함한 1942년도 국민총력 운동 방침을 결정했다. 그리고 국어보급운동요강이 결정되기 전인 5월 2일에는 조선총독부와 국민총력조선연맹 관계자가 모여서 국민학교에 강습회장을 설치해 이를 기점으로 일본어 상용 운동을 일으킬 것을 협의하고 본격적인 보급 운동의 개시를 합의했다. 그리하여 5월 6일 제44차 국민총력조선연맹 지도 위원회에서 국어보급운동요강이 결정되었다. 이 요강의 작성이 총독부 안에서 이루어지고 있었고 담당 부서(사정국)와 국민총력조선연맹은 한 몸과 다름없는 관계였으므로[174] 실제로 국어보급운동요강은 조선총독부의 주도 아래 작성된 것으로 보인다.

　이런 과정을 거쳐 발표된 국어보급운동요강에는, "조선 반도 민중으로 하여금 확고한 황국 신민으로서의 신념을 견지하고 모든 생활에서 국민 의식을 고양시키기 위해 모두에게 일본어를 이해시키고 일상 용어로서 이것을 상용"시킨다는 취지와 함께 '(1) 국어 상용에 대한 정신적 지도, (2) 국어를 이해하는 자에 대한 방책, (3) 국어를 이해하지 못하는 자에 대한 방책' 등 아래와 같은 7개 항의 운동 요목과 세부 실천 항목이

---

[173] 井上薫, 1997, 「日本統治下末期の朝鮮における日本語普及・強制政策-徴兵制導入に至るまで日本語常用・全解運動への動員」, 『北海道大學教育學部紀要』 73.

[174] 井上薫, 1997, 위의 글, 147쪽.

포함되어 있다.

국어보급운동요강[175]

1. 취지

본 운동은 반도 민중으로 하여금 확고한 황국 신민됨의 신념을 견지하고 일체의 생활에 국민 의식을 현현시키기 위해 모두 국어를 해득케 하고 또 일상 용어로서 이것을 상용케 하는 데 있다.

2. 운동 요목

(1) 국어 상용에 대한 정신적 지도

  1) 황국 신민으로서 국어로 말할 줄 아는 명예를 감득케 할 것

  2) 일본 정신의 체득상 국어 상용이 절대로 필요한 소이를 이해하게 할 것

  3) 대동아 공영권의 중핵인 황국 신민으로서 국어의 습득 상용이 필수의 자격 요건임을 자각하게 할 것

(2) 국어를 해득하는 자에 대한 방책

  1) 관공서 직원은 솔선해서 국어 상용을 할 것

  2) 학생 생도 아동은 반드시 상용할 것

  3) 회사, 공장, 광산 등에서도 극력 상용을 장려할 것

  4) 청년단, 부인회, 교회, 기타 집회에서도 국어 상용에 힘쓸 것

  5) 적어도 국어를 해득하는 자는 반드시 국어를 사용함은 물론 모든 기회에 국어를 해득치 못한 자에 대한 지도에 힘쓸 것

(3) 국어를 해득치 못하는 자에 대한 방책

---

[175] 『매일신보』, 1942.5.7.

1) 국민학교 부설 국어 강습소의 개설

    2) 각종 강습회의 개최

    3) 국어 교본의 배부

    4) 라디오에 의한 강습

    5) 잡지에 의한 강습

    6) 평이한 신문의 발행

    7) 상회에서의 지도

    8) 아동 생도에 의한 1일 1어 운동

    9) 각 소재에서 국어를 아는 자로부터의 지도

(4) 문화 방면에 대한 방책

    1) 문학, 영화, 연극, 음악 방면에 대하여 극력 국어 사용을 권장할 것

    2) 라디오 제2방송에 국어를 더욱 많이 넣을 것

    3) 언문 신문, 잡지에 국어란을 만들 것

(5) 국어 상용자에 대한 표창 및 우선적 처우

    1) '국어 상용의 집' 등 국어 상용자 또는 국어 보급에 공이 있는 자 등을 표창할 것

    2) 공직 기타의 취직 및 그 대우 등에 우선적으로 고려할 것

(6) 차제 관민이 협력하여 전선적으로 본 운동 전개에 대하여 명랑하고 열의 있는 기운을 양성하게 힘쓸 것

(7) 국어 보급 연차 계획을 수립할 것

일본어 미해득자에 대한 방책으로 각종 강습회 개설은 물론 교본 배부, 라디오, 잡지, 알기 쉬운 신문 발행에 의한 지도 등이 있고, 또 아동·학생을 통해 가정에 1일 1어의 보급 운동을 장려하고 수시로 일본어를

할 줄 아는 자로부터 지도를 받게 하는 등 다양한 방법으로 실천에 힘쓴다는 내용도 들어 있다. 또 문화 방면으로는 문학, 영화, 연극, 음악 등에 걸쳐 적극적으로 일본어 사용을 장려하고, 라디오의 제2방송에 일본어 프로그램을 더 많이 편성하는 것과 함께 조선어 신문에 '국어란'을 두는 등 여러 가지 방법이 제시되어 있다. 그밖에 일본어 상용자 또는 일본어 보급에 공적이 있는 자에 대해서는 표창하고 또 상용자는 공직이나 그 밖의 취직 및 대우 등 제반의 처우에서 먼저 고려한다는 등의 내용을 담고 있다. 포상 방법 가운데 특이한 것으로 '국어의 집'(국어 상용의 집) 선정이 있는데, 그 선정 방법은 다음과 같다.[176]

(가) 먼저 학교 내에서 일본어 해득 여부를 조사하고 다음으로 각 가정을 방문하여 조사한다.
(나) 조사 결과를 토대로 하기의 ㉠㉡을 설정한다.
  ㉠ 전 가족이 일본어를 이해하는 가정
  ㉡ 조부모 및 취학 연령 이하인 자를 제외한 나머지 가족이 일본어를 이해하는 가정
(다) 위의 ㉠㉡을 일본어 교육의 최적 환경으로 보고 국어의 집으로 선정한다.
(라) 매년 칙어 발포일에 선정식을 거행하고 국어의 집을 상징하는 휘장을 전달하고 대문의 문패 위에 걸게 해 일본어 교육의 모범 가정으로 삼는다.

---

176 江原繁, 1941, 「朝鮮に於ける國語教育と'國語の家'設定に就いて」, 『文教の朝鮮』 1941년 2월, 42~43쪽.

(마) '국어의 집'으로 선정되지 않은 가정에 대해서는 자녀가 입학함과 동시에 그 학교의 야학에 입학 및 취학의 의무를 지게 한다.

이 방법은 모범 가정을 표창하고 우대하기 위한 장려 방안으로 보인다. 그렇지만 선정되지 않은 가정에 대해서는 자녀 입학 때에 다른 가족들도 의무적으로 야학에 다니게 하는 강제적 성격도 지닌 점이 특징적이다.

사실상 조선총독부의 주도로 만들어진 국어보급운동요강에 따라 각 도와 하급 총력연맹에서도 이에 부응하는 발 빠른 움직임을 보였다. 경성부에서는 국어보급운동요강에 따라 일본어 보급 방법을 구체화하기 위해 각 정연맹에 통첩을 띄워 애국반원들의 일본어 해득 유무를 조사한 뒤 보고하도록 하고, 경성부민의 일본어 전해를 목표로 국민학교, 청년대별로 강습회를 열고 단기간의 해득에 총력을 기울이기로 했다.[177]

5월 21일에는 일본어의 해득과 상용에 대한 인식을 철저히 하기 위한 3연맹(국민총력조선연맹, 국민총력경기도연맹, 국민총력경성부연맹)의 '국어' 보급 좌담회가 열렸다.[178] 이어서 국민총력경성부연맹에서는 국민총

---

177 『매일신보』, 1942.5.8.

178 좌담회의 토의 내용은 "(1) '국어' 상용에 대한 정신적 지도를 철저히 하여서 일반 민중으로 하여금 '국어'의 절대 필요함을 인식시킬 것, (2) '국어'를 알고 있는 관공서 직원 학생 생도와 그 외의 일반 민중은 어느 때 어디서라도 절대로 '국어'를 사용케 할 것, (3) '국어'를 모르는 민중에게 대하여서는 '국어' 강습회의 개설, '국어' 교과서의 배부, 라디오와 잡지에 의한 강습 등을 비롯하여 애국 반상회를 통한 지도 생도들의 1일 1어 운동의 전개 등을 활발히 지도할 것, (4) 각 문화 방면에 있어서도 '국어'를 철저히 사용할 것을 장려하며 '국어 상용의 집'을 특히 조사하여 표창하며 다시 공직과 그 외의 취직과 그 대우에 대하여서도 특별히 우대할 것" 등이었다. 『매일신보』, 1942.5.22.

력조선연맹의 '국어' 보급운동요강과 3연맹의 협의 내용을 바탕으로 정회가 있을 때마다 일본어의 습득과 상용을 지도하고, 일본어 생활의 필요성을 인식시키며 아울러 부내 각 국민학교는 자발적으로 일본어 강습소를 개설하도록 할 것이며, 관공서, 회사, 공장에서도 힘껏 일본어를 사용하게 하고 교회나 각종 집회의 경우에도 일본어를 사용하도록 할 것 등을 주요 내용으로 하는 '국어 생활 실천을 위한 지도 방법'을 각 정연맹에 통첩했다.[179]

또한 경성부 총력과에서는 예년의 일본어 보급 상황과 전년의 보급 기관 성적을 조사했다. 아울러 이후 이 운동을 확충하기 위해 각 단체의 사업 현황을 통계로 조사한 뒤 그 실적에 준거해 적극적으로 보급 운동을 전개할 보급안을 만들었다. 일본어 해득의 수준, 정도를 구분해 자세한 조사를 한 다음 이것을 참고 자료로 해 앞으로의 교수 방법과 보급 방안을 세우기로 한 것이다. 그리하여 조사 실적과 보급 방안이 나오면 정연맹과 농촌 각 마을에 최대 5개년 계획을 세우고, 강습회 등을 열어 다수의 미해득자가 해득할 방법을 마련하기로 했다.[180]

경기도에서도 도민의 일본어 해득 여부를 조사하고 5월 12일부터 이틀에 걸쳐 국어보급추진위원회를 개최해 일본어 상용과 장려 방법을 협의하고 국어 전해 운동 방책을 세워 각 부·군 연맹에 통보했다.[181] 이어서 7월 9일에는 경기도 국어보급운동 실시요강을 발표하고 '국어' 보급에 더욱 박차를 가했다.[182]

---

179 『매일신보』, 1942.5.23.
180 『매일신보』, 1942.6.10.
181 『매일신보』, 1942.6.10.
182 『매일신보』, 1942.7.12.

1941년 말 일본 해군의 미국 하와이 진주만 기습 공격으로 일제의 침략 전쟁은 태평양전쟁으로까지 확대되었다. 그리고 조선인 병력 동원의 필요성은 더욱 커졌다. 1942년 5월 징병제 시행이 발표되고 전시 동원 일정이 정해짐에 따라 일본어 능력을 갖춘 자원의 확보가 무엇보다 시급한 과제로 등장했다. 일본어 보급은 '징병제 시행의 전제'[183]였다. 징병제 도입의 성패 여부는 일본어 보급에 달려 있다고 해도 과언이 아니었다. 그러나 이러한 현실적 요청에도 불구하고 당시의 일본어 보급은 전반적으로 부진을 면하지 못하고 있었다. 따라서 1944년으로 예정된 징병제 시행까지 일본어 보급이 식민 지배 정책의 당면한 최우선 과제가 될 수밖에 없었다.

징병제 시행 발표 이후의 일본어 보급을 위한 일련의 대책이나 운동에서 알 수 있는 것은 15세부터 30세까지의 청년을 보급의 최우선 대상으로 해 중점적으로 운동을 전개하고 있었다는 것이다. 그 취지는 징병제 발표 직후인 1942년 5월 13일 자 『매일신보』의 사설 '중점주의에 의한 국어 보급'에서 확인할 수 있다. 여기서 중점주의는 조선 반도 2천 4백만 명이 황국 신민이 되기 위해서는 무엇보다도 먼저 일본어를 해득해야 하지만 단기간에 전부를 해득시키기는 어려운 일이므로 이런 경우에는 차라리 일본어를 해득시키지 않으면 안 되는, 급한 대상에게 중점적으로 일본어를 보급하자는 것이다. 첫 번째 중점 대상은 곧 징병 검사를 받게 될 징병 적령자였다. 그리고 다음이 이른바 '대동아 건설자'로 동남아시아와 오세아니아 방면에 징용 등으로 나갈 청년들이었다. 결국 일본어 보급 운동의 중점주의란 곧 15세에서 30세까지의 청년들에게

---

[183] 『매일신보』, 1942.8.27.

중점을 두어 일본어를 보급하자는 것이었는데, 실제로 이러한 방침은 이후 전개된 일본어 보급 운동의 강습회 등에서 그대로 적용되었다.[184]

청년을 중점적인 대상으로 한 일본어 보급 운동의 대책으로 조선총독부에서 열린 국어 보급 협의회에는 조선총독부와 국민총력조선연맹의 관계자가 참석해 보급 운동의 목표와 보급 방안을 결정했다. 이 운동을 조선총독부에서는 학무국과 사정국이 국민총력조선연맹과 함께 국민 총력 운동의 중요한 한 부문으로 추진하고 따라서 각 관청도 보급 운동에 힘쓰는 것은 물론 적극적으로 후원한다는 것이었다.

구체적인 보급 방안으로는 전국의 3천여 개 국민학교(1942년에는 연말까지 1천 개 학교)에 일본어 강습회를 부설해 우선 남녀 청년 7백만 명을 대상으로 철저한 일본어 보급 운동을 시작하기로 했다. 또 관리를 비롯해 은행, 회사, 공장 등의 단체 생활자는 모범을 보이는 의미에서 일본어를 쓰도록 지도하기로 했다.[185] 소요 예산에 대해서는 도쿄에서 새로 부임할 총독, 정무총감과 협의하고 일본 대장성과도 절충하기로 했다. 조선총독부는 대장성과의 협의를 통해 징병 적령자를 대상으로 한 일본어 보급에 필요한 예산으로 예비비에서 50만 원을 확보했다. 이 예산은 주로 농촌 청년층 특히 징병 적령자에 대한 일본어 보급 활동을 벌이는 지방 국민학교 교원의 보수로 충당하기로 했다.

징병제 시행을 앞두고 청년층을 대상으로 한 훈련이 본격화되었다. 당시 조선총독부는 전시 동원 자원에 대한 교육 훈련 방침으로 이른바 '3단계 보급 계획'[186]을 세우고 있었다. 3단계 보급 계획이란 청년들과

---

184 『매일신보』, 1942.5.13.
185 『매일신보』, 1942.6.9.

장래의 병력 자원인 어린이들을 세 단계로 나눠 거기에 맞게 훈련을 시키고 일본어를 보급하게 시키겠다는 방침을 가리킨다. 3단계 보급 계획에서 두 번째로 거론된 것이 청년특별연성소를 통한 '국어' 보급이었다.

또한 조선총독부에서는 다시 국민학교를 마치고 청년훈련소에도 입소하지 않은 조선인 청년을 대상으로 한 청년훈련소 별과를 설치하기로 했다. 전국 부·읍·면의 국민학교 2,800개소에 청년훈련소 별과를 설치해 교련과 일본어를 중심으로 해마다 1월부터 11월까지 1주일에 6시간씩 총 600시간 훈련을 시킨다는 구상이었다.[187]

그리고 21세 이상 30세까지의 청년에 대해서는 청년단이 중심이 되어 일본어 해득을 철저히 시키기로 했는데, 1941년 1월에 개편된 청년단에 징병 적령자의 절반은 이미 정식 단원이었고 1943년에는 해당자 전부를 가입시킬 계획이었다. 청년단의 훈련 장소로는 마을 집회소를 이용하고 국민학교 교사, 면사무소 직원, 경찰관을 총동원해 곧 군에 입대할 청년들을 지도하도록 한다는 것이었다. 그러나 현실적으로 마을 집회소의 여건이 좋지 않았기 때문에 1943년부터 5개년 계획으로 청년층 모두에게 일본어를 보급할 계획을 세우고 있었다.[188]

이처럼 일본어 보급 운동은 징병제 시행을 앞두고 한층 강화되었다. 조선총독부 연성과에서는 1943년에도 7만 원의 예산을 들여 각 도에 일본어 교재를 무료로 배부하고 보조금을 지급하기로 하는 등 일본어 보

---

186 3단계 보급 계획에서 1단계는 장차 자원이 될 어린이는 최대한 학교에 수용해서 대비하고, 2단계로 국민학교도 마치지 못한 17~20세까지의 청년은 청년특별연성소, 21~30세까지는 청년단에서 일본어를 보급하기로 했다.
187 『매일신보』, 1944.3.26.
188 『매일신보』, 1942.10.9.

급 운동에 적극적인 모습을 보였다. 1943년의 일본어 보급 운동 시행 방법으로는 종래의 농촌 일본어 강습회를 계속 장려하고 청년특별연성소가 설치되지 않은 지방 도시에는 간이 일본어 강습회를 부설하기로 했다. 또한 도비에 의한 각 도 중심의 일본어 강습회를 충실히 하도록 독려하고, 각 사회 단체나 유림 단체 등 민간의 일본어 전해 운동과도 유기적으로 연계해 일본어 보급 운동을 적극적으로 벌여 나가기로 했다.[189] 징병제의 결정 발표에 따라 국어의 보급과 상용 문제를 긴급히 해결해야 하는 상황에 직면하게 되었으므로 일반 민중을 대상으로 한 일본어 보급 운동 자체가 징병제 시행에 직접 연유하고 있었음을 알 수 있다.[190]

징병제 시행을 전후한 시기의 식민지 조선에서는 겉으로 보았을 때 일본어 보급 운동이 불꽃처럼 타오르고 있었다. 조선총독부터 시작해 언어 정책의 실무자에 이르기까지 일본어 보급 운동에 대한 기대를 숨기지 않고 있었다. 보기를 들어 경성제국대학에서 '국어' 이데올로그이던 도키에다 모토키에게 '국어학'을 배워 나름 '국어'의 전문가처럼 활동하고 있던 조선총독부 편수관 모리타 고로(森田梧郎)는 1942년에 쓴 글에서 "최근 2, 3년간의 보급은 과거 30년의 실적에 견줄 만큼 진전되어 아마 국어 보급 전해는 멀지 않다"[191]라고 일본어 보급 운동의 실적을 평가했다. 그러나 징병제 시행을 앞둔 시점에서도 일본어 보급의 현실은 모리타의 자랑과는 거리가 멀었다. 앞에서 이미 언급했듯이 심지어 징병 검사를 받는 조선인 청년들이 일본어를 몰라 통역이 징병 검사장을 지

---

189 『매일신보』, 1943.2.9.
190 島田牛稚 外, 1942, 「朝鮮における國語問題を語る(座談會)」, 『文教の朝鮮』 203, 36쪽.
191 森田梧郎, 1942, 앞의 글, 12쪽.

키고 있어야만 하는 상황이었다. 징병제를 앞두고 일제가 일본어 보급에서 그 어떤 대상보다 중시했던 징병 적령자에 대한 일본어 보급도 사실상 실효를 거두지 못했다. 심지어 일본어 보급 정책의 실무자마저도 목표와 현실의 괴리를 실토할 정도였다.[192]

전쟁 상황의 급변에 따라 식민지 조선인을 무장시키게 되는, 그래서 적지 않은 일본인들이 반대했고 어쩌면 일종의 도박처럼 여겨지던 조선인 징병제 시행을 결정하면서 조선총독부와 일본 군부는 철저한 황민화와 그 전제가 되는 '국어' 보급에 전적으로 매달릴 수밖에 없는 상황에 몰렸다. 징집 초기에는 일본어 능력과 관계없이 체력 등을 기준으로 입영을 시켰다. 그러나 청년특별연성소나 군사훈련소의 교육 훈련도 충분한 성과를 거두지 못했기 때문에 조선인 병사가 병영 생활에 적응하지 못하고 탈영하는 일까지 빈발했다. 그러자 군은 조선총독부에 징병 대상자에 대한 일본어 교육을 더 강력하게 시행할 것을 요청했다.[193]

조선총독부가 징병제 시행 직전인 1944년 7월에 "입영하는 자 가운데 한 사람도 국어를 해득하지 못한 채 입대하는 자가 없도록 하자"라는 취지에서 다시 국어상용전해운동에 나서지 않을 수 없었던 배경에는 이러한 상황이 자리를 잡고 있었다. 이번에도 전면에 나선 것은 국민총력조선연맹이었다. 국민총력조선연맹은 각급 하부 연맹에서 일정한 계획을 세워 관계 기관이나 다른 단체와 함께 긴밀하게 연락하면서 '국어'의 보

---

192 일본어 보급은 학교 단위로 이루어져 왔을 뿐 사회에 대한 운동은 아니었고, 있었다고 해도 아주 소수였다고 한다. 곧 학교가 중심이고 사회적으로 일본어를 보급하려는 운동은 듣지도 못했다는 것이다. 島田牛稚 外, 1942, 앞의 글, 23쪽.
193 大藏省管理局, 1985, 『日本人の海外活動に關する歷史的調査 第4卷(朝鮮篇3)』, 高麗書林版, 49쪽.

급에 나설 것을 지시했다. 이 지시에 따라 각 도연맹에서는 관련 단체와 연락을 갖고 강습회나 지도회를 열어 일본어 보급에 힘쓰고 선전 기관은 물론 애국반에서도 일본어 전해 운동을 적극적으로 벌이기로 했다.[194]

이 운동의 주요 내용을 보면 다음과 같다. 먼저 운동의 중점 대상은 당연히 징병 적령자였다. 다음이 25세 이하의 취학하지 않은 자였다. 일본어 미해득자에 대한 전해 방법으로는 미해득자 명단을 마을과 직장의 가장 기초 단위인 애국반·사봉대(仕奉隊)별로 작성한 뒤 그 명단에 오른 사람들을 대상으로 지방의 실정에 맞추어 일본어 강습회를 개설하되 기초 과정과 고급 과정으로 나누어 중단 없이 계속 학습시키기로 했다. 그러면서 단순한 어학 강습에 그치지 않고 군사나 시국 등 일본 정신의 침투에 이바지할 수 있는 내용을 적극 활용한다는 방침도 세웠다. 그 밖에 라디오 강좌, 신문과 잡지의 지상 강습회를 이용하는 방법 등도 동원되었다.

일본어 해득자에 대해서는 관공서나 공사 단체의 직원은 공무상의 전화 등 모든 경우에 일본어를 상용하도록 하는 방안, 청년단원, 청년 훈련소 생도, 방호단원, 학생, 생도, 아동은 반드시 일본어를 상용하도록 하는 방안, 상점, 백화점, 극장 등의 장내 방송원은 바른 일본어 방송을 하도록 하는 방안 등이 적용되었다. 징병제 시행 직전의 상황에서 일본어 미해득자에 대한 일본어 보급을 위한 전해뿐만 아니라 일본어를 아는 조선인에 대해서도 철저한 상용을 규정하고 있었다. 이 운동의 시행 요강은 다음과 같다.[195]

---

194 『매일신보』, 1944.7.6.

195 『매일신보』, 1944.7.6.

전해 운동 중점 대상

(가) 징병 적령자로서 국어 능력이 불완전한 자에 대하여는 누구보다 먼저 깨우치도록 지도한다.

(나) 징병 적령자 이외에 25세 이내의 미취학자에게는 적극적으로 지도한다.

(다) 관공서, 학교 그 외 국어 상용을 반드시 하여야 할 직업과 지위에 있는 자에게는 가급적으로 속히 해득하도록 지도한다.

(라) 적령자는 입대하여 불편을 느끼지 않겠다는 각오로서 한층 더 열심히 공부하도록 기회를 준다.

(마) 관공서, 단체에서는 일반의 모범이 되도록 국어 상용을 실행한다.

◇ 운동 실천 철저

1. 국어를 해득치 못하는 자에 대한 대책으로는

(가) 국어를 모르는 자의 명부를 애국반과 사봉대 단위로 조사하여 두고 지방 실정에 의하여 국어 강습회를 열도록 한다.

(나) 강습받는 자는 적령자를 제1위로 한다.

(다) 강습은 신기(神祇), 군사, 시국, 의식주, 위생, 예의, 작법 등을 국어로 해득하도록 한다.

(라) 해득자, 강습을 마친 자에게는 인정장(認定章)을 준다.

2. 국어를 해득한 자에게 대한 방책으로는

(가) 관공서 직원과 공사 단체원은 언제든지 국어 상용을 할 것

(나) 청년단원, 방호단원, 청년, 훈련소생, 학생, 생도는 반드시 국어를 쓰며

(다) 상점 극장 □□ 집회장에서는 국어를 쓰며 방송 역시 국어로 할 것

(라) 특히 국어를 해득하는 자, 예능단체, 종교 관계자, 교육 관계자는 이 운동의 추진자□□ 협력하여 나갈 것

◇ 연맹의 운동 강화

이 운동은 조선연맹의 지시 아래 각급 연맹에서 일정한 계획을 세워 가지고 지도를 하기로 되었다. 더구나 관계 방면과 기획 조사 실제상황 등을 연락하여 선후책을 세워 일반에 협력을 한다.

도연맹에서는 관계 단체와 연락 아래 강습회라든가 지도회를 열어 보급에 힘쓴다. 선전 기관은 물론 애국반에서는 국어 전해 운동에 협력하여 상용 운동을 전개하기로 되었다.

앞에서 언급한 국어보급운동요강과 비교하면 두 운동 모두 대대적인 강습회를 통해 일본어의 전해를 꾀한 점이라든가 라디오·신문·잡지 등의 언론 매체를 이용하려고 한 점에서는 비슷하다. 1944년의 국어상용전해운동에서는 일종의 효율적 통제 수단으로 만든 애국반과 직장의 사봉대 단위로 미해득자 명단을 만들어 강습회를 의무적으로 수강하지 않으면 안 되도록 강제하고 있다는 점에서 큰 차이가 있다. 국어상용전해운동이 이전의 다른 일본어 보급 운동보다 더 강제적이었다. 그리고 징병 적령자를 최우선으로 고려하고 있다는 점에서도 차이가 난다.

징병제가 시행되는 1944년에 들어서도 조선총독부에서는 강력한 일본어 보급 운동의 고삐를 늦출 수 없었다. 국민총력조선연맹을 전면에 내세운 국어상용전해운동으로도 부족했는지 이전보다 더 강력한 운동의 준비에 착수했다.[196] 1944년 8월의 일이다.

---

196 『매일신보』, 1944.8.20.

잇달아 일본어 보급 운동이 기획되고 있었다는 것은 징병제가 시행되는 상황에서 일본어 보급이 시급했다는 것[197]을 보여 줄 뿐만 아니라 종래의 보급 운동이 일제가 기대한 만큼의 성과를 거두지 못하고 있었음을 역설적으로 증명하는 것이었다. 1944년 하반기의 상황을 조선총독부 기관지 『매일신보』는 "징병 적령자로 초등 교육도 받지 못한 자는 청년특별연성소에 수용하여 국어를 습득시키고 있었으나 징병제가 시행되는 1944년에 이르러도 국어 보급은 충분히 이뤄지지 않았으며 이미 입영한 장정 중에도 국어를 모르는 자가 있었고 징용으로 간 조선인 노무자들도 국어를 몰라 어려움이 뒤따르게 되었다. 그래서 국어 보급이 더욱 시급한 문제로 등장하게 되"었다고 보도했다.[198]

이는 한마디로 징병제 시행을 전후해 조선총독부가 도입한 각종 일본어 보급 운동이 사실상 큰 성과를 거두지 못했음을 보여 준다. 이러한 상황에서 조선총독부는 다시 긴급 국어 강습회를 중심으로 한 일본어 보급 운동을 벌이기로 했다. 조선총독의 명에 따라 각 도지사에게 학무국장 명의의 통첩(1944년 11월 15일)을 보내고 국민총력조선연맹에도 적극적인 협력을 요청했다.

그 내용을 보면, 강습 대상과 연령을 징병과 징용 대상자를 고려해 일정 나이의 남자로 제한하고, 이들을 당국의 엄격한 방침에 따라 중점적으로 지도한다는 것이었다. 15세 이상 30세 미만의 남자로 일본어 미

---

[197] 조선인의 일본어 보급률은 총인구의 22%, 10세 이상의 보급률은 32%였다. 『매일신보』, 1944.8.20. 그러나 일제가 기대했던 수준의 일본어 능력을 기준으로 했을 때의 보급률은 훨씬 더 낮았을 것으로 보인다. 당시 심지어는 2개월 강습으로 일본어의 가나를 익힐 정도의 수강자도 해득자에 포함해 보급률을 산출하고 있었다.

[198] 『매일신보』, 1944.11.17.

해득자는 현지 당국의 지명을 받아 반드시 일본어 강습을 받도록 했는데, 1944년 12월부터 1945년 2월까지의 3개월 동안 모두 150시간 이상의 강습을 받도록 할 계획이었다.[199] '긴급'이라는 이름까지 붙인 이 운동의 특징은 강습의 대상을 징병과 징용 예정자로만 제한했다는 데 있다. 그리고 당국의 지명을 받으면 의무적으로 강습을 받도록 했다는 점에서 이전보다 훨씬 더 강제성을 띠고 있었다. 이는 역설적으로 그만큼 조선인을 전쟁터로 몰아가는 정책에 균열이 생기고 있었음을 보여 준다.

5. 일본어 상용 정책과 조선어 금압 정책의 한계

조선총독부의 일본어 보급 정책은 학교 교육과 청소년층에 집중되었다. 이는 일본어 보급 정책 추진의 현실적 이유에서 비롯된 것이었다. 일제의 침략 전쟁을 수행하는 데 동원되어야 할 병력 자원과 노무 자원은 청소년층이었다. 따라서 전시 체제기에 이전보다 더 강력한 일본어 보급 정책이 시행되면서 일본어 이해자 가운데 청소년층이 차지하는 비율은 상대적으로 높아졌다.

1943년에 일본어를 이해하는 조선인은 전체 인구 25,827,308명 가운데 5,722,448명으로 22.15%를 차지했다(머리말의 〈표 1〉 참조). 청소년의 수를 보여 주는 통계는 없지만 이를 간접적으로라도 유추해 보자. 당

---

[199] 『매일신보』, 1944.11.17.

시 학생 수를 보면 1944년 4월 현재 국민학교 학생 2,085,000명(1943년 말 현재), 중학교 학생 41,000명, 고등여학교 학생 32,500명, 간이 학교 학생 145,938명(1941년 5월 현재), 실업 보습 학교 학생 10,500명, 실업 학교 학생 49,800명, 사범 학교 학생 11,900명, 전문학교 학생 6,000명, 중등 교원 양성소 학생 330명, 대학 예과 학생 470명, 대학교 학생 670명, 서당 생도 150,184명(1941년 5월 현재)으로 모두 합하면 일본어 이해자의 44% 정도에 해당하는 2,534,292명이었다.[200] 이 가운데 상당수는 일본어를 조금이라도 알고 있거나 일상 회화에 차질이 없을 정도의 일본어 구사 능력을 갖추고 있었을 것이다.

머리말의 〈표 1〉에 따르면 1942년 말 기준으로 '일본어를 이해하는 자' 가운데 '보통 회화에 차질이 없는 자' 곧 상당한 정도의 일본어 구사 능력을 갖춘 조선인은 2,735,371명으로 전체 조선인의 10.7%에 지나지 않았다. 이 수치와 서당부터 대학교에 이르기까지 각급 학교 재학생 수 2,534,292명이 거의 근접한 것은 우연의 일치일까?

일제가 공표한 통계 수치의 이면을 들여다보면 결국 일본어는 조선인의 언어 생활에 파고드는 데 실패했다는 결론을 끌어낼 수 있다. 조선총독부는 일본어 이해자를 '조금 이해하는 자'와 '보통 회화에 차질이 없는 자'로 구분했다. 그런데 1937년까지는 대체로 전자가 후자보다 더 많았다. 둘의 수치가 역전되는 것은 1938년부터였다(머리말의 〈표 1〉 참조). 둘을 나누는 기준이 구체적으로 무엇인지는 알 수 없다.[201] 다만 전자의

---

200 近藤釼一 編, 1961, 『太平洋戰爭下の朝鮮及び台灣 太平洋戰爭下の朝鮮 1』, 朝鮮史料編纂會, 20~21쪽.

201 조선총독부 재무국의 제국 의회 설명 자료는 1943년 말을 기준으로 국민학교 4학년 수료 정도를 기준으로 '국어를 조금 이해하는 자', 국민학교 6학년 졸업 정도를 '보

경우 '보통 회화'가 불가능한 자, 말하자면 초보자 수준의 일본어밖에 할 줄 모르는 조선인을 가리킨 것은 분명해 보인다.

일제가 황민화 운동에서 '국어' 상용의 최종 목표로 상정한, '국어'로 일본 정신을 내면화한 단계로까지 나아간 조선인의 성과는 거리가 먼 상태의 일본어 이해자가 전체 일본어 이해자의 절반 정도를 차지했다. 조선총독부의 자가발전식 선전에도 불구하고 '국어' 상용 운동은 학교 밖에서는 이렇다 할 성과를 거두지 못한 것이다. 단기의 강습을 통해 '아, 이, 우, 에, 오'를 외우고 '오하요 고자이마쓰(안녕하세요), 스미마셴(죄송합니다)'을 배워도 그것이 일본어에 대한 사랑으로 이어지고 나아가서는 황국 신민으로서의 자각을 일깨우기에는 턱없이 부족했다. '국어' 상용 운동이 그나마 성공을 거둔 것은 강제의 정도가 훨씬 강력했던 학교 교육뿐이었다. 학교에서는 일본어로만 가르치고 배웠으니 어쩔 수 없이 일본어에 익숙해졌을 것이다. 결국 교육 기관에서 자의든 타의든 일본어를 배울 수밖에 없었던 청소년층을 제외하고는 일본어로 '보통 회화'를 할 수 없었던 조선인이 전체 인구의 90%에 가까웠다고도 볼 수 있을 것이다.

식민 지배가 시작된 지 30년 이상의 시간이 지났지만, 일본어 보급은 주로 학교 교육을 받은 일부의 청소년에 국한되었다. 전시 체제기에 조선총독부가 '국어' 상용을 내걸고 학교 밖에서도 일본어를 쓸 것을 장려했지만 현실적으로는 조선인이 일상생활에서 조선어로 언어 생활을 하

통 회화에 지장이 없는 자'로 규정했지만, 근거는 제시하지 않았다. 近藤釰一 編, 1961, 위의 책, 194쪽. 그러나 1938년 이후 초등학교에서 조선어를 사실상 가르치지 않았고 일본어만 썼다는 사실에 비추어 보면 국민학교 4학년 수료 정도면 어느 정도의 일본어 회화나 글쓰기가 가능했다고 여겨진다.

는 것을 막을 수는 없었다.

일반에게 많이 알려지지는 않았지만, 일제 강점 말기의 대표적인 친일 지식인으로 꼽히는 현영섭이라는 인물이 있다. 조선총독부 학무국 시학관으로 조선어 철자법 제정에도 관여했고 이후 중추원 참의까지 지낸 현헌의 아들로 경성제국대학 법문학부에서 영문학을 전공했다. 한때는 사회주의자로 또 아나키스트로 활동했지만 1935년「치안유지법」위반 혐의로 체포된 것을 계기로 전향했다. 1936년 9월부터 조선어의 폐지, 조선인 생활의 일본화, 조선인 학교의 일본화 등을 골자로 하는 이른바 급진적 내선일체론을 주장하기 시작했다.

이러한 주장은 1938년에 펴낸『조선인의 나아가야 할 길(朝鮮人の進むべき道)』[202]에서 더 구체적으로 드러났다. 현영섭은 이 책에서 "내가 이 소책에서 말하고자 한 것은 조선인은 일본인이며 일본인으로 살아가는 길 이외에 나아갈 방향은 있을 수 없다"[203]라고 썼다. 또 "완전한 황국 신민"이 되기 위해서는 "먼저 국어를 상용해야"(152쪽) 하므로 "조선어를 폐지하라"라고 절규했다.[204] 조선총독부로서는 쌍수를 들어 환영할 만한 내용의 주장이었다.

그런데 정작 같은 시기에 내선일체를 지지하는 친일 조선인 가운데 현영섭의 주장에 찬성의 목소리를 낸 경우는 거의 보이지 않았다. 심지어는 내선일체를 처음 외친 미나미 총독마저 현영섭의 주장에 선을 그었다.[205] 현영섭이 1938년 7월 8일 미나미를 만나 "조선인이 완전한 일

202　玄永燮, 1938,『朝鮮人の進むべき道』, 綠旗聯盟.
203　玄永燮, 1938, 위의 책, 7쪽.
204　玄永燮, 1938, 위의 책, 7쪽, 152쪽, 157쪽.
205　「조선어배척불가: 남총독이 미망자에 일침」,『삼천리』10권 8호, 1938, 22쪽.

본인이 되기 위해서는 무의식적 융합 즉 완전한 내선 일원화에서부터 되지 않으면 안 될 것인즉 … 조선어 사용 전폐로 해야 할 줄 안다"라고 요구하자 미나미는 "조선어를 배척함은 불가"한 일로 "국어를 보급하자는 것은 가한 일이나 국어 보급 운동이 조선어 폐지 운동으로 오해를 받아서는 안" 되기 때문에 그것은 가능하지 않다고 대꾸했다.[206] 적어도 1938년 7월의 시점에는 조선총독부의 언어 정책 구상에서 조선어 폐지는 전혀 고려 대상이 아니었음을 알 수 있는 대목이다.

그렇다면 그 연장선에서 1938년의 제3차 「조선교육령」도 조선어 폐지를 염두에 두고 만들어진 것이 아니라고 유추할 수 있다. 제3차 「조선교육령」 아래 각 학교 규정이 개정되었는데 그 가운데 「소학교규정」에서 조선어는 필수 과목에서 수의 과목으로 바뀌었다. 보통학교만이 아니다. 고등보통학교에서 바뀐 중학교와 여자고등보통학교에서 바뀐 고등여학교에서도 각각 1938년에 개정된 「중학교규정」과 「고등여학교규정」에 따라 조선어가 수의 과목으로 바뀌었다. 초등학교와 중등학교에서 일제히 조선어는 필수 과목으로 수의 과목으로 격하된 것이다. 제3차 「조선교육령」 시행과 동시에 하위 법규 개정으로 조선어의 공적 지위가 낮아진 것은 틀림없는 사실이다. 그렇다고 조선어가 학교 교육에서 실질적으로 폐지되었다고 보는 것은 지나치다. 법규상으로는 분명히 "조선어 추가 가능"이라고 규정되었다. 그리고 선택권은 학교 교장에게 일임되었다. 물론 과목 설치의 가부가 교장에 일임된 가운데 폐지를 선택하는 학교가 연달아 나타난 것은 사실이다.[207]

---

206 『매일신보』, 1938.7.9.
207 井上薫, 1997, 앞의 글, 126~129쪽.

이 문제와 관련해 '일본인 교장'이 "강제적으로 조선어를 폐지하는 형태"[208]를 취했다고 여기는 경향이 분명히 존재한다. 그러나 실제 일선 학교에서 어느 정도 조선어 과목이 폐지되었는지에 대한 실증도 없이 일방적으로 조선어의 수의 과목화가 곧 조선어 과목의 폐지라고 하는 것은 현재로서는 지나치다고 판단된다. 이와 관련해 흥미로운 자료가 있다. 일제 강점 말기에 다양한 이름의 초등학교에서 교사 생활을 한 적이 있는 요시노 시즈오(吉野鎭雄. 한국 이름 차병돈)가 1964년에 남긴 증언이다.[209]

> 요시노: 그것(조선어 시수-인용자)은 나중에 5시간이 되고 4시간이 되고 주에 2시간으로 이렇게 줄어들었습니다. 미나미 총독 시절에는 1시간으로 수의 과목이 되었습니다. 그때가 되자 조선인 교장 선생님이 수의 과목이니까 안 해도 된다고 폐지한 학교가 많습니다. 일본인 교장 선생님이면 그건 안 돼, 조선인이 조선어를 배우지 않고 어떻게 하냐며 매우 꾸짖고 부활시키는 경향이 있었습니다.
>
> 미야타: 결국 조금 전의 요시노 씨 이야기로는 조선인 교장 선생은 일본어를 시키고, 일본인이 교장인 학교는 조선어를 시켰다고 하셨습니다. 역시 그런 거겠지요. …
>
> 요시노: 가평 상면학교, 간이 학교입니다만, 내가 상면학교에 부임했

---

208 井上薰, 1997, 위의 글, 128쪽.
209 증언을 채록한 것은 일본의 한국 근대사 연구자 미야타 세쓰코(宮田節子)이다. 宮田節子 監修, 古川宣子 解說, 2013, 「朝鮮における初等教育の實際」, 『東洋文化研究』 15, 215~247쪽.

을 때 (심이라는 성의 조선인-인용자) 선생이 있었습니다. 그 선생님 때 조선어가 미나미 총독 때라서 수의 과목이 되었습니다만, 그 심 선생은 그만둔다고 했습니다. 그러자 일본인 교장 선생님이 오고 "아니다, 이것은 부활시키지 않으면 안 된다"라고 해 조선어를 가르쳤습니다. 그 학교는 물론 4년제 학교였습니다. … 그리고 가평군에 처음 갔을 때는 조선인 시학이 있었습니다. 군 시학이. 이 시학 선생은 조선어를 매우 중시하는 분으로 될 수 있으면 해 주세요 (조선어를 가르쳐 주세요-인용자) 하고 온화하게 말했습니다. 다음에 내가 인창의 보통학교(소학교-인용자)에 있을 때 교장 선생님이 2년 먼저 가 있었고, 나중에 군 시학이 되어 왔습니다. 구시마(久島)라는 히로시마 사람으로 … 그 선생님은 조선어를 해야 한다. 조선인이 조선어를 하지 않으면 어찌하는가. 지금 자네들이 모두 일본어를 알고 있는지는 몰라도 일본어를 모르는 노인이 많다. 학교에 간 사람이 편지도 못 쓰면 쓸모없이 되기 때문에 해야 한다고. 구시마 선생님은 그러한 주의로 모두 조선어를 시켰습니다. 그리고 앞의 이라는 시학, 이 사람은 나중에 인천 송림의 보통학교(인천제2송림심상소학교-인용자) 교장이 되어 갔습니다만, 그 선생님도 그렇게 말했습니다. 4년제의 학교를 졸업해도 편지 한 장 쓸 수 없다면 이것은 수치라고. 학교 교육의 성과가 오르지 않았다는 대표적인 증거가 된다고. 조선어를 하는 편이 좋다고 온화하게 훈시하셨습니다.[210]

---

210 宮田節子 監修, 古川宣子 解說, 2013, 위의 글, 235~236쪽.

이 증언은 일제 강점 말기 초등학교에서의 조선어 교육 실태에 대해 중요한 시사를 제공한다. 첫 번째는 통념과는 달리 조선인이 교장인 학교에서는 조선어가 폐지되는 경우가 많았지만, 오히려 일본인이 교장인 학교에서는 조선어가 개설되는 경우가 있었다는 것이다. 그리고 일부 시학은 일본인이건 조선인이건 조선어의 개설을 권장했다는 것이다. 이러한 사례가 얼마나 더 있었는지는 알 수 없지만 적어도 조선어가 수의 과목으로 전락하면서 바로 완전 폐지로까지 이어졌다고 보는 통념과는 배치되는 사례로서 눈길을 끈다.

두 번째는 증언에 등장하는 교장이나 시학은 일본어가 조선인에게 완전히 보급되지 않은 상황에서는 조선어가 현실적으로 필요하다는 데서 조선어 과목 개설의 논리를 찾고 있었다는 것이다. 당시 초등학교 특히 농촌 지역의 초등학교는 지역 민중에게 식민 지배의 정당성 나아가서는 침략 전쟁의 정당성을 선전하는 최말단 기구 가운데 하나였다. 학교에서 일본어 교육을 받지 않은 조선인과 의사소통하는 데 조선어는 필수적인 도구였다. 그러니 실무자로서는 조선총독부가 아무리 '국어' 상용을 외치고 조선어를 금지하려고 해도 무작정 거기에 따라갈 수는 없었을 것이다.

세 번째는 유난히 시학의 '온화'한 태도를 강조하고 있었다는 것이다. 원래 시학[211]은 학교에 대한 사찰 업무를 담당했다. 조선총독부는 강제 병합 직후에 시학관 제도를 도입했다. 조선총독부 시학관은 고등관급인 주임관이었지만 도 시학관은 한 등급 아래로 도 이사관급이었다.

---

211 시학 제도에 대해서는 이기훈, 2008, 「식민지의 교육행정과 조선인 교육관료-시학관과 시학을 중심으로」, 『이화사학연구』 36을 볼 것.

1930년대 후반에는 군마다 한 사람씩 전담 시학을 두는 지역이 늘어났다. 증언에 등장하는 군 시학이란 아마 이 군 전담 시학을 가리키는 것으로 보인다. 그런데 시학의 가장 중요한 업무는 '국어 보급 상황'을 시찰하는 것이었다. 따라서 증언의 이 시학이나 구시마 시학도 당연히 일본어 보급을 독려해야 했다. 그런데 조선어를 사실상 독려하려다 보니 '온화'하게 곧 은밀하게 훈시할 수밖에 없었을 것이다. 만약 위의 증언이 정확한 것이라면 일제 강점 말기 조선총독부의 말단 기구와 조선 민중의 접점에는 복잡한 흐름이 자리하고 있었다고 추론하는 것도 가능하다.

마지막으로는 일부 조선인 초등학교 교장은 조선어 폐지에 적극적이었다는 것이다. 이는 법규상 조선어 폐지의 결정권이 교장에게 위임된 상황에서 일본인이나 조선인이라는 민족 차이보다는 교장 개개인의 판단에 따라 조선어 과목의 운명이 갈렸음을 뜻한다. 조선어 폐지를 결정한 조선인 교장은 조선인이기 때문에 인사권자로부터 더 큰 압박감을 느꼈을 수도 있고 아니면 앞에서 소개한 현영섭처럼 극단적인 조선어 폐지론자였을 수도 있다.

여기서 강조하고 싶은 것은 조선총독부의 '국어' 상용 압박과 조선어 사용 금지 내지는 제한이 있었다고 해서 조선어가 제도적으로 완전히 폐지되지는 않았다는 사실이다. 초등학교에서 조선어 과목의 존치와 폐지가 엇갈리게 된 근본 원인은 조선총독부의 방침 자체가 확고부동하지 않았다는 데 있다고 보인다. 앞에서 미나미와 현영섭 사이에 조선어 폐지 문제를 둘러싸고 이견이 있었다는 것을 언급한 바 있는데 미나미의 조선어 전폐 불가론은 비슷한 시기인 1939년에 조선총독부 경무국에서 작성한 것으로 보이는 「극비 언문신문통제안」이라는 문서에서도 여실히 드러난다.

반도인의 황국신민화를 실현할 구체적 방법의 하나로 국어 보급 장려를 꾀하는 것은 가장 유효하다고 믿는다. 학교 교육에 있어서 이러한 관점에서 작년에 조선교육령을 개정하는 동시에 초등학교 교내 조선어 사용을 금지하고 교수 용어를 국어로 한정해 조선어 수업 시간을 감소시켰다. 그리고 종래 필수 과목이던 것을 선택 수의 과목으로 하는 등 문화 공작의 지도 정신에 순응하는 데 사회 교육의 가장 유력한 기관이라 할 신문에 대해서도 이러한 정신에 순응해 정책을 결정할 필요가 있다. 단, 국어 보급 철저를 위해서는 앞으로 상당한 시일이 필요하므로 그사이에 민심의 지도 기타에 언문 신문이 필요함은 당연하므로 오늘날 완전히 이들의 존재를 인정하지 않는 것은 타당하지 않으며 최소한도로 통제해야 한다.[212]

이 문서에서 말하는 '최소한도의 통제'는 1년 뒤 『동아일보』와 『조선일보』의 폐간으로 구체적으로 드러났다. 그렇다고 해서 두 신문의 폐간이 조선어를 전폐하려는 정책 때문이라고 보는 것은 단견이다. 폐간의 이유는 조선어 신문이기 때문이 아니라 이미 일제에 협력하는 자세를 보이고 있었음에도 두 신문의 논조가 여전히 만족스럽지 않다고 판단했기 때문이었다. 그래서 두 신문을 폐간하고 대신에 조선총독부 기관지인 『매일신보』에만 조선어 신문의 특권을 부여하려고 한 것이다.

그렇다면 조선어 전폐는 사실상 불가능하다는 조선총독부의 태도는 1930년대 말에만 국한된 것이었을까? 1940년대 이후에도 이러한 인식이 계속 유지되었는지를 확인할 필요가 있을 것이다. 이와 관련해 미나

---

212 「極祕 諺文新聞統制案」, 1939.

미 총독의 발언이 주목된다. 미나미는 1941년 10월 정례 국장 회의에서 "근래 학교 특히 중등학교 이상의 학교에서 국어를 사용하지 않고 조선어를 쓰며 국어 상용의 명분이 이완되는 경향이 있음은 매우 유감이다. 가정에서는 어쩔 수 없이 조선어를 사용하지 않으면 안 되는 경우가 있겠지만, 교원 생도는 되도록 국어 보급을 위해 가정 안에서도 국어 상용에 노력해야 한다"[213]라고 훈시했다. 학교에서는 '국어'를 상용해야 한다고 하면서도 '가정에서는 어쩔 수 없이 조선어를 사용'하는 현실을 인정하는 듯한 발언이다. 이어 1942년 4월 정례 국장 회의에서도 "실제 문제로서 (조선인 가운데-인용자) 반 이상이 국어를 모르는 이가 있는 오늘날, 국어 장려를 조선어 폐지로 오해하는 바와 같이 급격하고 무리한 강제로 나가지 않을 준비가 긴요하다"[214]라는 발언을 했다.

미나미뿐만이 아니었다. 미나미에 이어 조선총독으로 부임한 고이소 구니아키(小磯國昭)도 같은 취지의 발언을 한 것으로 확인된다. 곧 조선총독부 기자단과의 첫 정기 회견에서 "국어 보급과 조선어에 관하여 어떻게 생각하는가?"라는 질문에 고이소는 "황국민이 되는 데는 국어를 하루바삐 알아야 한다. 그것으로 국어 보급은 절대로 필요한 일이나 아직 조선의 실정을 볼 때 조선어를 쓰지 말라고도 하기가 어려운 일이므로 신중히 연구하고 있는데 어쨌든 국어는 철저히 보급시킬 방침이다"라고 답한 것이다.[215]

미나미나 고이소 모두 '국어' 상용의 원칙을 밝히고 그러한 원칙에

---

213 『京城日報』, 1941.10.1.
214 『京城日報』, 1942.4.15.
215 『매일신보』, 1942.7.9.

따라 '국어'를 보급해야 한다고 하면서도 조선어 자체를 폐지하거나 금지하기는 사실상 어려운 일이라는 인식을 드러낸 것이다. 그렇다면 두 총독의 발언은 혹시 조선인들의 반발을 의식한 것이었을까? 말하자면 조선인을 향한 정치적 수사였을까? 그렇게 생각할 수도 있을 것이다.

그러나 당시 일제 지배 기구 안에서 조선인을 침략 전쟁에 동원하는 실무 업무를 맡고 있던 관료나 군인 가운데 이러한 인식과 맥을 같이하는 발언이 자주 나왔다는 사실을 고려할 때 두 총독의 발언은 결코 돌출적인 것이 아니었다고 여겨진다.

일제가 침략 전쟁을 확대하는 과정에서 조선인을 전쟁에 동원해야 할 현실적 필요성도 높아졌다. 일제로서는 전쟁 동원 이데올로기를 조선 민중에게 주입하는 데 총력을 기울여야만 했다. 이와 관련해 '국어'와 조선어의 관계는 역전된 가능성을 내포하고 있었다. 조선인 가운데 절대다수가 일본어를 모르는 상태였기 때문이다. 심지어는 병력 동원의 주 대상인 청소년층 가운데도 일본어를 모르는 경우가 많았다. 이른바 성전(聖戰)의 정당성을 선전하고 그 결과 조선인이 일본 제국과 천황을 위해 기꺼이 목숨까지 바칠 자세를 갖춘 황국 신민이 되도록 만들어야 하는데 일본어를 모르는 조선인에게 전쟁 선전은 처음부터 불가능했다. 일제는 한편으로는 선전에서 '국어' 사용을 강화하면서 다른 한편으로는 역으로 조선어를 적극 활용해야 하는 모순에 직면할 수밖에 없었다. 이하에서는 전시 체제기 전쟁 동원 선전 정책과 관련해 '국어' 상용 정책이 현실적으로 엄존하는 조선인 언어 생활과 어떠한 틈새를 보였는지를 몇 가지 선전 매체 활용을 중심으로 살펴보려고 한다.

먼저 살펴볼 것은 전시 체제기에 새로운 선전 매체로 큰 주목을 받은 영화이다.[216] 당시 영화는 떠오르는 선전 매체였다. 20세기를 흔히 영화의 세기라고 한다. 영화는 20세기에 사람들에게 가장 큰 영향을 미친 것 가운데 하나였다. 영화는 생산과 유통에서 강력한 대중성을 지녔기 때문에 전시 체제기에 가장 중요한 대중 교화 수단 또는 이데올로기 선전 도구가 되었다.

일제는 영화의 대중적 영향력을 중시했다. 보기를 들어 1940년부터 1941년까지 외무대신을 지냈으며 대동아공영권론을 제창한 마쓰오카 요스케(松岡洋右)는 "백만 언의 말과 글보다 영화가 제일이다. 어떠한 고아한 문장이라든가 또는 귀로 듣는 것보다도 영화가 제일 빠르게 인간의 머리에 들어간다. 그러므로 영화는 국운을 좌우한다"라고 보았다.[217] 이러한 주장은 당시 일제 지배 권력에서 보편적으로 나타나고 있었다. 당시 문화 선전 정책을 담당하고 있던 혁신 관료들은 영화를 사상전의 가장 중요한 '무기'로 간주했다. 특히 조선의 경우 오락 기관이 적기 때문에 "영화가 지닌 영향력, 지도력은 다른 무엇보다도 뛰어나다. 영화의 중요성은 내지에서 갖는 그것보다도 실질적으로는 몇 배"라고 보았다.[218]

조선에서는 1940년 8월부터 「조선영화령」이 시행되었다. 이제 영화는 "전시하 국민 생활에 빠뜨릴 수 없는 오락인 동시에 국책 수행상의 유력한 무기"[219]로 여겨졌다. 그리고 식민지 조선의 특수성을 반영해 국책의 핵심은 '내선일체'와 '황민화'로 규정되었다.

---

216 이하 전시 체제기 영화에 관한 서술은 이준식, 2004, 「문화 선전 정책과 전쟁 동원 이데올로기: 영화 통제 체제의 선전 영화를 중심으로」, 방기중 엮음, 『일제 파시즘 지배정책과 민중생활』, 혜안을 바탕으로 한 것이다.

217 「世界巨頭의 映畵觀」, 『三千里』 13권 6호, 1941, 195쪽.

218 森浩, 1943, 「朝鮮に於ける映畵に就いて」, 『映畵旬報』 87, 4쪽. 모리 히로시(森浩)는 영화 정책의 주무 부서인 조선총독부 경무국 도서과 과장이었다.

219 池田國雄, 1942, 「半島の映畵界を語る」, 『朝鮮』 320, 38쪽.

조선총독부는 전쟁 동원의 선전 영화를 더 많은 조선인 관객에게 보여 주기 위해 강력하게 이동 영사 정책을 추진했다. 이동 영사란 영사기를 갖고 영화관이 없는 지역을 순회하면서 지역 주민들에게 영화를 보여 주는 활동을 가리킨다.

조선총독부는 1942년 말부터 대대적으로 이동 영사 활동을 전개했다. 이동 영사의 목적은 징병제를 선전하는 것이었다. 이와 관련해 이동 영사에서 특히 중시된 것은 농촌이었다. 징병제 시행은 도시 청년뿐만 아니라 농촌 청년까지 전쟁 동원 대상에 포함된다는 것을 의미했다. 따라서 조선총독부로서는 농촌 청년들에게 자발적 징병 응모의 전제로 내선일체 이데올로기를 주입하는 것이 급선무가 되었다.

그러나 당시 농촌의 실정은 일제가 의도하는 선전 정책이 효과를 거둘 만한 상황이 아니었다. 전쟁으로 인한 물자 부족 때문에 농촌에 새로 전선을 가설하고 영화관을 지을 수는 없었다. 따라서 그 대안으로 이동 영사단을 조직해 영화관이 없는 농촌의 주민들을 찾아다니면서 선전 영화를 무료로 상영하려고 한 것이다.

그 결과 조선총독부의 조선영화계발협회가 1942년 한 해에만 3,669회의 이동 영사회에 5,172,100명의 인원을 동원하는 데 성공했다.[220] 그리고 1943년 말이면 100여 개의 영사반을 조직할 정도로 활발한 움직임을 보였다.[221] 한편 조선총독부의 통제 아래 있던 조선영화배급사는 1942년 12월까지 1도에 1반씩 해서 13반, 본사 직속 및 예비 8반 등 총 21개의 이동 영사반을 조직하고 지방 경찰, 경방단, 군·면 국민총력

---

220 「朝鮮總督府の映畫製作」, 『映畫旬報』 87, 1943, 26쪽.
221 京城日報社, 1943, 『昭和19年度 朝鮮年鑑』, 京城日報社, 528쪽.

조선연맹의 협력 아래 영화를 상영했다. 그 결과 1942년 12월 한 달 동안에만 152,209명을 대상으로 224회의 영사회를 개최했다.[222] 이는 한 번 영사회를 열 때마다 평균 관람 인원이 700여 명이었다는 것을 의미한다. 조선영화계발협회와 조선영화배급사의 실적을 합해 1년으로 환산하면 230~240만 명이 이동 영사에 동원되는 것으로 가정할 수 있다. 특히 이동 영사가 영화관이 집중된 도시를 피해 주로 농촌에서 이루어졌다는 점을 고려할 때 상당한 정도의 동원력이라고 할 수 있다.

1940년부터 일본어 대사가 조선 영화에 등장하기 시작했다. 처음에는 일본어와 조선어를 섞어 쓰는 이중 언어 영화의 형태였다. 그러나 '국어' 상용 정책이 강화되면서 영화에서 사용되는 언어는 대부분 일본어로 바뀌었다. 영화의 공식 언어는 일본어가 되었다. 그런데 일제 말기에 이르기까지 일본어에 능숙한 조선인은 여전히 소수였다. 아무리 일본어로 된 영화를 만들어도 정작 조선인이 일본어를 모르는 상태에서는 선전의 효과를 거둘 없었다. 따라서 일제로서는 일본어를 모르는 조선인도 이해할 수 있는 영화를 만드는 것이 필요했다. 그렇다고 해서 '국어' 상용 정책 때문에 조선어 영화를 만드는 것은 불가능했다. 이에 농촌에서 순회 상영하는 영화에 대해서는 조선어판을 따로 만드는 방안을 마련하게 되었다.

이와 관련해 1943년부터 일제의 선전 정책 담당자들로부터 몇 가지 주목할 만한 발언이 나온 바 있다. 이를테면 영화 검열실 직원이던 이케다 구니오(池田國雄)는 한 좌담회에서 일본어 영화를 만들어야 한다는

---

222 京城日報社, 1943, 위의 책, 561~563쪽. 현지에서 이동 영사를 주최한 것은 경찰서 55회(25%), 경방단 54회(24%), 군·면 국민총력조선연맹 42회(19%)였다.

원칙을 인정하면서도 징병제를 말단까지 효율적으로 선전하기 위해서는 이동 영사의 경우 조선어판을 철저하게 활용하는 것이 결코 모순이 아니라는 주장을 폈다.[223] 그리고 징병제 선전 영화 〈병정님〉을 선전하기 위해 열린 좌담회에 참석한 하야시(林) 중위도 이동 영사반에서 상영하는 〈병정님〉 필름에는 조선어 해설을 첨부할 것이라는 방침을 천명했다.[224] 두 사람의 발언을 통해 일제가 이동 영사용 선전 영화에 대해서는 예외적으로 조선어판을 활용함으로써 조선인의 전쟁 동원이라는 목적을 달성하는 것이 바람직한 것으로 여기고 있었고 실제로 그러한 방침을 적용하고 있었음을 알 수 있다.

그런데 이케다와 하야시의 발언은 결코 돌출 발언이 아니었다. 이미 1940년에 조선총독부 학무국 학무과장 야기 노부오와 경무국 도서과 이사관 시미즈 쇼조(淸水正藏)가 한 잡지의 대담에서 비슷한 생각을 드러낸 적이 있기 때문이다.

이 대담에서 야기가 "장차 조선 사람들이 일본 정신을 이해하는 데도, 서로 국어로써 이야기하며, 내선일체로 융화되며, 그러기 위해서는 원칙적으로 영화는 국어로 만들어야 할 것입니다. 그러나 현실적으로 국어를 해득하는 자는 문서과의 통계에 의하면 1할 3부이므로 현실적으로는 조선어가 되어 있지 않으면 모르게 되기 때문에 그 한도 안에서 조선어는 사용되어야 합니다"라고 하자 시미즈도 "지금의 조선 사회에서는, 조선어뿐만 아니라 국어도 쓰고 있습니다. 그 양쪽을 넣은 영화를 고려

---

223 堂本敏雄 외, 1943, 「座談會 朝鮮映畵の特殊性」, 『映畵旬報』 87, 13쪽.
224 方漢駿 외, 1944, 「軍と映畵 : 朝鮮軍報道部作品 『兵隊さん』を中心に(座談會)」, 『國民文學』 1944년 6월호, 60쪽.

해야 할 것입니다. 이번에 만들어진 〈수업료〉 등은 그 양쪽이 들어 있습니다만, 조금도 무리하다고 생각하지 않습니다. 그리하여 이제부터는 국어를 주로 하고 필요한 곳에만 조선어를 넣어 간다, 그래서 훌륭한 영화가 만들어져 가는 것이 아니겠습니까"라고 화답했다.

조선총독부에서 조선인 교화의 실무 책임을 맡은 두 관료의 입에서 조선어를 사용하는 영화 제작이 필요하다는, 놀라운 발언이 나온 것이다. 그렇다면 이케다와 하야시의 발언도 결국은 선전의 효과를 높이기 위해서는 조선어를 활용할 수밖에 없다는 고충에서 나왔다고 볼 수 있을 것이다.

한편 조선총독부에서 직접 제작한 징병제 선전 문화 영화 〈쇼와 19년〉의 대본은 조선어로 쓰여 있다는 점도 주목된다.[225] 이 대본을 쓴 것은 시마 긴지(志摩欣二)와 쓰쿠다 쥰(佃順)이라는 일본인이었다. 당연히 원작은 일본어였을 것이다. 그런데 조선어로 굳이 번역한 것은 이 번역 대본을 실제 영화를 만드는 데 쓰기 위해서였을 것이다. 영화 필름이 남아 있지 않아서 실제 영화에서도 조선어가 쓰였는지는 알 수 없지만 영화도 조선어로 제작되었을 가능성은 충분하다고 생각된다.

다음으로 살펴볼 것은 영화와 함께 선전성이 강한 매체이지만 상대적으로 대중성은 조금 떨어지는 연극이다.[226] 먼저 조선총독부 경무국

---

[225] 志摩欣二·佃順, 1943, 「徵兵制普及映畵씨나리오 昭和19年」, 『朝光』 9권 1호, 200~204쪽.

[226] 일제 강점 말기 연극에 대해서는 정호순, 2005, 『일제말기 연극경연대회 작품 경향 연구 해방 전 공연 희곡과 상영 시나리오의 이해』, 평민사; 이재명, 2011, 『일제 말 친일 목적극의 형성과 전개』, 소명; 박영정, 1993, 「일제하 연극통제정책과 친일연극인」, 『역사비평』 25; 홍선영, 2015, 「전시 예술동원과 '국어극'-1940년대 연극경연대회 일본어 참가작을 중심으로」, 『일본문화연구』 47 등을 볼 것.

사무관 호시데 도시오(星出壽雄)의 글을 소개하는 것으로 시작하기로 하자. 호시데는 1942년 초『국민문학』에 기고한 글에서 "조선에서 연극이 그 관객의 숫자상 영화에 도달하지 못하나 강렬한 민중에의 침투력, 계몽력을 지니고 있고, 또 국어로 하는 토키(유성 영화-인용자)를 알아듣지 못하는 문화 수준이 낮은 많은 민중의 마음에 깊이 파고든다는 사실을 생각할 때 연극을 잘 이용해 국책의 방향, 시국의 인식은 물론 조선 통치에 이바지하는 방향으로 추진해 가는 것을 우리가 염원함은 당연하다. 그러므로 이상과 같은 사고방식은 조선의 연극 관계인 중에서도 이미 싹이 텄고, 국민총력연맹(국민총력조선연맹-인용자)의 새로운 출발에 자극되어 맹렬하게 타오르며 연극의 지도 또는 통제는 조선 연극 관계인의 자발적인 행동에 의해 제일보를 내디뎠다"라고 썼다.[227] 호시데에 따르면 연극은 일본어 대사가 나오는 영화를 이해하지 못하는 조선인을 대상으로 한 선전 매체로 이용 가치가 높다는 것이었다. 당연히 그가 말하는 연극은 조선어 연극이었다.

호시데의 이러한 생각은 같은 해 가을에 조선총독부에서 발간하는 『조선』에 기고한 글로 이어진다.[228] 호시데는 조선 연극이 조선총독부의 '국어' 상용 정책에 따라 '국어' 연극이 되어야 한다고 주장했다. 당연한 이야기이다. 이미 '국어' 상용 운동이 벌어지던 상황이었으니까 말이다. 그런데 현실에서는 '국어'만을 쓰는 연극을 만들 수도 없고 만들어서도 안 된다는 주장이 이어졌다. 곧 황민화라는 목적에 부응하기 위해서는 '국어극'이 무대에 올라야 하지만 일본어를 모르는 다수의 관객을 고려

227　星出壽雄, 1942,「演劇統制の諸問題」,『國民文學』1942년 1월호, 46~47쪽.
228　星出壽雄, 1942,「朝鮮演劇の新發足」,『朝鮮』1942년 10월호.

할 때 연극의 언어를 일본어로만 고집할 수 없다라는 것이었다.

호시데는 당시 공연 예술 통제 업무를 맡고 있었다. 그런 호시데가 조선어 연극이 무대에 오르는 것의 불가피성을 이야기한 것은 눈길을 끌 만하다. 게다가 어떤 의미에서는 '국어' 상용과 배치되는 주장을 조선 총독부의 시책 선전 잡지에서 공공연하게 한 셈이니 놀라울 정도이다.

그런데 호시데의 이러한 생각은 단지 한 개인의 것이 아니었다. 실제로 당시 무대에 오르던 국책 연극 가운데 조선어 연극은 상당수를 차지하고 있었다. 특히 이동 영화와 마찬가지로 문화의 혜택을 입지 못하는 농촌 지역을 순회하는 이동 연극은 더 그러했다.

1942년 7월 공연 예술계의 친일 단체 조선연극문화협회가 출범했다.[229] 경성제국대학 교수로 당시 조선의 대표적인 파시즘 이데올로그 가운데 한 사람이던 가라시마 다케시(辛島驍)가 명예 회장이라는 이름으로 사실상 협회의 모든 것을 주도했다. 이 협회의 활동 가운데 가장 중요한 것이 "대동아전쟁 완수에 필요한 내선일체의 강화 촉진, 일본 정신의 선양, 전쟁 의식 고취에 필요한 연극 문화 앙양"의 목표를 내걸고 개최한 연극 경연 대회였다. 이 대회의 후원을 맡은 것은 조선총독부 정보과, 국민총력조선연맹, 경성일보사, 매일신보사였다.

제1회 연극 경연 대회는 1942년 9월부터 11월까지 서울에서 열렸다. 아랑, 고협, 청춘좌, 성군, 현대극장의 5개 연극 단체가 대회에 참가했다. 그런데 이들이 무대에 올린 〈행복의 계시〉(아랑), 〈빙화〉(고협), 〈산풍〉(청춘좌), 〈산돼지〉(성군), 〈대추나무〉(현대극장)는 모두 조선어 연극이었다. 당연히 모두 시국에 호응하는 내용을 담고 있었다. 그런데 정

---

[229] 김재석, 2004, 「국민연극 시기 조선연극문화협회 연구」, 『어문논총』 40.

작 연극의 대사는 '국어'가 아니라 조선어였다. 극본을 쓴 것도 모두 조선인 작가였다. 그런데도 조선총독부는 아무런 제재를 가하지 않았다. 조선어 연극 공연에 묵시적으로 동의한 셈이다. 관객은 조선연극문화협회의 집계에 따르면 초대 관객까지 포함해 모두 4만 5천여 명에 이르렀다. 서울 한 곳에서 열린 대회였다는 것을 고려하면 관객 동원에는 나름 성공한 편이었다.

그런데 1943년 가을, 역시 서울에서 열린 제2회 대회에서는 상황이 달라졌다. 일본어 연극과 조선어 연극을 동시에 무대에 올린 것이다. 보기를 들어 극단 현대극장은 호조 히데지(北条秀司) 작 〈춘성부부(春星夫婦)〉와 함세덕 작 〈황해〉를 공연했다. 같은 극단이 같은 날 무대에 올린 이 두 작품은 전혀 다른 것인데 전자는 일본어 연극이었고 후자는 조선어 연극이었다. 이런 기이한 일이 벌어진 데는 이유가 있었다. 제2회 대회에서는 조선어 연극을 공연하기 전에 일본어 연극을 반드시 공연해야 한다는 것이 참가 조건으로 붙었기 때문이다. 그래서 참가 극단인 예원좌는 일본어 연극 〈대조봉대일〉과 조선어 연극 〈역사〉, 성군은 일본어 연극 〈만월〉과 조선어 연극 〈신곡제〉, 황금좌는 일본어 연극 〈동상〉과 조선어 연극 〈북해안의 흑조〉, 청춘좌는 일본어 연극 〈국화 피다〉와 조선어 연극 〈꽃피는 나무〉, 현대극단은 일본어 연극 〈춘성부부〉와 조선어 연극 〈황해〉, 고협은 일본어 연극 〈한역〉과 조선어 연극 〈아름다운 고향〉, 아랑은 일본어 연극 〈출진〉과 조선어 연극 〈물새〉, 그리고 태양은 일본어 연극 〈용사애〉와 조선어 연극 〈밤마다 돋는 벽〉을 각각 무대에 올렸다. 조선어 연극을 공연하기 위해서는 일본어 연극을 같이 공연해야 한다는 조건을 붙이기는 했지만 제2회 대회까지 조선어 연극은 계속 살아남았다.

그리고 해를 건너뛰어 1945년 초에 열린 제3회 연극 경연 대회에서는 다시 반전이 일어났다. 일본어 연극을 함께 무대에 올려야 한다는 대회 참가 조건이 철회된 것이다. 그 결과 대회에 참가한 7개 극단 가운데 3개 극단만 조선어 연극과 일본어 연극을 모두 공연했다. 청춘좌의 일본어 연극 〈등대 더욱 어둡고〉와 조선어 연극 〈이율곡선생모당실기 신사임당〉, 황금좌의 일본어 연극 〈광야에서〉와 조선어 연극 〈개화촌〉, 성군의 일본어 연극 〈경계선 돌파〉와 조선어 연극 〈달밤에 걷든 산길〉이 그것이다. 나머지 4개 극단은 〈별의 합창〉(예원좌), 〈현해탄〉(신생극단), 〈상아탑에서〉(고협), 〈산하유정〉(아랑)의 조선어 연극만 공연했다. 제3회 대회는 일제가 패전하기 반년 전에 열린 것이었다. 겉으로는 '국어' 상용 운동이 극에 달한 시기이기도 했다. 그런데도 참가 극단 가운데 절반 이상이 조선어 연극만을 무대에 올릴 수 있었다는 것은 이 시기 '국어' 상용과 조선인의 실제 언어 생활에 큰 틈새가 존재하고 있었음을 알리는 한 징후였다.

마지막으로 살펴볼 것은 라디오 방송이다.[230] 라디오는 인간의 청각을 이용하는 매체이다. 따라서 문자를 이해하지 못하는 광범위한 대중에게 쉽고 친근하게 다가갈 수 있다는 장점을 갖고 있다. 일제강점기에 라디오 방송을 담당하는 경성방송국이 출범한 것은 1927년이었다. 첫 방송은 일본어와 조선어의 두 언어가 사용된 혼합 방송이었다. 일본인 아나

---

230 라디오 방송에 대해서는 서재길, 2011, 「식민지 시기 이중방송과 다이글로시아」, 한국방송학회 엮음, 『한국 방송의 사회문화사: 일제강점기부터 1980년대까지』, 한울아카데미; 서재길, 2011, 「강요된 협력, 분열된 텍스트: 일제 말기 방송소설을 읽는 하나의 독법」, 『민족문학사연구』 45; 서재길, 2011, 「식민지 말기의 매체 환경과 방송 잡지 『방송지우』의 성격」, 『근대서지』 3; 강혜경, 2011, 「일제말기 조선방송협회를 통해 살펴본 방송통제」, 『한국민족운동사연구』 69 등을 볼 것.

운서의 일본어 콜사인에 이어 조선인 아나운서의 조선어 콜사인 "JODK 여기는 경성방송국…"으로 시작되었다. 호출 부호 JODK는 경성방송국이 도쿄, 오사카, 나고야에 이은 네 번째 일본의 방송국임을 의미하는 것이었다. 개국 당시만 해도 경성방송국은 일본어와 조선어의 이중 언어 체계를 그대로 재현이라도 하듯이 두 언어를 섞은 방송을 하고 있었다.

그러나 라디오 방송의 확대는 극히 제한적이었다. 무엇보다도 수신기 가격이 너무 비쌌다. 당시 가족이 함께 들을 수 있는 진공관식 확성기 수신기는 1구식은 40~50원, 2구식은 100원에서 수백 원에 이르는 고가여서 웬만한 부자 아니고는 가설하지 못했다. 경영난 타개와 조선인 청취자 회유책으로 이중 방송 계획이 세워진 것은 1931년 2월부터였다. 1932년 7월에는 경성방송국을 모태로 한 사단법인 조선방송협회가 출범했다. 그리고 1933년 4월 26일부터는 일본어 제1방송과 조선어 제2방송의 이중 방송을 시행했다. 이중 방송은 식민지에서나 가능한 독특한 송출 체계였다. 이중 방송에 따라 조선어 전용 방송이 이루어지게 되었다. 방송에서의 이중 언어 체계는 더 공고해진 것이다. 1930년대 중반부터는 50원 정도의 보급형 교류식 수신기를 제작, 판매했다.

1935년에 부산방송국이 출범했지만 지방 방송국의 개국은 부진의 상태를 벗어나지 못했다. 1930년대 말까지 평양, 청진, 함흥, 이리에만 방송국이 생겼다. 이중 방송으로 청취자는 증가했지만 1939년 3월 현재의 청취자 통계를 보면 가장 보급률이 높은 경기도에서조차 일본인 74.1%, 조선인 5.1%에 그쳤다. 전국 보급률은 더 낮은 일본인 49%, 조선인 1.2%밖에 되지 않았다.[231] 이에 조선총독부는 1940년부터 지방 라

---

[231] 엄현섭, 2016, 「근대 동아시아 라디오방송의 형성과 전파의 자기조직화」, 『일본학』

디오 방송국 개국에 적극 나섰다. 그 결과 대구, 광주, 원산, 해주, 대전 등지에 차례로 방송국이 세워졌다. 그리고 모든 지방 방송국이 경성중앙방송국처럼 일본어와 조선어의 이중 방송 체계를 갖추었다.

조선총독부가 이 시기에 지역 라디오 방송국 개국에 적극 나선 것은 전시 체제기의 총동원 정책과 밀접한 관련이 있었다. 전시 체제기로 접어들면서 라디오 방송은 국민이 전쟁과 관련해 정부의 정책과 방침을 당국자들에게서 직접 들을 수 있는 유력한 매체가 되었다. 라디오를 통해 이제 전선 현황을 직접 들려주는 것도 가능해졌다. 전쟁 선전의 유력한 매체가 된 것이다. 특히 일본어 방송은 1929년 9월부터 일본의 방송을 중계하고 있었기 때문에 더욱 그랬다.

조선총독부는 1938년 국민정신총동원령을 공포한 데 이어 지원병 제도를 시행하면서 이를 제2방송에도 반영하도록 했다. 조선인을 대상으로 한 제2방송에도 '국어' 상용과 황민화를 내세워 일본의 전통 연예인 나니와부시(浪花節)를 흉내 낸 신가요 등 일본풍의 연예 오락 방송이 등장했다. 연예 오락 프로그램 편성에도 전쟁 선전과 관련된 특별 강좌를 수시로 편성, 방송하도록 하고 총후 미담(후방에서 일어나는 감동적인 이야기)을 방송하도록 했으며 그러한 미담을 소재로 방송극을 방송하도록 했다. 〈총후의 악수〉, 〈총후에 바친 몸〉 등의 목적극이 방송극의 중심이 되었다. 심지어는 아동 대상 방송 시간에도 동화극 대신 〈오빠의 입영〉이니 〈어린이 애국반〉이니 하는 전쟁 선전물이 전파를 탔다.

조선총독부는 1942년 4월 27일 조선어 제2방송을 폐지했다. '국어' 상용 원칙에 어긋난다는 이유 때문이었다. 그러고는 1년 5개월 뒤인

42, 202쪽.

1943년 11월에는 조선어 제2방송을 부활시켰다. '국어' 상용이라는 정책적 목표에도 불구하고 조선인의 언어 생활에서는 여전히 조선어가 우위에 놓여 있는 현실을 참작한 것이었다. 조선총독부로서는 전쟁에 조선인을 동원하기 위한 선전이 절실하게 필요한 시기이기도 했다. 조선인을 전쟁에 동원하는 데 전제가 되는 황민화를 위해서는 '국어' 상용을 밀어붙여야 하고 거꾸로 일본어를 모르는 조선인에게는 조선어로 전쟁 선전을 해야 하는 진퇴양난의 상황이 제2방송의 폐지와 부활로 여실히 드러난 셈이다. 최종적으로 제2방송을 다시 살린 것은 선전을 위해서라면 '국어' 상용도 유보할 수 있다는 현실적 판단 때문이었을 것이다.

전시 체제기에 일제가 조선인에게 전쟁 선전과 황민화를 위해 동원한 선전 매체는 영화, 연극, 라디오에 그치지 않았다. 가요,[232] 창극,[233] 만담,[234] 종이 연극[235] 등의 모든 매체가 조선총독부의 통제 아래 조선인을 침략 전쟁에 협력하도록 만드는 일에 활용되고 있었다. 그리고 이들 매체의 대부분을 차지하는 언어는 '국어'가 아니라 조선어였다.

---

[232] 노동은, 1996, 「일제하 친일음반과 대중가요계」, 『한국음반학』 6; 이준희, 2009, 「일제시대 군국가요 연구」, 『한국문화』 46; 이지선, 2010, 「제국 일본과 식민지 조선의 음악정책-국민가의 제정과 전개양상을 중심으로」, 『일본연구』 29.

[233] 김민수, 2019, 「일제하 전시체제기의 창극」, 『이화음악논집』 23권 4호.

[234] 배선애, 2015, 「동원된 미디어, 전시체제기 만담부대와 만담가들」, 『한국극예술연구』 48.

[235] 이대화, 2015, 「전시체제기 식민지 조선의 선전매체, 종이연극(紙芝居)」, 『사회와 역사』 108; 권희주·김은경, 2022, 「식민지조선의 징병제 실시와 종이연극」, 『역사문화연구』 83.

맺음말

僕ハ僕ニ死ネトダケイヘバ死ヌシ、死ヌナイトイヘバ死ナナイコトモ出來ルソウイウ馬鹿ナ瞬間ガアル.

ミンナガ夢ダ.

コレガ「疲レ」トイフモノカモ知ラナイシ、コレガ狂氣トイフモノカモシラナイ.

ボクハ話ニナラナイ低能兒ダシ、ボクノ詩ハミンナ芝居デ、嘘ダ.

革命モ、革命ヲ支持スル僕モミンナ嘘ダ。タダコノ文章ダケガイクラカ眞實味ガアルダケダ。僕ハ「孤獨」カラ離レテ何ト長イ時間生キタンダラウ。今僕ハコノ僕ノ部屋ニハ居リナガラ、何處カ遠イトコロヲ旅行シテイルヤウナ氣ガスルシ、鄕愁トモ死トモ分別ノツカナイモノノナカニイキテキル。或ハ日本語ノナカニイキテイルノカモ知レナイ.

ソシテ至極正確ダト自分ハ思ッテイルコノ文章モドコカ少シハ不正確ダシ狂ッテイル.

マサニ僕ハ狂ッテイル。ガ 狂ッテイナイト思ッテ生キテイル.

僕ハシュルリアリズムカラアマリニ長イ間離レテイキテイル。僕ガコレカラ先(何時カ)本當ニ狂フトシタソレハ僕ガシュルリアリズムカラアマリ長ガイ間離レテイタセイダト思ッテ呉レ。妻ヨ、僕ハ遺言狀ヲ書イテキル氣分デイマコレヲカイテキルケレドモ、僕ハ生イルゾ.

위의 인용문은 시인 김수영이 해방된 지 16년 정도 지난 뒤에 쓴 일기에서 발췌한 것이다.[1] 김수영의 시 〈풀〉을 기억하는 사람이라면 일본

---

1 김수영, 1961, 「일기초(Ⅱ)」(김수영, 2003, 『김수영 전집 2-산문』, 민음사, 508~509쪽).

어 일기, 그것도 한국인들에게 히라가나보다 덜 익숙한 가타카나로 일기를 썼다는 사실에 당혹스러울지 모르겠다. 그러나 김수영은 해방 이후 죽을 때까지 한글로 글쓰기와 일본어로 글쓰기를 병행한 '이중 언어주의자'였다.

1921년에 태어나 서울의 어의동공립보통학교와 선린상업학교에서 일본어를 배운 뒤 도쿄의 조호쿠(城北)고등예비학교에 다닌 김수영에게 일본어는 낯선 언어가 아니었다. 김수영이 초등학교에서 배웠을 조선어 과목의 교과서 이외에 모든 학교 교과서는 일본어로 쓰인 것이었다. 게다가 김수영이 조호쿠고등예비학교에 다닌 것은 일본의 대학에 진학하기 위해서였다. 당연히 김수영은 일본어로 된 책을 읽고 일본어로 글을 쓰는 데 익숙했을 것이다. 해방 이전만 해도 김수영에게 민족의 언어인 조선어로 글을 쓸 기회는 거의 주어지지 않았다. 그러니 해방 이후에도 김수영은 젊었을 때 배운, 그래서 어떤 의미에서는 더 익숙한 일본어로 글쓰기를 해방 이후에야 본격적으로 익힐 수 있었던 한글로 글쓰기와 병행한 것이다.

그리고 이러한 이중 언어의 상황은 김수영 한 사람에게만 국한된 것이 아니었다. 김수영은 그나마 초등학교에서 조선어를 배울 최소한의 기회라도 얻었지만, 김수영보다 늦게 태어난 조선의 청소년은 공교육에서는 조선어를 배울 기회를 아예 얻지 못했다. 그랬기 때문에 전시 체제기에 청소년기를 보낸 사람들, 특히 해방 이후 한국의 엘리트가 된 사람들은 일본어 사용에서 결코 자유롭지 않았다.[2]

---

2   문학 분야에서 이 문제를 논의하는 서석배, 2005, 「단일 언어 사회를 향해」, 『한국문학연구』 29; 한수영, 2014, 「'상상하는 모어'와 그 타자들-'김수영과 일본어'의 문제를 통해 본 전후세대의 언어인식과 언어해방의 불/가능성」, 『상허학보』 42; 김응교,

김수영의 일본어로 글쓰기와 관련된 일화가 있다. 한 잡지에 실을 원고를 일본어로 써서 건네준 것이다. 그렇지만 일본어 원고는 정작 잡지가 나왔을 때는 한글로 번역되어 있었다. 그리고 잡지사에서는 이 글의 끝에 "이 시 노우트의 원문은 영자와 고딕 부분을 제외하고는 일본어로 씌어진 것인데 독자의 편의를 생각해 우리말로 옮겨 싣기로 했다"[3]라고 편집자 주를 달았다. '독자의 편의'란 말을 에둘러 썼지만, 잡지사 편집진은 일본어로 된 글을 그대로 싣는 것이 용인할 수 있는 범위를 벗어났다고 판단했을 것이다. 1966년이면 박정희 정권이 굴욕적인 한일 수교 협정을 추진한 데 대한 분노의 분위기가 팽배했던 때였다. 잡지사로서는 전국 각지에서 대규모 반일 시위가 전개되는 상황을 의식할 수밖에 없었을 것이다.

이 책을 끝내면서 김수영의 일본어 글쓰기를 언급하는 데는 이유가 있다. 일제강점기 우리 민족은 이중 언어 체계 아래 살았다. '국어'는 일본어였지만 실제로 대다수 조선인은 민족의 언어인 한글을 여전히 쓰고 있었다. 그런 가운데서도 일부의 조선인들은 학교에서 일본어를 배웠다. 많이 배우면 배울수록 일본어로 말하고 쓰는 데 익숙했을 것이다. 일제 강점 말기에 많은 지식인이 일본어로 글을 쓴 것을 단순히 친일이라고만 규정할 수는 없다.

이와 관련해 일제 강점 말기에 소년기를 보낸 두 지식인이 해방된 지 수십 년이 지난 뒤에 남긴 두 회고가 흥미롭다. 먼저 언론학자 최정호는 1990년대에 중국 방문길에 우연히 듣게 된 노래와 관련해 "국민 학교

「일본을 대하는 김수영의 시선」, 2018, 『민족문학사연구』 68 등을 볼 것.

3 김수영, 1966, 「시작노우트」, 『한국문학』 1966년 여름호, 136쪽.

1학년 겨울 방학 때 … 연애 영화 〈시나노요루〉[〈중국의 밤(支那の夜)〉-인용자]를… 구경함으로써 내 인생의 최초의 일탈 행위를 범했다.…그처럼 오래전에 들었던 리코랑의 노래 〈소슈노요루〉[〈쑤저우 야곡(蘇州夜曲)〉-인용자] 가사가 하나도 잊혀지지 않고 그대로 기억 속에서 되살아났다"라는 회고를 남겼다.[4] 여기서 말하는 〈쑤저우 야곡〉은 당시 조선인에게도 큰 인기를 끌고 있던 일본인 여배우 리코란[李香蘭: 본명은 야마구치 요시코(山口淑子)]이 주연을 맡고 1940년대 초 일본과 조선에서 흥행에 크게 성공한 〈중국의 밤(支那の夜)〉의 주제곡이다. 영화의 내용은 중국인 여성이 일본인 남성과의 사랑을 이루기 위해 스스로 친일파가 되어 주위의 항일파를 설득한다는 것이다. 곧 이 영화는 만주사변에서 중일전쟁으로 이어진 일제의 대륙 침략을 정당화하는 국책 영화였다. 일제는 이러한 영화를 통해 전쟁 동원 이데올로기를 "이성의 힘으로도, 민족 감정, 민족의식의 집념으로도 지울 수 없으리만큼 사람의 마음속에, 사람의 몸속에, 바로 사람의 인격 속에 깊이 각인"[5]시키려고 했다. 그리고 그러한 각인이 수십 년의 세월이 지난 뒤에도 '중국의 밤'이나 '쑤저우 야곡'이 아니라 '시나노요루'나 '소슈노요루' 같은 일본어 제목을 바로 떠올리는 것으로 이어진 것이다.

다른 하나의 회고는 작가 박완서의 회고이다. 박완서는 "이차대전을 맞은 것도 괴불 마당 집에서였다. 일본 사람들은 대동아전쟁이라고 했다. 무언지도 모르고 신이 났다. 우리는 그 전부터 이미 호전적으로 길

---

4 최정호, 1995, 「빼앗긴 들에도 봄은 왔었다」, 『계간 사상』 1995년 여름호, 191~192쪽.
5 최정호, 1995, 위의 글, 192쪽.

들여져 있었다. 일본은 벌써부터 지나사변이라 부르는 전쟁을 하고 있었고, 우리는 중국을 '짱골라', '쇼오가이세끼'라고 부르면서 덮어놓고 무시할 때였다. … 쇼오가이세끼에다 '루스벧또', '짜아찌루'가 무찔러야 할 악의 괴수로 추가되고 매일매일 승전의 소식이 전해졌다"라고 어린 날을 회고했다.[6] 박완서의 회고에 나오는 '쇼오가이세끼, 루스벧또, 짜아찌루'는 장제스, 루스벨트, 처칠의 일본어식 발음이다. 어렸을 때 들은 일본어식 외국인 이름이 수십 년이 지난 뒤에도 머리에서 채 지워지지 않고 그대로 남아 있었던 셈이다.

한국의 내로라하는 지식인조차 해방된 지 수십 년이 지나서도 어릴 때 배운 일본어의 그늘에서 완전히 벗어나지 못했다는 사실이 흥미롭기는 하다. 그렇다고 해서 두 사람의 회고가 일제강점기 일본어 보급 정책이 나름 성과를 거두었다는 해석으로 이어질 수는 없다. 두 사람의 회고 모두 유려한 한글로 쓰였기 때문이다. 마치 조선어를 없애려는 것처럼 일본어를 강제로 밀어붙였던 조선총독부의 언어 정책은 우리 민족의 언어 생활에 작은 상처를, 노력하기만 하면 얼마든지 회복이 가능한 상처를 남겼을 뿐이다. 일본어는 결국 민족의 언어인 조선어를 뛰어넘을 수 없었다. 조선총독부의 언어 정책이 초래한 각인이 아무리 심하다고 하더라도 그것은 극히 일부의 사람에게만 해당하는 것이었다.

1945년 8월 15일의 해방과 동시에 일본어의 세계는 한반도에서 공식적으로 사라졌다. 그리고 일제강점기에는 상상하기 어려웠던 '한글의 세계'가 활짝 열렸다. 이러한 의미에서 조선총독부의 언어 정책은 끝내 성공하지 못했다고 단언하는 것이다.

---

6 박완서, 2004, 『그 많던 싱아는 누가 다 먹었을까』, 웅진닷컴, 125쪽.

불과 한 세기 전만 해도 아직 한문의 세계에 머물고 있던 우리 사회는 19세기 중반 이후 '한글의 세계'로의 전환이라는 혁명적 변화를 겪었다. 그리고 해방 이후에는 그러한 변화가 결실을 보는 데 성공했다. 그리하여 분단 상황에도 불구하고 한반도의 어느 한쪽만이 아니라 남북 모두에서 '한글의 세계'가 열렸다.

우리에게 늘 비교의 준거가 되는 중국과 일본의 경우를 놓고 보면 한글 혁명의 의미가 더 분명해진다. 중국이야 당연히 한자만 쓰고 있지만 한국과 일본은 한글과 가나라는 독자적인 언어를 갖고 있다. 그리고 한 세기 전만 해도 한국과 일본 모두 한자에 한글 또는 가나를 섞어 쓰고 있었다.

더욱이 우리는 20세기 전반만 해도 일제의 식민 지배를 받고 있었다. 일제강점기에 '국어'는 일본어였다. 일제는 '국어'를 앞세워 조선어를 탄압했다. 특히 일제의 침략 전쟁이 확대됨에 따라 전시 총동원 체제가 수립되면서 '국어' 상용이 강조되고 조선어의 사용은 극도로 제한되었다. 그런데도 해방과 동시에 우리의 언어 생활은 일본어의 세계에서 벗어났다. 아직도 일본어의 잔재가 일부 남아 있기는 하지만 우리는 일본어의 세계가 아니라 '한글의 세계'에 살고 있다.

21세기 현재 한국에서는 1948년에 법률 제6호로 공포된「한글전용에관한법률」에 따라 확정된 한글 전용이라는 원칙이 공문서, 교과서, 신문·잡지에서 여전히 관철되고 있다. 한자는 필요할 때 함께 적는 정도로만 쓰인다. 물론 지금도 한글 전용을 반대하는 움직임이 없는 것은 아니다. 심지어는 '한글 전용=종북 좌파'라는 억지 주장까지 나오고 있다. 그러면서 한글 전용을 없었던 일로 만들기 위해 헌법 소원까지 몇 차례 제기했지만, 그러한 시도는 단 한 차례도 성공하지 못하고 있다. 그만큼 한글 전용에 대한 합의는 비교적 굳건하다.

그러나 일본은 사정이 다르다. 일본에서는 가나만으로 글을 쓰는 것이 파격적인 실험이라고 여겨질 정도로 한자(주)와 가나(종)를 섞어 쓰는 일이 지금도 유지되고 있다. 말하자면 한국에서는 20세기에 들어서 한글의 세계로의 언어 혁명이 일어났다면 일본에서는 언어 혁명이 일어나지 않은 셈이다.

그리고 한자의 세계에서 한글의 세계로의 언어 혁명은 단지 한반도의 남쪽에서만 일어난 것이 아니었다는 사실도 중요하다. 실제로 1948년 남과 북에서 각각 분단 정부가 수립되기도 전에 한자 폐기와 한글 전용이라는, 언어 생활의 중요한 원칙이 남과 북 모두에서 이미 확립된 바가 있었다. 현재도 남북의 언어 생활에는 큰 차이가 없다. 맞춤법(북한은 철자법)에서는 형태주의 원칙을 따르고 있고 표기에서도 세로쓰기가 아니라 가로쓰기를 채택하고 있다. 지금도 한자는 원칙적으로 쓰지 않으며 한글 전용을 따른다는 원칙이 지켜지고 있다.

지금 우리의 언어 상황을 염두에 두고 이 책에서는 일제강점기 조선총독부의 언어 정책이 아무리 가혹했다고 하더라도 결과적으로는 '한글의 세계'로의 전환을 막는 데는 성공하지 못했다는 사실에 특별히 주목하려고 했다. 그리고 조선총독부의 언어 정책이 일방적으로 관철되지 못한 데는 한글 운동이라는 대항마가 일정하게 작동하고 있었다는 점도 부각하려고 했다.

사실 이 문제는 단지 언어 정책뿐만 아니라 일제강점기 식민 지배 정책 전반을 이해하는 데도 관건이 된다. 일제의 식민 지배 정책은 일방적으로 관철된 것이 아니다. 모든 식민 지배 정책은 기본적으로 일본 제국의 이익을 위한 것이었다. 식민 지배 정책 가운데 일본 제국의 이익과는 무관하게 조선인의 이익을 위한 것은 단 하나도 없었다고 보아도 좋다. 당연히 조선인이 일제의 식민 지배 정책에 그대로 따라간 것은 아니다. 어떤 사람들은 자발적으로 또는 어쩔 수 없이 순응했지만, 어떤 사람들은 거기에 맞서 싸웠다. 따라서 일제의 식민 지배 정책을 이해할 때는 그것을 밀어붙이려는 측과 그에 맞선 사람들 사이의 역학 관계를 반드시 고려해야만 한다. 마치 일본 정부와 조선총독부만이 식민 지배 정책의 유일한 주인공인 것처럼 보는 것은 지양되어야 한다.

일제강점기에 공식적인 제1 언어로 '국어'의 지위를 누린 것은 일본어였다. 당시의 조선어는 국가의 언어도 아니었고 국민의 언어도 아니었다. 그것은 일본 제국의 일부이지만 외지일 뿐인 식민지 조선에서 국민의 일부인 조선인이 사용하는 일종의 지방어일 뿐이었다. 그렇지만 조선총독부의 각종 규제에도 불구하고 조선어는 끝내 사라지지 않았다. 거꾸로 조선총독부의 일본어 보급 정책은 결과적으로 실패했다. '국어'인 일본어가 조선어를 대체하지 못했기 때문이다. 심지어는 전시 체제기에 들어 거의 조선어 '말살'에 가까운 여러 언어 정책을 펼쳤지만, 민족의 언어인 조선어는 살아남았다. 민족 해방의 날인 1945년 8월 15일의 시점에도 '한글의 세계'가 '일본어의 세계'를 압도하고 있었다.

그래서 이 책에서는 조선총독부의 언어 정책과 관련해 많은 사람이 바로 떠올리는 일제 강점 말기의 한글 말살이라는 고정 관념을 깨뜨리려고 했다. 분명히 일제의 언어 정책 더 나아가서는 전체 식민 지배 정책은 제국주의의 역사에서 비슷한 사례를 찾아보기 힘들 정도로 강압적이고 가혹한 것이었다. 그러나 일제의 식민 지배 정책은 처음부터 분명한 한계를 갖고 있었다. 그것은 바로 우리 민족이 갖고 있던 저력이었다. 다른 제국주의 국가가 아예 인종이 다른 나라를 식민지로 지배한 데 비해 일제는 인종적으로나 문화적으로 상당히 비슷한 조선을 식민지로 지배했다. 일제의 언어 정책이 결과적으로는 실패로 끝난 이유도 바로 여기에 있었다.

비록 지배층이 제대로 대응하지 못해 근대 사회로 나아가는 과정에서 나라의 주권을 빼앗겼지만, 빼앗긴 주권을 되찾아야 한다는 열망을 끝내 버리지 않은 사람들이 많았다. 그리하여 나라 안팎에서, 우리 민족이 사는 곳이라면 어디에서든지 나라의 독립과 민족의 해방을 위한 투쟁이 벌어졌다. 다양한 민족 운동 가운데는 한글 운동도 자리를 잡고 있었다.

조선어연구회·조선어학회를 중심으로 한 한글 운동은 조선총독부의 언어 정책에 일종의 대안 역할을 했다. 한글 운동가들의 노력으로 한글의 정리, 통일, 보급이 이루어질 수 있었다. 그리고 언론계, 교육계, 종교계는 한글 운동을 강력하게 지지했다. 다수의 일반 언중도 한글 운동가들의 노력에 발맞추어 조선총독부의 언어 정책에 굴복하기보다는 언어 생활에서 계속 한글을 사용하는 길을 선택했다. 해방 이후 우리 민족의 언어 생활이 급속하게 '한글의 세계'로 전환한 것이야말로 일제의 언어 정책이 실패로 끝났음을 상징적으로 보여 주는 것이었다.

그런데 최근 들어 마치 조선총독부의 언어 정책이 우리 민족의 언어 생활을 사실상 장악했다는 식으로 일제강점기 역사상을 뒤집으려는 움직임이 나라 안팎에서 나타났다. 신식민 사관이라고 불러도 좋을 황당한 주장이 일본 극우 세력에 의해 제기되고 이것이 다시 한국에도 영향을 미치고 있다.

식민 사관은 일제가 관변 학자들을 동원해 고대사에서 근대사에 이르기까지의 우리 역사를 왜곡해 만들어 낸, 그리고 식민 교육을 통해 끊임없이 우리 민족에게 주입하려고 한 역사 인식을 가리킨다. 물론 그것은 단순한 역사 인식에 그치는 것이 아니었다. 그것은 일제의 한반도 강점과 식민 지배를 합리화하고 정당화하는 침략의 논리였다.

일제가 관변 학자들을 동원해 만들어 내고 널리 보급한 식민 사관에 따른 역사 왜곡은 지금까지도 영향을 미치고 있다. 지금도 일본은 우리 역사에 대한 왜곡된 역사상을 수정하지 않고, 기회가 있을 때마다 침략의 역사를 부인하고 오히려 식민 지배가 한국 근대화에 이바지했다는 식민지 근대화론을 펴고 있다. 그리고 얼마 전부터는 일부 국내 학자들도 여기에 동조하는 움직임을 보이는 실정이다.

식민지 근대화론의 핵심은 일제가 조선을 억압하고 착취하기만 한 것이 아니라 물적, 인적 자원을 개발하기도 했으며 이것이 한국 사회가 해방 이후 경제 발전을 이루는 주요 요인이었다고 보는 데 있다. 식민지 근대화론에 따르면 현재 한국 사회의 발전은 조선 후기 이래의 내재적 변화가 아니라 일제 식민 지배가 낳은 근대화에 뿌리를 두고 있다는 것이다. 그래서 식민지 근대화론을 비판하는 사람들은 '식민 지배 시혜론'으로 부르기도 한다. 식민 지배 시혜론의 극단적인 형태는 일본의 대표적인 극우 논객인 니시오 간지(西尾幹二)가 극우 역사 교과서로 악명이 높은 『국민의 역사』에 쓴 다음의 구절에서 잘 드러난다.

일본 총독부는 병합 후, 우선 근대화의 기초로서 기본적으로 필요한 인구 조사, 토지 조사, 치산, 치수, 관개, 농업 개량, 소작 제도의 개선, 나아가 교육의 보급과 공평한 사법의 도입 등을 행했다. 이전의 한반도는 소작인이 학대받고, 귀족 계급이 제 마음대로 결정하고 행동하며 사법을 남용하고 있던 불쌍한 국토였다. 지금 한국이 채용하고 있는 글자인 한글은 15세기에 만들어진 인공적인 말인데 한자와 한문을 정서(正書)로 한 양반 계급에서 멸시받고 무시된 글자였기 때문에 실용화에는 이르지 못했었다. 일본 총독부 시대에 들어서 처음으로 한글을 보급하고 소학교 교육에 도입했다는 사실을 지금의 한국인들은 어느 정도 알고 있는가.[7]

식민 지배의 시혜 가운데 하나로 한글의 근대화를 들고 있는 것은 결코 우연이 아니다. 니시오 같은 극우가 보기에 일제 식민 지배가 없었으면 오늘날 우리가 누리는 '한글의 세계'는 존재할 수 없다라는 것이다. 그러니 한글을 쓰고 있는 한국인들은 일본 제국주의자들에게 감사의 마음을 가져야 한다는 이야기를 하고 싶었는지도 모를 일이다. 그런데 한글의 근대화가 식민 지배의 산물이라고 보는 것은 니시오에 국한되지 않는다.

머리말에서도 언급했던 타이완 출신의 재일 극우 평론가 황원슝은 "한글을 한국의 전 국민이 배우기 시작한 것은 한일 합방 후이다"라고 단언했다. 좀 더 구체적으로는 "한글은 철자법이 번잡할 뿐만 아니라 역사적 축적이나 체계화가 되어 있지 않다. 여기에서 총독부는 1911년(明治 44)부터 일본과 조선의 학자를 모아 연구와 보급을 진행했다. … 1911년 7월에 '언문철자법 연구소'를 발족시키고 현대 서울말을 표준으로 하여 「보통학교용 언문철자법」을 결정, 교과서로서 채용했다"라고 서술하고 있다.[8] 니시오와 마찬가지로 오늘날 우리가 누리고 있는 한글의 세계가

---

7   西尾幹二, 1999, 『国民の歷史』, 産經新聞ニュースサービス, 708쪽.

8   黃文雄, 2003, 『台湾 朝鮮 満州: 日本の植民地の眞實』, 扶桑社, 229쪽.

일제 식민 지배에서 비롯되었다는 것이다. 일제가 없었으면 한글은 사라질 운명이었다고 생각하는 것은 한국 역사에 무지한 탓이라고 치더라도 이와 같은 황당한 이야기를 금과옥조처럼 떠받드는 사람들이 국내에서도 늘어나는 것은 심히 우려스럽다.

실제로 일본 극우의 엉터리 주장은 20여 년 전부터 한국에 들어와서 조금은 변형된 모습으로 전파되기 시작했다. 보기를 들어 식민지 근대화론을 바탕으로 한 뉴라이트 역사 교과서 『대안 교과서 한국 근·현대사』에는 "한국어 교과서의 어문법을 관장하던 총독부는 '한글파'(=조선어연구회)의 입장을 채택하여 1930년 철자법을 개정하고 새 한국어 교과서를 발간함으로써 한글 어문법의 표준을 제시하였다"[9]라고 적혀 있다. 한글 운동을 서술하는 것처럼 하면서 결과적으로는 일제강점기 조선어 규범화의 최종 주체를 조선총독부로 설정하고 있다. 조선총독부는 만능의 존재와도 같다. 한글 운동가들조차 식민 지배에 활용할 정도이니까 말이다.

이 책의 주제인 언어 정책과 관련해 보자면 조선어학회는 일제가 조선어를 말살하려는 정책을 밀어붙였을 때 마지막 남은 장애 요인이었다. 뉴라이트가 주목하는 1930년의 조선총독부 제정 「언문철자법」과는 별도로 한글 맞춤법 통일안을 만들었고 표준어 사정 작업을 벌였고 조선어 사전을 편찬하려고 했다. 1930년대 이후 조선어학회 사건(1942년) 직전까지 민족의 언어인 한글을 정리해 독립 이후 국가의 언어로 만들려는 작업은 끊이지 않고 계속되었다. 그리고 조선어학회의 이러한 활동은 이념의 차이를 뛰어넘어 언론계, 교육계, 종교계, 출판계, 문화·예술계의

---

9 교과서포럼, 2008, 『대안 교과서 한국 근·현대사』, 기파랑, 107쪽.

광범위한 지지를 받고 있었다.

대표적인 보기가 『매일신보』를 제외한 한글 신문이 조선총독부의 「언문철자법」이 아니라 조선어학회의 한글 맞춤법 통일안에 따라 신문을 제작한 것이다. 잡지도 마찬가지였다. 적어도 조선인 학생이 많이 다니는 사립 중등학교도 한글 맞춤법 통일안에 따라 조선어를 가르쳤다. 교회에서도 맞춤법 통일안에 따라 만들어진 성서를 썼다.

식민 지배 권력의 조선어 철자법이 아니라 거기에 맞선 조선어학회의 맞춤법 통일안을 지지하는 목소리가 높았고 그랬기 때문에 해방 이후에 조선어학회의 맞춤법 통일안이 남과 북 모두에서 계속 쓰일 수 있었다. 그리고 조선어학회 사건으로 수십 명이 투옥되었고 그 와중에 이윤재, 한징이 옥사하기도 했다. 그런데도 식민지 근대화론자들은 이러한 일련의 사실은 애써 외면하고 1930년 「언문철자법」 제정 과정에 조선어학회의 일부 회원들이 참여한 것을 놓고 조선어학회의 한글 운동도 결국에는 식민 지배 권력과 관계를 맺을 때만 의미를 갖는 것처럼 호도하고 있다.

앞에서 이미 여러 차례 강조했듯이 일제 강점 초기부터 말기에 이르기까지 국가의 언어로서의 일본어와 민족의 언어로서의 조선어는 양립하고 있었다. 아무리 일제가 권력을 내세워 일본어를 '국어'로 강제하더라도 조선어를 쓰는 조선인의 언어 세계는 완강하게 살아남았다. 그렇게 민족의 언어 조선어가 살아남을 수 있었던 데는 조선어학회를 중심으로 한 한글 운동이 큰 영향을 미쳤다. 조선어학회는 단순히 회원 몇몇인 조직이 아니었다. 당대의 내로라하는 지식인, 언론인, 문화·예술인, 종교인이 조선어학회의 활동을 지원했다. 심지어는 좌파 지식인과 문화·예술인조차 조선어학회의 한글 운동이 상대적 진보성을 갖고 있다고 평가했다. 일제가 의도한 조선어의 규범화와는 결을 달리하는 조선어학회의 한글 규범화 활동 곧 맞춤법 제정, 표준어와 외래어 사정, 사전 편찬 등은 일제 식민 지배 권력이나 한글에 대해 다르게 생각하고 있던 박승빈 등의 일부 조선어학회 반대 세력을 제외하고는 각계각층의 전폭적인 지원을 받고 있었다.

일제강점기에 권력 언어는 분명히 일본어였다. 조선어는 더 이상 국어로 불릴 수조차 없었다. 그러나 이미 많은 조선인에게 여전히 민족의 언어는 조선어였다. 민족이 해소되지 않는 한 조선어도 사라질 수 없었다. 이는 조선총독부조차 인정한 사실이었다. 실질적인 언어 세계에서 조선어는 결코 일본어와 '지배-종속'의 관계에 놓여 있지 않았다. 이러한 의미에서 일부 논자들이 학교 교육을 받은 젊은 층을 중심으로 일본어 사용이 확대되고 특히 문학 분야의 일본어 글쓰기가 늘어난 것을 두고 마치 일본어가 주가 되고 조선어는 보조 역할로 전락했다고 보는 데도 동의할 수 없다.

물론 공식적으로는 일본어가 '국어'의 위상을 차지하고 있었다. 그렇다고 해서 일본어의 세계가 조선 사회로 쉽게 침투할 수는 없었다. 여전히 민족의 언어로서의 한글의 위상은 공고했다. 그러한 의미에서 일제 강점 초기부터 국가의 언어인 일본어와 민족의 언어인 한글의 이중 언어 체계 아래 우리 민족의 언어 생활은 이루어졌다.[10]

일제강점기 조선총독부의 언어 정책을 이야기할 때 식민 지배 전능론을 경계할 필요가 있다. 조선총독부가 아무리 강력하게 일본어 보급

---

10 여전히 한자의 세계를 고수하던 일부 조선인까지 고려한다면 어쩌면 삼중 언어 체계라고도 할 수 있을 것이다.

정책과 조선어 제한 정책을 추진해도 우리 민족의 언어 생활에 조선총독부의 의도가 그대로 관철되지는 않았다.

조선총독부가 전시 체제기에 이전보다 더 강력하게 일본어의 보급과 조선어 사용의 제한 정책을 밀어붙이면서 이중 언어 체계에 약간의 균열이 생기기는 했지만, 그 자체를 파괴하는 데까지는 이르지 못했다. 조선총독부의 '국어' 상용 운동에도 불구하고 일본어를 사용하지 못하는 사람이 사용할 수 있는 사람보다 훨씬 많았다. '국어' 상용 운동은 그 강제성에도 불구하고 결과적으로는 실패로 끝났다.

문화 정치의 틈을 비집고 들어가 1920년에 창간된 『동아일보』, 『조선일보』, 『시대일보』(나중에는 『중외일보』, 『조선중앙신문』) 같은 조선어 신문이 보여 주듯이, 『개벽』 외의 수도 없이 많은 잡지가 보여 주듯이 비록 한글과 한문을 섞어 쓰기는 했지만, 조선어는 근대 언어의 기능 가운데 가장 중요하다고 하는 출판 언어로서의 몫을 하고 있었다. 많은 조선인이 조선어 신문과 잡지를 접하면서 조선어가 살아 있음을 느꼈을 것이다. 일제 강점 말기에 비록 일제로부터 많은 제약을 당하기는 했지만, 조선어는 결코 일본어에 의해 소멸하지 않았다. 아니 소멸하지 않는 데 그친 것이 아니다. 1945년 8월 15일 해방이 되자마자 조선어는 한글이라는 이름을 되찾고 다시 민족의 언어에서 국가의 언어 곧 국어로 화려하게 복귀했다. 분단 체제 아래 남북에서 분단 정부가 출범했지만, 남북 모두 '한자의 세계'에서 '한글의 세계'로의 혁명적 전환을 이루는 데 성공했다. 그리하여 지금 우리는 '한글의 세계'에 살고 있다. 과거에 한자 문화권에 속해 있던 동아시아 나라 가운데 유일하게 언어 혁명에 성공한 것이 대한민국과 북한이라는 사실은 일제강점기 조선총독부의 언어 정책을 이해하는 데 하나의 시금석이 될 것이다.

부록

언어정책 관련 연표

연월일	주요 법령·정책 및 사건
1895. 5. 10	대한제국,「외국어학교관제」공포
1896	『독립신문』안에 국문동식회 설치
1906. 8. 21	대한제국,「보통학교령」·「고등학교령」공포
1906. 8. 27	대한제국,「보통학교령 시행규칙」공포
1907. 7. 1	하기국어강습소, 제1회 국어 강습회 개최
1908. 4	대한제국,「고등여학교령」공포
1908. 8. 26	대한제국,「사립학교령」공포
1908. 8. 31	국어연구학회 설립
1909. 7. 5	대한제국,「고등학교령」개정
1910. 8. 23	일본 제국교육회, 조선교육조사위원회 설치 결의
1910. 8. 29	강제 병합
1910. 10. 1	제1대 조선총독에 데라우치 마사타케(寺內正毅) 임명
1910. 10. 1	조선총독부 내무부 학무국 편집과에 교과용 도서 편집 업무 분장
1911. 2. 16	일본 제국교육회 조선교육조사위원회, 초등 교육에서의 조선어 존치 의견 채택
1911. 7. 1	데라우치 조선총독, 각 도장관 회의에서 '국어(일본어)' 보급 지시
1911. 7. 18	'언문철자법' 제정을 위한 조선어조사회의 첫 개최
1911. 8. 23	일본어를 '국어'로 규정한 제1차「조선교육령」공포
1911. 9. 3	국어연구학회를 조선언문회(배달말글몯음)로, 국어강습소를 조선어강습원으로 개편
1911. 10. 20	'국어'와 조선어 및 한문을 필수 과목으로 규정한「보통학교규칙」·「고등보통학교규칙」·「여자고등보통학교규칙」·「사립학교규칙」공포
1912. 4	「보통학교용 언문철자법」발표
1913. 1. 15	「사설학술강습회에 관한 건」공포
1913. 3. 23	배달말글몯음이 한글모로 개칭
1915. 1. 20	조선총독부,「보통학교용 언문철자법」을 처음으로 적용한『속수국어독본(速修國語讀本)』발행
1915. 3. 15	조선총독부,「보통학교용 언문철자법」을 적용한 첫 교과서『보통학교 조선어 및 한문 독본(普通學校 朝鮮語及漢文讀本)』발행
1918. 2. 21	「서당규칙」공포

연월일	주요 법령·정책 및 사건
1919. 3. 1	3·1운동 발발
1919. 8. 12	제3대 조선총독에 사이토 마코토(齋藤實) 임명
1919. 8. 20	조선총독부 학무국 편집과에 교과용 도서 업무 분장
1920. 3. 30	조선총독부, 「보통학교용 언문철자법」을 적용한 『조선어사전(朝鮮語辭典)』 발행
1921. 3	「보통학교용 언문철자법 대요」 발표
1921. 12	조선어연구회 창립
1922. 2. 6	'국어' 상용을 기준으로 민족을 구분한 제2차 「조선교육령」 공포
1922. 2. 15	조선어 및 한문을 구분해 조선어만 필수 과목으로 지정하되 '국어'의 3분의 1 수준으로 줄여서 배정한 「보통학교규정」 공포
1925. 3. 24	「사립학교교원시험규칙」 공포
1926. 4	최현배, 조선어연구회 활동 재개
1926. 11. 4	조선어연구회, 가갸날(한글날) 첫 기념식
1927. 2. 10	조선어연구회 동인지 『한글』 창간호 발간
1929. 4	이극로, 조선어연구회 가입
1929. 10. 31	조선어연구회, 조선어사전편찬위원회 조직
1930. 2	「언문철자법」 발표
1930. 12. 13	조선어연구회, 철자법 제정 위원회와 표준말 사정 위원회 조직
1931. 1. 10	조선어연구회가 조선어학회로 개편
1932. 5. 1	조선어학회 기관지 『한글』 창간호 발간
1933. 4. 26	조선방송협회, 일본어 제1방송과 조선어 제2방송의 이중 방송 시행
1933. 10. 29	조선어학회, 한글 맞춤법 통일안 발표
1936. 8. 5	제7대 조선총독에 미나미 지로(南次郎) 임명
1936. 10. 28	조선어학회, '사정한 표준말 모음' 발표
1937. 3. 17	조선총독부, 관공서에서 '국어'만 사용할 것 통첩
1937. 5. 20	조선총독부, 학교 교육에서 '국어' 사용을 철저하게 할 것 통첩
1937. 7	미나미 조선총독, 학무국장에 시오바라 도키사부로(鹽原時三郎) 임명
1937. 7. 7	일제의 중국 침략으로 중일전쟁 발발
1938. 2. 22	「육군특별지원병령」 공포
1938. 3. 4	'내선(內鮮)' 공학을 표방한 제3차 「조선교육령」 공포
1938. 3. 15	조선어를 수의 과목으로 지정한 「소학교규정」·「중학교규정」·「고등여학교규정」 공포
1938. 9. 6	조선총독부, 시국대책조사회 개최
1939. 7. 31	조선총독부, 직장에서의 '국어' 강습 통첩
1940. 6. 25	조선어학회, 외래어 표기법 발표
1940. 8. 10	『동아일보』와 『조선일보』 폐간
1940. 12. 12	국민훈련후원회, '전선국어전해운동' 시행

연월일	주요 법령·정책 및 사건
1941. 3. 1	「국민학교령」 공포
1941. 3. 31	국민학교 교과 과정에서 조선어 과목을 배제한 「국민학교규정」 공포
1941. 9. 30	미나미 조선총독, 조선총독부 정례 국장 회의에서 중등학교 학생의 '국어' 상용 철저 지시
1941. 10. 6	조선총독부 학무국, 각 도지사에게 '국어 생활 장려에 관한 건' 통첩
1941. 12. 8	일제, 진주만 기습, 태평양전쟁 발발
1942. 2. 3	미나미 조선총독, 조선총독부 정례 국장 회의에서 황민화와 관련해 국민학교의 '국어' 장려와 부인 대상의 계몽 운동 지시
1942. 4. 11	경기도 학무과, 관내 사립 중등학교 교장 회의 개최, 학교 밖의 일상생활에서도 '국어' 상용 방안 논의
1942. 4. 14	미나미 조선총독, 조선총독부 국장 회의에서 '국어' 보급 운동 철저 지시
1942. 4. 16	국민총력조선연맹 이사회에서 1942년 총력 운동 방침 6대 중점의 하나로 '국어' 생활의 철저 거론
1942. 4. 20	조선총독부 정례 도지사 회의에서 '국어전해운동' 논의
1942. 4. 27	조선총독부, 경성중앙방송국의 조선어 제2방송 폐지
1942. 5. 1	국민총력조선연맹, '국어' 보급 운동 전개 방침 결정
1942. 5. 6	국민총력조선연맹, '국어보급운동요강' 발표
1942. 5. 9	일본 내각, 조선 징병제 시행 발표
1942. 5. 11	「조선총독부징병제시행준비위원회규정」 공포
1942. 9. 18~ 11. 25	조선연극문화협회가 개최한 제1회 연극 경연 대회에서 5편의 조선어 시국 연극 공연
1942. 10. 1	징병제 실시를 앞두고 초등 교육을 이수하지 못한 조선인 남자 청년에게 '국어'를 가르치기 위한 「조선청년특별연성령」 공포
1942. 10. 26	「조선청년특별연성령 시행규칙」 공포
1942. 12. 1	청년특별연성소 설치
1942. 10. 1	조선어학회 사건 발발
1943. 3. 1	조선 징병제 시행을 위한 개정 「병역법」 공포
1943. 3. 27	「중학교규정」 공포
1943. 3. 18	제4차 「조선교육령」 공포
1943. 3. 27	중등학교 교과 과정에서 조선어 과목을 배제한 「중학교규정」·「고등여학교규정」·「실업학교규정」 공포
1943. 11. 10	조선어 제2방송 재개
1944. 4. 1	제1회 징병 검사 실시
1944. 5. 1	징병 검사에 따라 현역 입영 대상이 될 청년특별연성소 수료자를 대상으로 '국어'를 가르치기 위한 평양 제1·2 군무예비훈련소 개소
1944. 7	국민총력조선연맹, '국어상용전해운동' 전개
1945. 3. 14	조선총독부, 결전교육조치요강 공표

참고문헌

1. 자료

『공립신보』, 『대한매일신보』, 『동아일보』, 『만세보』, 『매일신보』, 『조선일보』, 『조선중앙일보』, 『협성회회보』, 『황성신문』, 『京城日報』.

『붉은군사』, 『삼천리』, 『조광』, 『한글』, 『國民總力』, 『文敎の朝鮮』, 『朝鮮』, 『朝鮮事情』, 『朝鮮總督府 調査月報』, 『朝鮮總督府官報』.

「(秘)教化意見書」, 1910년 9월 8일, 渡部学·阿部洋編, 1991, 『植民地教育政策史料集成(朝鮮編)』第63巻, 龍渓書舍.
「國語普及運動要綱」, 『國民總力』 1942년 6월호.
「國語常用全解運動8月から全鮮に展開」, 『國民總力』 1944년 8월호.
「極秘 諺文新聞統制案」.
「極秘 朝鮮人志願兵制度ニ關スル意見」, 朝鮮軍司令部, 1937년 6월, 「마이크로필름 陸海軍文書」.
「普通學校用諺文綴字法」, 朝鮮總督府 編, 1917, 『朝鮮語法及會話書』, 朝鮮總督府.
「第85回帝國議會說明資料」, 近藤鈞一 編, 『太平洋戰下終末期朝鮮の治政』(朝鮮史料編纂會, 1962).
「朝鮮語調査ニ關スル報告原案」.
「朝鮮語調査會議ノ決意ニ對スル意見」.
「朝鮮語調査會議研究事項」.
「朝鮮語調査會議議事錄」.
「朝鮮靑年特別鍊成令, 訓育要旨及要目」, 『文敎の朝鮮』, 205, 1942.
「주시경 선생 약력과 진영」, 『한글』, 5, 1927.

「徴兵制實施に伴ふ國語常用全解運動各道聯盟展開狀況大略」,『國民總力』1945년 1월호.

강만길·성대경 엮음, 1996,『한국사회주의운동 인명사전』, 창작과 비평사.

江原繁, 1941,「朝鮮に於ける國語敎育と'國語の家'設定に就いて」,『文敎の朝鮮』186.

見原正治, 1942,「我が の國語常用徹底施設」,『文敎の朝鮮』1942년 8월호.

京都大學文學部國語學國文學硏究室 編, 1975,『小倉進平博士著作集』1~4, 京都大學國文學會.

慶尙北道警察部, 1934,『高等警察要史』, 慶尙北道警察部.

경성복심법원 형사부, 1945,「昭和20年 刑上 第29號」(조선어학회 사건 최종 판결문).

京城日報社, 1943,『昭和19年度 朝鮮年鑑』, 京城日報社.

関屋貞三郎, 1911,「朝鮮人の敎育に就て」,『朝鮮』35.

廣瀨四郞,「西村通譯官を送る」,『警務彙報』1940년 9월호.

廣瀨續, 1942,「國語普及の新段階」,『朝鮮』1942년 10월호.

國民情神總動員忠淸南道聯盟, 1939,「國語ノ全面的普及ニ關スル件」.

國民精神總動員忠淸南道聯盟, 1939,『國民精神總動員聯盟要覽』.

國民總力朝鮮聯盟, 1943,『國民總力運動要覽』.

_____, 1945,「徴兵制實施に伴ふ國語常用全解運動强化方策要綱」,『國民總力』1945년 1월호.

宮崎義男, 1940,「朝鮮當面の人物(その一) 鹽原時三郞君」,『朝鮮公論』331.

宮野寬, 1943,「朝鮮靑年特別緣成令と京城府」,『京城彙報』1943년 2월호.

宮田節子 監修, 古川宣子 解說, 2013,「朝鮮における初等敎育の實際」,『東洋文化硏究』15.

近藤釖一 編, 1961,『太平洋戰爭下終末期 朝鮮の政治』, 朝鮮史料編纂會.

_____, 1961,『太平洋戰爭下の朝鮮及び台灣 太平洋戰爭下の朝鮮 1』, 朝鮮史料編纂會.

金史良, 1939,「朝鮮文學風月錄」, 安宇植 解題, 1973,『金史良全集(4)』, 河出書房新社.

김수영, 1961,「일기초(Ⅱ), 김수영, 2003,『김수영 전집 2-산문』, 민음사.

_____, 1966,「시작노우트」,『한국문학』1966년 여름호.

金澤庄三郞, 1910,『日韓兩國語同系論』, 三省堂.

_____, 1929,『日鮮同祖論』, 刀江書院.

吉田俊隈,「朝鮮軍歷史別冊 朝鮮人志願兵·徵兵ノ梗槪」,『朝鮮軍關係史料 2/2』, 防衛省防

衛研究所.

김윤경, 1938,『朝鮮文字及語學史』, 조선기념도서출판관.

김철훈,「박진순 일파에 대한 보고-제3국제공산당 동양비서부에」(1921년 12월 27일).

堂本敏雄 외, 1943,「座談會 朝鮮映畵の特殊性」,『映畵旬報』87.

大野謙一, 1936,『朝鮮教育問題菅見』, 朝鮮教育會.

大藏省管理局, 1985,『日本人の海外活動に關する歷史的調査 第4卷 朝鮮篇3』, 高麗書林版.

島田牛稚 외, 1942,「朝鮮における國語問題を語る(座談會)」,『文教の朝鮮』1942년 8월호.

독립유공자공훈록편찬위원회, 1988,『독립유공자공훈록 제6권 학생운동·문화운동』, 국가보훈처.

동아일보 편집부 편, 1985,『인촌 김성수-인촌 김성수의 사상과 일화』, 동아일보사.

妙法寺龍太郎, 1940,「朝鮮新官僚論(三)(學務局の卷)」,『朝鮮及滿洲』392.

弥永義信, 1944,「國語生活への道」,『國民總力』6권 9호.

方漢駿 외, 1944,「軍と映畵 : 朝鮮軍報道部作品『兵隊さん』を中心に(座談會)」,『國民文學』1944년 6월호.

寺田瑛 외, 1944,「座談會 戰時下の小國民文化」,『國民總力』1944년 1월호.

森田梧郎, 1942,「朝鮮の國語普及全解運動」,『國語運動』6권 11호.

三土忠造, 1910,「朝鮮人の教育」,『教育界』9권 12호.

森浩,「朝鮮に於ける映畵に就いて」,『映畵旬報』87.

上田萬年, 1895,「標準語に就きて」,『帝國文學』, 1권 1호.

_____, 1897,『国語のため』, 富山房.

西村眞太郎, 1937,「國語朝鮮語同一論」,『朝鮮』1937년 1월호.

_____, 1938,「天地日月の信仰と其の言語を究明內鮮一體を立證す」,『朝鮮』1938년 7월호.

_____, 1940,「創氏雜攷」,『警務彙報』1940년 5월호.

星出壽雄, 1942,「演劇統制の諸問題」,『國民文學』1942년 1월호.

_____, 1942,「朝鮮演劇の新發足」,『朝鮮』1942년 10월호.

小磯國昭, 1944,「朝鮮青年は總て皇軍の要員」,『國民總力』1944년 8월호.

小倉進平, 1920,『国語及朝鮮語のため』, ウツボヤ書店.

_____, 1920,『朝鮮語史』, 大阪屋号書店.

_____, 1936, 「鄕歌・吏讀の問題を繞りて」, 『史學雜誌』 47편 5호.

_____, 1940, 『朝鮮語史』, 刀江書院.

時枝誠記, 1942, 「朝鮮に於ける國語政策及び國語敎育の將來」, 『日本語』 2권 8호.

有田新, 1941, 「靑年訓鍊所 敎育硏究」, 『文敎の 朝鮮』 187.

이규영, 1988, 「한글모 죽보기」, 『한힌샘연구』 1.

이극로, 「조선어문정리운동의 금후」, 『조선일보』, 1935.10.28.

_____, 「한글 발달에 대한 회고와 및 신전망」, 『조선일보』, 1935.11.4, 5.

_____, 1947, 『고투사십년』, 을유문화사.

이기문, 1980, 「문학서 남독시대」, 『신동아』 1980년 1월호.

이만규, 2010, 『다시 읽는 조선교육사』, 살림터.

이희승, 1996, 『딸깍발이 선비의 일생』, 창작과 비평사.

一記者, 1938, 「(人を語る)南總督陣營の幕僚」, 『朝鮮及滿洲』 366.

朝鮮軍司令部, 1937, 「(極祕)朝鮮人志願兵制度ニ關スル意見」, 「朝參密354號 朝鮮人志願兵制度ニ關スル意見具申 朝鮮軍司令官小磯國昭發 陸軍大臣衫山元宛」, 陸軍省, 1939, 『昭和14年 第4冊 密大日記』.

朝朝鮮軍司令部, 1938, 「軍事機密 朝鮮軍諸施設希望要綱」, 「朝鮮軍諸施設希望要綱送付ノ件通牒」, 陸軍省, 1939, 『昭和14年 第4冊 密大日記』.

朝鮮軍事普及協會, 1942, 『朝鮮徵兵準備讀本』, 朝鮮圖書出版.

朝鮮軍參謀部, 1937, 「朝參密第713號 朝鮮人志願兵制度ニ關スル件回答 朝鮮軍參謀長久納誠一發 陸軍次官梅津美治郎宛」, 「朝鮮人志願兵制度ニ關スル件」, 陸軍省, 1937, 『昭和12年 第2冊 密大日記』.

朝鮮總督府 編, 1942, 『朝鮮敎育法規』, 朝鮮總督府.

朝鮮總督府, 『昭和5年朝鮮國勢調査報告 全鮮篇 第1卷 結果表』.

_____, 1938a, 『(祕) 朝鮮總督府時局對策調査會諮問答申書』.

_____, 1938b, 『(祕) 朝鮮總督府時局對策調査會諮問案參考書 內鮮一體ノ强化徹底ニ關スル件』.

_____, 1938, 『(祕) 朝鮮總督府時局對策調査會會議錄』.

_____, 1939, 「極祕 諺文新聞統制案」.

_____, 1940, 『施政三十年史』.

_____, 1944, 『第86會帝國議會說明資料』.

朝鮮總督府警務局, 1941, 『昭和16年12月 第79會帝國議會說明資料』.

朝鮮總督府情報課, 1943, 『徵兵制參考資料』, 朝鮮總督府情報課.

朝鮮總督府學務局, 1921, 『國語普及の狀況』, 朝鮮總督府學務局.

_____, 1943, 「學制臨時措置案說明資料一問一答」, 『本邦にける敎育制度倂狀況關係雜件』, 外務省外交資料館茗荷谷文書 I-9.

_____, 1944, 『本邦にける敎育制度倂狀況關係雜件-義務敎育參考資料』, 外務省外交資料館茗荷谷文書 I-14.

_____, 1944, 『本邦にける敎育制度倂狀況關係雜件-朝鮮敎育令改正關係』, 外務省外交資料館茗荷谷文書 I-36.

朝鮮總督府學務局編輯課 朝鮮人職員一同, 1937, 「國語を常用せよ」, 『朝鮮』 1937년 2월호.

朝鮮總督府學務局學務課, 1942, 『現行朝鮮敎育法規』, 朝鮮總督府.

志摩欣二・佃順, 1943, 「徵兵制普及映畵씨나리오 昭和19年」, 『朝光』 9권 1호.

池田國雄, 1942, 「半島の映畵界を語る」, 『朝鮮』 320.

萩原彦三, 1966, 『日本統治下のにおける朝鮮語敎育』, 友邦協會.

최정호, 1995, 「빼앗긴 들에도 봄은 왔었다」, 『계간 사상』 1995년 여름호.

최현배, 1963, 「나의 존경하는 교육자 주 시경 스승」, 『나라건지는 교육』, 정음사.

_____, 1973a, 「나의 걸어온 학문의 길」, 『나라사랑』 10.

_____, 1973b, 「나의 저서를 말한다」, 『나라사랑』 10.

澤柳政太郞, 1977, 『澤柳政太郞 9』, 國土社.

八木信雄, 1981, 『日本と韓國』, 日韓文化協會.

幣原坦, 1919, 『朝鮮敎育論』, 六盟館.

河野六郞, 1944, 「國語生活徹底運動のために 國語生活運動に望む」, 『國民總力』 1944년 3월호.

學部, 1910, 『韓國敎育ノ現狀』, 學部.

學部學務局, 1910, 「國語普及ニ關スル一般ノ狀況」.

한글학회 엮음, 1993, 『얼음장 밑에서도 물은 흘러』, 한글학회.

한명세, 「코민테른 집행위원회 상임간부회 앞 보고」(원문은 러시아어).

함흥 지방 법원, 「조선어학회사건 예심종결정문」, 『나라사랑』 42.

現代史の會 編, 1967,「朝鮮人の皇民化と國語(=日本語)敎育-簡易學校から日本語の强制的 常用化まで」,『(資料)季刊現代史』8.

玄永燮, 1938,『朝鮮人の進むべき道』, 綠旗聯盟.

2. 단행본

교과서포럼, 2008,『대안교과서 한국 근·현대사』, 기파랑.

김미경, 2011,『영어학자의 눈에 비친 한국어의 힘』, 소명출판.

김성준, 2010,『일제강점기 조선어 교육과 조선어 말살정책 연구』, 경인문화사.

마쓰다 토시히코 지음, 이종민·이형식·김현 옮김, 2020,『일본의 조선 식민지 지배와 경찰』, 경인문화사.

미쓰이 다카시 지음, 임경화·고영진 옮김, 2013,『식민지 조선의 언어 지배 구조: 조선어 규범화 문제를 중심으로』, 소명출판.

박걸순, 2009,『국학운동』, 독립기념관 한국독립운동사연구소.

박완서, 2004,『그 많던 싱아는 누가 다 먹었을까』, 웅진닷컴.

박용규, 2012,『조선어학회 항일 투쟁사』, 한글학회.

小澤有作, 교육출판기획실 옮김, 1990,『민족문제와 교육』, 푸른나무.

오성철, 2005,『식민지 초등교육의 형성』, 교육과학사.

이만규, 1949,『조선교육사』하, 을유문화사.

이숭녕·김동욱·전광용, 1956,『국어국문학사』, 을유문화사.

이재명, 2011,『일제 말 친일 목적극의 형성과 전개』, 소명.

이정연, 2010,『한국 '사회교육'의 기원과 전개』, 학이시습.

정재철, 1985,『일제의 대한국식민지교육정책』, 일지사.

정호순, 2005,『일제말기 연극경연대회 작품 경향 연구 해방 전 공연 희곡과 상영 시나리오의 이해』, 평민사.

최유리, 1997,『일제 말기 식민지 지배정책 연구』, 국학자료원.

최현배, 2013,『조선 민족 갱생의 도-1930년판』, 연세대학교 출판문화원.

한글학회, 1971,『한글학회 50년사』, 선일인쇄사.

허재영, 2010,『통감시대 어문교육과 교과서 침탈의 역사』, 경진.

_____, 2011,『일본어 보급 및 조선어 정책자료』, 경진.

イ ヨンスク, 1996, 『國語という思想: 近代日本における言語認識』, 岩波書店.

岡崎茂樹, 1942, 『時代を作る男―鹽原時三郎』, 大澤築地書店.

岡本眞希子, 2008, 『植民地官僚の政治史: 朝鮮・台灣總督府と帝國日本』, 三元社.

久保田優子, 2005, 『植民地朝鮮の日本語教育: 日本語による同化教育の成立過程』, 九州大學出版會.

駒込武, 1990, 『植民地帝國日本の文化統合』, 岩波書店.

宮田節子, 1985, 『朝鮮民衆と'皇民化'政策』, 未來社.

渡部学・阿部洋 編, 1991, 『植民地教育政策史料集成(朝鮮編) 第69巻』, 龍渓書舍.

稻葉繼雄, 1997, 『舊韓末日語學校の研究』, 九州大學出版會.

寺崎昌男・成田克矢 編, 1979, 『學校の歷史 第4卷 大學の歷史』, 第一法規出版株式會社.

山田寛人, 2004, 『植民地朝鮮における朝鮮語獎勵政策: 朝鮮語を學んだ日本人』, 不二出版.

三ツ井崇, 2002, 『植民地下朝鮮における言語支配の構造: 朝鮮語規範化問題を中心に』, 一橋 大學 大學院 博士 學位 論文.

_____, 2010, 『朝鮮植民地支配と言語』, 明石書店.

森田芳夫, 1987, 『韓國における國語・國史敎育』, 原書房.

西尾幹二, 1999, 『國民の歷史』, 産經新聞ニュースサービス.

石剛, 1994, 『植民地支配と日本語』, 三元社.

石川遼子, 2001, 『近代日本と朝鮮語』, 奈良 女子 大學 博士 學位 論文.

世界敎育史硏究會 編, 1978, 『世界敎育史大系 26 大學史 1』, 講談社.

小熊英二, 1995, 『單一民族神話の起源』, 新曜社.

植田晃次・石川遼子・山田寛人・三ツ井崇, 2007 『日本近現代朝鮮語敎育史』, 2005~06년도 日本学術振興会 科学研究費補助金 基盤研究(B) 日本における朝鮮語教育史の総合的実証的研究 研究成果報告書.

新村出 筆錄, 柴田武 校訂, 1975, 『上田萬年 言語學』, 教育出版.

熊谷明泰, 2004, 『朝鮮總督府の國語政策資料』, 關西大學出版部.

川村湊, 1994, 『海を渡った日本語-植民地の'國語'の時間』, 靑土社.

黃文雄, 2003, 『台湾 朝鮮 満州: 日本の植民地の真実』, 扶桑社.

3. 논문

강명숙, 2007, 「일제시대 제1차 조선교육령 제정 과정 연구」, 『한국교육사학』 29권 1호.

_____, 2009, 「일제시대 제1차 조선교육령 제정과 학제 개편」, 『한국교육사학』 31권 1호.

_____, 2009, 「일제시대 제2차 조선교육령 개정 과정 연구」, 『교육사상연구』 23권 3호.

_____, 2010, 「일제시대 학교제도의 체계화-제2차 조선교육령 개정을 중심으로」, 『한국교육사학』 32권 1호.

강영심, 2008, 「일제 시기 '충량한 신민 만들기' 교육과 학교 문화」, 『일제 시기 근대적 일상과 식민지 문화』, 이화여자대학교출판부.

강혜경, 2011, 「일제말기 조선방송협회를 통해 살펴본 방송통제」, 『한국민족운동사연구』 69.

고영근, 1983, 「개화기의 국어연구단체와 국문보급활동」, 『한국학보』 30.

君島和彦, 1988, 「조선에 있어서 전쟁동원체제의 전개과정」, 최원규 편, 『일제말기 파시즘과 한국사회』, 청아출판사.

권대웅, 1992, 「대동청년단 연구」, 『수촌 박영석교수 화갑기념 한민족독립운동사논총』.

권동국, 2021, 「일제 식민주의 사회통치에 관한 연구: 지방개량과 공민교육을 중심으로」, 서울대학교 박사학위논문.

권희주·김은경, 2022, 「식민지조선의 징병제 실시와 종이연극」, 『역사문화연구』 83.

김민수, 1962, 「주시경의 업적」, 『국어학』 1.

_____, 1992, 「조선어학회의 창립과 그 연혁」, 『주시경학보』 5.

김민수, 2019, 「일제하 전시체제기의 창극」, 『이화음악논집』 23권 4호.

김석득, 2006, 「근·현대의 국어(학) 정신사」, 『한글』 272.

김응교, 2018, 「일본을 대하는 김수영의 시선」, 『민족문학사연구』 68.

김재석, 2004, 「국민연극 시기 조선연극문화협회 연구」, 『어문논총』 40.

김주필, 2014, 「'보통학교용 언문철자법(1912)'의 성격과 특징」, 『반교어문연구』 37.

_____, 2017, 「'보통학교용 언문철자법(1912)'의 제정 의도와 표기사적 문제점」, 『국어사연구』 25.

김하수, 1992, 「식민지 문화운동 과정에서 찾아 본 이극로의 의미」, 『주시경학보』 10.

김형목, 2000, 「1910년대 야학의 실태와 성격 변화」, 『국사관논총』 94.

_____, 2005, 「일제강점 초기 개량서당의 기능과 성격」, 『사학연구』 78.

_____, 2006, 「1910년대 경기도의 일어보급과 국어강습회」, 『동양학』 39.

노동은, 1996, 「일제하 친일음반과 대중가요계」, 『한국음반학』 6.

미쓰이 다카시, 2008, 「식민지시기 조선에서의 언어운동 전개와 그 성격-1920~30년대를 중심으로」, 『흔들리는 언어들: 언어의 근대와 국민국가』, 성균관대학교출판부.

_____, 2010, 「'언어문제'에서 본 한국 근대사-교육 정책과 언어운동의 측면에서」, 『한국학연구』 22.

_____, 2012, 「식민지하 조선의 언어 정치학 조선 언어정책·사회사재고」, 『한림일본학』 20.

_____, 2013, 「중일전쟁 시기 이후 조선총독부의 언어정책과 조선사회: 일본어 "보급" 문제를 중심으로」, 『한림일본학』 23.

_____, 2020, 「오구라 신페이(小倉進平)의 조선어 연구는 어떤 의미를 지니는가?」, 『한국학연구』 59.

박성의, 1970, 「일제하의 언어문자정책」, 『일제의 문화침탈사』, 민중서관.

박영정, 1993, 「일제하 연극통제정책과 친일연극인」, 『역사비평』 25.

박찬승, 1999, 「1890년대 후반 도일(渡日) 유학생의 현실인식: 유학생친목회를 중심으로」, 『역사와 현실』 31.

_____, 2000, 「1890년대 후반 관비유학생의 도일유학」, 『한일공동연구총서』 3, 고려대학교 아세아문제연구소.

_____, 2009, 「1904년 황실 파견 도일유학생 연구」, 『한국근현대사연구』 51.

배선애, 2015, 「동원된 미디어, 전시체제기 만담부대와 만담가들」, 『한국극예술연구』 48.

배종각, 2006, 「일제강점기의 일본어보급운동 연구: 1936~1945년을 중심으로」, 한양대학교 박사학위논문.

사희영·김순전, 2012, 「국어로서의 근대 일본어교육 고찰-조선총독부 제 I 기 『보통학교 국어독본』을 중심으로」, 『일본어문학』 52.

三ツ井崇, 2003, 「식민지하 조선에서의 언어지배-조선어 규범화문제를 중심으로」, 『한일민족문제연구』 4.

_____, 2004, 「'일선동조론'의 학문적 기반에 관한 시론-한국병합 전후를 중심으로, 『한국문화』 33.

_____, 2008, 「식민지기 조선에서의 한글운동에 관한 연구 동향과 그 비판적 검토」,

『言語文化』 11권 1호.

_____, 2008, 「식민지시기 조선에서의 언어운동 전개와 그 성격 : 1920~30년대를 중심으로」, 임형택 외, 『흔들리는 언어들 : 언어의 근대와 국민국가』, 성균관대학교출판부.

_____, 2010, 「'언어문제'에서 본 한국 근대사 : 교육 정책과 언어운동의 측면에서」, 『한국학연구』 22.

_____, 2013, 「조선총독부 시국대책조사회(1938년) 회의를 통해 본 '내선일체' 문제 : 제1분과회를 중심으로」, 『일본공간』 14.

서석배, 2005, 「단일 언어 사회를 향해」, 『한국문학연구』 29.

서재길, 2011, 「식민지 말기의 매체 환경과 방송 잡지 『방송지우』의 성격」, 『근대서지』 3.

_____, 2011, 「식민지 시기 이중방송과 다이글로시아」, 한국방송학회 엮음, 『한국 방송의 사회문화사 : 일제강점기부터 1980년대까지』, 한울아카데미.

서종진, 2020, 「일본 제국주의의 '내지연장주의'와 조선총독부의 '문화정치' : 3·1독립운동 이후 하라 수상의 「조선통치사견」을 중심으로」, 『한국정치외교사논총』 41권 2호.

송숙정, 2018, 「일제강점기 조선총독부 발행 국어(일본어)독본에 관한 서지학적 고찰」, 『일본어학연구』 58.

신주백, 2005, 「일제말기 조선인 군사교육-1942. 12.~1945」, 『한일민족문제연구』 9.

아사노 토요미, 2006, 「일본제국의 통치원리 '내지연장주의'와 제국법제의 구조적 전개」, 『법사학연구』 33.

야마다 간토, 2012, 「'지배를 위한 조선어 학습'을 생각한다」, 고영진·김병문·조태린 편, 『식민지 시기 전후의 언어 문제』, 소명출판.

야스다 도시아키, 2015, 「근대 이행기의 일본어학 성립」, 인하대학교 한국학연구소 엮음, 『근대이행기 동아시아의 자국어인식과 자국어학의 성립』, 소명출판.

엄현섭, 2016, 「근대 동아시아 라디오방송의 형성과 전파의 자기조직화」, 『일본학』 42.

윤대석, 2008, 「조선어의 '마지막 수업'」, 『한국학연구』 18.

이기훈, 2005, 「일제하 청년담론 연구」, 서울대학교 박사학위논문.

_____, 2008, 「식민지의 교육행정과 조선인 교육관료-시학관과 시학을 중심으로」, 『이화사학연구』 36.

이대화, 2015, 「전시체제기 식민지 조선의 선전매체, 종이연극(紙芝居)」, 『사회와 역사』 108.

이덕기, 2009, 「일제하 전시체제기 이동연극 연구-이동연극 제1대와 극단 현대극장을 중심으로」, 『한국극예술연구』 30.

이명화, 1995, 「조선총독부의 언어동화정책-황민화시기 일본어상용운동을 중심으로」, 『한국독립운동사연구』 9.

이승윤, 2007, 「일제하 경성방송의 담론 생산과정과 문학의 대응」, 『우리문학연구』 22.

이승희, 2014, 「전시체제기 연극통제시스템의 동원정치와 효과」, 『상허학보』 41.

이용창, 2001, 「한말 최린의 일본 유학과 현실인식」, 『역사와 현실』 41.

이응덕, 1996, 「조선총독부의 일본어 교육에 관한 일고: 조선교육령을 중심으로」, 『일본학지』 16.

이재헌, 2020, 「일제강점기 청년훈련소의 운영과 재편」, 울산대학교 석사학위논문.

이준식, 1994, 「외솔과 조선어학회의 한글 운동」, 『현상과 인식』 18권 3호.

_____, 1996, 「일제 침략기 한글 운동 연구」, 『한국사회사연구회논문집』 49집.

_____, 1998, 「일제시대 사회통계 1: 인구」, 『한국현대사연구』 1권 2호.

_____, 2002, 「일제강점기의 대학 제도와 학문 체계: 경성제대의 '조선어문학과'를 중심으로」, 『사회와 역사』 61.

_____, 2004, 「문화 선전 정책과 전쟁 동원 이데올로기-영화 통제 체제의 선전 영화를 중심으로」, 방기중 편, 『일제 파시즘 지배정책과 민중생활』, 혜안.

_____, 2004, 「일제 파시즘기 선전 영화와 전쟁 동원 이데올로기」, 『동방학지』 124.

_____, 2008, 「최현배와 김두봉-언어의 분단을 막은 두 한글학자」, 『역사비평』 82.

_____, 2010, 「히못(白淵) 김두봉의 삶과 활동」, 『나라사랑』 116.

_____, 2016, 「정태진의 한글운동론과 조선어학회 활동」, 『동방학지』 173.

이준희, 2009, 「일제시대 군국가요 연구」, 『한국문화』 46.

이지선, 2010, 「제국 일본과 식민지 조선의 음악정책-국민가의 제정과 전개양상을 중심으로」, 『일본연구』 29.

임경석, 2003, 「20세기 초 국제질서의 재편과 한국 신지식층의 대응」, 『대동문화연구』 43.

임상석, 2010, 「조선총독부 중등용 조선어급한문 독본의 편찬 방식과 정책적 차별-조선과 조선어의 위상 변화」, 『우리어문연구』 63.

임이랑, 2013, 「일제시기 『문교의 조선(文敎の朝鮮)』에 나타난 조선총독부 학무관료의 조선 교육론」, 『한국민족문화』 49.

_____, 2013, 「전시체제기 염원시삼랑(鹽原時三郎)의 황민화정책 구상과 추진(1937~1941)」, 『역사문제연구』 29권 1호.

장신, 2006, 「조선총독부 학무국 편집과와 교과서 편찬」, 『역사문제연구』 16.

전상숙, 2008, 「1920년대 사이토오(齋藤實)총독의 조선통치관과 '내지연장주의'」, 『담론201』 11권 2호.

전영욱, 2020, 「1920년대 조선통치론의 전개와 제령(制令)의 역할」, 『역사문제연구』 44.

정일균, 2011, 「일제의 식민통치와 식민주의적 근대지식의 형성 - '다카하시 도루[高橋亨]의 조선학'의 사례를 중심으로」, 『사회와 역사』 91.

정준영, 2009 ,「경성제국대학과 식민지 헤게모니」, 서울대학교 박사학위논문.

최유리, 1995, 「일제 말기 황민화정책의 성격 - 일본어 보급운동 중심으로」, 『한국근현대사연구』 2.

_____, 2000, 「일제 말기 징병제 도입의 배경과 그 성격」, 『역사문화연구』 12.

최혜주, 1998, 「幣原坦의 고문활동과 한국사연구」, 『국사관논총』 79.

_____, 1998, 「幣原坦의 식민지 조선경영에 대한 연구」, 『역사학보』 160.

_____, 2010, 「오다 쇼고(小田省吾)의 교과서 편찬활동과 조선사 인식」, 『동북아역사논총』 27.

_____, 2020, 「시데하라(幣原坦)의 식민지조선·대만에서의 교육 활동」, 『동아시아 문화연구』 83.

_____, 2021, 「식민사학자 오다 쇼고(小田省吾)의 경성제대 교수 활동과 조선사 인식」, 『한국민족운동사연구』 108.

최희정, 2012, 「1930년대 '자력갱생'론의 연원과 식민지 지배 이데올로기화」, 『한국근현대사연구』 63.

팽영일, 2010, 「1905~1910년의 모범교육과 보통학교 일본어 교육」, 『한국교육사학』 32권 2호.

표영수, 2008, 「일제강점기 조선인 지원병제도 연구」, 숭실대학교 박사학위논문.

_____, 2013, 「일제강점기 조선인 군사훈련 현황」, 『숭실사학』 30.

_____, 2014, 「일제강점기 육군특별지원병제도와 조선인 강제동원」, 『한국민족운동사연구』 79.

하야시야마 가오리, 2014, 「일제강점기 언어정책에 따른 초등 조선어 교과서 내용 연구」,

충남대학교 박사학위논문.

하지연, 2012, 「오다 쇼고(小田省吾)의 한국근대사 연구와 식민사학」, 『한국근현대사연구』 63.

한수영, 2014, 「'상상하는 모어'와 그 타자들-'김수영과 일본어'의 문제를 통해 본 전후세대의 언어인식과 언어해방의 불/가능성」, 『상허학보』 42.

허재영, 2012, 「근대 계몽기 야학의 대상과 교재 연구」, 『어문논집』 51.

홍선영, 2015, 「전시 예술동원과 '국어극'-1940년대 연극경연대회 일본어 참가작을 중심으로」, 『일본문화연구』 47.

황영희, 2011, 「동아시아지역 식민지일본어에 대한 사회언어학적 고찰」, 『사이버교육연구』 5권 1호.

황운, 2021, 「개화기 경성학당의 교육과 운영-일본 외무성 외교 사료관 소장 자료의 분석을 중심으로」, 『일본문화학보』 91.

_____, 2022, 「개화기 관립일어학교의 교육과 운영」, 『일본문화학보』 95.

イヨンスク, 1987, 「朝鮮における言語的近代」, 『一橋研究』 12권 2호.

古川宣子, 2007, 「植民地近代社會における初等教育構造-朝鮮における非義務制と學校'普及'問題」, 駒込武·橋本伸也 編, 『帝國と學校』, 昭和堂.

久保田優子, 1996, 「朝鮮に對する日本語教育論の展開-明治期教育ジャーナリズムの分析」, 『九州産業大學國際文化學部紀要』 6.

_____, 2000, 「朝鮮總督府初期の日本語教育における'時勢及民度'について」, 『九州産業大學國際文化學部紀要』 17.

宮田節子, 1991, 「皇民化政策の構造」, 『朝鮮史研究會論文集』 29.

渡部學, 1974, 「隈本繁吉文書 (秘)教化意見書 解題」, 『韓』 3권 10호.

稲葉繼雄, 1986, 「官立漢城外國語學校について-日語學校を中心に」, 『韓』 103.

_____, 1986, 「韓南學堂について-舊韓末'日語學校'の一事例」, 『文藝言語研究』 言語篇 10.

_____, 1988, 「京城學堂について-舊韓末'日語學校'の一事例」, 『日本の教育史學』 29.

_____, 1988, 「朝鮮における學校経營」, 東亜文化研究所編, 『東亜同文會史』, 霞山會.

_____, 1990, 「舊韓末日語学校の諸特徵」, 『筑波大学地域研究』 8.

_____, 1992, 「舊韓國の日本語教育」, 『筑波大学地域研究』 10.

藤森智子, 2014,「日本統治下臺灣の國語普及政策の成立と展開」, 白柳幸弘研究代表科學研究費補助金基盤研究(b),『舊外地の學校に關する研究-1945年を境とする連續・非連續』研究成果報告書.

李光麟, 1973,「舊韓末の宮立外國語學校」,『韓』2권 9호.

寶力朝魯, 2005,「明治後期以降における国語教育への上田萬年の影響」,『東北大學大學院教育學研究科年報』53권 2호.

三ツ井崇, 1999,「日本語朝鮮同系論の政治性をめぐる諸樣相」,『朝鮮史研究會論文集』37.

＿＿＿＿, 2000,「白鳥庫吉の歷史認識形成における言語論の位相-朝鮮語系統論と朝鮮史認識をめぐる言說から」,『史潮』48.

＿＿＿＿, 2000,「植民地期の朝鮮語問題をどう考えるかについての一試論-朝鮮総督府'諺文綴字法'を事例として」,『植民地教育史研究年報』3.

＿＿＿＿, 2000,「朝鮮総督府'諺文綴字法'の歷史的意味-審議過程の分析を通して」,『一橋研究』25권 1호.

＿＿＿＿, 2002,「朝鮮語學會の朝鮮語規範化運動と朝鮮語學會事件」,『東アジア研究』35.

＿＿＿＿, 2004,「近代アカデミズム史學のなかの'日鮮同祖論'-韓國併合前後を中心に」,『朝鮮史研究會論文集』42.

＿＿＿＿, 2005a,「植民地期朝鮮における言語運動の展開と性格: 1920~30年代を中心に」,『歷史學研究』802.

＿＿＿＿, 2005b,「植民地期朝鮮におけるハングル運動と傳統-'訓民正音'・植民地權力, そして'言語運動史'」,『歷史評論』673.

＿＿＿＿, 2009,「朝鮮總督府'諺文綴字法'の歷史的意味 再論」,『年報朝鮮學』12.

＿＿＿＿, 2012,「朴勝彬の言語觀とその背景・補論」,『日韓相互認識』5.

＿＿＿＿, 2013,「搖らぐ'內鮮一體'像: 日中戰爭と朝鮮植民地支配」,『現代中國研究』33.

石純姬, 1999,「植民地支配下の朝鮮における言語の'近代化'と'ナショナリズム'」,『植民地教育史研究年報』2.

石川遼子, 1997,「'地'と'民'と'話'の相剋」,『朝鮮史研究會論文集』35.

＿＿＿＿, 1998,「素描 明治前期朝鮮語教育六年の場と群像」,『青鶴』10·11.

安田敏朗, 2005,「'帝國大学言語學'の射程-上田萬年から金田一京助へ」,『立命館言語文化研究』16권 3호.

鈴木廣光, 1993, 「日本語系統論·方言周圈論·オリエンタリズム」, 『現代思想』, 1993년 7월호.
井上薰, 1991, 「韓國統監府設置前後の公立普通學校体制形成と日本語普及政策」, 『日本の敎育史學』34.
＿＿＿, 1992, 「日本帝國主義の朝鮮における植民地敎育体制形成と日本語普及政策: 韓國統監府時代の日本語敎育を通した官吏登用と日本人配置」, 『北海道大學敎育學部紀要』58.
＿＿＿, 1994, 「日本帝國主義の朝鮮に對する敎育政策: 第一次朝鮮敎育令の成立過程における帝國敎育界の關與」, 『北海道大學敎育學部紀要』62.
＿＿＿, 1995, 「第一次朝鮮敎育令下における日本語普及强制政策: 國語講習會國語講習所による日本語普及政策とその實態」, 『北海道大學敎育學部紀要』66.
＿＿＿, 1997, 「日本統治下末期の朝鮮における日本語普及運動强制政策: 徵兵制度導入に至るまでの日本語常用 全解運動への動員」, 『北海道大學敎育學部紀要』73.
＿＿＿, 1999, 「日帝下朝鮮における四年制公立普通學校: 三一獨立運動直後の修業年限延長と學校增設政策の實態」, 『釧路短期大學紀要』26.
＿＿＿, 2001, 「日帝末期朝鮮における日本語普及强制の構造: 徵兵制度導入決定前後の京城府を中心に」, 『釧路短期大學紀要』28.
川村湊, 1999, 「近代日本に於ける帝國意識」, 北川勝彦·平川雅博 編, 『帝國意識の解剖學』, 世界思想社.
樋口雄一, 2002, 「朝鮮における徵兵制實施と朝鮮人靑年敎育」, 『'文明化'による植民地支配 植民地敎育史硏究年報 第5號』, 晧星社.
板垣龍太, 2000, 「農村振興運動における官僚制と村落: その文書主義に注目して」, 『朝鮮學報』175.
河野六郎, 1975, 「小倉進平先生と朝鮮語學」, 京都大學文學部國語國文學硏究室 編, 『小倉進平博士著作集 四』, 京都大學國文學會.

찾아보기

ㄱ

가나자와 쇼자부로(金澤庄三郎) 53~55, 58, 84, 143, 145, 150, 186, 188, 201, 252
강화석 147~149
결정안 93, 95~97, 114
경성방송국 373, 374
계봉우 220, 221, 222
「고등보통학교규칙」 108, 111, 115, 116, 123, 144, 167, 168
「고등여학교규정」 261, 357
「고등여학교령」 75, 174, 176, 256
「고등학교령」 75, 76
고이소 구니아키(小磯國昭) 363
고쿠부 쇼타로(國分象太郎) 147~149
고토 아사타로(後藤朝太郎) 54
공진항 239, 242, 246
「관립어학교속성과규칙」 77
구마모토 시게키치(隈本繁吉) 74, 100, 101
「국민교육에 대한 방책」 255
국민총력경기도연맹 342
국민총력경성부연맹 342, 343
국민총력조선연맹 332, 333, 337, 338, 342, 343, 345, 348, 351, 352, 367, 370, 371
국민총력함경북도연맹 337
「국민학교규정」 265, 267, 300
「국민학교령」 265
국민훈련후원회 329, 331
'국어' 강습회 127, 134, 270, 271, 302
국어 보급 시설 계획 325, 327, 328, 333
국어 보급 협의회 345
'국어' 상용 정책 25, 31, 298, 301, 364, 367, 370
국어 생활화 장려에 관한 건 306
국어 이데올로기 51, 53, 58, 212
국어를 상용하는 자 174, 176, 177
국어를 상용하지 않는 자 175~177, 182
국어보급운동요강 312, 333, 338, 339, 342, 351
국어상용전해운동 348, 351
국어연구학회 213, 214
국어의 보급 철저에 관한 건 324
국어의 집 337, 341, 342
국어조선어동일론 253

ㄱ

군무예비훈련소 294~297, 304
권덕규 188, 189, 191, 194~196, 201, 211, 222, 228, 229, 234, 237
「극비 언문신문통제안」 279, 280, 361
긴다이치 교스케(金田一京助) 54
김도연 240, 242
김두봉 211, 215~217, 220~223, 227
김사량 320, 321
김상회 201
김선기 229, 235~237
김성수 226, 240, 242, 243
김수영 378~380
김양수 240~242, 246
김종철 240, 242
김지환 195~197, 243
김철수 221
김철훈 219

ㄴ

남형우 214~217, 221
내선일체 27, 30, 252, 253, 269, 270, 278, 305~307, 323, 329, 334, 356, 366, 368, 371
내지연장주의 85, 86, 162, 163, 165, 166
내지준거주의 173, 176, 177
뉴라이트 389
니시무라 신타로(西村眞太郞) 200, 253

ㄷ

다나카 도쿠타로(田中德太郞) 187, 200
다와라 마고이치(表孫一) 74
다지마 야스히데(田島泰秀) 199
다카하시 도루(高橋亨) 148, 149, 200
대동청년단 214, 215, 242
대종교 215, 222
대한민국임시정부 37, 216, 217, 222, 242
데라우치 마사타케(寺内正毅) 90, 100~103, 105, 106, 131, 132, 162~164
도쿄외국어학교 조선어학과 137
도쿄제국대학 언어학과 45, 50, 57, 143
도키에다 모토키(時枝誠記) 58, 59, 347
『독립신문』(상하이) 222
동아동문회 68
『동아일보』 26, 191, 224, 227~229, 242, 243, 246, 279, 280, 362, 392
동화주의 18, 27, 29, 30, 36, 37, 85, 103

ㄹ

라디오 방송 40, 313, 322, 373~375
로마자화 국어 국자 운동 45, 46
류큐어 29, 58

ㅁ

『매일신보』 40, 89, 92, 103, 128~130,

135, 136, 157, 189, 201, 246, 279, 281, 344, 352, 362, 390

모리타 고로(森田梧郎) 347

문화 정치 41, 163, 165, 167, 186, 191, 211, 222, 392

미나미 지로(南次郎) 248~252, 257, 264, 282, 305, 306, 323, 334~337, 356~359, 361, 363

미쓰치 주조(三土忠造) 59, 71, 73~75, 80, 90, 91, 93, 95, 99, 101~103, 106, 117, 142

미쓰하시 고이치로(三橋孝一郎) 277, 278

미즈노 렌타로(水野錬太郎) 163, 165, 166, 169, 171

ㅂ

박승두 199

박승빈 195, 196, 227, 228, 391

박영빈 199

박완서 381, 382

박정희 35, 36, 380

방종현 235, 236, 238

「병역법」 248, 283, 303

보수주의, 절충주의, 현행주의 189, 190, 194, 208

「보통학교규칙」 108, 115, 116, 118, 123, 144

「보통학교령」 75

「보통학교용 언문철자법」 141, 150, 388

「보통학교용 언문철자법 대요」 189~198, 201~204, 208, 209

ㅅ

「사립학교교원시험규칙」 124

「사립학교규칙」 122~124, 197

「사설학술강습회에 관한 건」 125, 127

사와야나기 마사타로(澤柳政太郎) 91, 97, 98, 101

사이시옷 208, 209

사이토 마코토(齋藤實) 41, 163~165, 174, 176, 186, 211, 222

사정한 조선어 표준말 모음 233

사회혁명당 218, 219

상해파 218~222

「서당규칙」 124, 125, 141

서민호 240, 242

설태희 240, 242

성안(成案) 91, 92, 93, 95, 97

세키야 데이자부로(關屋貞三郞) 99~101, 106, 117, 145, 146, 149, 150

「소학교 및 보통학교 교원 시험규칙」 156

「소학교규정」 179, 182, 183, 257, 258, 265, 266, 279, 357

『속수국어독본』 155

수의 과목 65, 76, 173, 179, 180, 182, 254, 258~261, 263, 264, 266, 279,

280, 357~360, 362

순수(한) 조선어 115, 153, 154, 156~
158, 190, 192, 203~205, 208

시국대책조사회 269~272, 278, 279

시데하라 다이라(幣原坦) 71~73, 75, 91,
142

시라토리 구라키치(白鳥庫吉) 46, 55, 84,
143

시미즈 쇼조(淸水正藏) 368

시바타 젠자부로(柴田善三郞) 166~169,
172, 188, 191

시오바라 도키사부로(鹽原時三郞) 250~
253, 269, 271, 272, 298

시오카와 이치타로(鹽川一太郞) 147~149

식민 지배 시혜론 387

식민지 근대화론 16, 387, 389, 390

식산장려계 216

신기덕 187

신명균 195, 196, 201, 211, 228, 229,
234~236, 238, 239

신무라 이즈루(新村出) 46, 52, 54

신아동맹당 219

신익희 216, 217

신조 쥰테이(新庄順貞) 148, 149

심의린 158, 197~199, 201, 202, 234,
238

ㅇ

아이누어 54, 58

안재홍 242, 246

야기 노부오(八木信雄) 251, 368

야학·강습회 125~130, 134~136

어윤적 148, 149, 186, 188, 195, 196

언어 민족주의 211

언어 혁명 33, 35, 384, 392

「여자고등보통학교규칙」 108, 112, 115,
116, 123, 144, 167, 168

역사적 철자법 151~154, 190, 192, 203,
204, 206, 208, 210

연극 경연 대회 371, 373

오구라 신페이(小倉進平) 53, 143, 144,
200

오노 로쿠이치로(小野綠一郞) 250, 254,
278, 292

오다 쇼고(小田省吾) 74, 142

오쓰키 후미히코(大槻文彦) 44

「외국어학교관제」 62

「외국어학교령」 76

외래어 표기법 통일안 233, 241

우쓰노미야 다로(宇都宮太郞) 139

우에다 가즈토시(上田萬年) 45, 46, 48,
50~53, 55~59, 143, 212

유길준 147~149

유필근 188

윤병호 215, 242

의무 교육제 90, 272~274, 276, 300
이강래 236, 238, 239
이규방 195, 196, 228, 234
이규영 216, 217
이극로 215, 221, 223, 225, 226, 229, 234~237, 239
이기문 319, 320
이나가키 시게카즈(稻垣茂一) 198~201
이동 영사 40, 366~368
이동휘 217, 220~222
이르쿠츠크파 218~221
이만규 195, 196, 235, 236, 238, 239
이병기 195, 196, 222, 229, 234, 236, 238
이상춘 195, 196, 228, 229, 234, 236, 238
이세정 200, 201
이완응 201
이우식 214, 215, 226, 240, 242
이원규 199, 234, 238
이윤재 228, 229, 234~239, 390
이인 240, 242, 243
이중 방송 374, 375
이중 언어 체계 29, 39, 41, 90, 103, 105, 136, 140, 374, 380, 391, 392
이중 언어주의자 320, 379
이케다 구니오(池田國雄) 367~369
이토 히로부미(伊藤博文) 59, 73

이하 후유(伊波普猷) 54
이호성 234, 238
이희승 235~238
일본어 수업 시수 183~185
일본어 이해자 조사 21
일본어 헤게모니 69, 70
일선(日鮮) 동조론 55
일어 학교 60, 62~64, 66~69, 77, 78
일한양국어동계론 252, 253
임시교과서조사위원회 186, 191, 198
임시교육조사위원회 171~173

ㅈ

장응진 195, 196
장지영 195, 196, 200, 201, 216, 222, 235, 236, 238, 239
장현식 240~242, 246
전선국어전해운동 329, 333
전선국어전해운동 실시요강 329
전해 운동 중점 대상 350
점진주의, 급진주의 102, 103, 106
정세권 241, 242
정열모 195, 196, 201, 211, 234~238
정인섭 235~238
정인승 235, 236, 238
제1차「조선교육령」 103, 105~108, 115, 117~119, 141, 143, 167, 170, 176~178, 182~186, 263

제2방송 340, 341, 374~376
제2차「조선교육령」 105, 162, 174, 176~179, 182~185, 255~257, 262, 263
제3차「조선교육령」 105, 248, 249, 251, 253, 254, 256~258, 262~265, 273, 279, 280, 299, 305, 316, 357
제국교육회 91, 95~97, 101, 102, 114
「조선교육령」 26, 41, 42, 103, 105~108, 115, 117~119, 122, 141, 143~145, 162, 167~172, 174, 176~179, 182~186, 248~251, 253~258, 262~265, 267, 273, 279, 280, 299, 305, 316, 357
조선교육조사위원회 91, 93, 97
조선방송협회 374
조선어 및 한문 시수 114, 115, 185
조선어 수업 시수 183~185, 264
조선어 연극, 일본어 연극 370~373
조선어 전폐론 99, 101
조선어 표준어 사정 위원회 233, 240
조선어 필수 과목 지정 113, 114, 182
조선어강습원 214, 216, 222, 223
『조선어법 및 회화서(朝鮮語法及會話書)』 157
『조선어사전』 149, 157, 158
조선어사전편찬위원회 225, 226, 237, 240

조선어연구회 189, 194, 196, 202~204, 209, 210, 222, 223, 226~228, 230, 231, 234~236, 242, 386, 389
조선어의 규범화 32, 391
조선어조사회의 145, 150
조선어학회 202, 210, 215, 222, 227~236, 238~246, 386, 389, 390, 391
조선언문회(배달말글몯음, 배달모듬, 배달모듬) 214~216, 218~220, 222
조선연극문화협회 371, 372
조선영화계발협회 366, 367
조선영화배급사 366, 367
「조선인 지원병 제도에 관한 의견」 273, 275
『조선인의 나아가야 할 길』 356
『조선일보』 26, 191, 196, 197, 200, 229, 236, 243, 246, 279, 280, 362, 392
「조선청년특별연성령」 284, 294, 295
「조선청년특별연성령 시행규칙」 284, 287
조선청년특별연성소 284, 285
「조선총독부 및 소속 관서 직원 조선어 장려 규정」 138
『조선총독부관보』 157
「조선총독부징병제시행준비위원회규정」 283
「조선통치사견」 164
「조선학제개량안요령」 168, 173

찾아보기 417

종래의 철자법 151, 152, 193, 194
주시경 149, 189, 192, 194, 196, 197, 209, 211~218, 220, 222~224, 228, 232, 233
주시경 학파 212, 214~218, 220, 228
중점주의 344
「중학교규정」 260, 267, 357
지석영 188, 189
징병제 28, 31, 32, 248, 249, 268, 274~276, 281~286, 294, 298, 299, 301~303, 312, 315, 322, 344~349, 351, 352, 366, 368, 369

ㅊ

청년단 214, 215, 242, 339, 346, 349, 350
청년훈련소 별과 346
최두선 188, 189, 191, 194, 234, 242, 246
최정호 380
최현배 195, 196, 201, 211, 213, 215, 223, 224, 228, 229, 234~239
7종성 194~196, 209

ㅍ

평의원회 결의 96, 97, 101, 114
표음주의 151~153, 192, 194, 204, 209, 231, 232

표준어 38, 47, 48, 51, 57, 152, 192, 210, 225~227, 232, 233, 240, 242, 389, 391

ㅎ

하라 다카시(原敬) 139, 162~165, 176
하세가와 요시미치(長谷川好道) 125, 163
학무국 50, 99~101, 106, 114, 116, 117, 142, 144, 145, 148~151, 153, 158, 166~169, 171, 172, 174, 176, 186~191, 194, 196, 199, 202, 250, 251, 253~255, 264, 269, 277, 293, 298, 299, 300, 306, 322, 324~326, 332, 334, 335, 345, 352, 356, 368
학무국 편집과 142, 144, 148, 189, 199, 322
학무국 학무과 251, 254, 368
한국교육개량안 72
『한글』 214, 225, 226, 240, 241, 243
한글 '말살' 정책 26
한글 맞춤법 통일안 230, 231, 233, 242, 244, 245, 389, 390
한글 운동 26, 34, 38, 186~189, 192, 194, 196, 202, 203, 210~214, 217, 218, 220, 222~230, 232~235, 237, 239, 241, 242, 244~246, 384, 386, 389, 390
한글 철자법 시비에 대한 성명서 245

한글 혁명 383
한명세 219
한징 236, 390
헌병 경찰 130~134, 136, 162, 165
현영섭 356, 361
현은 147~149, 187, 188
현헌 187, 199, 200, 356
형태주의 152, 192, 194, 209, 210, 212, 231, 232, 384

호시데 도시오(星出壽雄) 370, 371
혼합 방송 373
홍도 218, 219, 221
황민화 교육 30, 252, 256, 263, 303, 305
후지나미 요시쓰라(藤波義貫) 187, 200
후지오카 가쓰지(藤岡勝二) 45, 46, 54
히라누마 요시로(平沼淑郎) 89

동북아역사재단 일제침탈사 연구총서 45

조선총독부의 일본어 보급 정책과 조선어 규제 정책

초판 1쇄 인쇄 2023년 12월 15일
초판 1쇄 발행 2023년 12월 27일

지은이 이준식
펴낸이 이영호
펴낸곳 동북아역사재단

등 록 제312-2004-050호(2004년 10월 18일)
주 소 서울시 서대문구 통일로 81 NH농협생명빌딩
전 화 02-2012-6065
홈페이지 www.nahf.or.kr
제작·인쇄 (주)동국문화

ISBN   979-11-7161-053-2 94910
       978-89-6187-669-8 (세트)

- 이 책은 저작권법에 의해 보호를 받는 저작물이므로 어떤 형태나 어떤 방법으로도 무단전재와 무단복제를 금합니다.
- 책값은 뒤표지에 있습니다. 잘못된 책은 바꾸어 드립니다.